LINOLDRUCK

GRUNDLAGEN, TECHNIKEN & PROJEKTE

Schritt für Schritt
vom Linolschnitt zum
fertigen Hochdruck

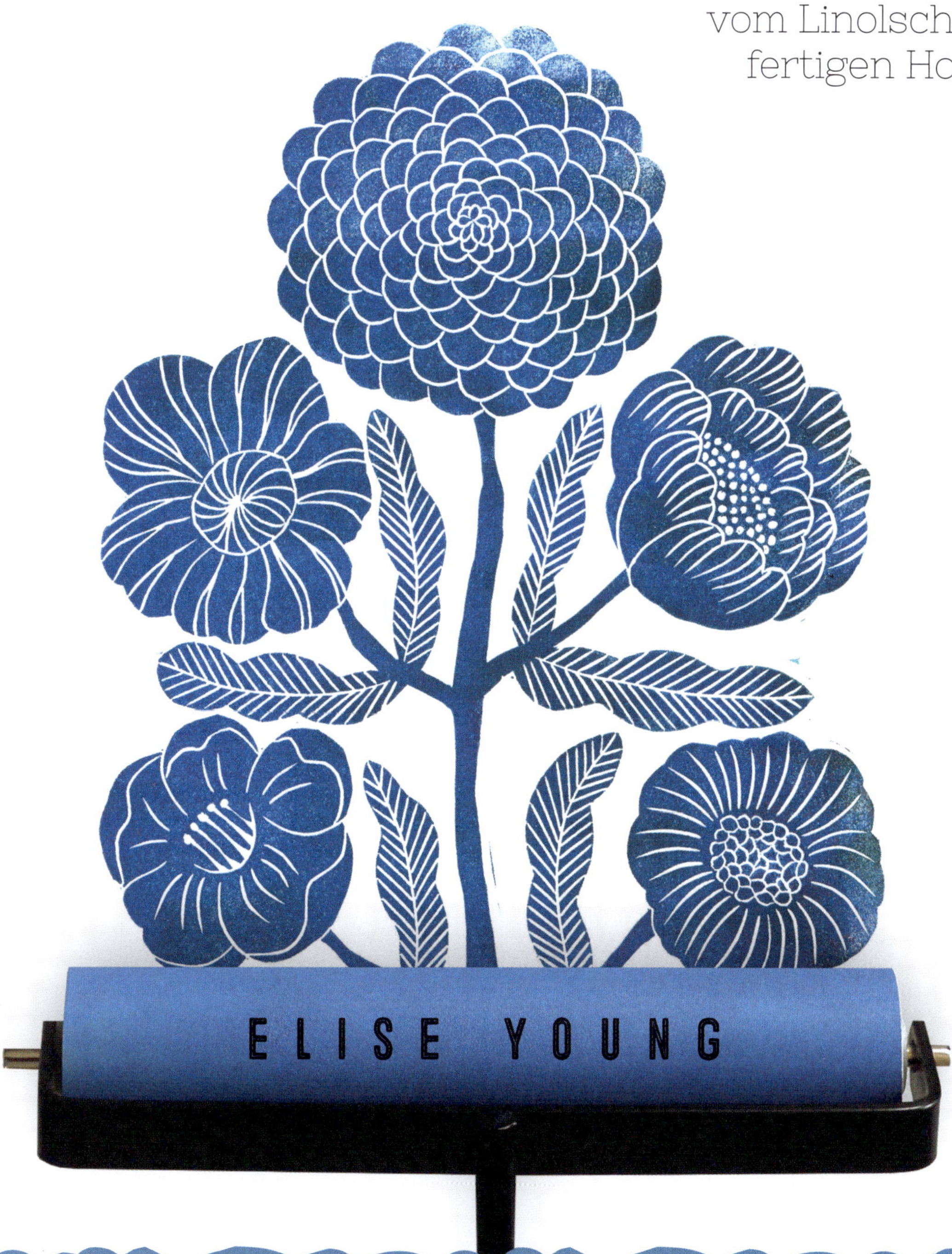

Titel der Originalausgabe:
Block Print for Beginners
Learn to make lino blocks and create unique relief prints

First published in 2021 by Walter Foster Publishing, an imprint of The Quarto Group.
26391 Crown Valley Parkway, Suite 220, Mission Viejo, CA 92691, USA.
www.QuartoKnows.com

Übersetzung: Annika Klapper, Rotterdam
Produktmanagement: Nicole Mering
Lektorat & Satz: lesezeichen Verlagsdienste, Köln
Umschlaggestaltung: Tatjana Weiß
Druck & Bindung: 1010 Printing International Ltd.

Dieselstraße 4, 70839 Gerlingen

3. Auflage 2025

ISBN 978-3-7724-4693-1
Best.-Nr. 4693
produktsicherheit@frechverlag.de

Printed in Guangdong Province, China TT/08/2025

MIX
Papier | Fördert gute Waldnutzung
FSC® C016973

Penguin Random House
Verlagsgruppe
FSC® N001967

Ihre DigiBib – für Vorlagen und Korrekturen
Alle Vorlagen zu diesem Buch sowie etwaige Korrekturen für uns bekannte Fehler im Inhalt finden Sie in der Digitalen Bibliothek.
www.topp-kreativ.de/digibib
Freischaltcode: 10620

INHALT

EINFÜHRUNG

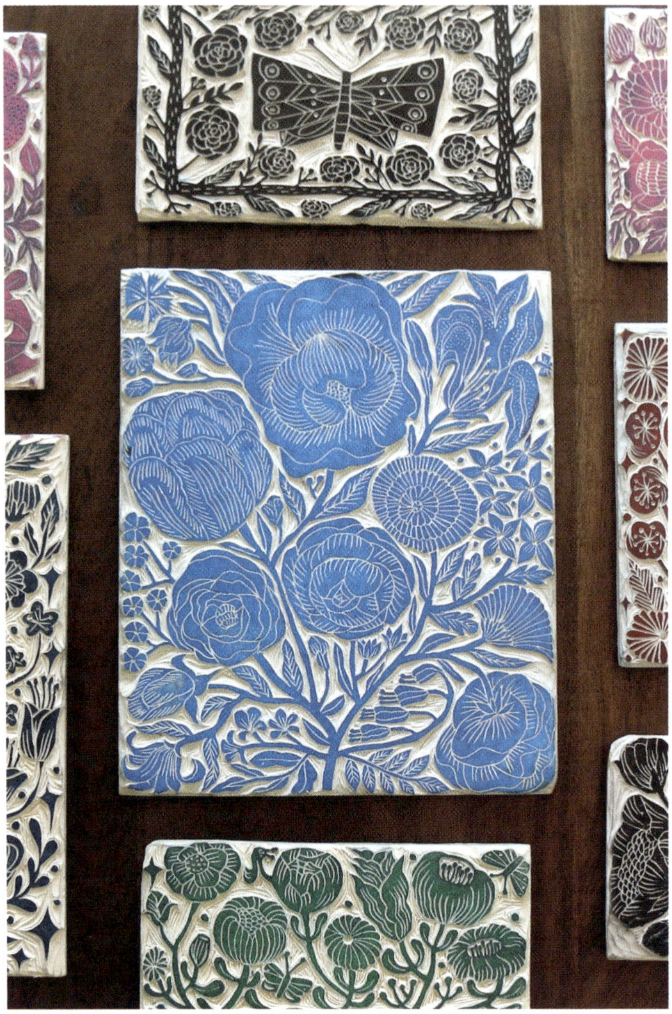

Ich erinnere mich noch ganz genau an jenen Moment vor drei Jahren, als ich das bedruckte Papier von meiner ersten kleinen Linolplatte zog. Zwar hatte ich eine Reihe Fehler gemacht und der Druck war alles andere als perfekt, doch ich freute mich, selbst etwas erschaffen zu haben.

In meiner Kindheit schaute ich meiner Mutter stets dabei zu, wie sie kunsthandwerklich tätig war, beim Nähen, Quilten, Töpfern und vielem mehr. Umgeben von all den Projekten meiner Mutter fühlte es sich für mich als Kind ganz normal an, in meiner Freizeit hauptsächlich zu zeichnen oder mich auf andere Art kreativ zu beschäftigen.

Obwohl mich Kunst und Handwerk von klein auf begeisterten, studierte ich Physik und arbeitete anschließend erfolgreich in einem Bereich fernab der Kunst. Wie bei vielen Menschen änderte sich mein Leben, als ich heiratete – ich gab meinen Beruf auf, folgte meinem Mann in die USA und konzentrierte mich auf die Familie.

Was blieb, war meine Faszination fürs Kunsthandwerk, und so räumte ich eine kleine Ecke in meinem Leben frei: für das Erkunden verschiedener Kunstformen und das Erschaffen von Dingen nach meinen eigenen Ideen.

Als ich auf Werke eines Druckkünstlers stieß, verliebte ich mich sofort in den einzigartigen Prozess, in dem solche Drucke entstehen. Ich wollte es sofort selbst versuchen. Zwar war es etwas schwieriger als erwartet, aber jene Erfahrung schenkte mir pure Freude. Seitdem habe ich nicht aufgehört zu drucken.

Das Faszinierendste am Linoldruck ist für mich die Einzigartigkeit und Zugänglichkeit dieser Kunstform. Man muss gewissenhaft arbeiten, damit jedes Detail gelingt, aber dafür wird man reich belohnt. Sobald eine Platte fertig geschnitten ist, kann man sie mehrmals benutzen. Trotzdem ist jeder Druck einzigartig und zeichnet sich durch subtile Unterschiede aus, je nachdem, wie viel Farbe man aufträgt, wie viel Druck man auf die Platte ausübt, welche Art Papier man wählt und so weiter.

Das Beste ist: Für Linoldruck braucht man keine ausgefallenen Materialien, sondern lediglich ein paar kleine Linolplatten, Schnitzwerkzeug für Anfänger und Druckfarbe. Das alles ist schnell und günstig zu besorgen. Sobald Sie mit Ihren ersten Arbeiten zufrieden sind und dranbleiben möchten, können Sie sich professionalisieren, in Materialien und bessere Werkzeuge investieren und sich fortgeschrittenen Techniken zuwenden.

Ich selbst lerne noch immer dazu und schule meine Fähigkeiten sowie mein künstlerisches Geschick. Umso mehr freue ich mich, nun als fortgeschrittene Anfängerin mein Wissen an Sie weiterzugeben. Dieses Buch umfasst grundlegende Informationen für Druckanfänger – für alle, die mit Linoldruck ganz neu beginnen möchten, aber nicht wissen wie. Vielleicht haben Sie auch schon Ihre erste Linolplatte bearbeitet und wissen nicht, wie es weitergeht? Auch dann ist dieses Buch das Richtige für Sie.

Ich hoffe, dass es Ihnen wie mir ergeht und Sie viele Glücksmomente beim Entstehen eines Drucks erleben!

ÜBER DIESES BUCH

Als ich mit Linolschnitt begann, verfügte ich weder über die komplette Ausrüstung noch wusste ich viel über dieses Kunsthandwerk. Ich begnügte mich mit den grundlegenden Werkzeugen und Materialien. Mit jedem Druckversuch lernte ich dazu. Durch das Experimentieren mit verschiedenen Materialien, Werkzeugen und Techniken entwickelte ich zunehmend Selbstvertrauen und meinen eigenen Stil. Ich hoffe, dieses Buch hilft auch Ihnen, Ihren eigenen Stil zu finden!

Das Buch besteht aus drei Teilen. Im ersten Teil erfahren Sie etwas über das wichtigste Handwerkszeug und die Grundregeln des Linoldrucks. Diese Erklärungen habe ich kurz und leicht verständlich gehalten, denn meiner Meinung nach ist es als Anfänger besonders wichtig, möglichst viele Materialien und Ansätze kennenzulernen und auszuprobieren. Nur so finden Sie heraus, welche Techniken zu Ihnen passen, aber auch, mithilfe welcher Arbeitsweise Sie Ihren ganz persönlichen, künstlerischen Stil optimal ausdrücken können.

Nachdem Sie sich mit den Basics vertraut gemacht haben, erlernen Sie bestimmte Drucktechniken und -methoden, um unterschiedliche Linoldrucke zu erschaffen. In diesem zweiten Teil des Buches stelle ich Ihnen eine Reihe von Schritt-für-Schritt-Anleitungen zu den unterschiedlichen Techniken vor. Diese Projekte werden Ihnen helfen, die Grundlagen der Drucktechniken zu erlernen und Ihnen dabei den nötigen Freiraum für das Entwickeln Ihrer Fähigkeiten lassen. Probieren Sie ruhig andere Techniken aus, wenn Ihnen danach ist!

Der dritte und letzte Teil widmet sich Alltagsgegenständen. Schließlich zeichnet sich Linoldruck auch dadurch aus, dass mittels dieser Kunstform alltägliche Dinge und Haushaltsartikel wie Textilien, Dekomaterialien und anderes verschönert und individuell gestaltet werden können.

Letzten Endes liegt es an Ihnen, wie Sie sich dieses Buch zunutze machen, und ich kann Sie lediglich dazu auffordern, alles, was Sie neu kennenlernen, auch auszuprobieren. Es würde mich sehr freuen, wenn dieses Buch Ihnen dabei hilft, mit Freude Ihre ganz eigene Welt des Linoldrucks zu erobern.

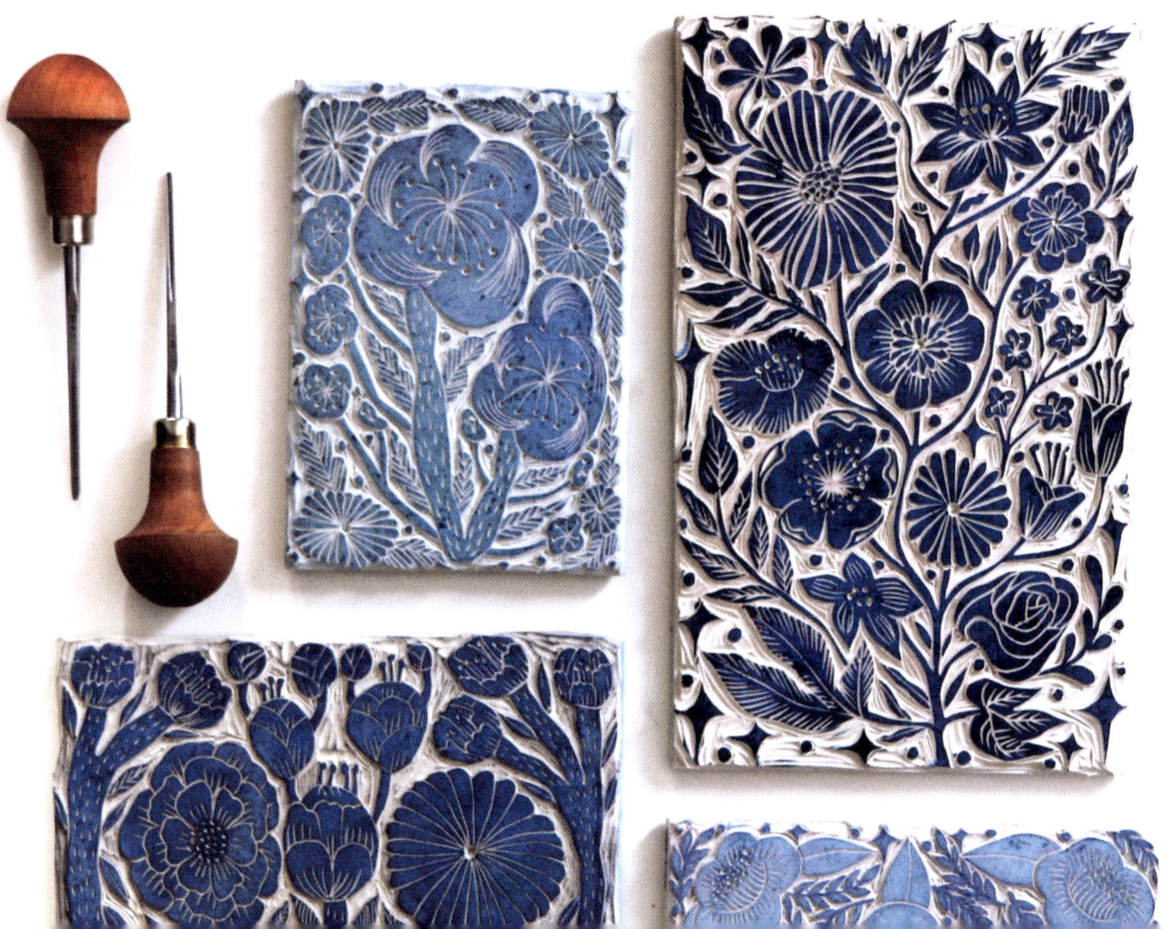

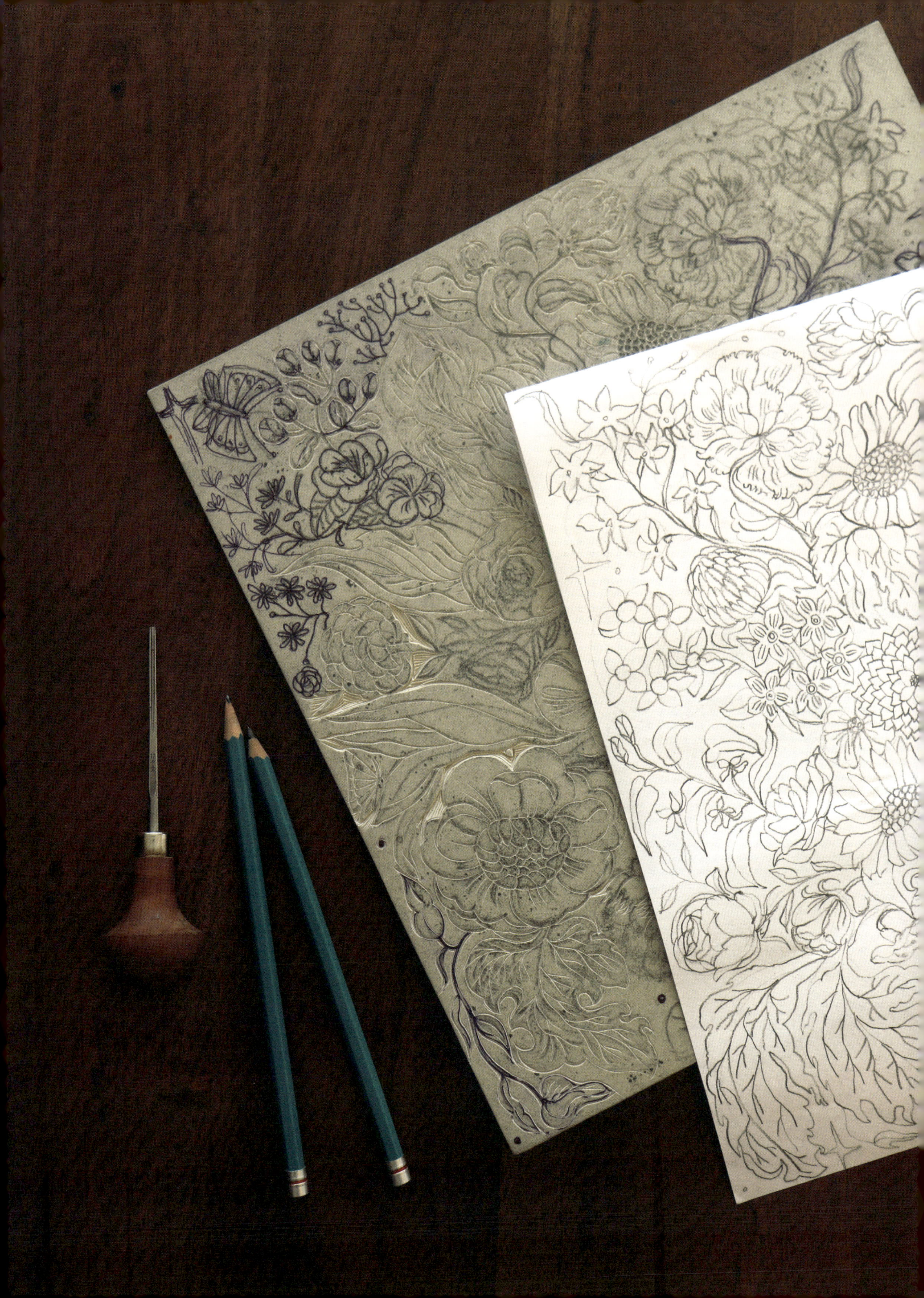

INSPIRATIONSQUELLEN

Haben Sie jemals verzweifelt und mutlos auf ein weißes Blatt Papier gestarrt? Um ehrlich zu sein, diese Blockade kenne ich nur zu gut, denn der Anfang ist immer eine Herausforderung. Ich glaube, für jemanden, der in seinem Beruf oder seiner Freizeit künstlerisch tätig ist, ist es besonders wichtig, das »was« anstatt das »wie« zu betonen. Bestimmt wird es Situationen geben, in denen Sie sich fragen: »Was soll ich denn nun zeichnen und dann auf den Druckstock übertragen?«

Ich persönlich finde Inspiration in erster Linie in meiner alltäglichen Umgebung. Meistens zeichne und schneide ich Motive mit botanischen Elementen. Das war keineswegs von Anfang an mein Plan, aber bis jetzt gefallen mir florale Druckmotive einfach am besten. Wenn ich Blumen sehe – ob im echten Leben oder in Kunst- oder Bildbänden –, verspüre ich den Drang, etwas davon zu zeichnen.

Vielleicht finden Sie ganz unerwartet Inspiration in schönen Gemälden oder Motiven, die Ihnen in Museen oder Bibliotheken begegnen. Vielleicht stellt sich auch das Lesen von Büchern, die nicht unbedingt Ihr Interessengebiet bedienen, als gute Übung heraus, um eine neue Perspektive einzunehmen. Ebenso können Reisen zu optisch anregenden Orten unsere Kreativität fördern. Wir können aber auch in uns selbst gehen, anstatt die Außenwelt nach Inspirationsquellen abzusuchen. Durch das Entdecken und Spielen mit eigenen Ideen, Gefühlen und Sichtweisen werden Sie nach und nach herausfinden, was Ihnen die nötige Freude und Begeisterung beschert, um schöpferisch anregend zu sein.

Ganz egal, woher Ihre Inspiration kommt, dieser Prozess braucht manchmal ein wenig Zeit. Womöglich fühlt es sich wie eine schier endlose Reise an, bis Sie Ihre innere Stimme hören, aber scheuen Sie den Antritt der Reise deshalb nicht. Sobald Sie den Einstieg gefunden haben und erste Kunstwerke erschaffen, werden Sie merken, dass Geduld und Anstrengung sich gelohnt haben.

WERKZEUGE & MATERIALIEN

Wenn Sie zum ersten Mal selbst drucken wollen, dann benötigen Sie nur wenige Materialien: einen kleinen Druckstock, Schneidwerkzeuge, Farbe und Papier. Welche Materialien sich am besten eignen, hängt von vielen Faktoren ab, unter anderem von den finanziellen Möglichkeiten und den persönlichen Vorlieben, aber insgesamt sind die Basismaterialien für Einsteiger recht erschwinglich. Sobald Sie etwas Erfahrung haben, können Sie Ihr Werkzeugsortiment erweitern und hochwertigere Materialien für fortgeschrittene Drucktechniken anschaffen.

DRUCKPLATTEN

Die erste Frage von Anfängern lautet häufig: Welche Art Platte eignet sich am besten? Im Geschäft für Künstlerbedarf sowie in den entsprechenden Online-Shops findet man verschiedene Qualitäten. Ich empfehle, es einfach auszuprobieren. Nur so finden Sie heraus, welche Druckplatte für Ihre Arbeit am besten geeignet ist.

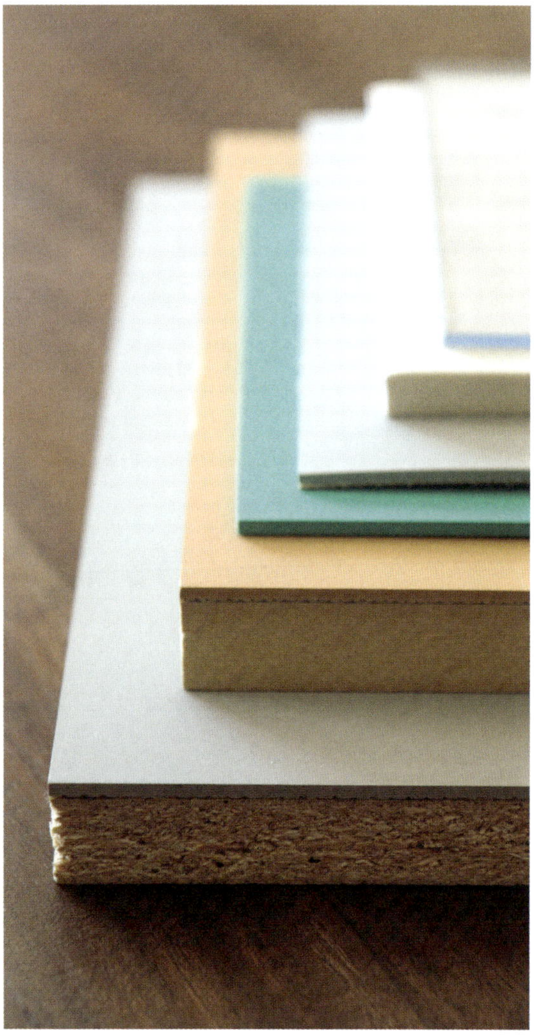

Von oben nach unten: Jack Richeson® Clear Carve™ Linoleum; Dense Soft-Kut Linoleum Block; Battleship Gray Linoleum (nicht aufgeklebt); Gomuban Relief Printing; Easy Cut Linoleum, Speedball® (aufgeklebtes Linoleum), Speedball Red Baron (aufgeklebtes Linoleum)

Es gibt unterschiedliche Linol- und Gummiplatten. Im Allgemeinen unterscheiden sie sich nicht sehr. Jede Plattenart hat eine andere Haptik, und manche Schneidwerkzeuge eignen sich besser für bestimmte Druckplatten. Arbeiten Sie an einem Projekt mit mehreren Druckplatten, achten Sie darauf, dass alle dieselbe Höhe haben.

LINOLPLATTEN

Das traditionelle graue Druckmedium Linoleum ermöglicht das Ausarbeiten feiner Linien und Details. Linoleumplatten bestehen aus natürlichen Materialien wie Leinöl, Harz, Holzmehl und Kalkstein, die auf einen Jutegrund gepresst werden. Loses Linoleum (ohne darunter geklebte Trägerplatte) ist sehr flexibel und kann mit einem einfachen Cutter geschnitten werden. Einige Druckkünstler kaufen darum eine große Rolle und schneiden sich daraus individuelle Formate aus. Linoleum ist ansonsten mit einer Holzverstärkung (Trägerplatte) erhältlich.

Im Vergleich zu Gummiplatten haben Linoleumplatten eine deutlich härtere Oberfläche, weshalb man sie am besten mit hochwertigen Schneidwerkzeugen von Herstellern wie pfeil® oder FlexCut® oder Holzschnitzwerkzeugen bearbeitet. Durch das festere Material nutzen die Klingen schneller ab, sie müssen häufiger geschärft oder ausgetauscht werden.

Linoleum sollte am besten frisch verwendet werden, da es mit der Zeit austrocknet und dadurch schwieriger zu bearbeiten ist. Das Alter von Linoleum ist schwer zu beurteilen, weswegen es sich empfiehlt, regelmäßig neue Druckstöcke zu kaufen.

Linoleum eignet sich gut zum Übertragen eines Bildes. Egal, ob Sie Inkjet-Transferpapier, Kohlepapier, Permanentmarker oder Bleistift zum Übertragen einer Zeichnung benutzen, das Motiv ist in jedem Fall gut auf der grauen Linolfläche zu erkennen. Nach dem Schneiden und Drucken muss der Druckstock vorsichtig gereinigt und bei Zimmertemperatur getrocknet werden, damit die Platte sich nicht wölbt oder gar bricht.

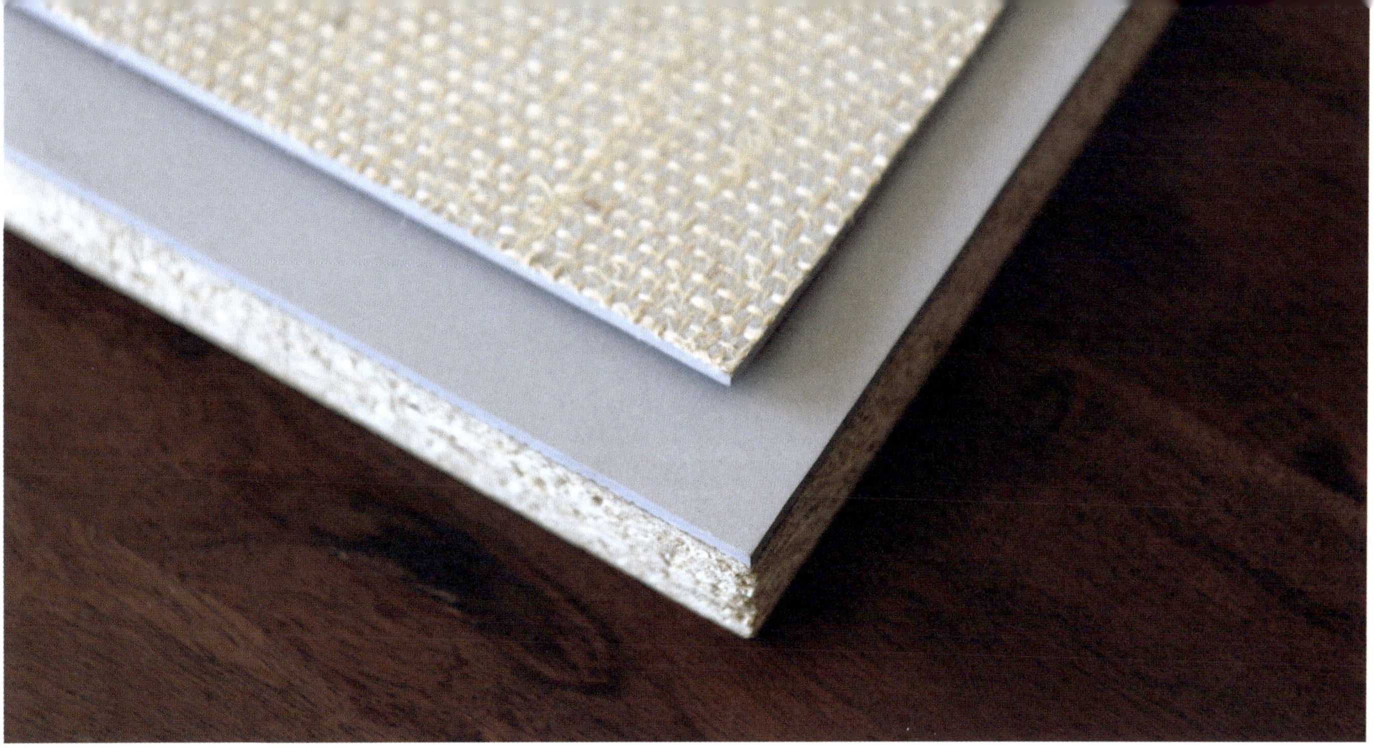

Aufgeklebtes vs. loses Linoleum

Linoleum kann auf eine Trägerplatte aus Holz aufgeklebt werden. Dieser Träger besteht aus einer hochwertigen MDF-Platte (mitteldichte Faserplatte) – ein Material, das eine gleichmäßige Höhe und Dichte aufweist. Diese untere Platte stabilisiert die Linoleumschicht, sodass der Druckstock leichter auf der Ausrichtungshilfe beziehungsweise in dem Holzwinkel zu bearbeiten ist. Das zusätzliche Gewicht dieses Gerüsts sorgt für mehr Stabilität und Sicherheit beim Schneiden. Um zu vermeiden, dass sich der Druckstock krümmt oder verzieht, sollte er flach liegend an einem trockenen Ort aufbewahrt werden. Loses Linoleum ist günstiger, leichter und flexibler, daher lässt sich dieses Material leichter zurechtschneiden, bearbeiten und lagern.

WEICHE GUMMIPLATTEN

Gummi eignet sich gut für Einsteiger. Die Oberfläche ist weich, ähnelt Radiergummi und ist leicht zu bearbeiten. Darum sind weiche Gummiplatten sehr beliebt und können sowohl mit wasserlöslichen als auch mit ölbasierten Druckfarben verwendet werden.

Die weiche Oberfläche lässt sich sogar mit einem Cutter schneiden und eignet sich gut für kleine Details, weshalb viele Künstler Gummi für Stoffdrucke nutzen. Gummiplatten sind sehr flexibel und bringen Druckfarbe effizient auf Textilien auf. Zudem wölbt sich das Material weder noch bröselt oder bricht es.

FESTE GUMMIPLATTEN

Dieses graue oder braune Material ist etwa 6 mm dick, sodass beide Seiten bearbeitet und als Druckfläche gebraucht werden können. Es ist weicher als Linoleum, und eine Platte kann mit einem Cutter (oder sogar einer Papierschneidemaschine) problemlos in kleinere Stücke geschnitten werden.

Für die meisten Projekte und Beispiele in diesem Buch wurde dieses Material verwendet, da es die Vorteile von Linoleum und weichem Gummi vereint und sich bestens für Anfänger eignet. Diese Druckplatten enthalten kein Latex und sollten nur zusammen mit wasserbasierten Druckfarben gebraucht werden.

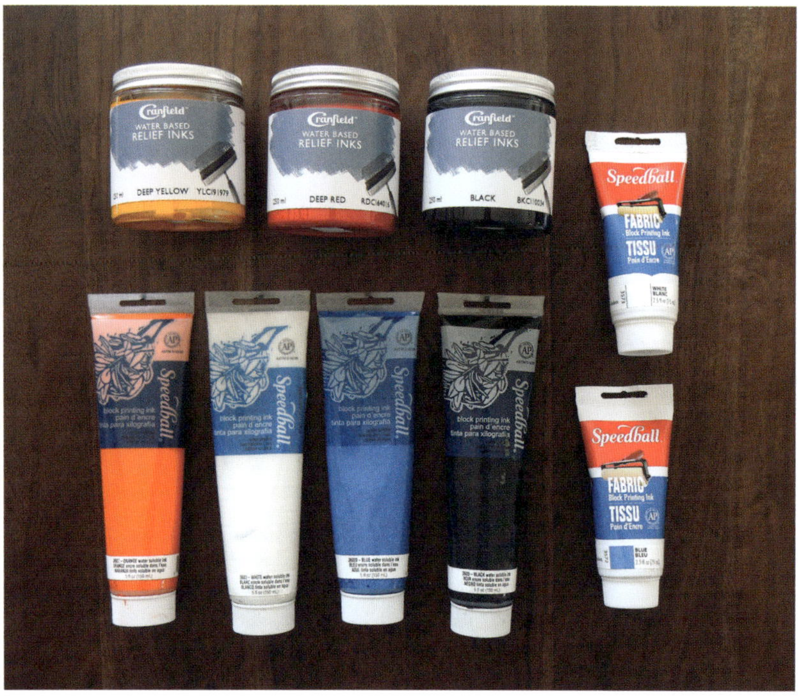

FARBEN

Um die richtige Farbe für jeden Druck zu finden, braucht es viele Versuche und die daraus resultierende Erfahrung. Vor dem Einfärben der Druckplatte ist es gut zu wissen, wie sich die Farbe auf dem Druckstock und dem ausgewählten Papier verhält, welche Farbe somit am besten für ein bestimmtes Projekt geeignet ist.

WASSERLÖSLICHE FARBE

Druckfarbe auf Wasserbasis eignet sich gut für den Anfang, denn sie kann auf fast alle Flächen aufgetragen werden (Linoleum, Gummi, Holz, Acryl) und lässt sich leicht mit warmem Wasser abwaschen. Sie ist ungiftig und beinahe geruchsneutral.

Wasserlösliche Farben können mit transparenten Zusätzen sowie Wasser gemischt werden, um verschiedene Viskositäten (Grade der Zähflüssigkeit) zu erzielen. Je nach Menge der aufgetragenen Farbe und der Saugfähigkeit des Papiers trocknet die Farbe recht schnell. Der Einsatz einer Druckpresse liefert in jedem Fall einen qualitativ höherwertigen Druck, doch wenn Sie mit wasserlöslichen Farben arbeiten, können Sie auch einen Handreiber verwenden oder sogar einfach mit einem Holzlöffel über die Papierrückseite streichen und so das Papier auf dem eingefärbten Druckstock anreiben.

FARBE AUF ÖLBASIS

Für langlebige Werke ist ölbasierte Farbe die beste Wahl. Die meisten dieser Farben sind wasserfest und ungiftig. Sie sorgen für eine satte Textur und schöne, kräftige Farben. Viele Farben werden speziell für professionelles Drucken und qualitativ hochwertige Druckwerke hergestellt. Die Reinigung ist allerdings aufwändiger, denn man benötigt dafür chemische Reinigungsmittel wie Benzin, Spiritus oder Terpentin. Diese Farbe eignet sich eher für erfahrene Druckkünstler.

TEXTILFARBE

Wenn Sie gern Stoff bedrucken wollen, dann brauchen Sie Stofffarbe. Es gibt leider nur wenige Hersteller von Druckfarben für Textildruck. Deshalb nehmen manche als Alternative Siebdruck-Textilfarbe, die allerdings zu keinen besonders guten Ergebnissen führt. Speedball und Marabu sind zwei der wenigen bekannten Hersteller für Textildruckfarben. Stofffarbe trocknet langsamer als Farbe auf Papier. Obwohl sie Öl enthält, lässt sie sich leicht entfernen und liefert eine breite Farbpalette. Wenn der Stoff gewaschen wird, verblasst die Farbe mit der Zeit etwas.

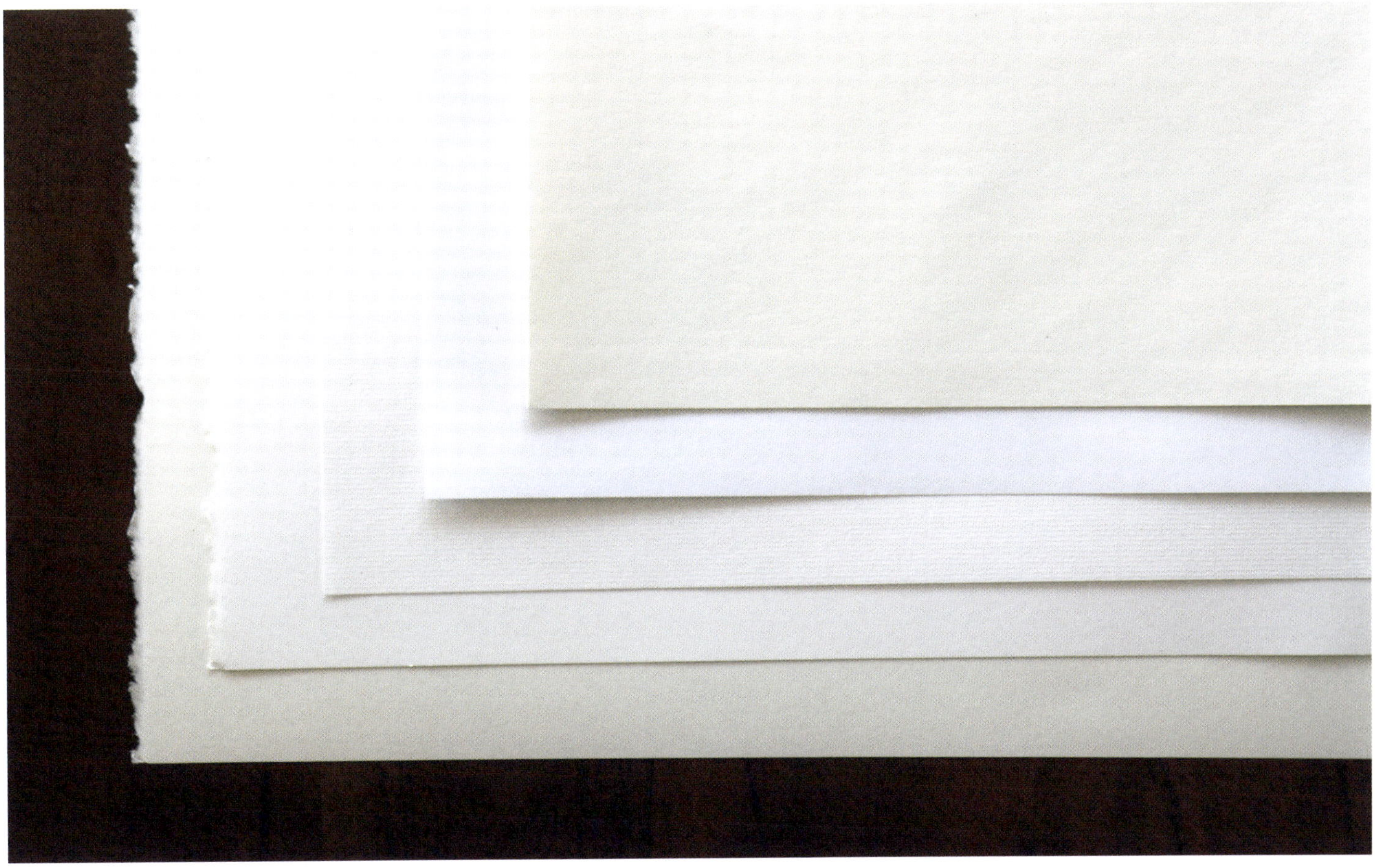

PAPIERSORTEN

Im Handel stehen viele Papiersorten in verschiedenen Größen und Farben zur Auswahl. Bevor Sie mit einem Projekt beginnen, sollten Sie sich über folgende Papiereigenschaften im Klaren sein: Lichtdurchlässigkeit, Textur, Farbe, Gewicht und Saugfähigkeit. Jede Drucktechnik verlangt gewisse Qualitäten, um das bestmögliche Ergebnis zu erzielen – glatt oder strukturiert, dünn oder dick, oder eine Kombination dieser Eigenschaften? Druckpapier kann in zwei grundlegende Kategorien eingeteilt werden: westliches und japanisches Papier.

WESTLICHE DRUCKPAPIERE

Diese Papiersorten finden Sie in jedem Geschäft für Kunst- und Bastelbedarf. Die meisten sind traditionelle FineArt-Papiere mit einer glatten Oberfläche. Manche weisen eine leichte Textur auf, die künstlerischen Zwecken zugutekommen kann. Im Allgemeinen wiegen diese Papiere 250 g/m^2, haben einen Büttenrand und eine robuste Oberfläche. Sie bestehen aus absorbierenden Fasern wie Baumwolle, die Druckfarbe hervorragend aufnimmt. Westliche Papiere sind relativ dick und sind gut für die Arbeit mit einer Druckpresse geeignet – sowohl für Hochdruck als auch für Siebdruck. Sie nehmen wasser- und ölbasierte Farbe gut auf.

JAPANISCHE DRUCKPAPIERE

Traditionelles japanisches Papier eignet sich gut für den Einstieg. Es gibt hunderte verschiedener Sorten, wobei ich jene mit der höchsten Festigkeit und Langlebigkeit empfehle. Sie werden aus Pflanzenfasern hergestellt, die zu ganz verschiedenen Eigenschaften der jeweiligen Papiersorte führen. Meistens handelt es sich um sehr dünnes, halblichtdurchlässiges, hoch absorptionsfähiges Papier, das schon bei wenig Druck die Farbe der Platte gut aufnimmt. Lange, starke Fasern halten selbst dünnes Papier gut zusammen, weshalb sie selbst beim Gebrauch von wässriger Farbe extrem langlebig sind. Diese Papiersorten sollten trocken gelagert werden. Die Papiernamen weisen oft auf die Pflanze oder das Material hin, aus dem sie hergestellt wurden: Kitakata (hergestellt aus den Fasern der Gampi-Pflanze), Mulberry oder Kozo (hergestellt aus den Fasern der Rinde des Maulbeerbaums) oder Kinwashi (hergestellt aus Fasern des Manilahanfs).

SCHNEIDWERKZEUGE

Meiner Meinung nach sind Schneidwerkzeuge der wichtigste und entscheidendste Faktor beim Hochdruck. Sind Sie Anfänger, beginnen Sie am besten mit einer günstigen Variante und nehmen Sie sich genügend Zeit, um verschiedene Oberflächen und Motive mit einem Einsteigerset zu bearbeiten. Wenn Sie sicherer im Umgang mit den Schneidwerkzeugen sind und bereits Vorlieben entwickelt haben, können Sie in eine hochwertigere Linolschnittgarnitur investieren.

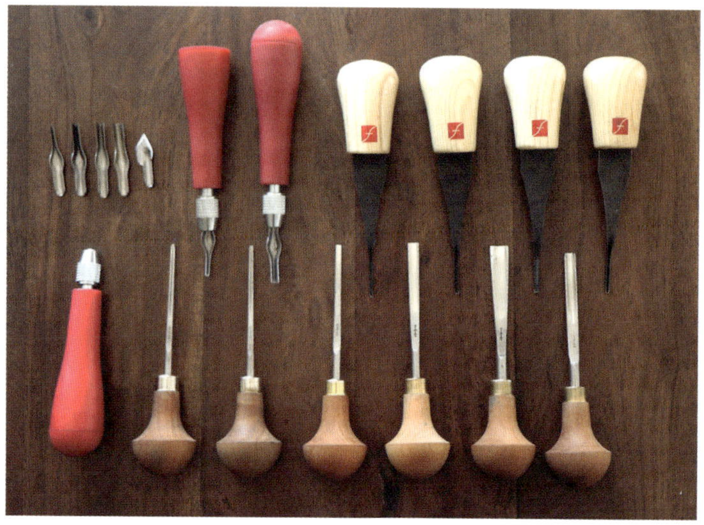

Oben links: Griff mit fünf auswechselbaren Klingen. Oben rechts: FlexCut Micro Palm Set. Unten: Linol- und Holzschnitt-Messerset von pfeil

EINFACHE LINOLEUMMESSER

Sets aus Griff und auswechselbaren Klingen eignen sich gut für Anfänger. Der Griff aus hartem Kunststoff liegt angenehm in der Hand und meist sind fünf Stahlklingen im Basisset, die sich schnell während der Arbeit an der Platte austauschen lassen. Die Klingen ermöglichen das Herausarbeiten genauer, detaillierter Linien in der Platte. Diese Schneidwerkzeuge eignen sich insbesondere für weiche und harte Gummiplatten, können aber auch für Linoleum verwendet werden.

FORTGESCHRITTENE SCHNEIDWERKZEUGE

Wenn man in eher hartes Linoleum schneidet, ermöglicht einem eine hochwertige Garnitur die Freiheit, jedes beliebige Detail auszuarbeiten. Zwei der beliebtesten Linolgarnituren werden von pfeil und FlexCut hergestellt. Die Werkzeuge aus dem Hause pfeil kommen aus der Schweiz, gelten als qualitativ exzellent und langlebig. Ursprünglich für den Holzschnitt entwickelt, gebrauchen inzwischen viele Druckkünstler diese Schnitzmesser für den Linoldruck. Jedes Messer hat einen pilzförmigen Holzgriff, mithilfe dessen sich das Werkzeug gut führen lässt. Die Messer sind einzeln oder im Set erhältlich. Jedes Set umfasst verschieden geformte und verschieden breite Hohleisen, die sich für unterschiedliche Oberflächen anbieten.

Das Micro Palm Set von FlexCut hat ebenfalls Holzgriffe, die gut in der Hand liegen, und ermöglicht das Ausarbeiten filigraner Details. Verschiedene Klingen sind als Set mit diversen Formen und Größen erhältlich und erlauben so unterschiedliche Schnittmethoden für vielfältige Strukturen und Motive.

HOLZWINKEL

Auch: Linolschnittunterlage oder Schneidebrett, Arbeitsplatte, je nach Anbieter. Dieses Zubehör ist nicht unbedingt notwendig, aber äußerst hilfreich. Ein Holzwinkel bietet Ihnen nämlich einen angenehmen Arbeitsplatz für das Schneiden, vor allem, wenn Sie mit hartem, aufgeklebtem Linoleum arbeiten. Dieser Winkel wird über die Kante einer Werkbank oder eines Tisches gelegt und je nach Modell an der Tischplatte befestigt. In erster Linie dient er dazu, das aufgeklebte Linoleum zu stabilisieren und so Fehlschnitte sowie Verletzungen zu verhindern.

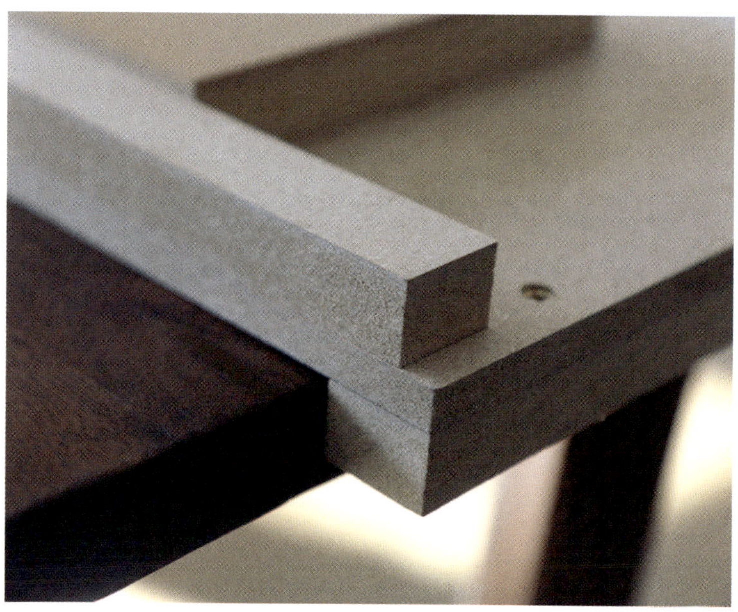

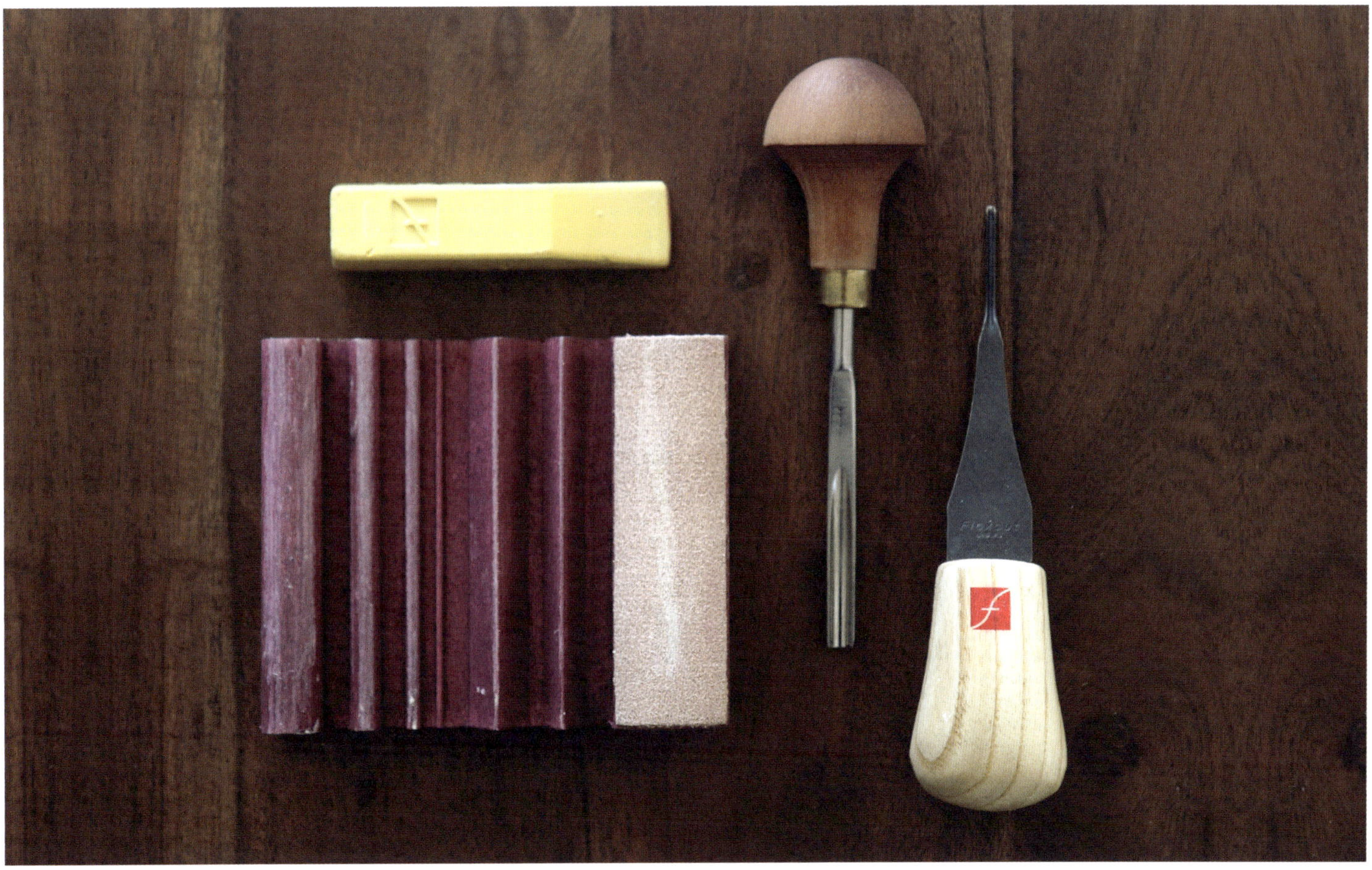

KLINGEN SCHÄRFEN

Viele Menschen denken, teure Schneidwerkzeuge würden besser funktionieren als günstige. Das mag in vielen Fällen zutreffen, doch wenn Sie Ihre Werkzeuge regelmäßig und gut pflegen und schärfen, dann funktionieren günstige Schnitzmesser genauso gut wie hochpreisige.

Andere nützliche Werkzeuge

Spachtelmesser Ein Spachtelmesser (auch Malmesser, Palette, Spatel) hat eine flexible Stahlklinge und wird eingesetzt, um Farbe zu mischen oder auf die Druckplatte aufzutragen. Zudem kann man mit diesem Messer eine kleine Farbmenge aus der Farbdose entnehmen und auf die Palette geben.

Falzbein Ein Falzbein ist ein Handwerkzeug – traditionell aus Knochen (Bein), heute oft aus Kunststoff – mit abgerundeten Kanten, das ursprünglich Anwendung im Papierkunsthandwerk wie Origami, Kartenherstellung und Buchbinderei fand, um Kniffe beim Falten von Papier und Karton nachzufahren und flach zu drücken. Im Blockdruck dient dieses Werkzeug dazu, beim Übertragen eines Bildes von Papier auf die Linoleumplatte Druck auszuüben, insbesondere auf kleinen Flächen.

WEITERE NÜTZLICHE MATERIALIEN:

- Schneidematte
- Cutter
- Messwerkzeuge
- Weicher Bleistift
- Skizzenblock
- Permanentmarker
- Malerkrepp
- Pauspapier
- Transparentfolie (Acetat-Folie)
- Kohlepapier
- Prägestift

SLIPSTROP™

SlipStrop™ von FlexCut ist ein Schleifset, das man zusammen mit dem Polierverbundstoff Gold™ desselben Herstellers verwenden kann, um die Schneidwerkzeuge zu schärfen.

SO VERWENDET MAN SLIPSTROP

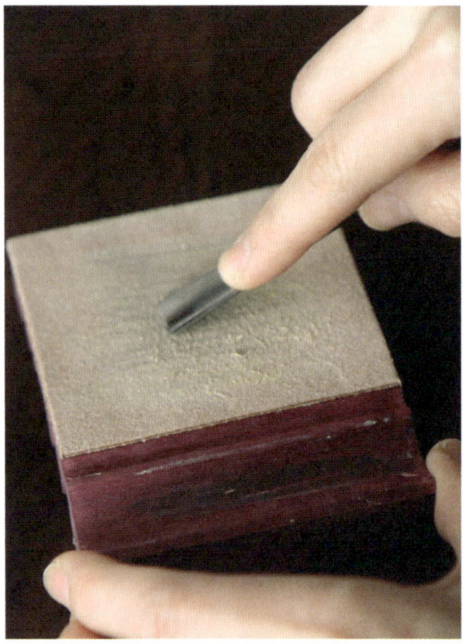

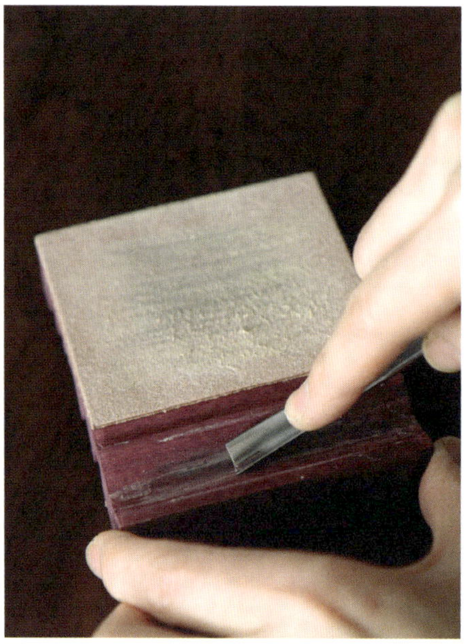

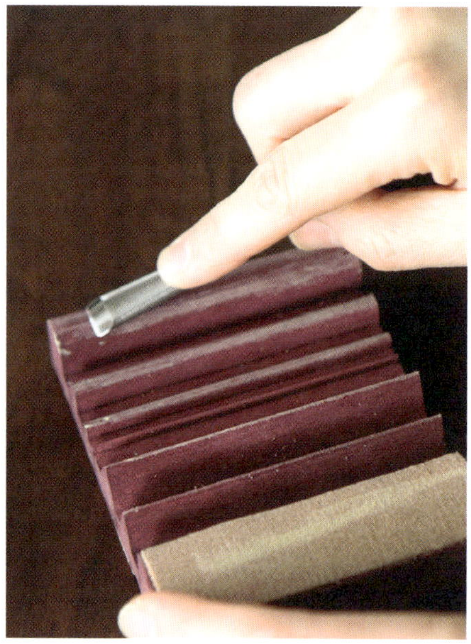

Tragen Sie die Paste einfach auf die Oberfläche des SlipStrop auf. Sobald diese bedeckt ist, ziehen Sie Ihr Messer mehrmals über die beschichtete Oberfläche. Das Messer sollte nicht an den Rand des SlipStrops kommen, da dieser sonst beschädigt wird. Schärfen Sie sowohl die Innen- als auch die Außenseite der Klinge.

Beim Schärfen der Außenseite ist der richtige Winkel von Bedeutung:

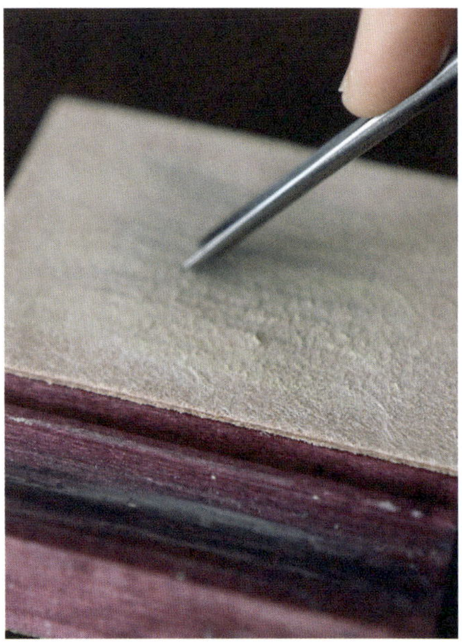

FALSCH: WINKEL IST ZU STEIL.

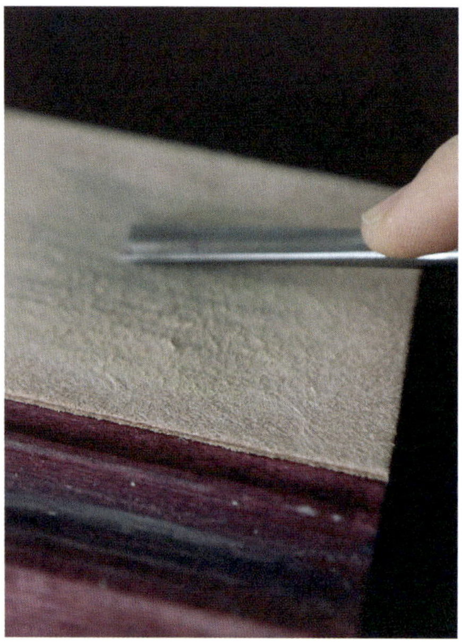

FALSCH: WINKEL IST ZU FLACH.

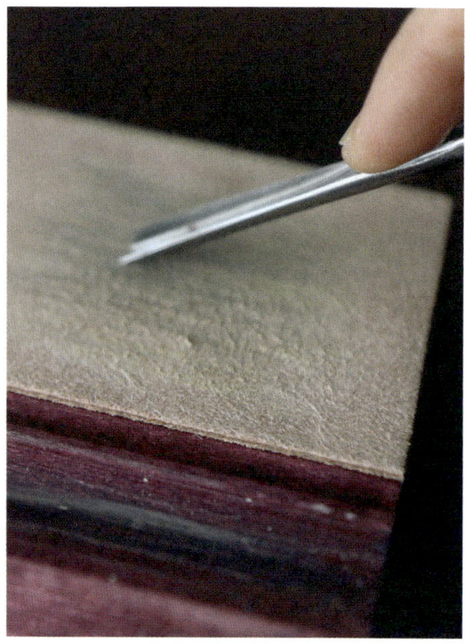

RICHTIGER WINKEL.

WERKZEUG ZUM EINFÄRBEN

FARBWALZEN

Mittels Farbwalzen (rechts) wird die Farbe gleichmäßig auf die Druckplatte aufgetragen. Die Walzen selbst sind unterschiedlich breit und dick. Sie liegen gut in der Hand und bestehen aus einer auf einen stabilen Metallkern aufgebrachten Gummiwalze. Die äußerste Schicht kann mehr oder minder weich sein. Für Farben auf Wasser- und Ölbasis gleichermaßen geeignet. Um Streifen auf Ihrem Druck zu vermeiden, sollten Sie Ihre Farbwalzen gut pflegen. Entfernen Sie stets jegliche Farbreste von Walze und Griff. Lassen Sie die Walze gut trocknen, bevor Sie sie wieder verstauen.

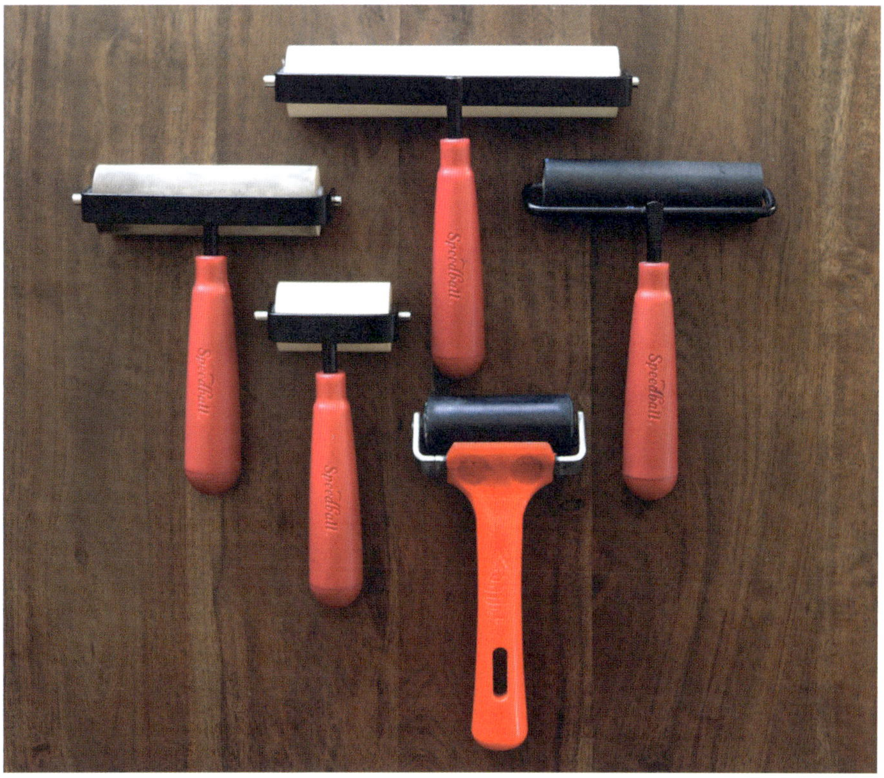

FARBPALETTEN

Paletten braucht man zum Anmischen und Auswalzen der Farbe. Die Oberfläche einer solchen Unterlage sollte glatt, eben und sauber sein. Die Platte vor und nach der Verwendung gründlich reinigen. Eine solche Palette kann aus Glas oder Plastik bestehen.

HANDREIBER

Handreiber sind scheibenförmig mit einer glatten, flachen Unterseite. Mit diesem Werkzeug üben Sie Druck auf die Rückseite des Druckträgers (Papiers) aus und arbeiten die Druckfarbe gut ins Papier ein. Es gibt zwei Arten von Handreibern: 1) Traditionelle Handreiber, die insbesondere für das Drucken von Hand konzipiert wurden und aus Bambusblättern und gezwirbelten, mehrfach verschlungenen Kordeln bestehen, und 2) die erschwinglicheren Handreiber aus Kunststoff mit einem Holzgriff. Alternativ reicht auch ein flacher Holzkochlöffel, den Sie anstelle oder zusätzlich zum Handreiber einsetzen können.

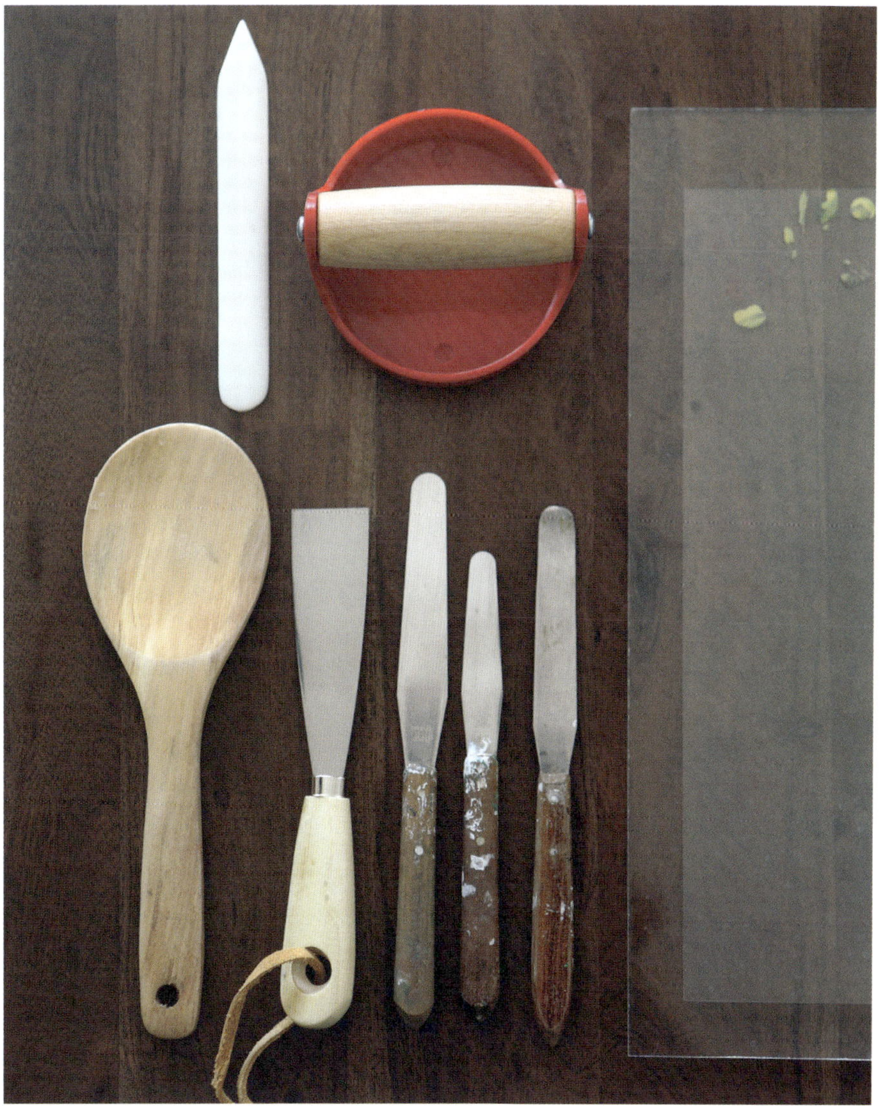

Im Uhrzeigersinn von oben links: Falzbein, Handreiber, Farbpaletten, verschiedene Spachtelmesser, Holzlöffel

BASISTECHNIKEN

Auf den folgenden Seiten stelle ich Ihnen die grundlegenden Schnitttechniken vor. Diese im Hochdruck allseits geläufigen und verbreiteten Techniken wende ich bei den Projekten in diesem Buch an.

EINE ZEICHNUNG ÜBERTRAGEN

Es gibt mehrere Möglichkeiten, einen Entwurf vom Papier auf den Druckstock zu übertragen. Im Folgenden erkläre ich zwei Methoden. Probieren Sie beide ruhig aus, um zu sehen, welche Ihnen besser liegt.

MIT KOPIERPAPIER

Materialien

- Druckplatte
- Kopierpapier (auf die Größe der Platte zugeschnitten)
- Weicher Bleistift (B oder 2B)
- Falzbein
- Malerkrepp

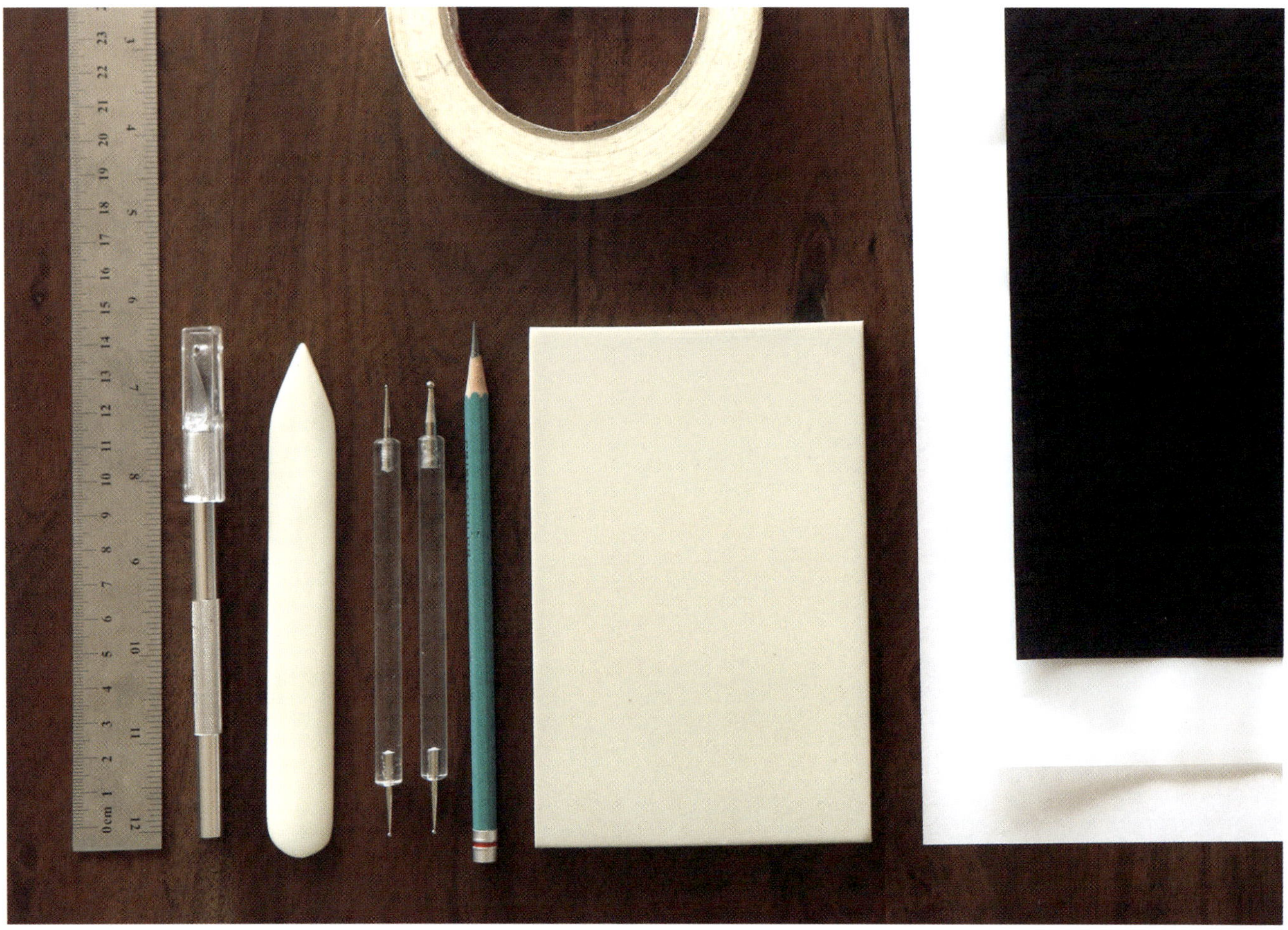

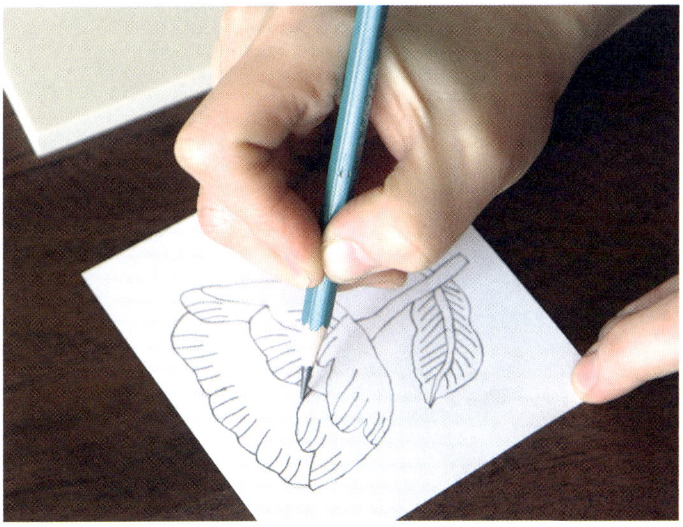

SCHRITT 1

Zeichnen Sie eine Skizze Ihres Motivs auf Papier. Im Allgemeinen erleichtert ein weicher Bleistift der Härte B das Übertragen des Bildes vom Papier auf die Druckplatte. Mit einem härteren Bleistift (wie HB) funktioniert das nicht so gut.

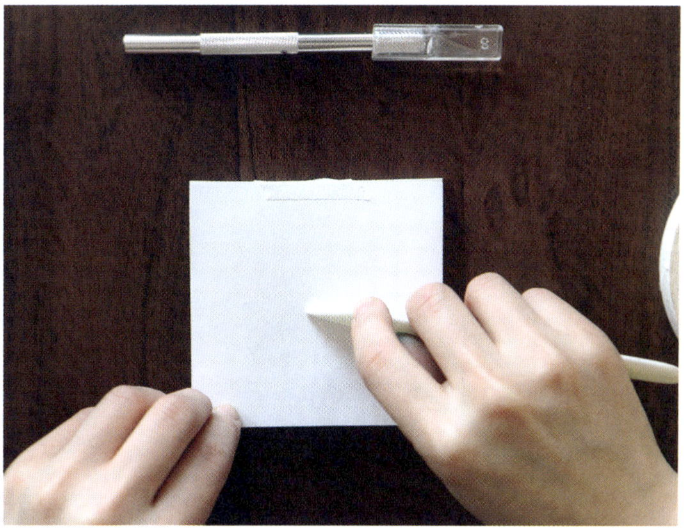

SCHRITT 2

Legen Sie die Skizze mit der Zeichnung nach unten auf die Platte und fixieren sie mit Malerkrepp. Reiben Sie mit der Rückseite eines Falzbeins über das Papier. Üben Sie möglichst gleichmäßig Druck aus und achten Sie darauf, über die gesamte Fläche zu reiben, damit alle Linien und Details auf die Druckplatte abfärben.

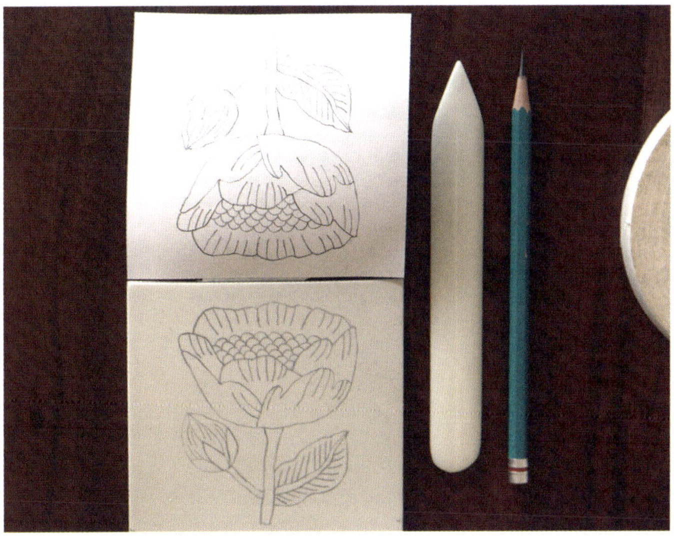

SCHRITT 3

Schauen Sie ab und zu, wie weit die Übertragung gelungen ist, indem Sie das Pauspapier anheben. Sind bestimmte Bereiche noch nicht übertragen, arbeiten Sie dort nach, bis die Zeichnung komplett ist.

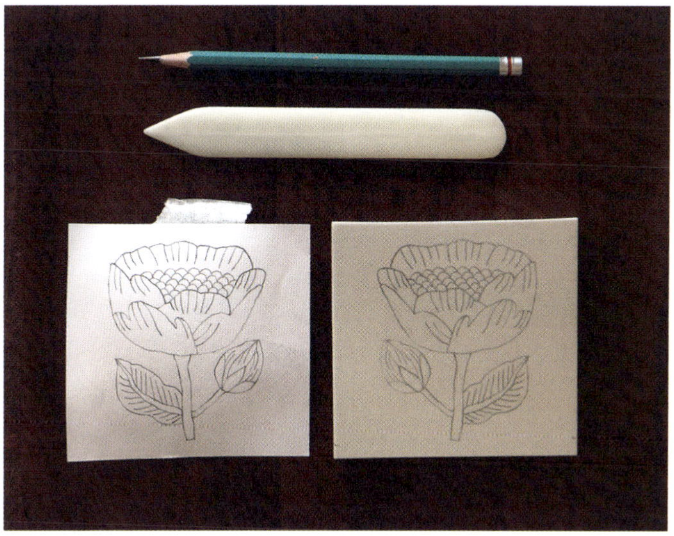

SCHRITT 4

Sobald Ihre Zeichnung vollständig auf der Druckplatte zu erkennen ist, können Sie mit dem Schneiden loslegen!

Diese beiden grundlegenden Transfertechniken beginnen mit einer einfachen Bleistiftskizze auf Papier. Manche Druckkünstler arbeiten direkt auf der Druckplatte! Wenn Sie das auch probieren möchten, dann beginnen Sie mit einer groben Skizze auf der Platte. Bedenken Sie, dass Sie geschnittene Linien nicht mehr »wegradieren« können. Diese Vorgehensweise erfordert Können und Vertrauen in die eigenen Fähigkeiten.

MIT KOHLEPAPIER

Materialien & Werkzeuge

- Druckplatte
- Kopierpapier (auf die Größe der Platte zugeschnitten)
- Blaues oder schwarzes Kohlepapier
- Pauspapier
- Weicher Bleistift (B oder 2B)
- Falzbein
- Malerkrepp
- Lineal
- Cutter
- Prägestift

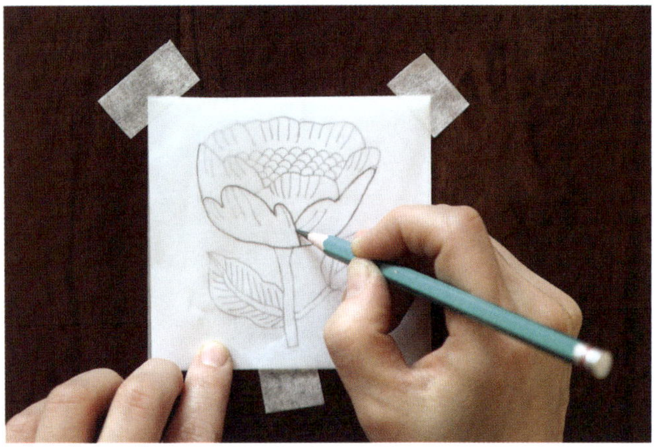

SCHRITT 1

Skizzieren Sie Ihr Motiv mit einem weichen Bleistift auf dem Papier. Kleben Sie das Blatt auf eine feste, glatte Oberfläche. Legen Sie ein Blatt Pauspapier darüber und kleben Sie es ebenfalls fest. Zeichnen Sie dann das Motiv auf dem Pauspapier nach.

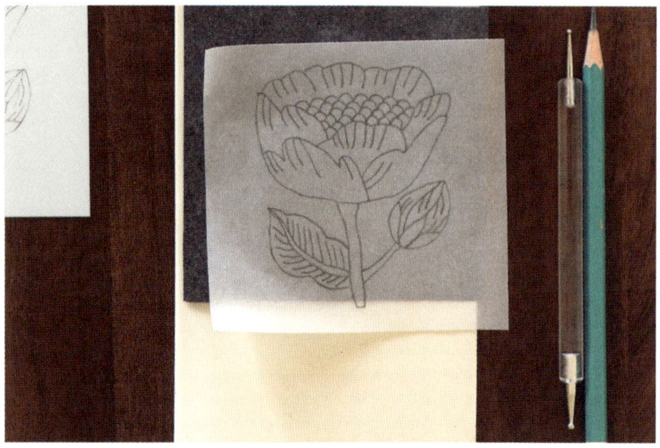

SCHRITT 2

Sobald das Bild komplett übertragen ist, nehmen Sie das Kohlepapier zur Hand. Legen Sie es mit der Farbseite nach unten auf die Druckplatte.

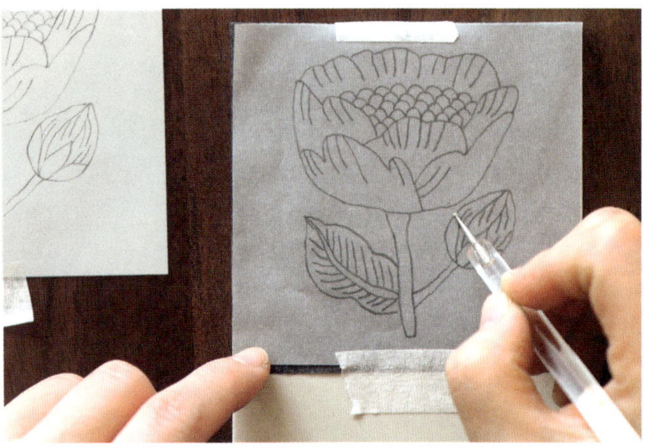

SCHRITT 3

Legen Sie das Pauspapier mit der Skizze nach oben auf das Kohlepapier. Befestigen Sie die Papiere mit Malerkrepp und zeichnen Sie anschließend mit dem Prägestift die Linien nach. Üben Sie gleichmäßig Druck aus, denn so erhalten Sie klare, detaillierte Linien auf Ihrer Druckplatte.

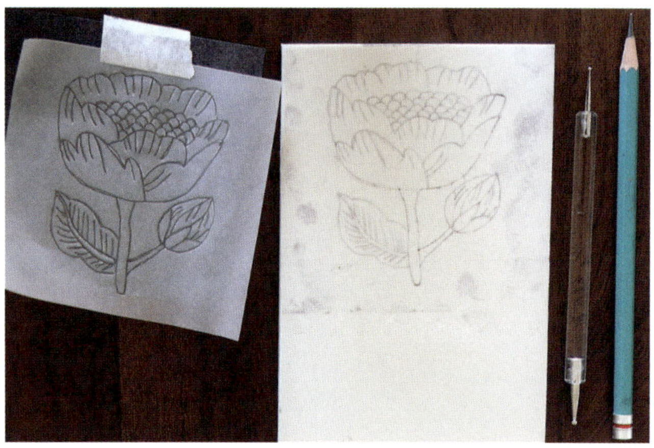

SCHRITT 4

Heben Sie hin und wieder Paus- und Kohlepapier an, um zu sehen, wie gut und wie weit die Skizze bislang übertragen wurde. Wenn das gesamte Motiv auf der Druckplatte zu sehen ist, können Sie mit dem Schneiden beginnen.

SCHNITTTECHNIKEN

Wie bereits erwähnt, sollten Sie sich zu Beginn mit verschiedenen Arten von Hohleisen und Geißfüßen vertraut machen. Sehr schmale oder v-förmige Geißfüße werden vorwiegend für das Schneiden filigraner Linien eingesetzt. Breite, u-förmige Hohleisen eignen sich für das Bearbeiten größerer Flächen oder auch für das schnelle Abtragen der nicht zu druckenden Bereiche im Bildhintergrund.

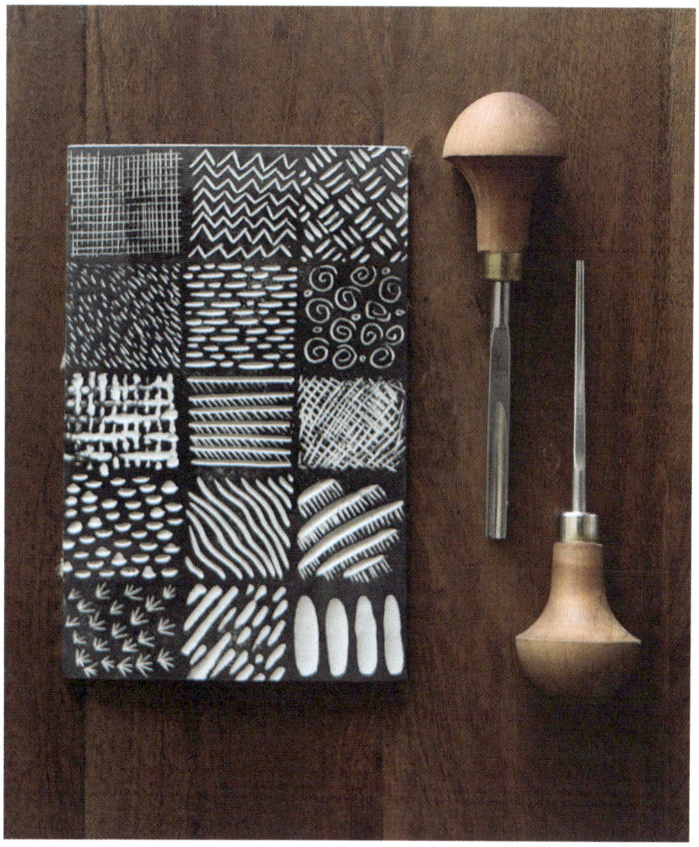

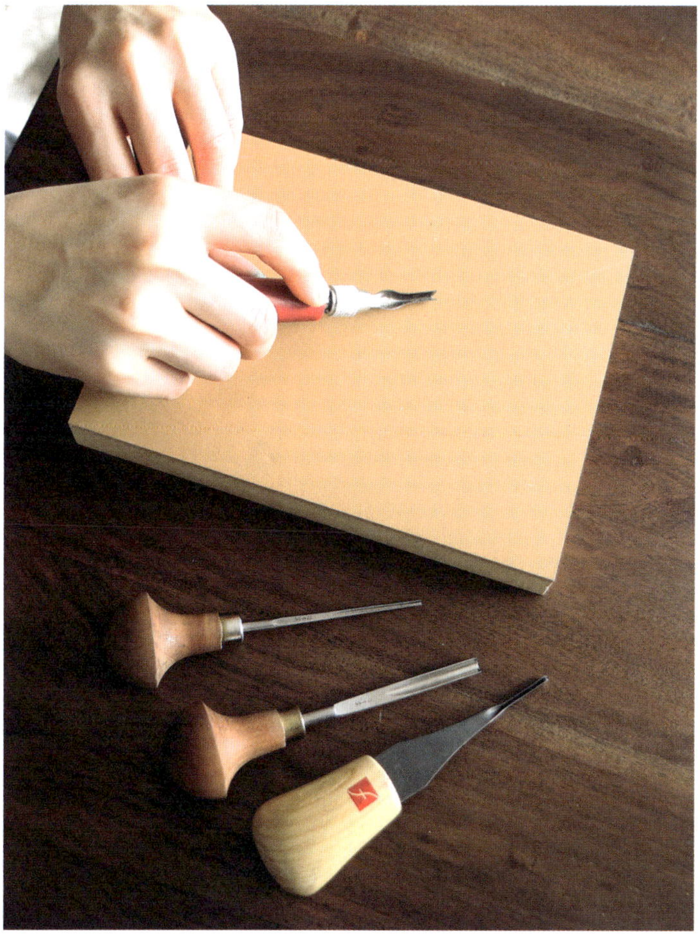

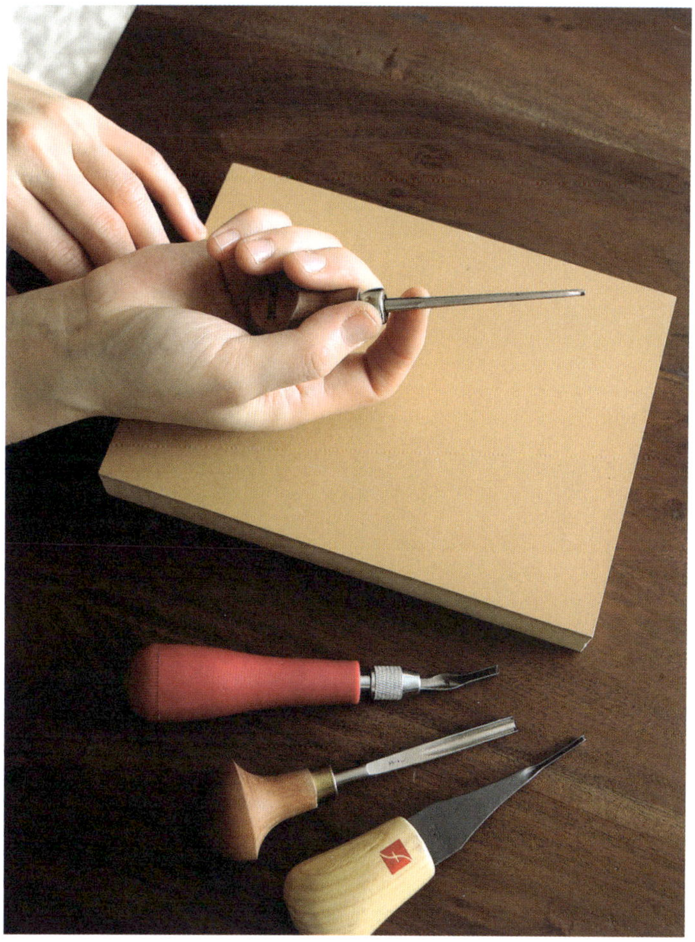

DAS HALTEN DER SCHNEIDWERKZEUGE

Die meisten Schneidwerkzeuge haben ähnlich geformte Griffe, die gut in der Hand liegen und dafür sorgen, dass das Gerät leicht zu führen und zu kontrollieren ist. Wie in den Bildern gezeigt, lässt sich der Griff problemlos mit der dominanten Hand halten, indem man den Zeigefinger auf die lange Klinge legt. So können Sie sie beim Schneiden sicher führen.

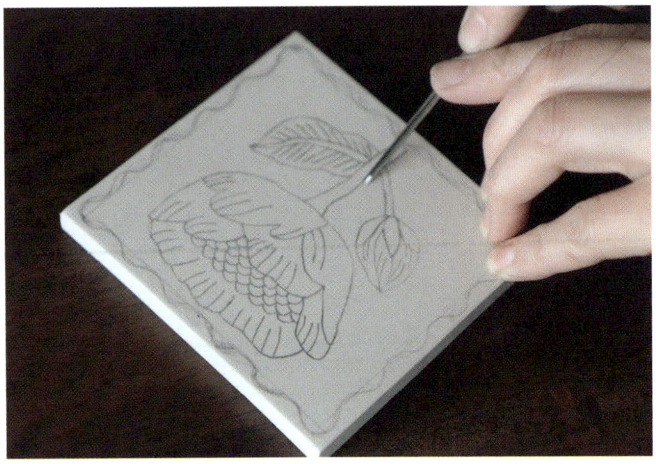

TIPP 1

Ich empfehle, zunächst die vorgezeichneten Linien mit einer v-förmigen oder anderen feinen Klinge auszuschneiden. Gehen Sie langsam und vorsichtig vor. Mit der anderen Hand können Sie das Schnitzwerkzeug zusätzlich führen. Gebrauchen Sie den Zeigefinger der nicht dominanten Hand dazu, die Spitze des Messers mit leichtem Druck zu halten, damit diese nicht nach vorne abrutscht.

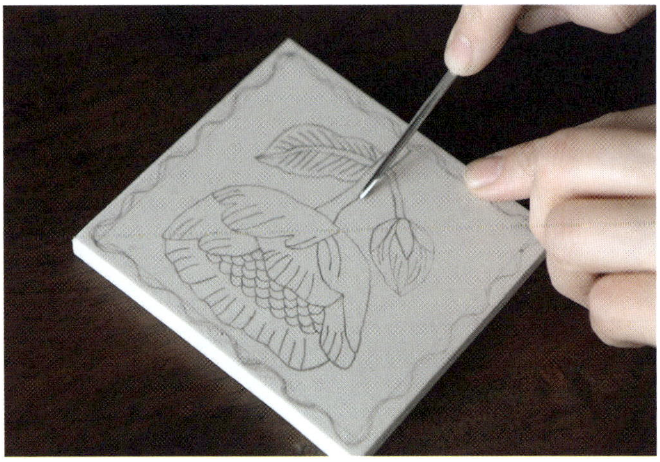

TIPP 2

Schneiden Sie nun neben der ersten Linie eine weitere mit demselben oder einem etwas breiteren Schnitzwerkzeug, um erstere beim späteren Abtragen größerer Flächen zu schützen.

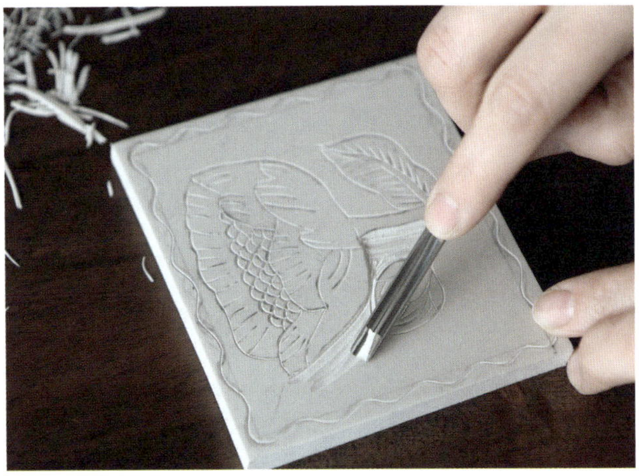

TIPP 3

Mit u-förmigen oder breiteren Hohleisen können Sie den Hintergrund abtragen. Es kann sein, dass Sie erst beim Auftragen der Farbe merken, welche Bereiche noch nicht flächig abgetragen sind. Schneiden Sie diese Stellen nachträglich weg. Manchmal lassen Druckkünstler auch im Hintergrund bewusst einige Linien stehen.

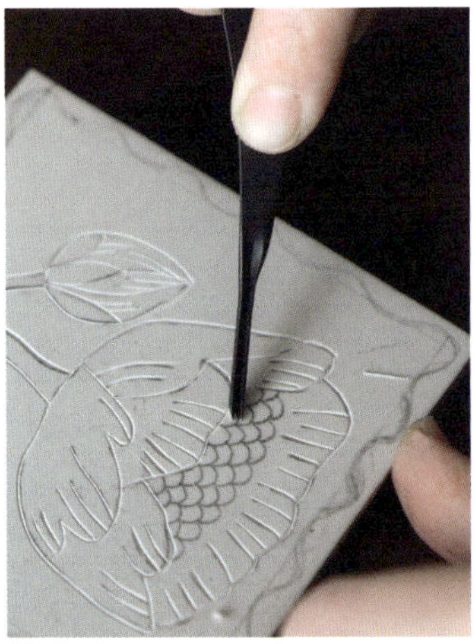

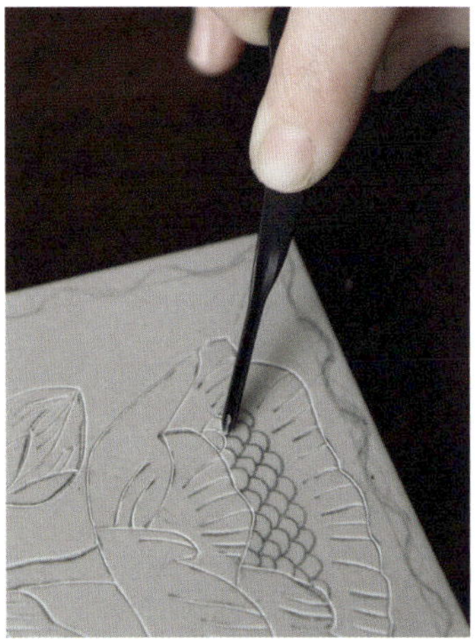

TIPP 4

Beim Schneiden von Kurven oder Kreisformen empfiehlt es sich, die Druckplatte zu drehen (oder die eigene Position zu verändern) und nicht das Schnitzwerkzeug.

Beim Bearbeiten der Druckplatte gibt es keine vorgeschriebene Reihenfolge. Meistens fängt man mit den feinen Linien an, bevor man größere Flächen abträgt. Manchmal bietet es sich an, die Platte in Bereiche einzuteilen und diese systematisch abzuarbeiten. Sobald Sie mehr Erfahrung gesammelt haben, werden Sie merken, welche Vorgehensweise für Sie am besten ist.

POSITIV- UND NEGATIVEFFEKTE

Überlegen Sie sich *vor* dem Schneiden, welche Teile der Oberfläche weggeschnitten werden und welche stehen bleiben. Erstere, die positiven Bereiche, lassen das Papier leer, während letztere, die negativen Bereiche, Farbe auf den Druckträger bringen. Wie im Foto zu sehen, wirken die beiden Methoden völlig unterschiedlich, trotz des gleichen Motivs. Deshalb lohnt es sich, vorab festzulegen, welcher Effekt zu Ihrem Druckmotiv am besten passt!

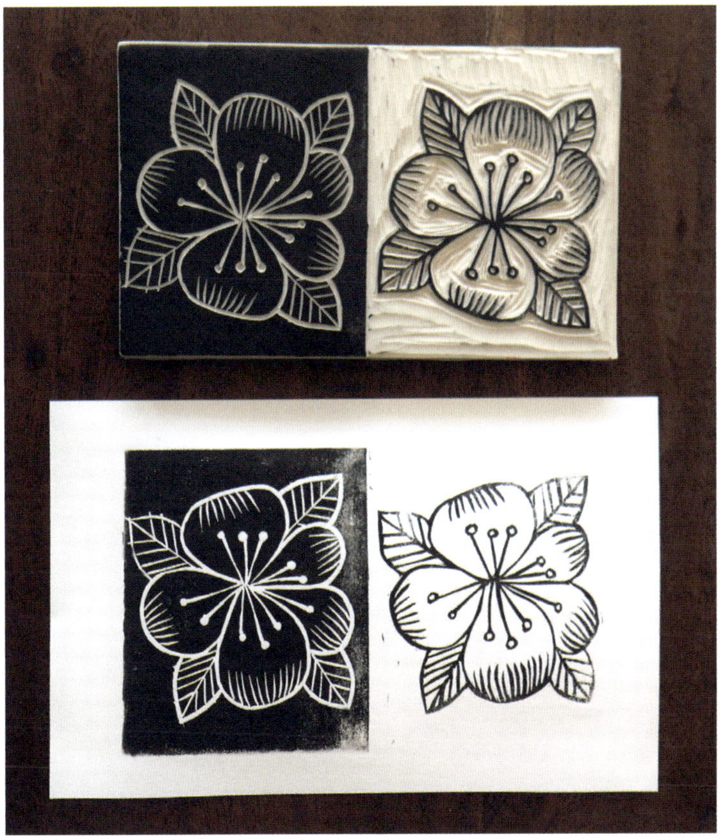

POSITIVSCHNITT (RECHTS):
Bis auf die Konturlinien ist die gesamte Oberfläche der Platte entfernt worden. Der Großteil des Drucks bleibt weiß, nur die Linien halten die Farbe.

NEGATIVSCHNITT (LINKS):
Alle Linien des Motivs sind ausgeschnitten worden und bleiben im Druck weiß. Unbearbeitete Flächen bilden den Hintergrund und erhalten die gewählte Farbe.

Sicheres Schneiden

Wenn Sie die Druckplatte bearbeiten, achten Sie darauf, dass die Klinge nicht wegrutscht. Legen Sie die nicht dominante Hand niemals vor das Schnitzwerkzeug, wie hier abgebildet, denn so könnten Sie sich verletzen. Halten Sie die Hand, die nicht das Werkzeug hält, stets hinter oder neben dem Schnitzwerkzeug, wo sie das Messer zusätzlich führen kann.

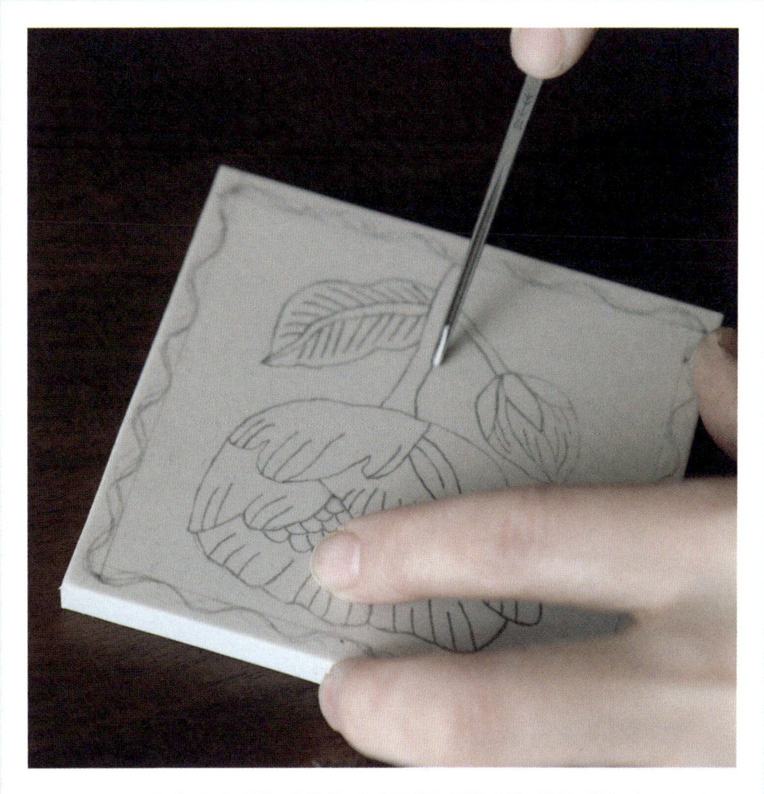

FALSCH: GEFÄHRLICHE POSITION DER HAND

DIE SCHNITTFLÄCHE EINFÄRBEN

Färbt man die Oberfläche des Druckstocks ein, so schafft man einen deutlichen Kontrast zwischen den bereits bearbeiteten und den unbearbeiteten Stellen, was wiederum das Schneiden erleichtert. Bei den Projekten in diesem Buch werden Sie merken, dass ich manchmal den Druckstock vor dem Drucken eingefärbt habe; ich empfehle Ihnen, das auch zu tun. Es verbessert die Übersichtlichkeit.

Manche Druckkünstler nutzen zu diesem Zweck einen schwarzen Permanentmarker, ein Stempelkissen oder Tusche. Ich bevorzuge für Teilbereiche einen Permanentmarker und ein Stempelkissen; Tusche verwendet man meistens zum Einfärben der gesamten Fläche, allerdings braucht sie Zeit zum Trocknen.

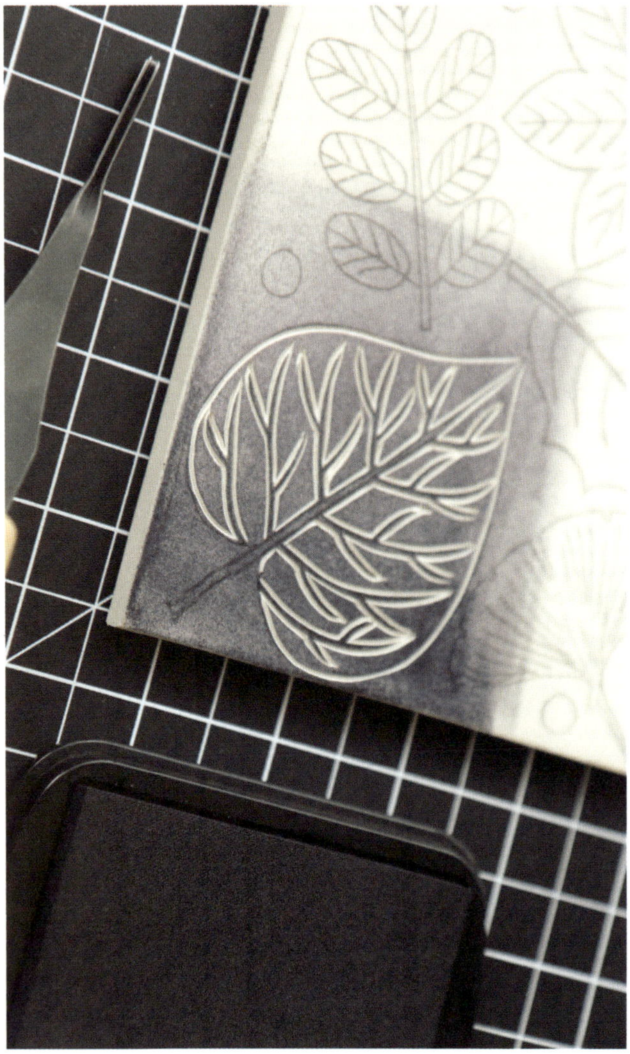

STEMPELKISSEN (OHNE RAND)

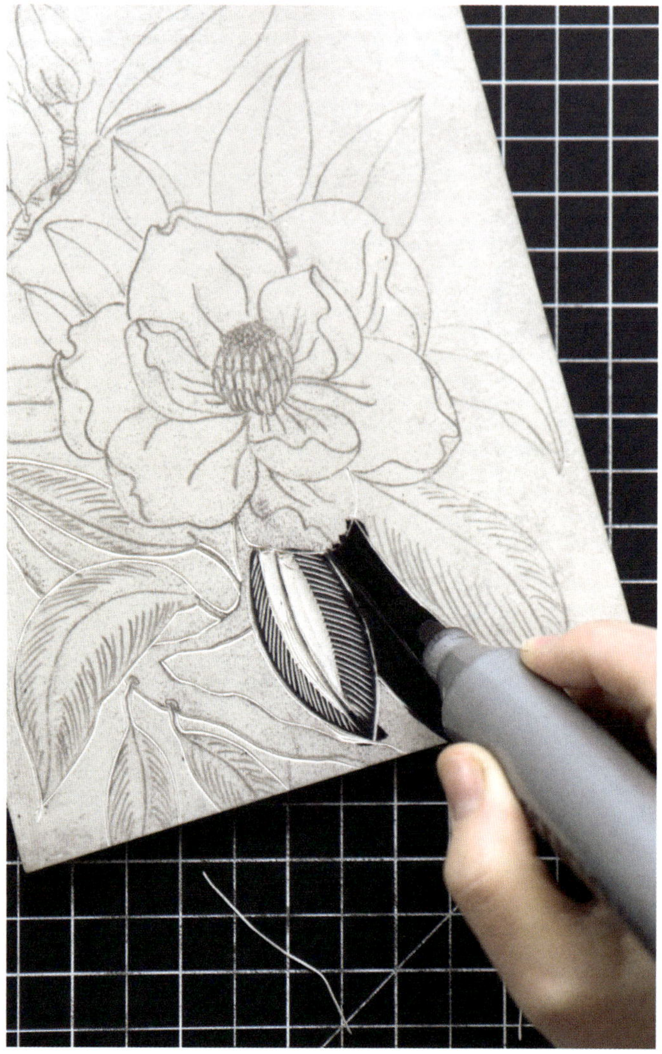

PERMANENTMARKER

Tipp

Manche Druckkünstler zeichnen die Linien des übertragenen Motivs gern mit Permanentmarker nach, da die Bleistiftlinien während des Schneidens verwischen können und kaum mehr zu erkennen sind. Probieren Sie diese Methode für sich aus.

EINE AUSRICHTUNGSHILFE ERSTELLEN

Fertigen Sie für jedes Projekt eine einfache Ausrichtungshilfe an, bestehend aus einem Stück Tonkarton, auf welchem der Druckstock während des Druckens nicht verrutschen kann. Für Anfänger ist die folgende DIY-Lösung eine prima Ausrichtungshilfe.

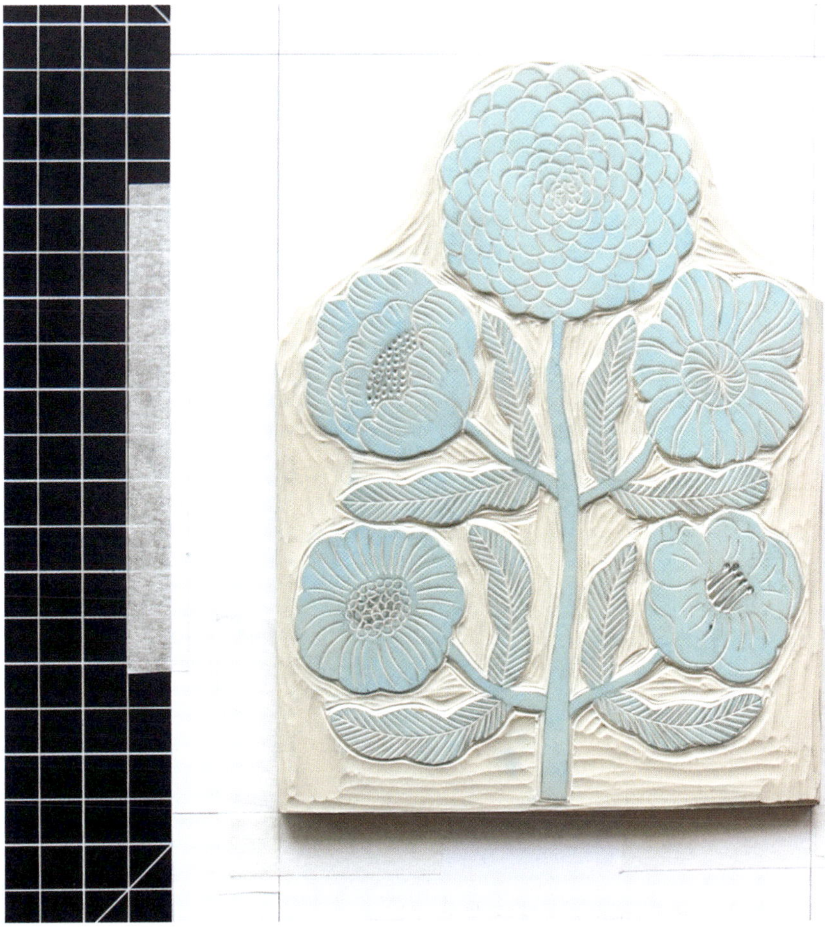

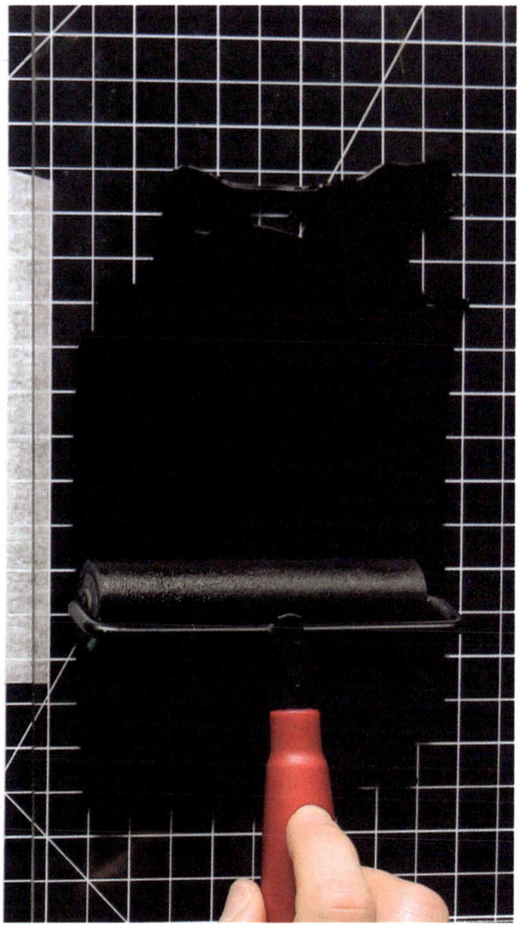

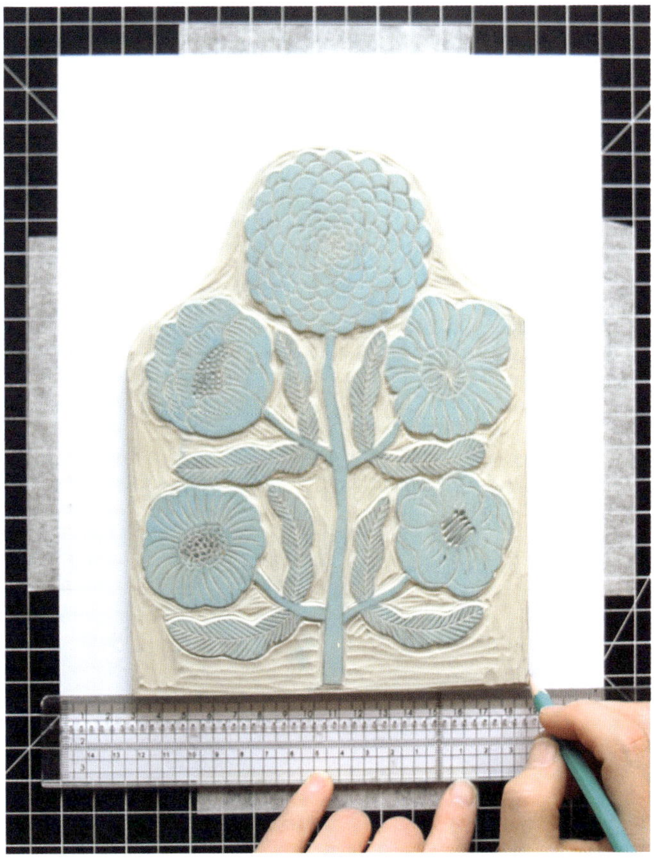

Befestigen Sie den Tonkarton mit Malerkrepp auf einer Schneidematte. Zeichnen Sie anschließend Ausrichtungslinien entlang der Seiten des Druckstocks auf den weißen Tonkarton. Achten Sie darauf, dass die Abstände zum Rand des Kartons gleich sind, damit später der Druck mittig auf dem Papier ist.

Mithilfe von Malerkrepp können Sie ebenfalls einfache Ausrichtungshilfen markieren. Richten Sie dafür das Malerkrepp entlang der Plattenränder aus. So verrutscht die Druckplatte auch bei mehreren Druckvorgängen nicht.

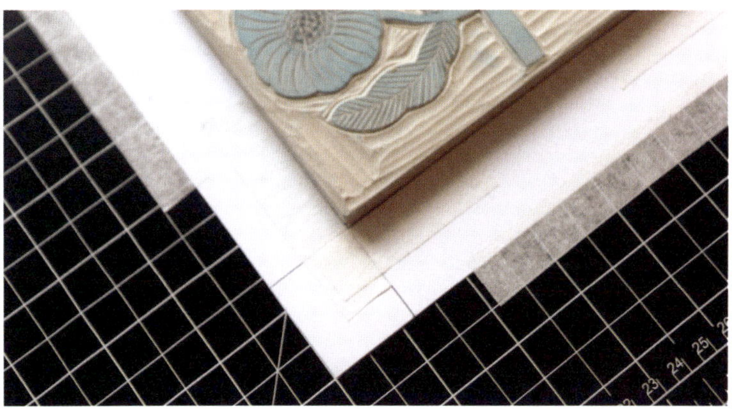

EINFÄRBEN UND DRUCKEN

Materialien & Werkzeuge

- Fertiger Druckstock
- Druckpapier (auf Größe der Druckplatte plus Rand zugeschnitten)
- Wasserlösliche Druckfarbe
- Spachtelmesser (für Farbe im Glas oder in der Dose)
- Walze
- Holzbrett oder weißer Tonkarton als Ausrichtungshilfe
- Handreiber (oder Holzlöffel)
- Palette
- Malerkrepp

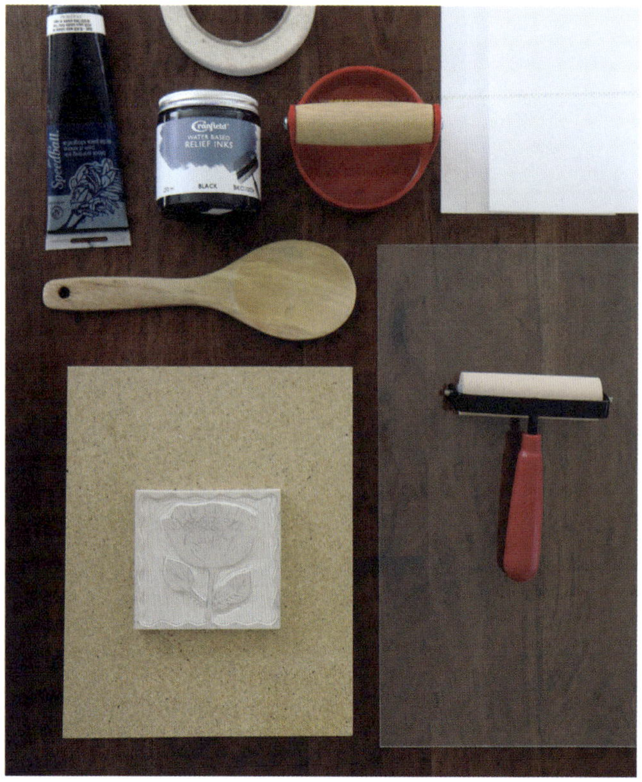

SCHRITT 1

Kontrollieren Sie zuerst, ob alle Oberflächen, der Druckstock, die Walze und die Palette sauber sind. Geben Sie eine kleine Menge Farbe auf die Palette. Mit der Zeit bekommt man ein Gefühl dafür, wieviel Farbe man je nach Motivgröße und Papiersorte benötigt. Zu viel Farbe auf der Palette trocknet nämlich während des Druckens; beginnen Sie deshalb zunächst mit einer kleinen Menge.

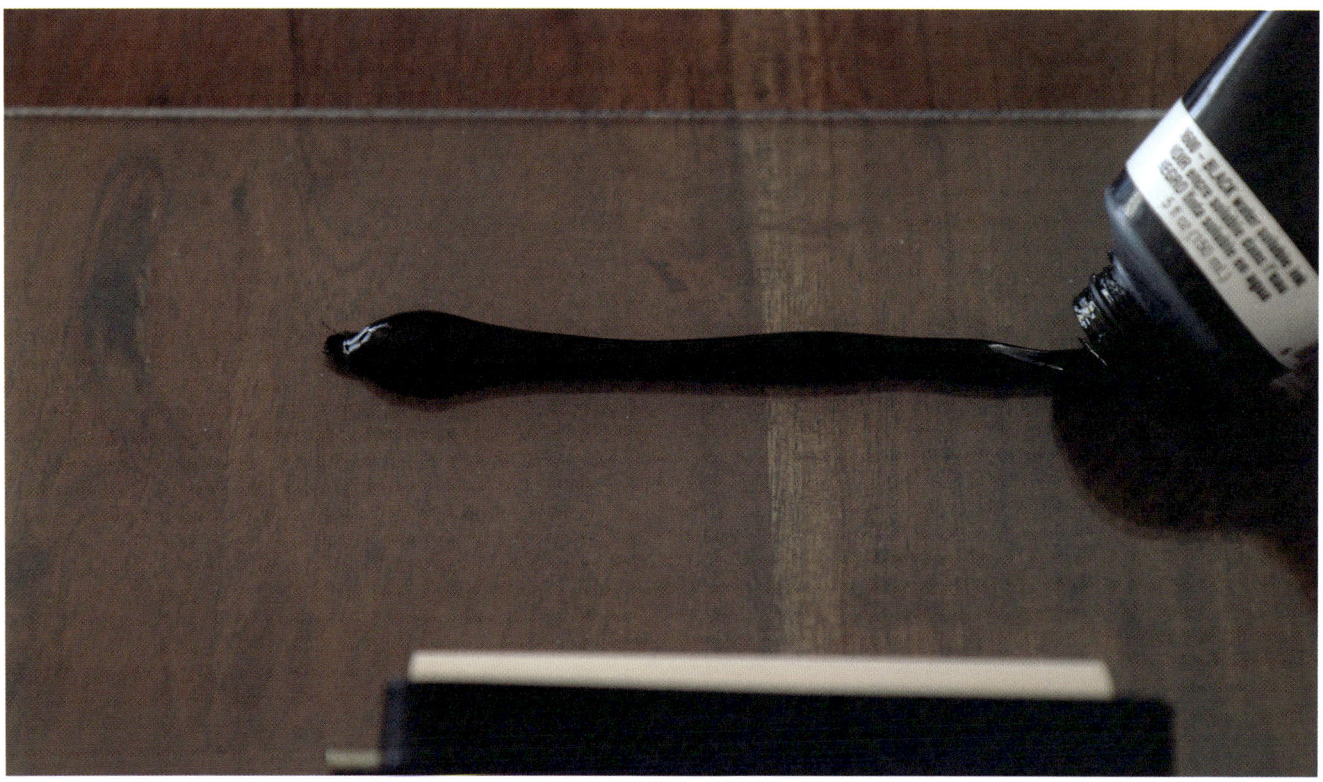

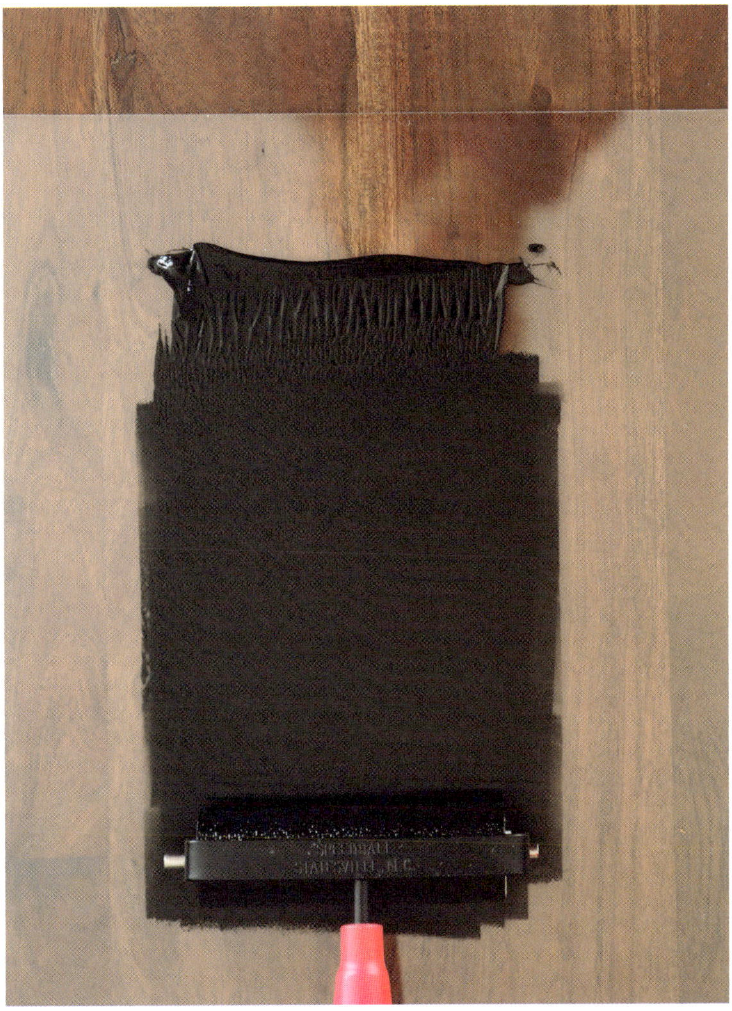

SCHRITT 2

Platzieren Sie die Walze vorsichtig auf der Farbe und rollen Sie sie vor und zurück. Wiederholen Sie diese Bewegung mehrmals, bis die gesamte Oberfläche der Walze mit einer dünnen Farbschicht überzogen ist. Versuchen Sie, die Farbe möglichst gleichmäßig auf der Palette zu verteilen, indem Sie die Walze nach rechts und links sowie oben und unten rollen. Arbeiten Sie zunächst nur in eine Richtung, bis die Walze vollständig bedeckt ist, dann in die andere Richtung.

Tipp

Bei mehrfarbigen Drucken benutzen Sie am besten für jede Farbe eine eigene Walze. Haben Sie nicht genügend Walzen, können Sie die verwendete Walze auch zwischen den einzelnen Farbaufträgen gründlich reinigen und abtrocknen.

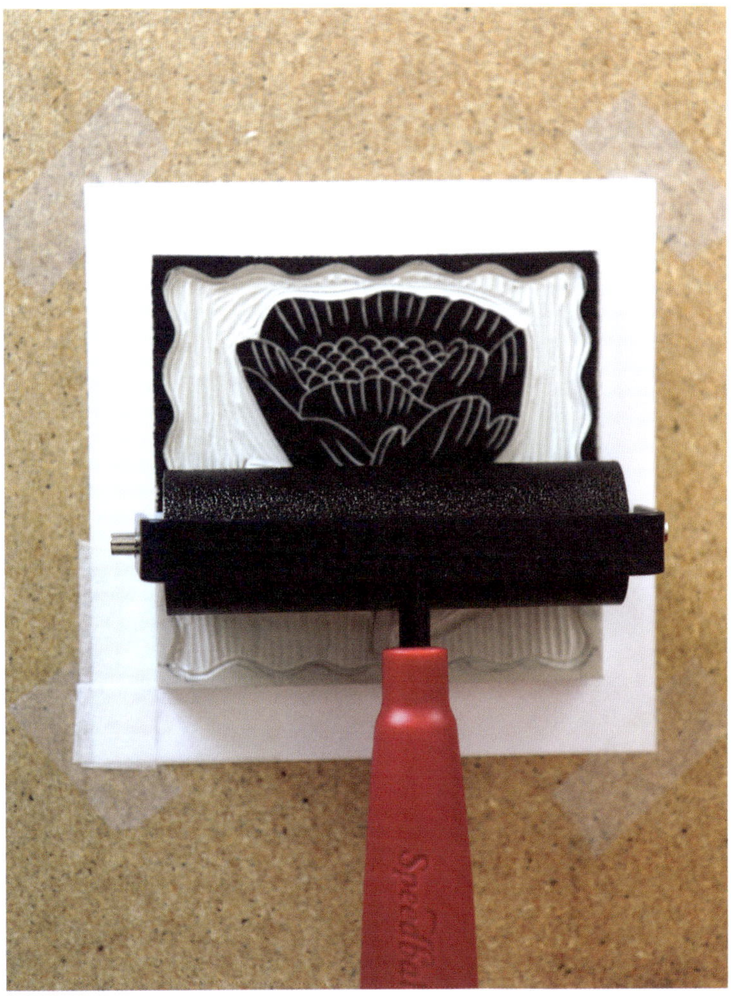

SCHRITT 3

Als Nächstes rollen Sie mit der eingefärbten Walze vorsichtig über das Motiv.

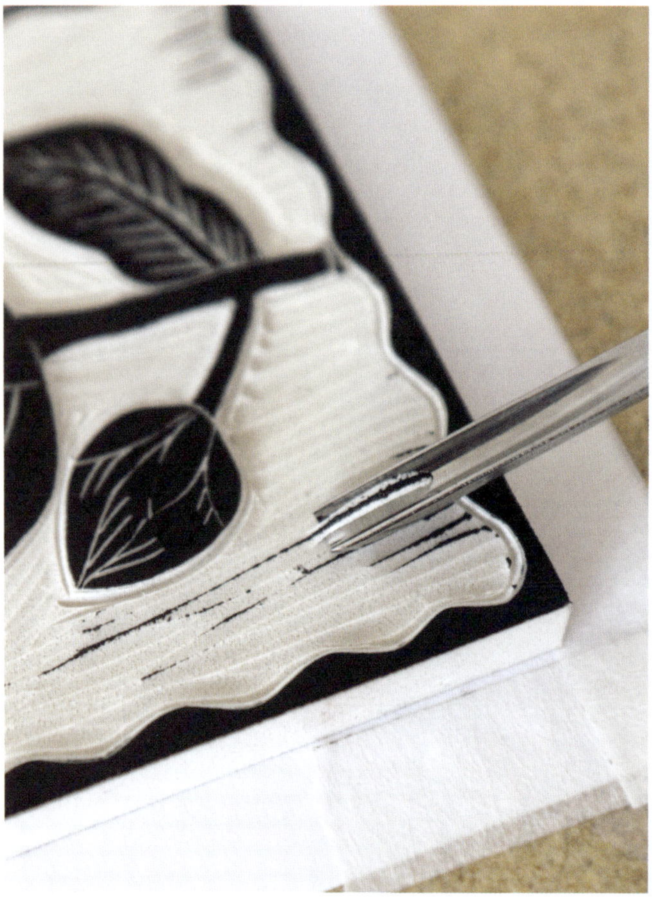

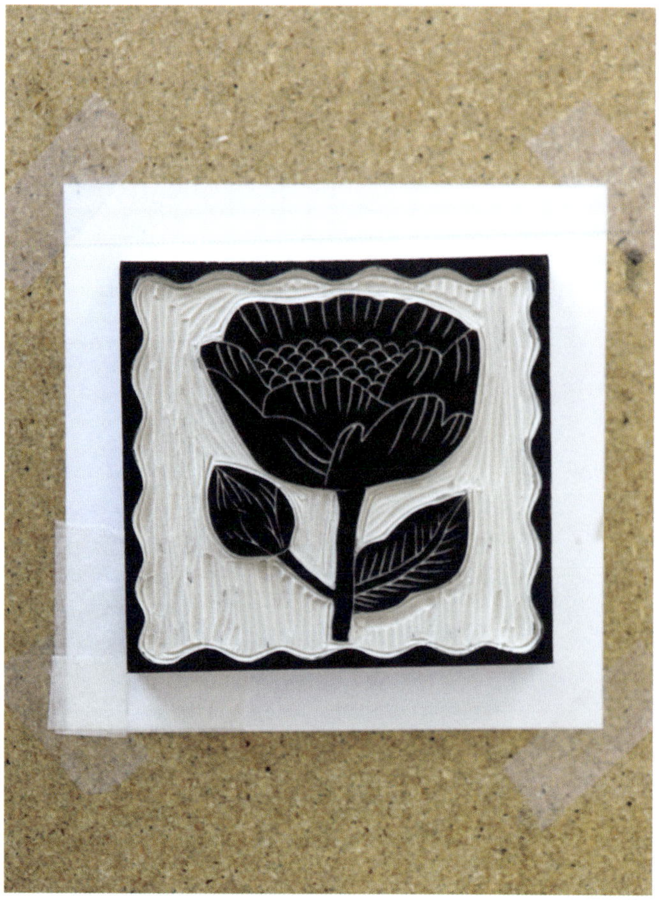

SCHRITT 4

Nach dem Farbauftrag erkennen Sie vielleicht, dass einige Stellen nicht ausreichend abgetragen wurden und nun eingefärbt sind (oben links). Sofern das nicht beabsichtigt war, schneiden Sie diese Stellen nachträglich weg.

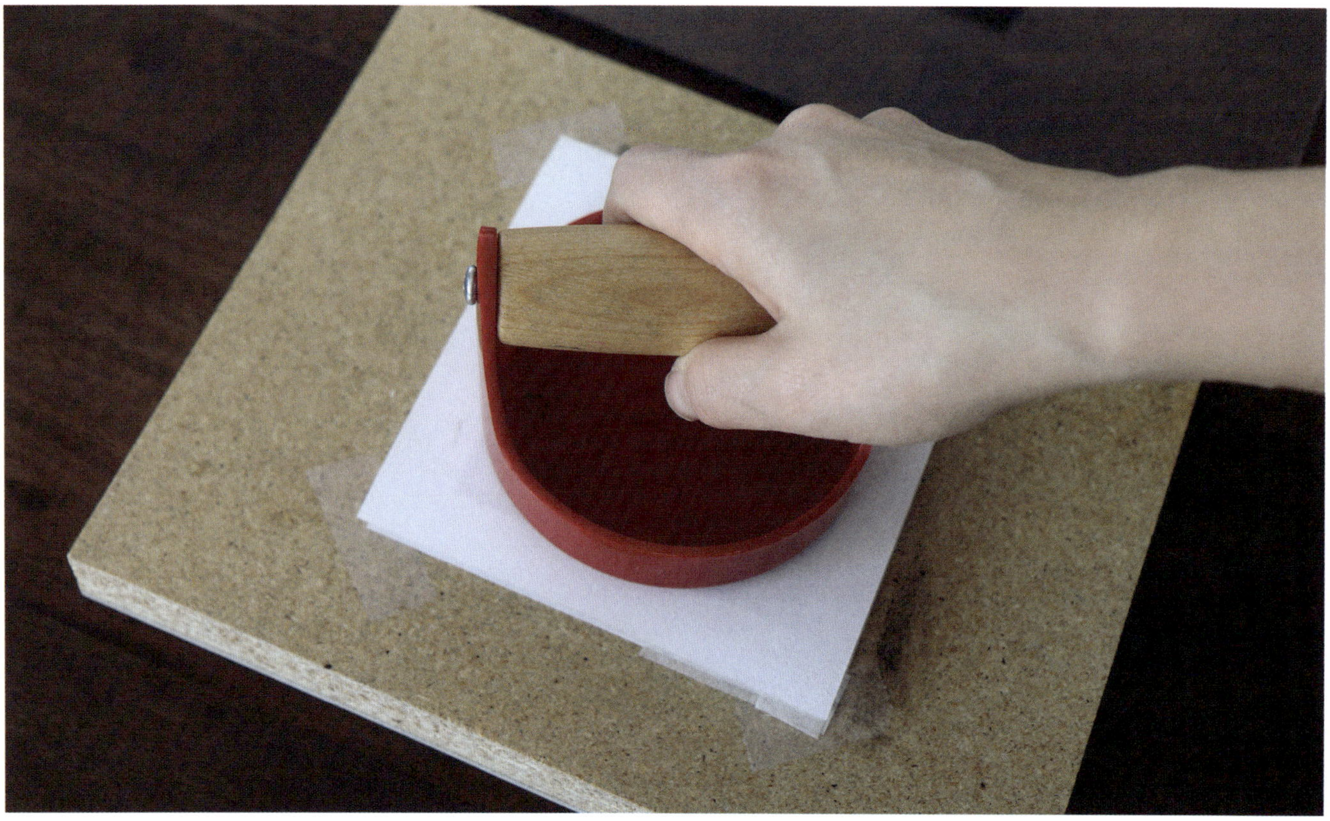

SCHRITT 5

Legen Sie das Druckpapier vorsichtig auf den eingefärbten Druckstock. Drücken Sie das Papier mit einem Handreiber oder Holzlöffel gleichmäßig an. An den Rändern arbeiten Sie am besten mit einem Holzlöffel.

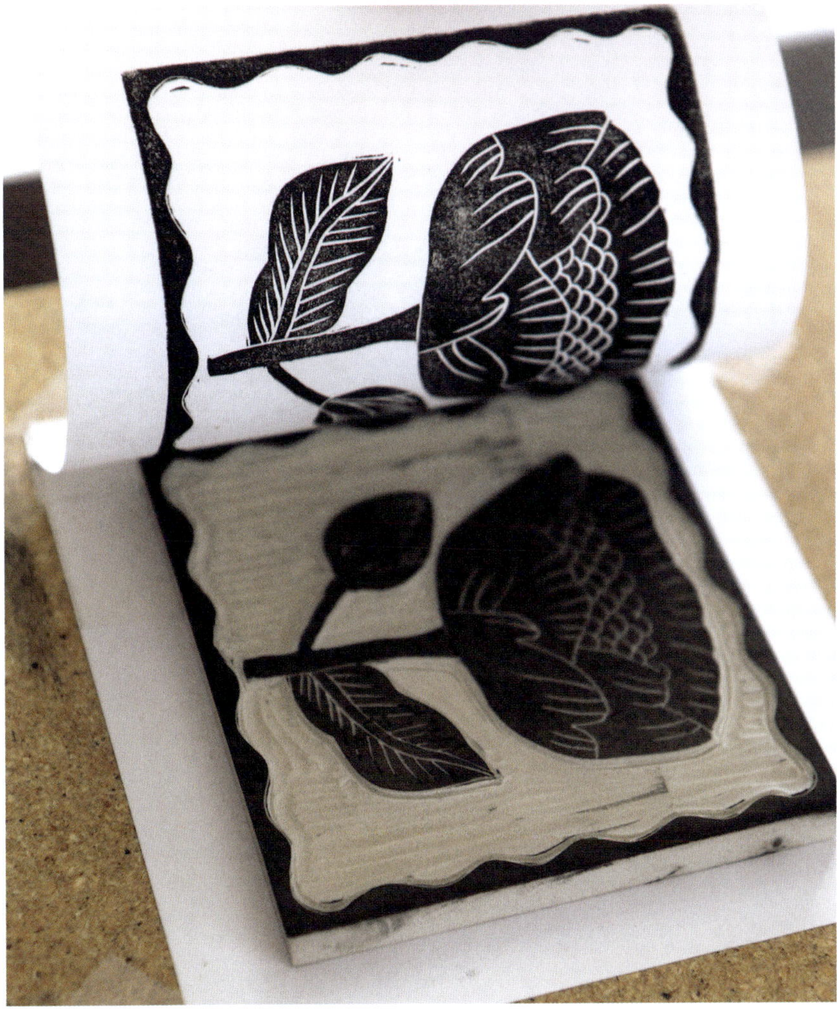

SCHRITT 6

Ziehen Sie das Papier vorsichtig vom Druckstock ab.

Die richtige Farbmenge auftragen

Beim Einfärben ist es wichtig, die optimale Farbmenge mit der Walze aufzutragen. Unterschiedliche Farbmengen führen zu unterschiedlichen Druckergebnissen. Die Walze und später auch der Druckstock sollten im Idealfall mit einer dünnen, gleichmäßigen Farbschicht bedeckt sein.

Diese drei Beispiele zeigen, welche Variationen der Farbauftrag hervorbringen kann. Befindet sich nicht ausreichend Farbe auf der Walze, wirkt das gedruckte Bild verblasst oder scheckig. Bei zu viel Farbe oder einer ungleichmäßigen Farbschicht auf der Walze gehen Details des Motivs verloren.

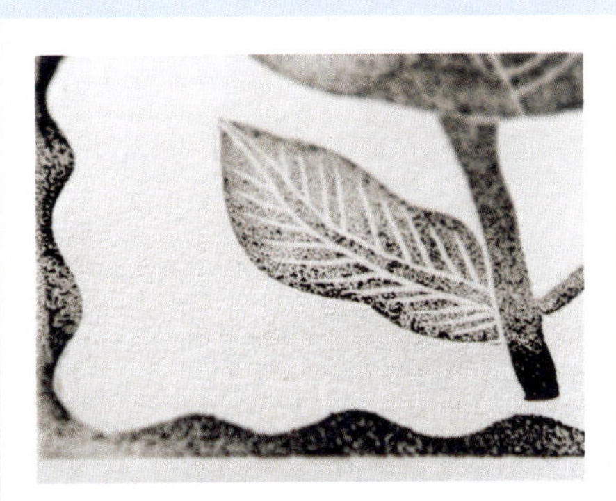

ZU WENIG FARBE

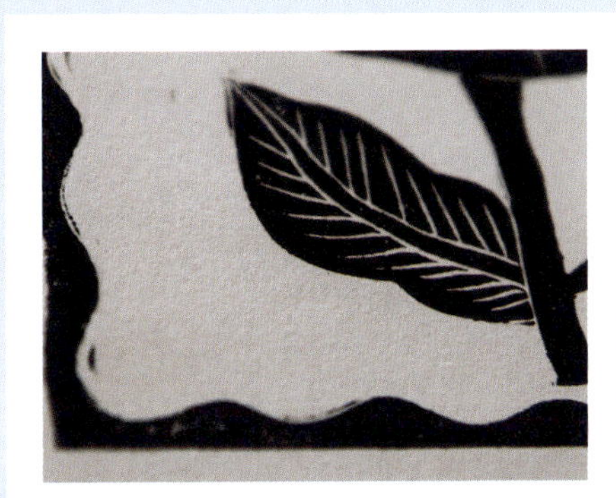

DIE RICHTIGE FARBMENGE

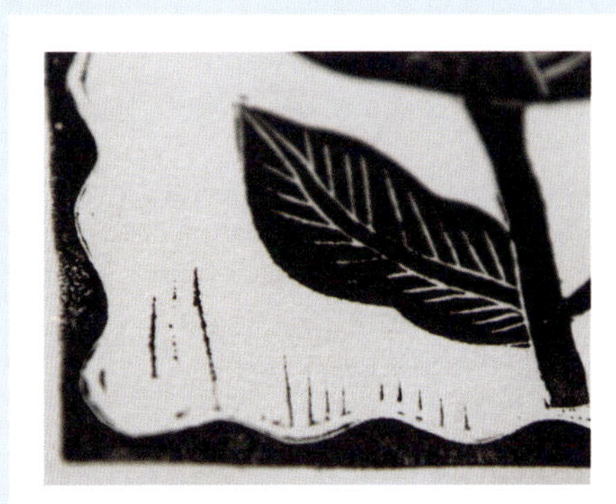

ZU VIEL FARBE

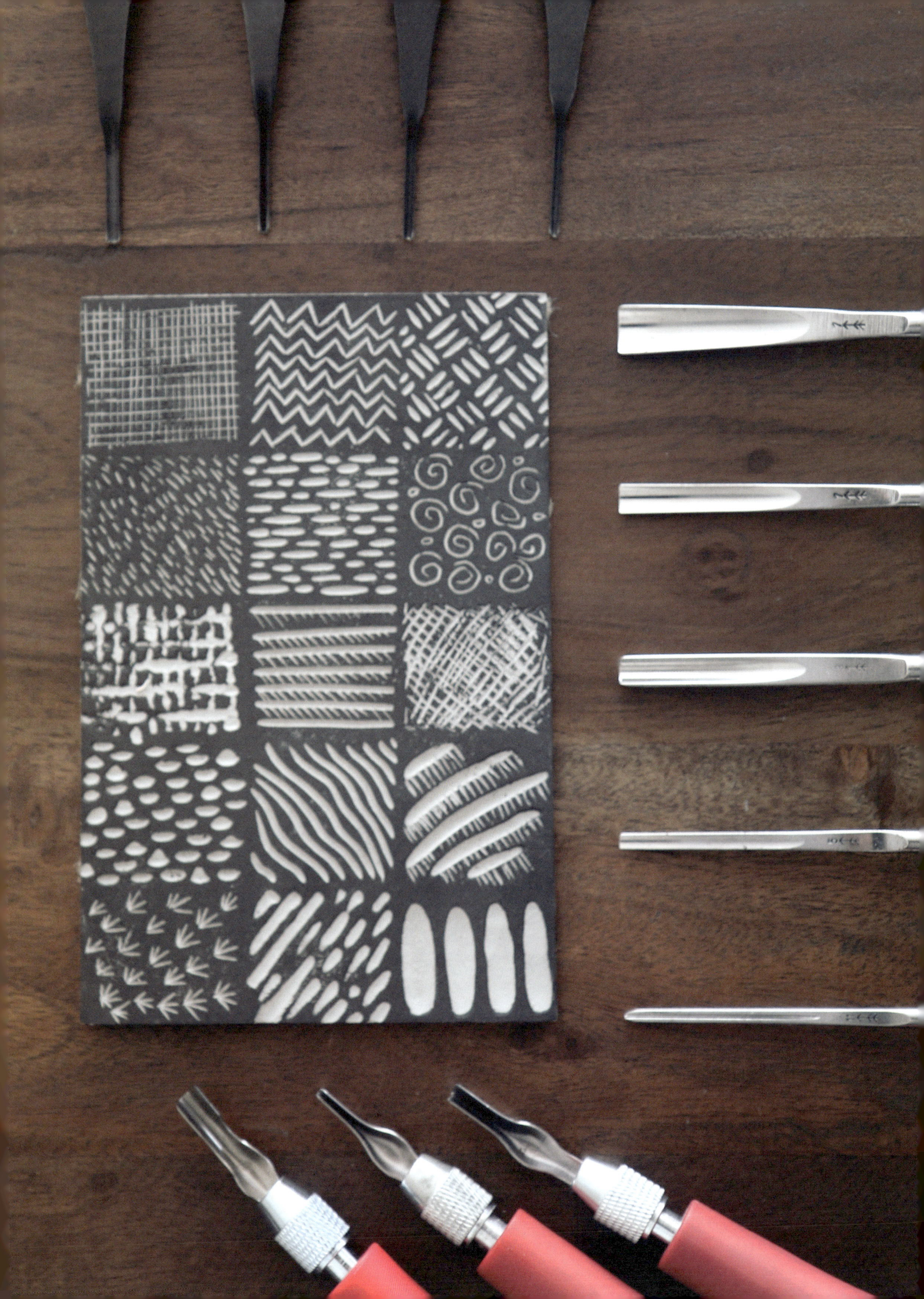

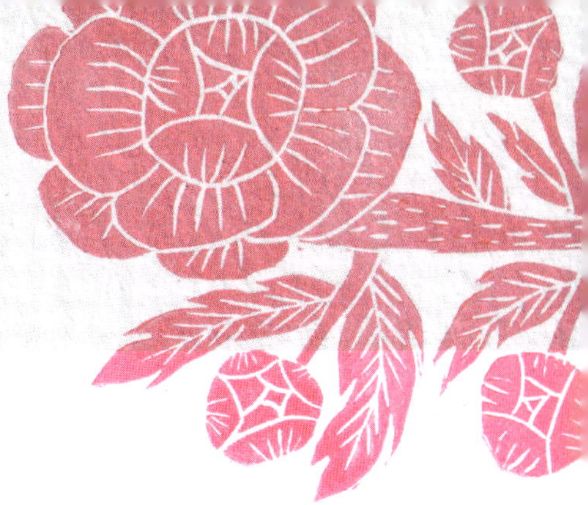

EINFACHE LINOLDRUCKE

Jetzt haben Sie die grundlegenden Techniken kennengelernt und sind bereit, sich ans Schneiden, Einfärben und Drucken zu machen und Ihr eigenes Kunstwerk zu erschaffen! In diesem Kapitel finden Sie zehn Projekte mit unterschiedlichen Druckmethoden und -techniken. Los geht's!

Die gute Nachricht: Für die meisten dieser Druckprojekte brauchen Sie immer dieselben Werkzeuge und Materialien. Für einzelne Projekte benötigen Sie allerdings zusätzliches Equipment. In der Projektliste »Materialien & Werkzeuge« steht ganz genau, was Sie brauchen. Alle Materialien sind im Fachhandel für Künstlerbedarf, online oder im Bastelgeschäft vor Ort erhältlich.

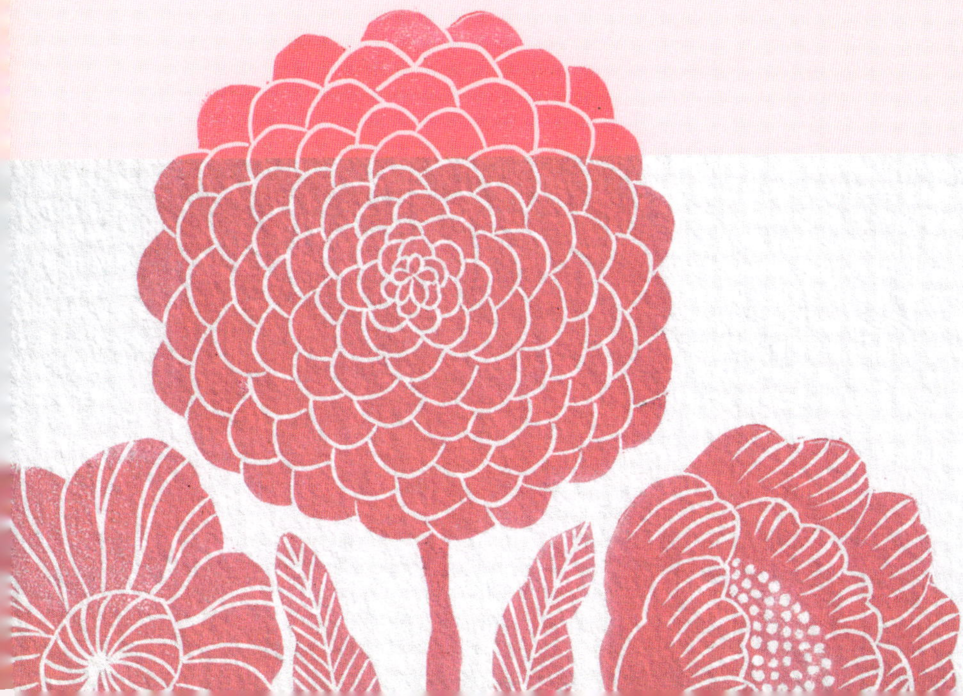

EINFARBIGER LINOLDRUCK

Für den Einstieg empfehlen sich eine Druckplatte und eine Farbe. Dieses Projekt beschreibt die grundlegenden Arbeitsschritte, und am Ende steht ein einfarbiger Druck. Sobald Sie sich mit den Schnitzwerkzeugen, -techniken, dem Einfärben und Drucken vertraut gemacht haben, können Sie anspruchsvollere Motive entwerfen und drucken. Nachdem Sie Ihre erste einfarbige Druckauflage gemeistert haben, können Sie dynamischere Kompositionen mit mehreren Farben ausprobieren!

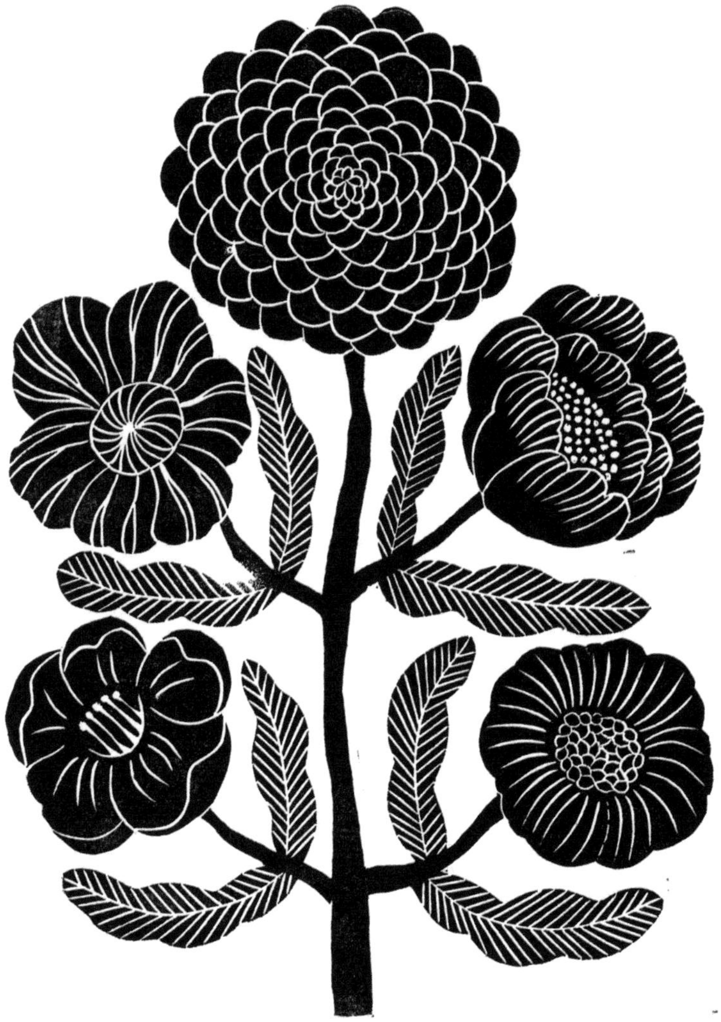

Tipp

Um die Linolplatte für den Druck zuzuschneiden, legen Sie das übertragene Motiv auf die Platte und markieren die Ränder mit einem transparenten Lineal. Mit einem soliden Cutter schneiden Sie die Platte auf einer Schneidematte entlang der Markierung zurecht.

Materialien & Werkzeuge

- Zeichenpapier oder Skizzenblock
- Linoleumplatte
- Pauspapier
- Weicher Bleistift (B oder 2B)
- Schnitzwerkzeugset
- Druckpapier (auf Größe der Druckplatte plus Rand zugeschnitten)
- Wasserlösliche Druckfarbe in Wunschfarbe
- Spachtelmesser (für Farbe in Dose oder Glas)
- Palette
- Walzen
- Weißer Tonkarton als Ausrichtungshilfe
- Handreiber oder Holzlöffel
- Malerkrepp
- Falzbein
- Schneidematte
- Lineal aus Acryl oder Metall
- Cutter

SCHRITT 1

Zunächst skizzieren und zeichnen Sie etwas mit Bleistift auf Papier oder in Ihr Skizzenbuch! Sobald Sie sich für ein Motiv mit klaren Linien entschieden haben, schneiden Sie ein Stück Pauspapier in der entsprechenden Größe zurecht. Legen Sie dieses auf die Skizze und zeichnen Sie Ihr Motiv mit einem weichen Bleistift nach. Sie können das Pauspapier mit Malerkrepp an den Ecken fixieren.

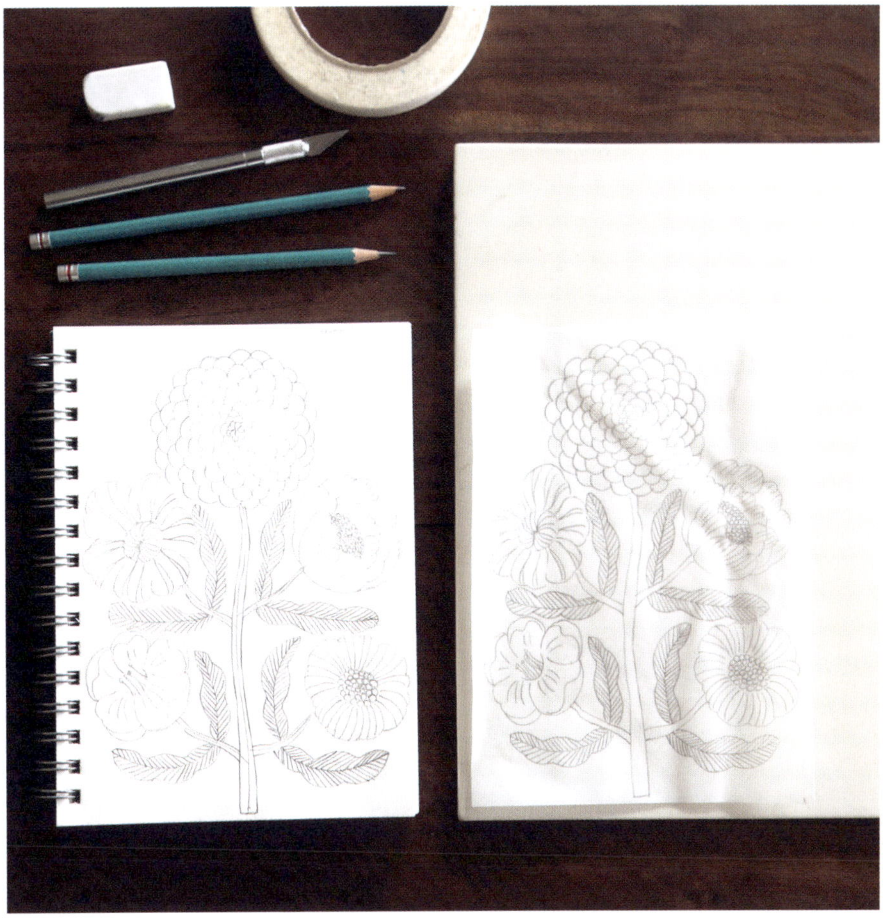

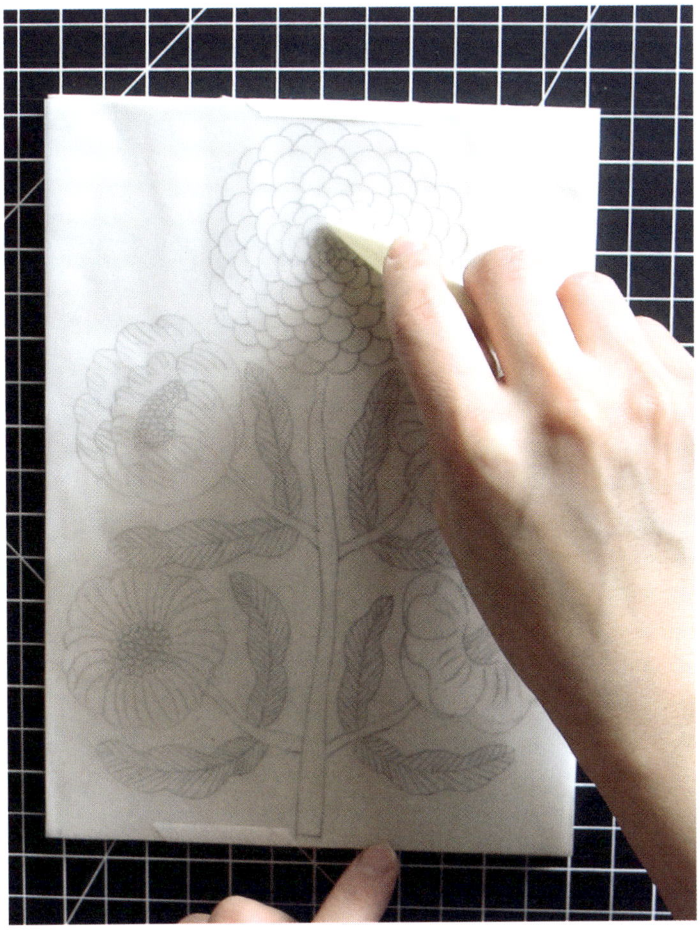

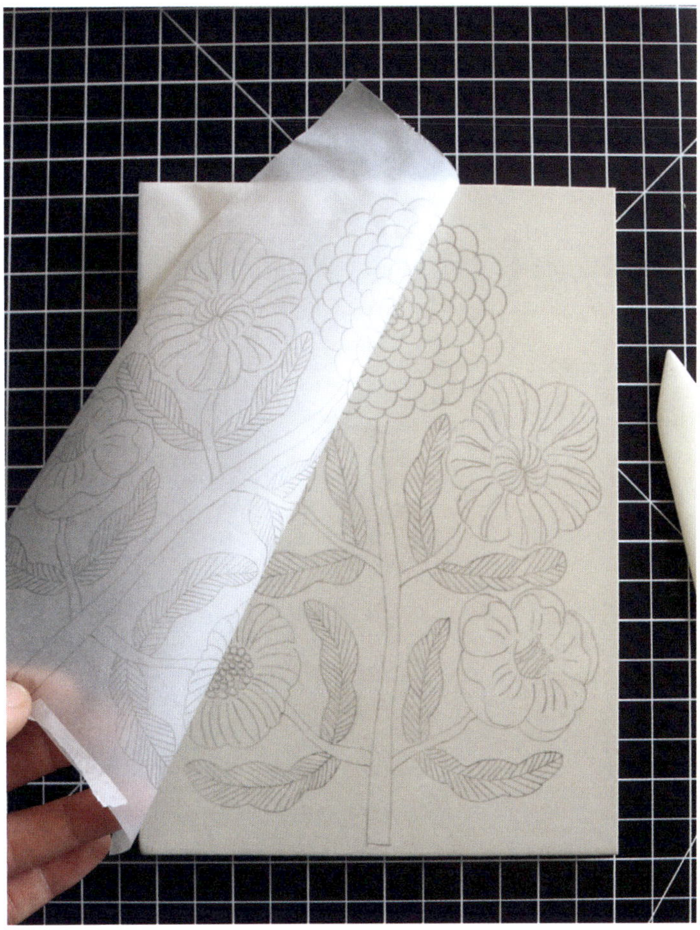

SCHRITT 2

Sobald die Druckplatte auf eine gute Größe zurechtgeschnitten ist, legen Sie das Pauspapier mit dem Motiv nach unten auf die Platte, um es zu übertragen. Drücken Sie das Papier gleichmäßig an und reiben Sie mit dem Falzbein über die Zeichnung. Bevor Sie mit dem Schneiden beginnen, müssen alle Linien gut sichtbar übertragen sein.

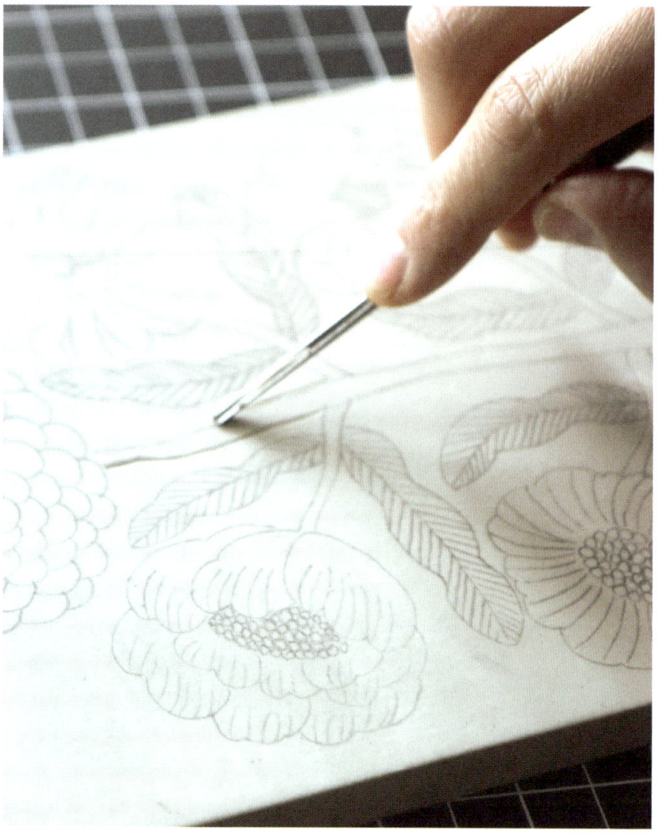

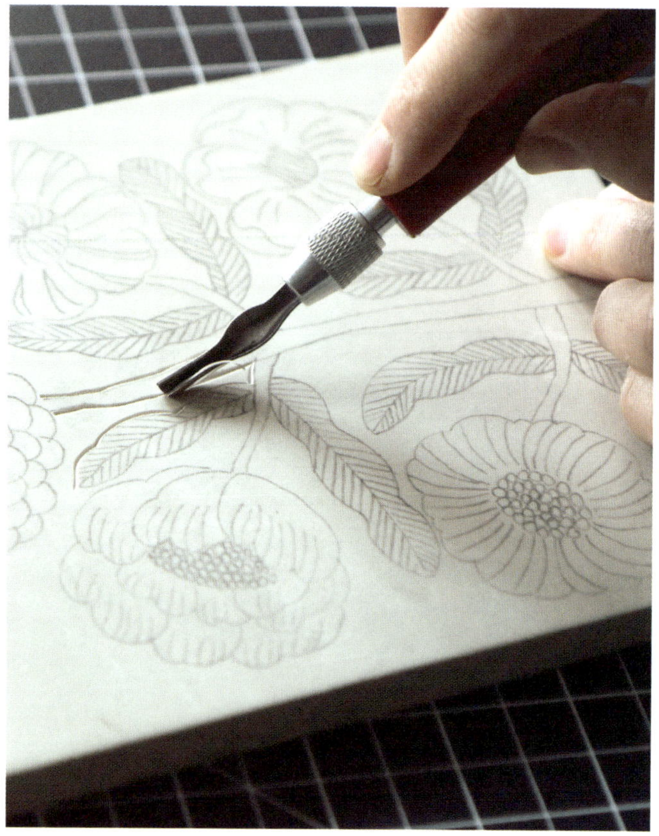

SCHRITT 3

Nun geht es ans Schneiden. Mit der feinsten v-förmigen Klinge schneiden Sie zunächst die vorgezeichneten Linien aus. Danach entfernen Sie den Rest mit einer breiteren, u-förmigen Klinge.

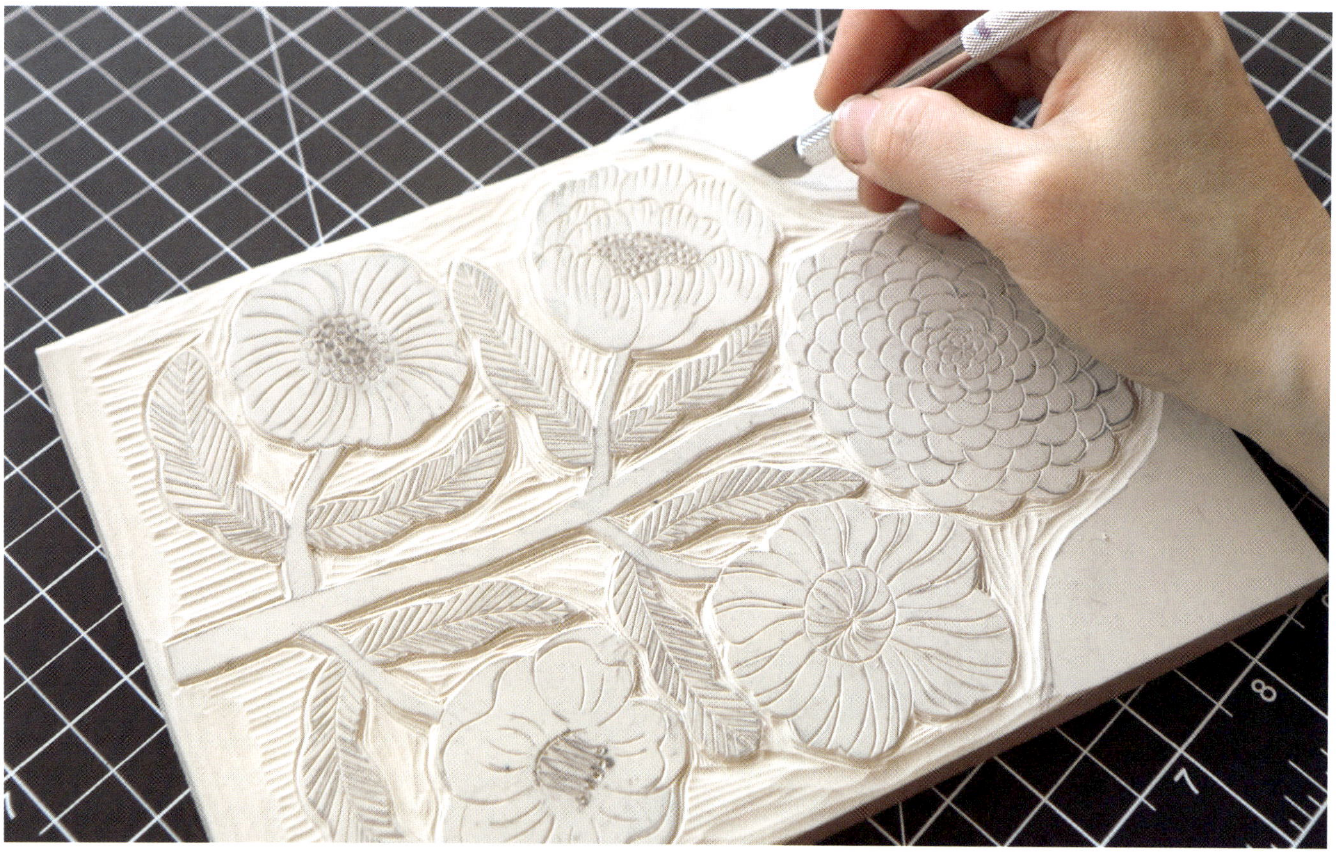

SCHRITT 4

Arbeiten Sie so nach und nach einzelne Bereiche des Motivs ab: Details werden mit einem v-förmigen Geißfuß, größere Flächen mit einem breiten, u-förmigen Hohleisen ausgeschnitten. Größere Freiflächen können abgeschnitten und für spätere Projekte noch verwendet werden.

SCHRITT 5

Erstellen Sie eine schnelle Ausrichtungshilfe aus weißem Tonkarton (siehe Seite 23). Achten Sie auf saubere und staubfreie Oberflächen, bevor Sie mit dem Drucken beginnen. Geben Sie etwas Farbe auf die Palette, legen Sie die Walze auf und bewegen Sie sie vor und zurück. Wiederholen Sie diese Bewegung mehrmals, bis die Walze vollständig mit einer gleichmäßigen, dünnen Farbschicht bedeckt ist.

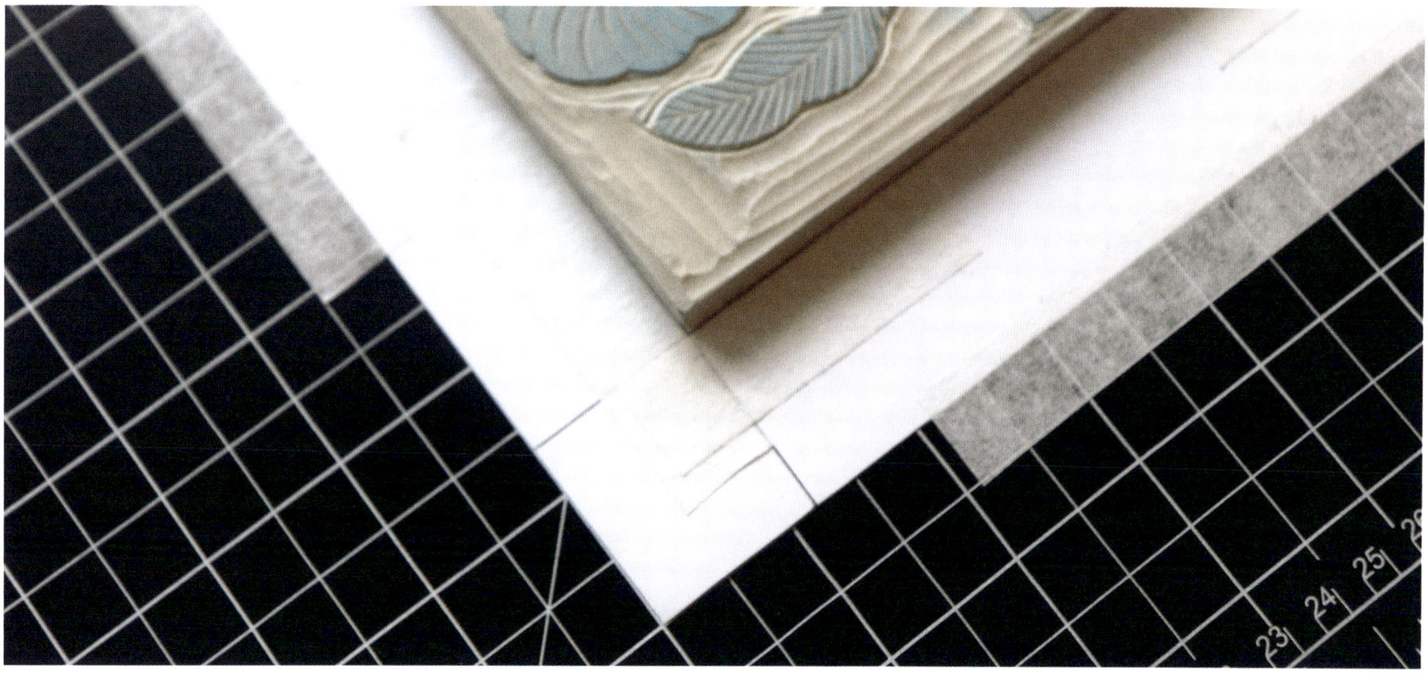

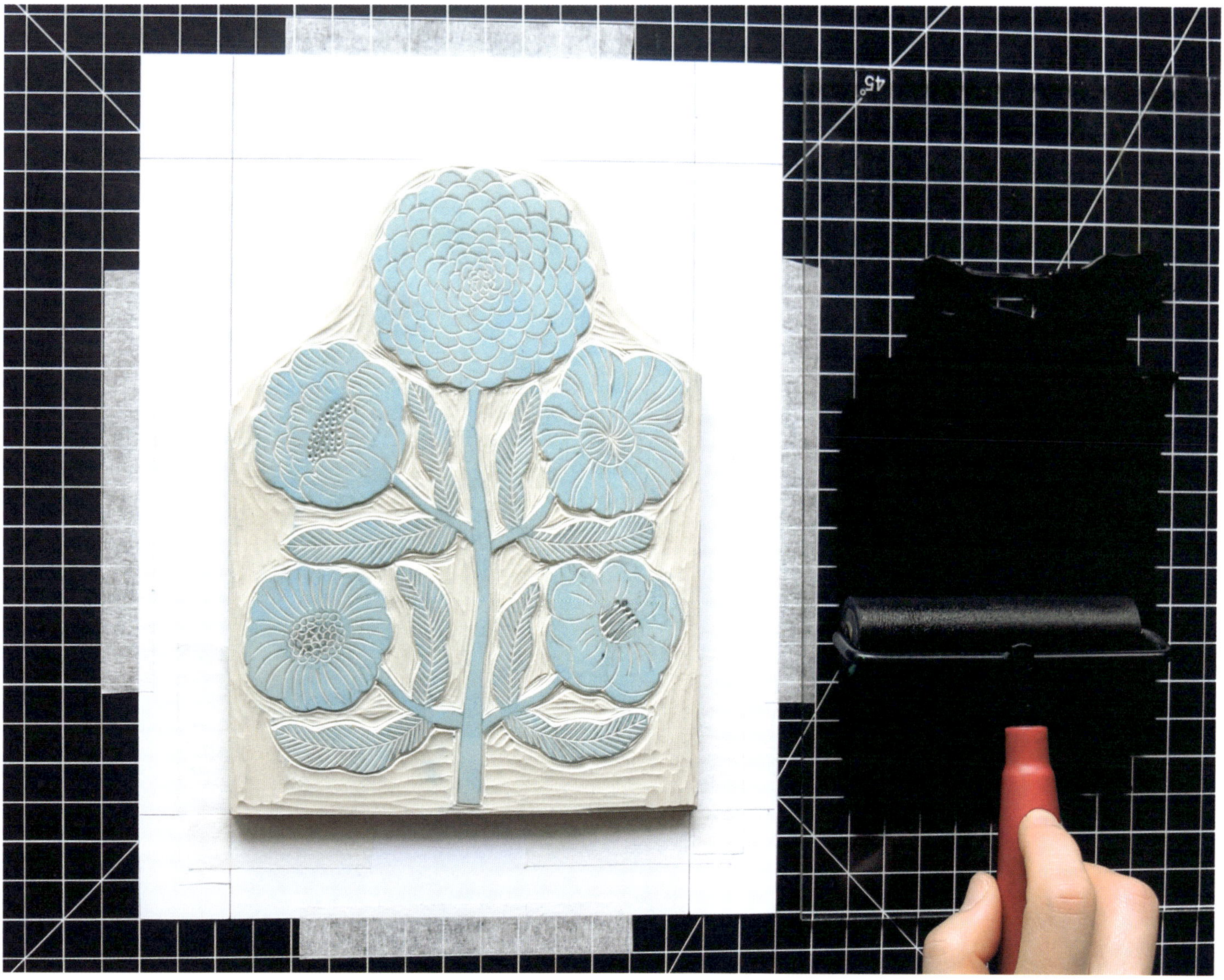

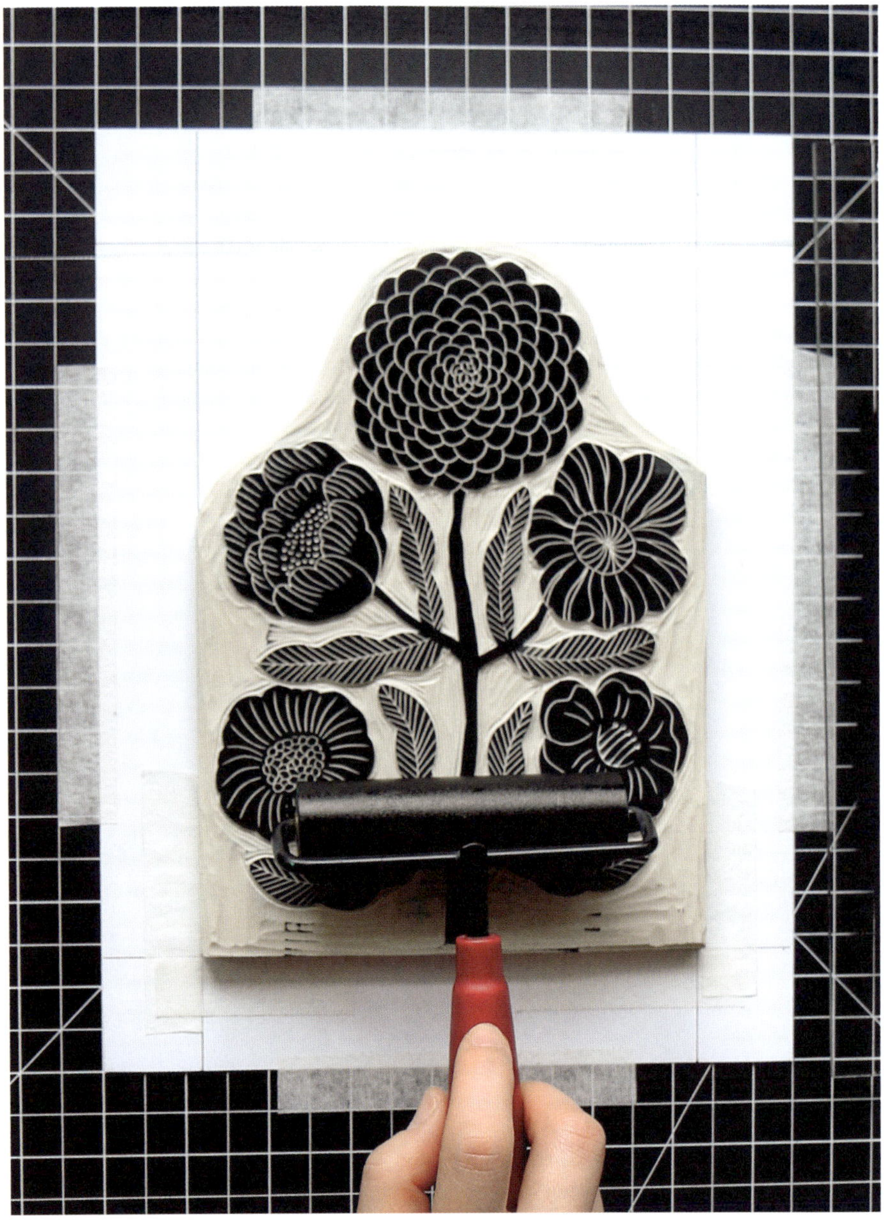

SCHRITT 6

Rollen Sie die Walze vorsichtig über den Druckstock, sodass das gesamte Motiv gleichmäßig eingefärbt wird.

SCHRITT 7

Richten Sie das Druckpapier akkurat über der eingefärbten Druckplatte aus und legen es ab. Reiben Sie das Papier mit einem Handreiber oder Holzlöffel gründlich an, wobei Sie gleichmäßig Druck ausüben, um die Farbe in das Papier zu drücken. Auf der Rückseite des bedruckten Papiers können Sie die Farbintensität überprüfen. Ziehen Sie das Papier langsam und gefühlvoll mit beiden Händen vom Druckstock ab.

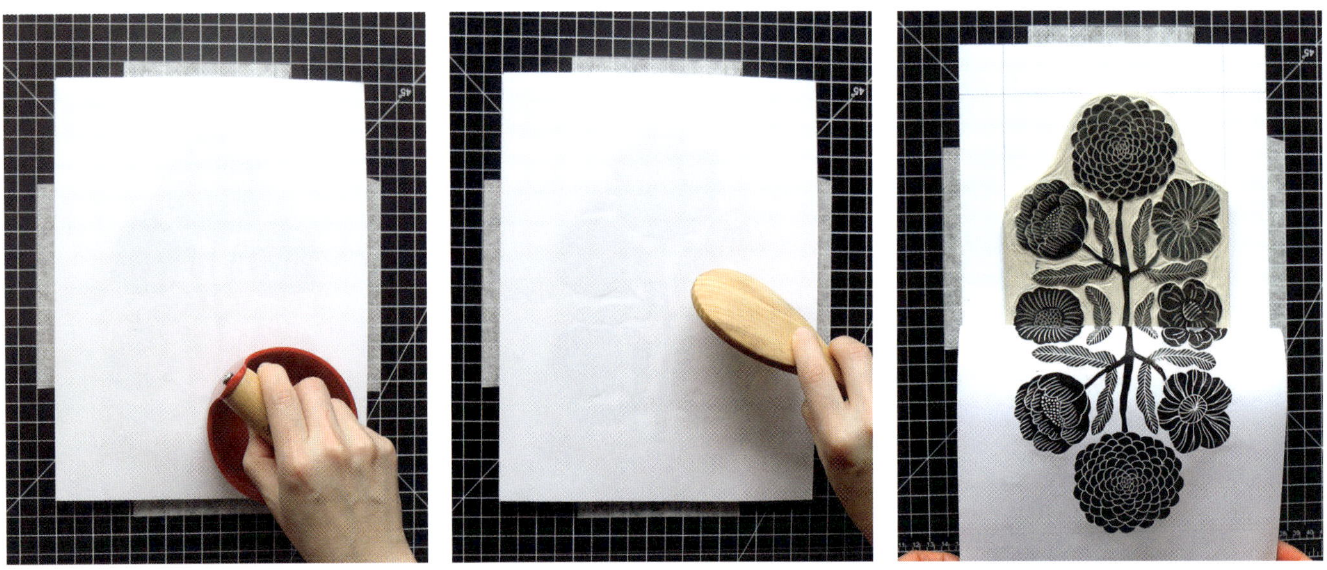

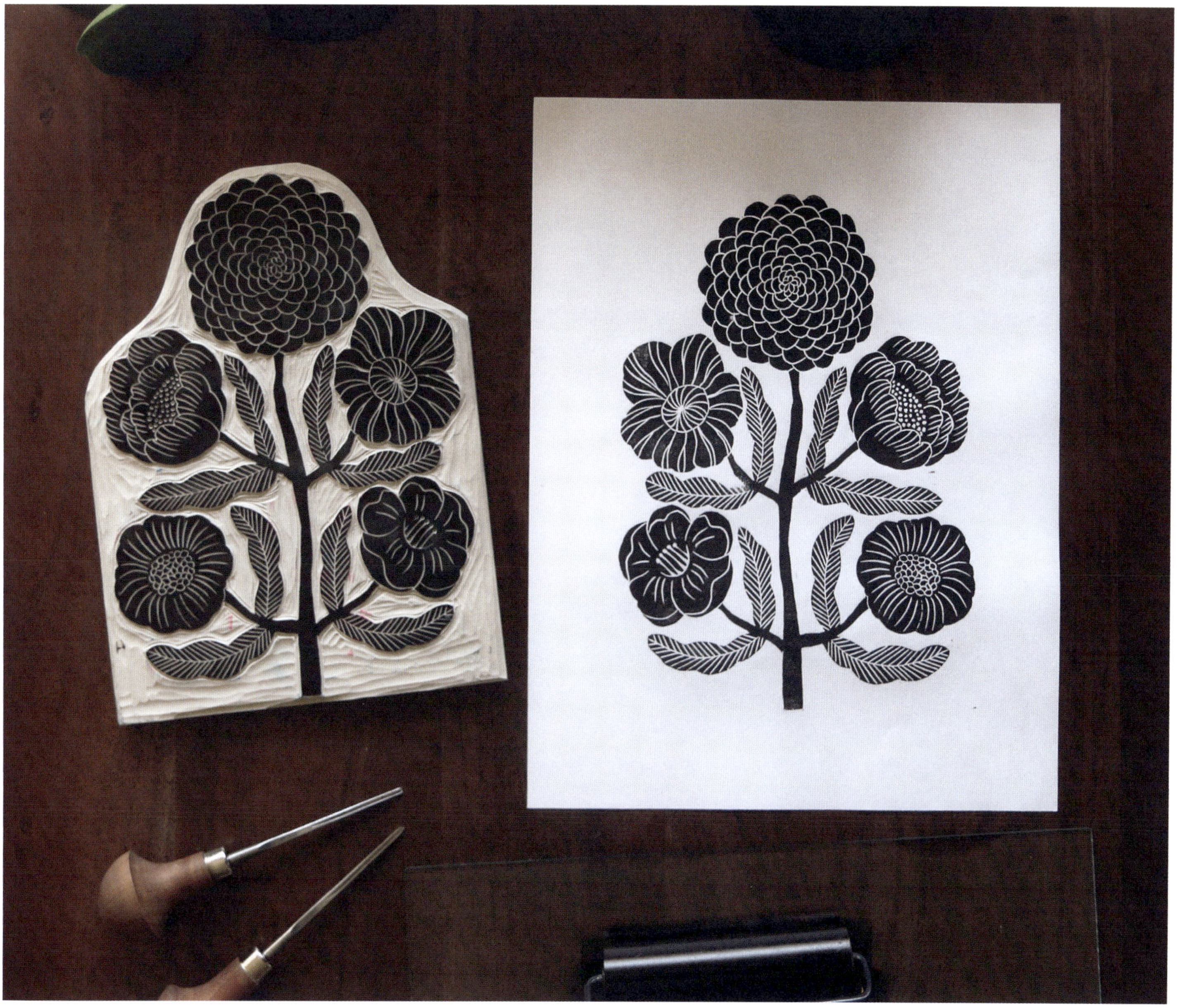

SCHRITT 8

Legen Sie den Druck neben die Platte und prüfen Sie ihn. Vielleicht müssen Sie am Druckstock noch etwas ausbessern oder bestimmte Bereiche säubern, die im Druck nicht gut zur Geltung kommen. Sobald Sie mit dem finalen Abzug zufrieden sind, verwenden Sie die Druckplatte für weitere Drucke – eventuell in anderen Farben.

Probieren Sie mit Ihrer ausgeschnittenen Linolplatte verschiedene Druckfarben aus. Jeder Farbton erzeugt einen ganz anderen, einzigartigen Effekt.

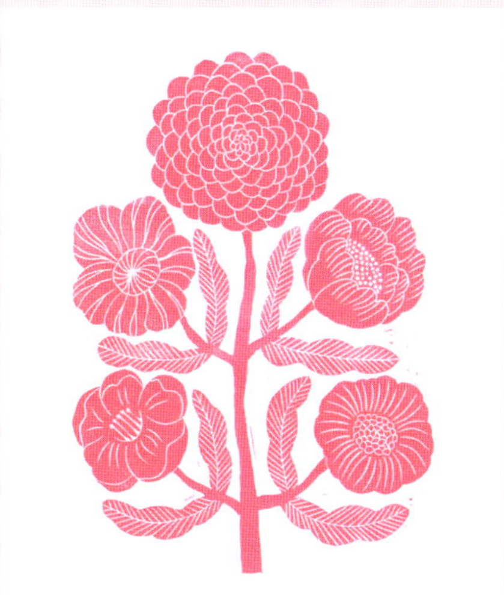

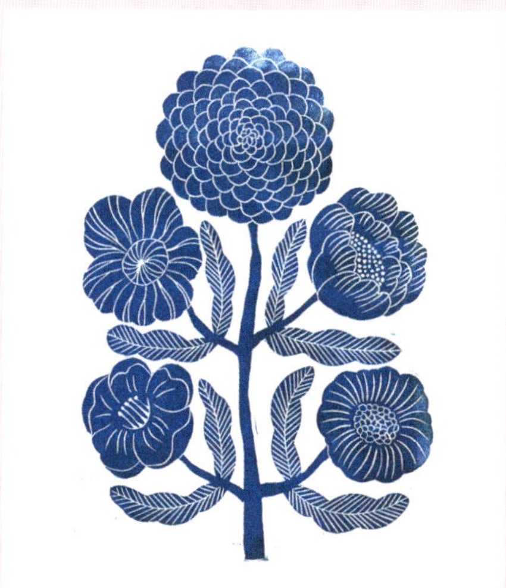

ZWEIFARBIGER LINOLDRUCK

Das Drucken mit mehreren Farben erfordert mehr Planung, darum gibt es eine standardisierte Vorgehensweise für Mehrfarbendrucke. Das korrekte Positionieren der einzelnen Schichten ist der Schlüssel zum Erfolg. Dieses Projekt ist ein einfaches Beispiel für einen zweifarbigen Druck ohne komplizierte Ausrichtung. Wir benutzen zwei verschiedene Elemente, die relativ frei, jedenfalls nicht millimetergenau arrangiert werden können. Bei zwei separaten Druckstöcken ist es einfach, verschiedene Farbkombinationen zu verwenden, oder ein Element (etwa die Katze) gegen ein anderes Motiv auszutauschen.

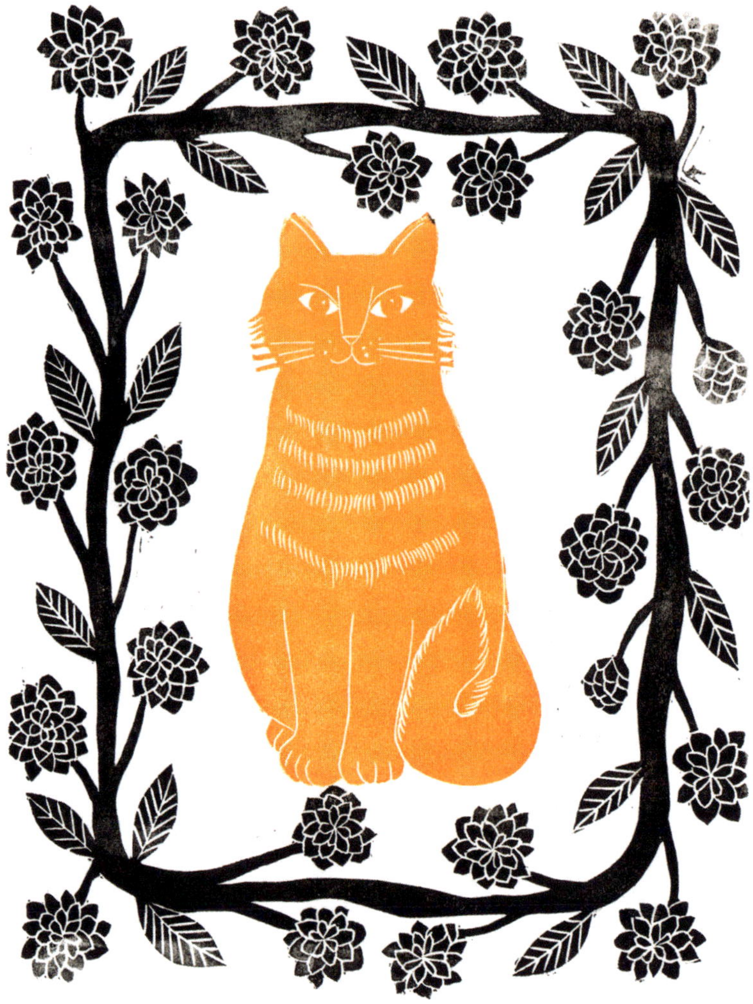

Materialien & Werkzeuge

- Zeichenpapier oder Skizzenblock
- Linoleumplatte, eventuell zwei
- Weicher Bleistift (B oder 2B)
- Schnitzwerkzeugset
- Druckpapier (auf Größe der Druckplatte plus Rand zugeschnitten)
- Wasserlösliche Druckfarbe in Wunschfarben
- Spachtelmesser (für Farbe in Dose oder Glas)
- Palette
- Walzen
- Weißer Tonkarton als Ausrichtungshilfe
- Handreiber oder Holzlöffel
- Malerkrepp
- Falzbein
- Schneidematte
- Lineal aus Acryl oder Metall
- Cutter
- Prägestift

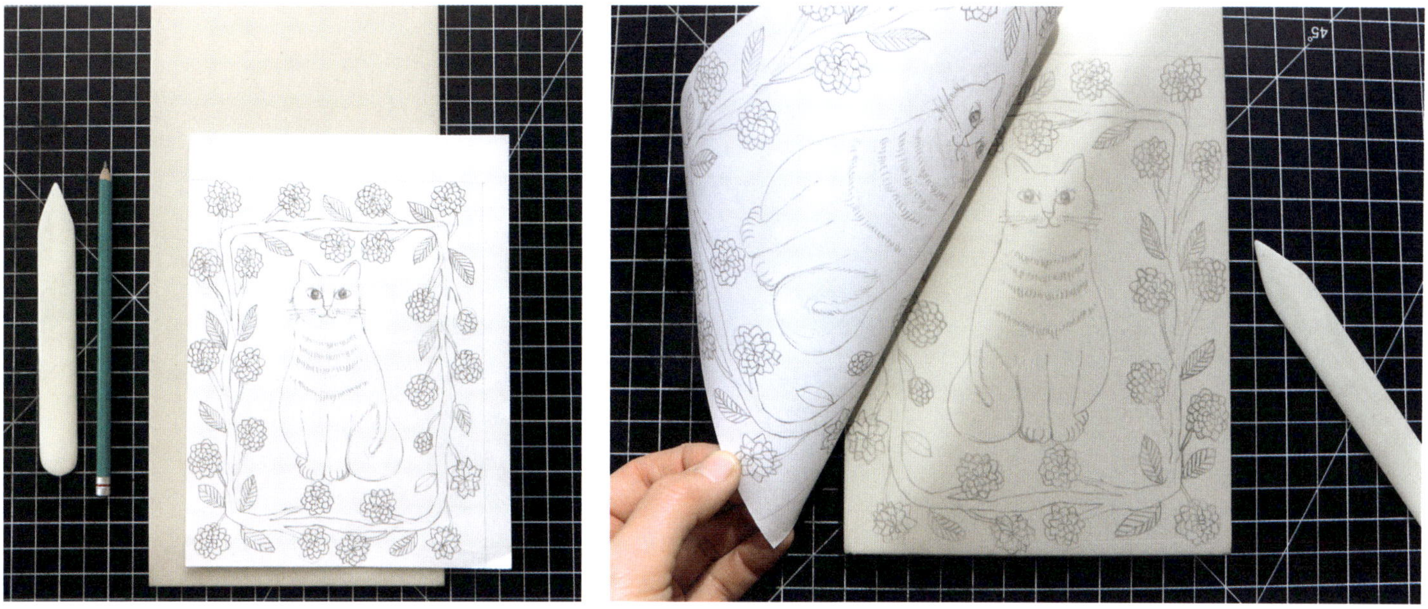

SCHRITT 1

Zeichen Sie das Motiv mit weichem Bleistift auf Zeichenpapier. Bei zwei- oder mehrfarbigen Drucken ist es wichtig, dass die Elemente der Zeichnung zwei (oder mehr) separate Motive sind, die einander beim Drucken nicht überlappen. Hier handelt es sich um ein Hauptmotiv in der Bildmitte (Katze) und ein zweites Element, das als Rahmen dient (Ranke).

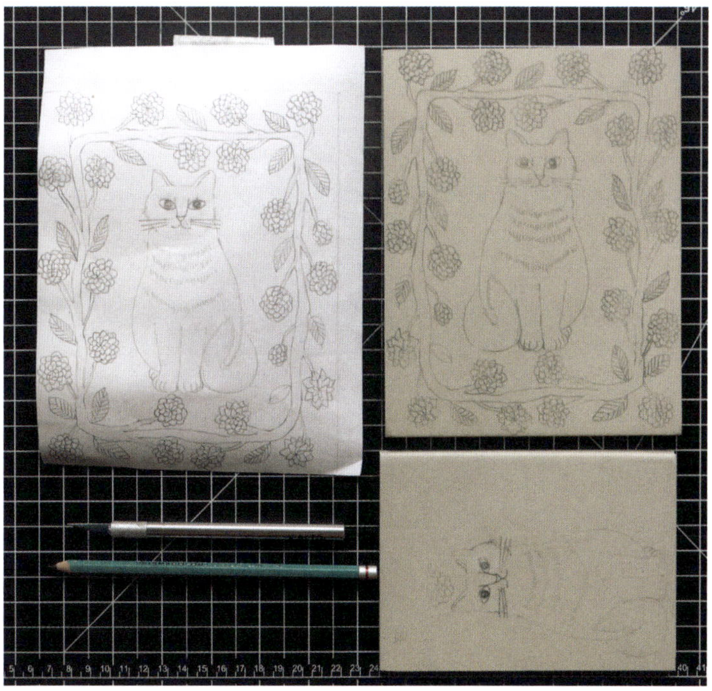

SCHRITT 2

Legen Sie das Zeichenpapier mit der Vorderseite nach unten auf die Druckplatte und fixieren Sie den oberen Rand mit Malerkrepp. Übertragen Sie sämtliche Linien mithilfe des Falzbeins. Mit Lineal und Cutter können Sie anschließend das Linoleum auf die Größe der Zeichnung zuschneiden. Bei diesem Projekt benötigen Sie einen zweiten Druckstock. Übertragen Sie das zentrale Motiv, die Katze, auf den Druckstock.

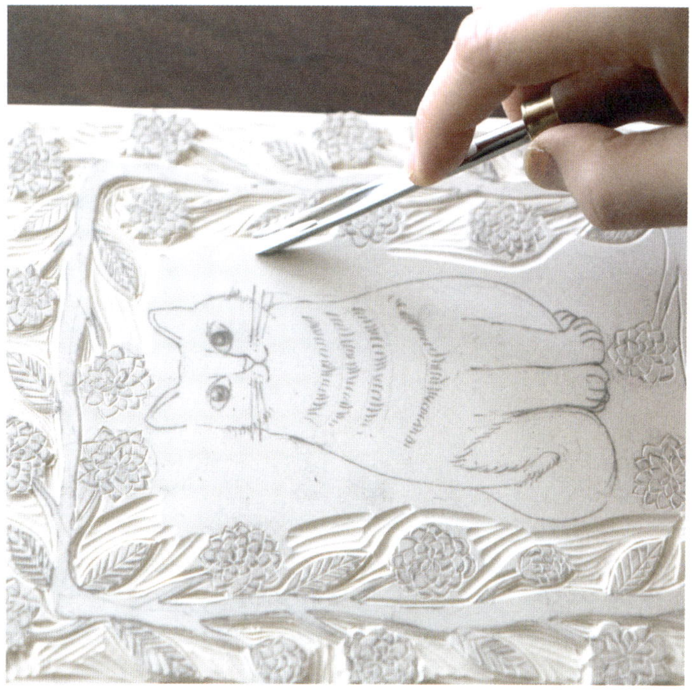

SCHRITT 3

Schneiden Sie mit einem v-förmigen Geißfuß zunächst die Umrisse des Motivs aus und entfernen anschließend mit einem breiteren, u-förmigen Hohleisen die größeren Flächen.

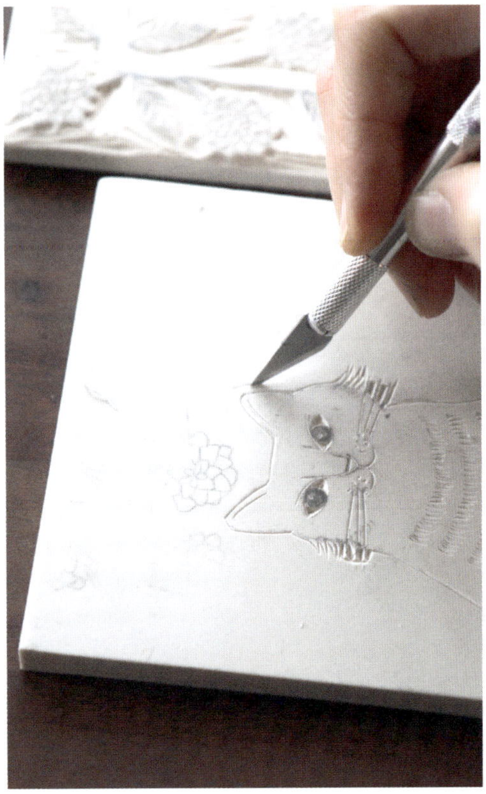

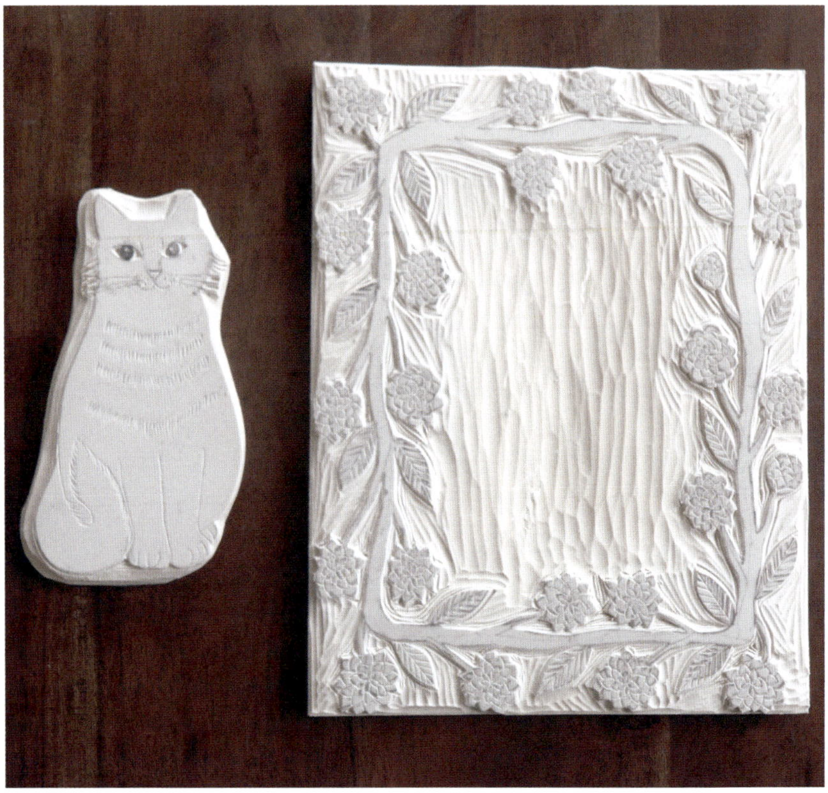

SCHRITT 4

Für das zentrale Motiv verwenden Sie nur das eine Bild, die Katze. Schneiden Sie es mit einem Cutter rundum aus, mit nur wenig Überstand. Sind Sie mit dem Schneiden beider Druckstöcke fertig, entfernen Sie sämtliche Linoleumkrümel mithilfe eines alten Pinsels von den Platten.

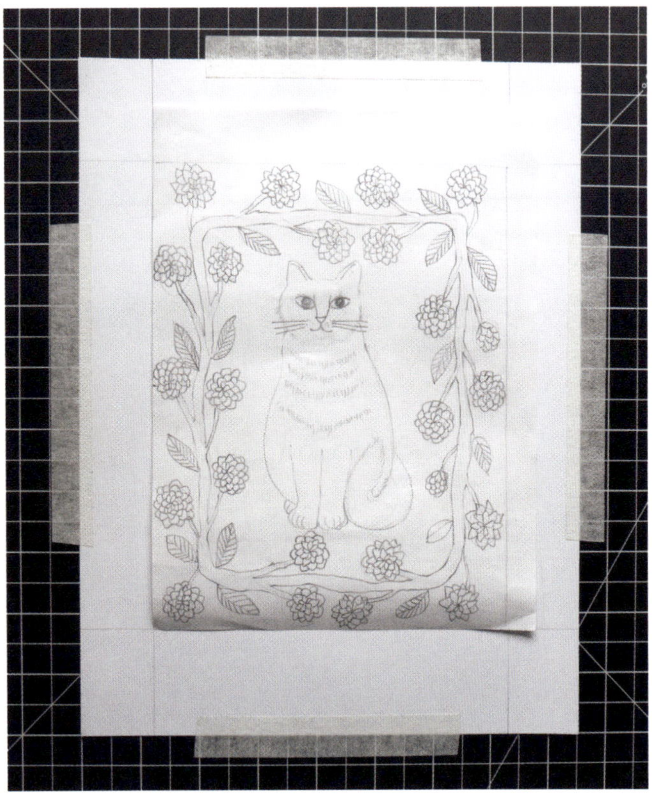

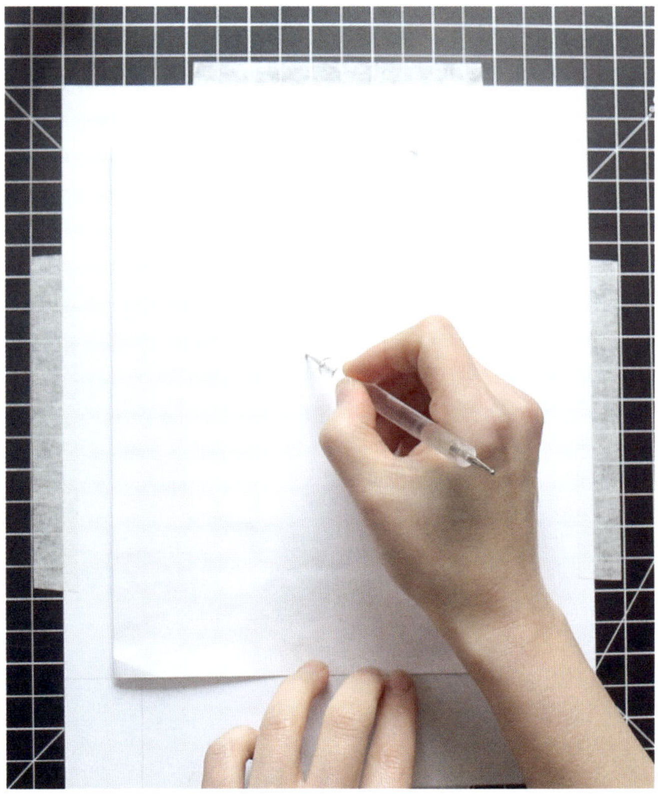

SCHRITT 5

Erstellen Sie aus weißem Tonkarton eine Ausrichtungshilfe (siehe Seite 23). Sobald Sie die Rahmenlinien für den äußeren Druckstock gezeichnet haben, legen Sie die Position für das zentrale Motiv fest. Denken Sie daran, dass der Druck spiegelverkehrt zum Druckstock auf das Papier kommt. Legen Sie deshalb die Skizze mit der Vorderseite nach unten auf die Ausrichtungshilfe und übertragen Sie sie mithilfe des Prägestifts. Vergessen Sie nicht, dass der untere Skizzenrand mit der Ausrichtungslinie für den größeren Druckstock übereinstimmen muss.

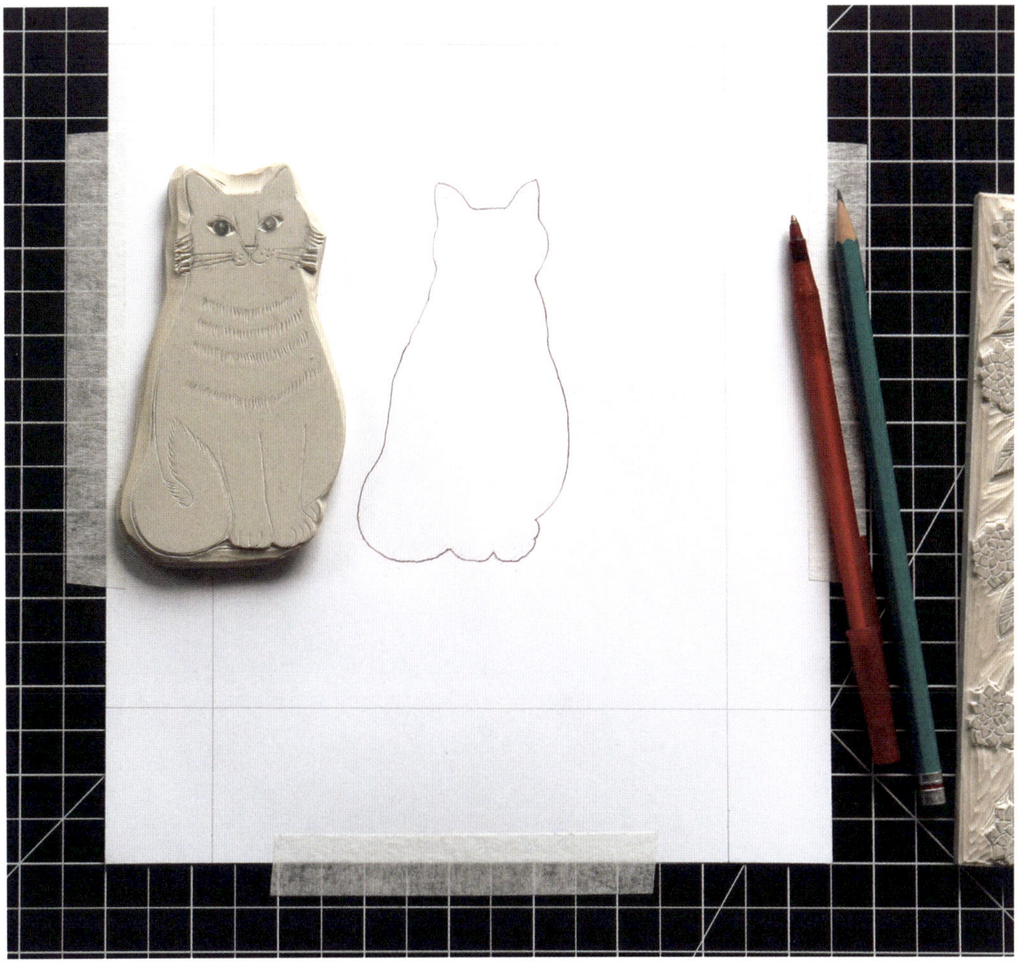

SCHRITT 6

Zeichnen Sie die mit dem Prägestift übertragene Konturlinie mit einem Filzstift oder Bleistift auf dem Tonkarton nach, damit sie deutlich sichtbar ist (Sie benötigen sie in Schritt 8).

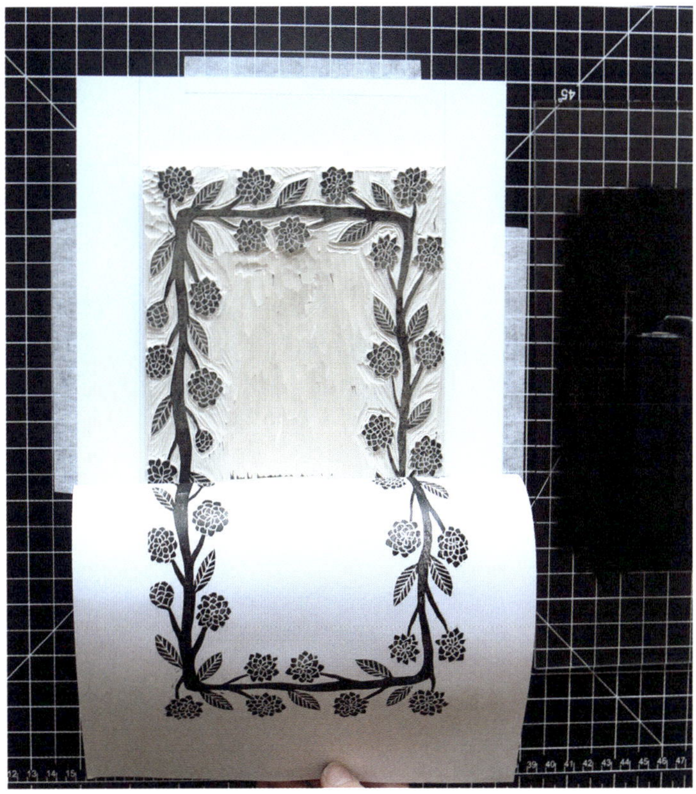

SCHRITT 7

Geben Sie etwas Farbe auf die Palette und nehmen Sie sie mit der Walze auf. Rollen Sie die Walze vorsichtig über den ersten Druckstock. Legen Sie das Druckpapier so auf den Druckstock, dass der untere Rand bündig zur Ausrichtungshilfe ist. Reiben Sie mit Handreiber und Holzlöffel über den Druckstock, dann ziehen Sie den Druck vorsichtig ab. Sobald Sie mit dem Testdruck zufrieden sind, wiederholen Sie den Vorgang für die finale Auflage, die später mit dem zweiten Druckmotiv kombiniert wird.

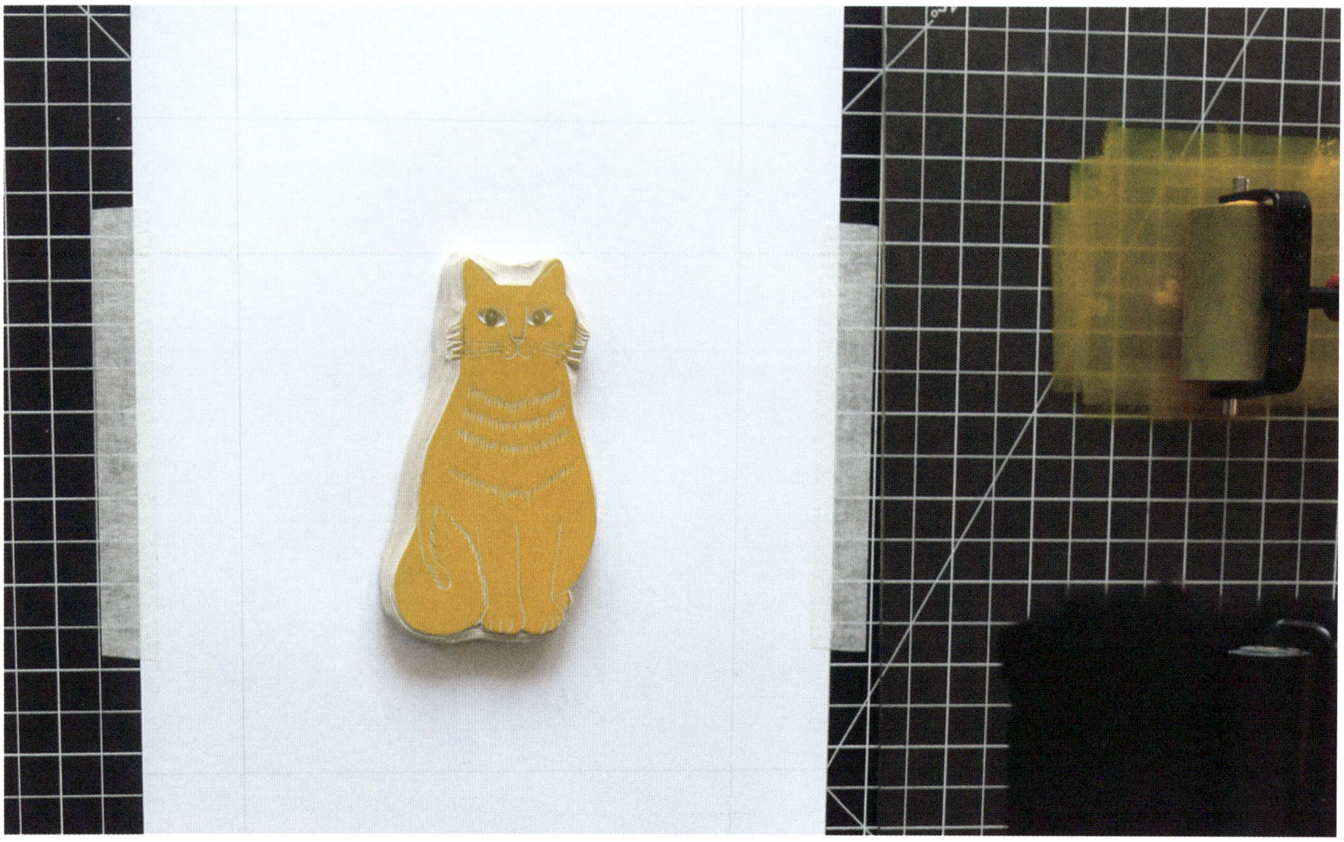

SCHRITT 8

Wiederholen Sie Schritt 7 mit dem zweiten Druckstock. Beachten Sie dabei die Größe – je kleiner, umso weniger Farbe! Platzieren Sie den Druckstock auf dem markierten Bereich auf der Ausrichtungshilfe (siehe Schritt 6).

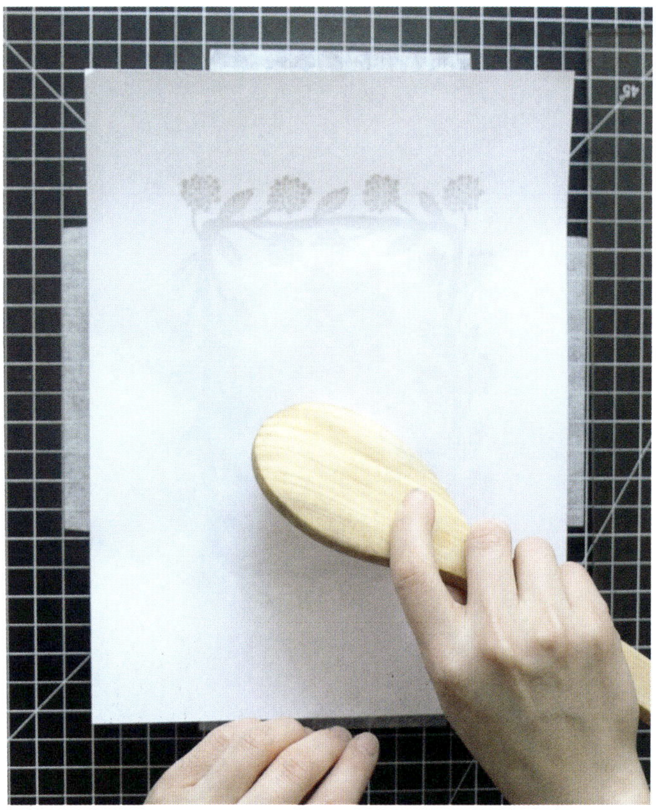

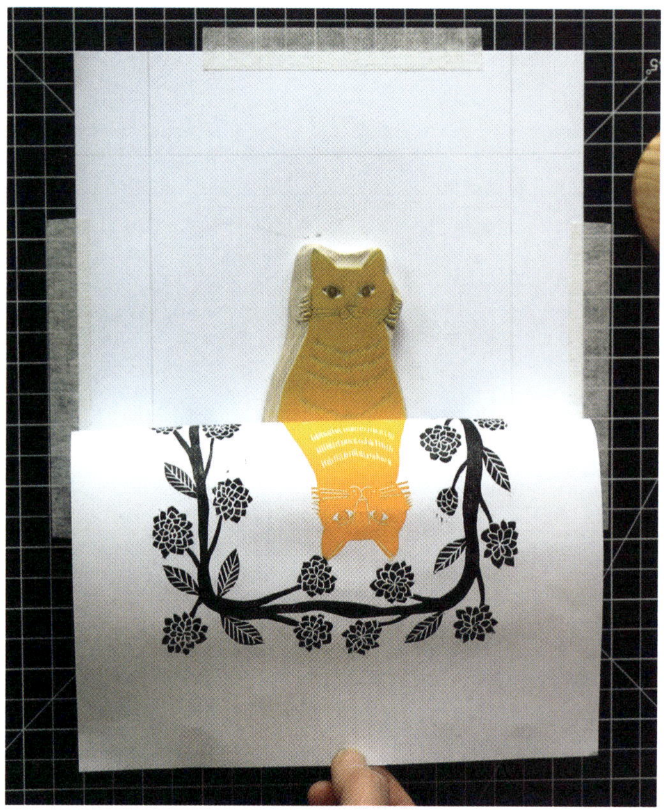

SCHRITT 9

Legen Sie einen Probedruck der Ranke auf den Druckstock mit dem zentralen Motiv (Katze). Der untere Rand des bedruckten Papiers schließt bündig mit der Ausrichtungshilfe ab. Mit Handreiber oder Holzlöffel anreiben. Der Handreiber eignet sich gut für das gleichmäßige Ausüben von Druck, während Sie mit dem Löffel gezielt Druck auf einzelne Linien ausüben können.

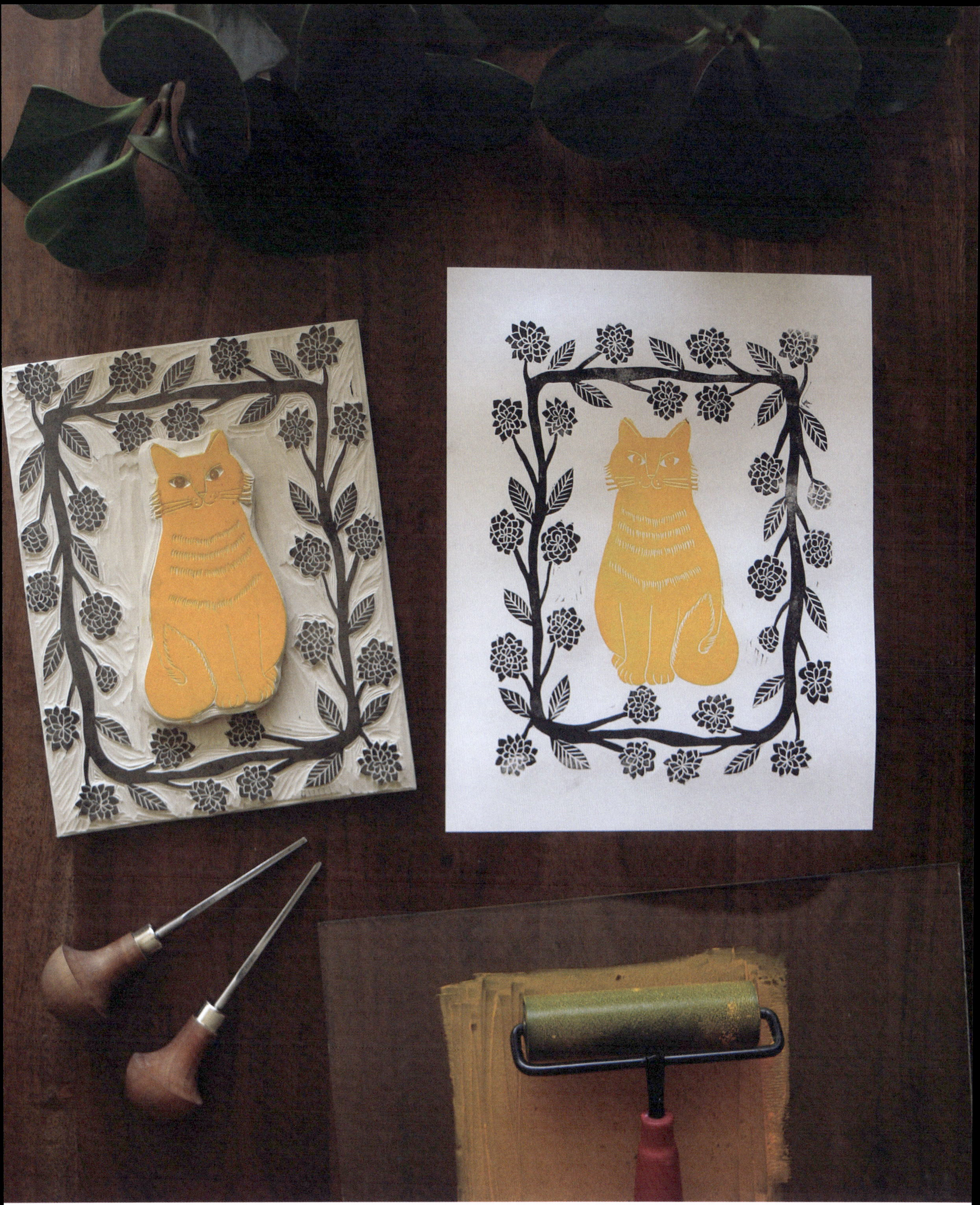

SCHRITT 10

Ziehen Sie den Druck vorsichtig mit beiden Händen ab, ohne dass der Druckstock mit der Katze verrutscht. Bei Bedarf das Motiv nacharbeiten. Sobald Ihnen das Ergebnis zusagt, den Katzendruck mit dem finalen Rankendruck wiederholen. Experimentieren Sie mit Farbkontrasten und unterschiedlichen Farbkombinationen.

PUZZLEDRUCK MIT MEHREREN FARBEN

Die verschiedenen modernen Linoleumqualitäten haben den Druckvorgang erleichtert. Im Gegensatz zu traditionellen Materialien wie Holz oder hartem Linoleum sind Platten aus weichem Linoleum oder Gummi einfach zu schneiden und zu bearbeiten. Weiche Platten sind besonders gut geeignet, um aus einer Platte mehrfarbige Puzzledrucke entstehen zu lassen. Durch das Einteilen einer Platte in verschiedene Bereiche und deren Ausschneiden lässt sich jeweils eine andere Farbe auftragen. Die Puzzletechnik erfordert weniger Zeit und Material als mehrere Druckstöcke, die einzeln ausgeschnitten werden. Sowohl weiches als auch festes Linoleum eignet sich für diese Technik. Aber bedenken Sie: Sobald Sie ein Stück aus der Platte schneiden, gibt es kein Zurück mehr! Achten Sie daher auf saubere, akkurate Linien.

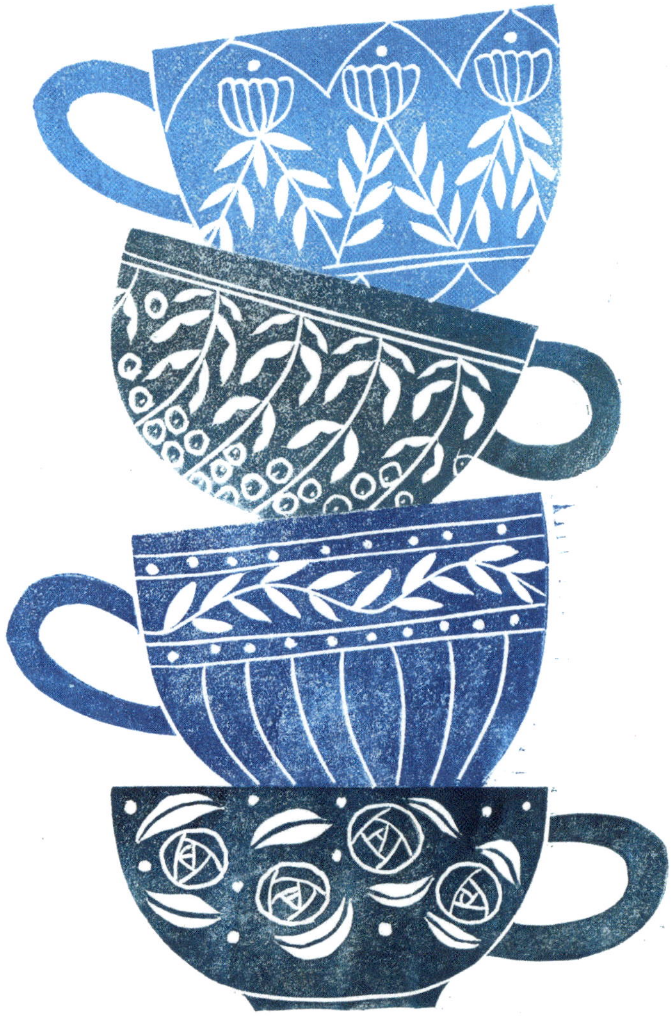

Materialien & Werkzeuge

- Zeichenpapier oder Skizzenblock
- Linoleumplatte
- Pauspapier
- Weicher Bleistift (B oder 2B)
- Schnitzwerkzeugset
- Druckpapier (auf Größe der Druckplatte plus Rand zugeschnitten)
- Wasserlösliche Druckfarbe in Wunschfarben
- Spachtelmesser (für Farbe in Dose oder Glas)
- Palette
- Walzen
- Weißer Tonkarton als Ausrichtungshilfe
- Handreiber oder Holzlöffel
- Malerkrepp
- Falzbein
- Schneidematte
- Lineal aus Acryl oder Metall
- Cutter

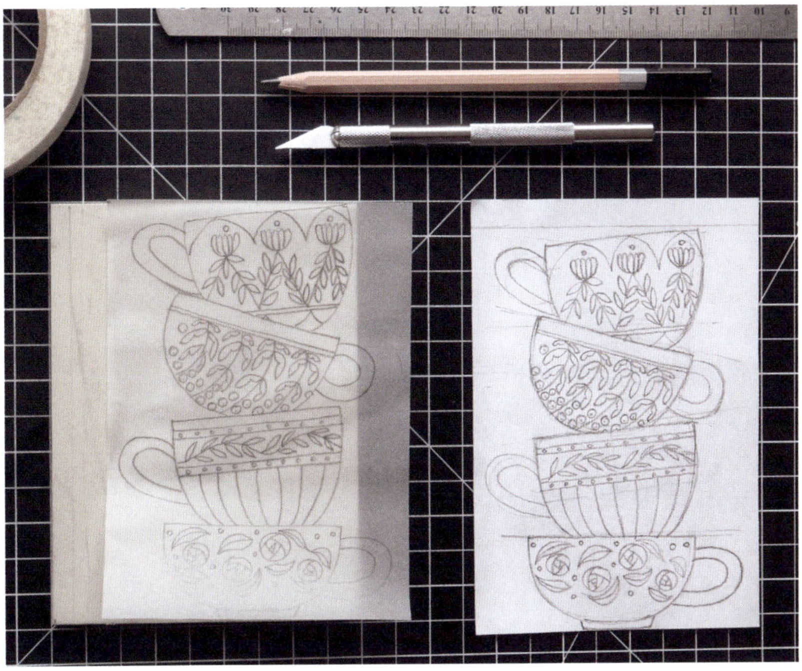

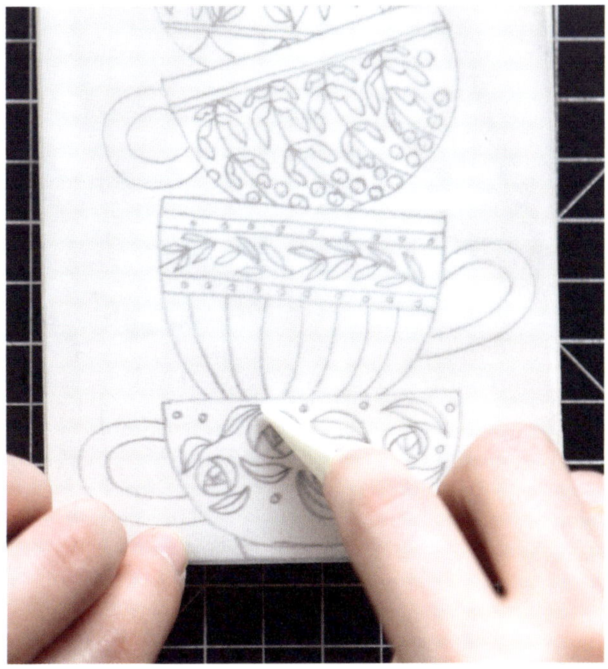

SCHRITT 1

Zeichnen Sie Ihr Motiv mit weichem Bleistift auf das Zeichenpapier. Ich habe mich hier für einen Stapel Tassen entschieden, um Ihnen die Effekte verschiedener Farbtöne im Puzzledruck zu zeigen. Vor dem Einfärben werden die einzelnen Elemente auseinandergeschnitten, darum müssen die Trennlinien zwischen den einzelnen Motiven deutlich sein.

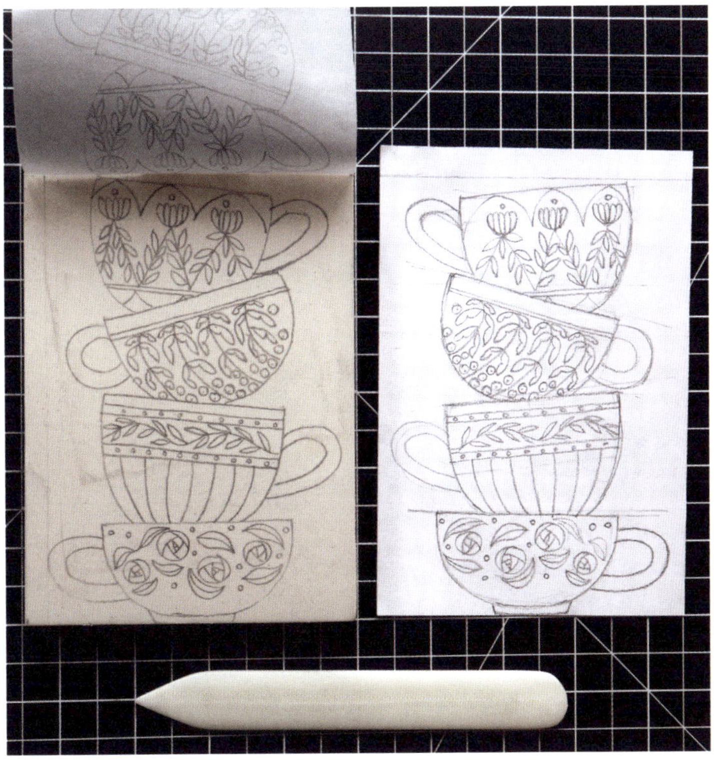

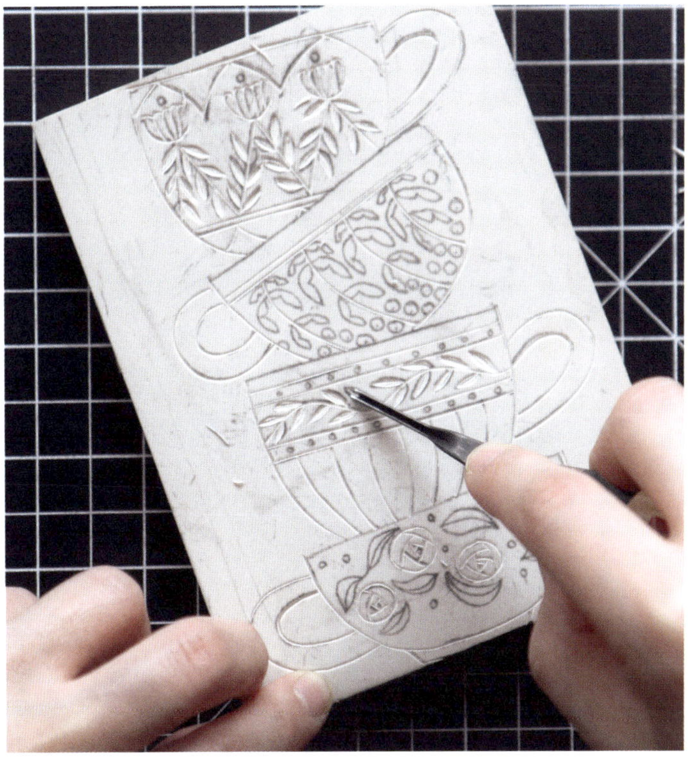

SCHRITT 2

Legen Sie ein Blatt Pauspapier auf die fertige Zeichnung und zeichnen Sie das Motiv mit einem weichen Bleistift nach. Legen Sie das Pauspapier mit der Vorderseite nach unten auf den Druckstock und fixieren Sie die Ränder mit Malerkrepp. Drücken Sie mit dem Falzbein die Linien auf die Platte. Mit der anderen Hand halten Sie Papier und Druckstock fest, damit nichts verrutscht.

SCHRITT 3

Nehmen Sie das Schnitzwerkzeug zur Hand. Beginnen Sie mit dem feinen Geißfuß für die Umrisslinien. Bei Kurven oder Kreisformen drehen Sie lieber die Platte mit der freien Hand und nicht das Messer, so erhalten Sie gleichmäßigere Schnitte.

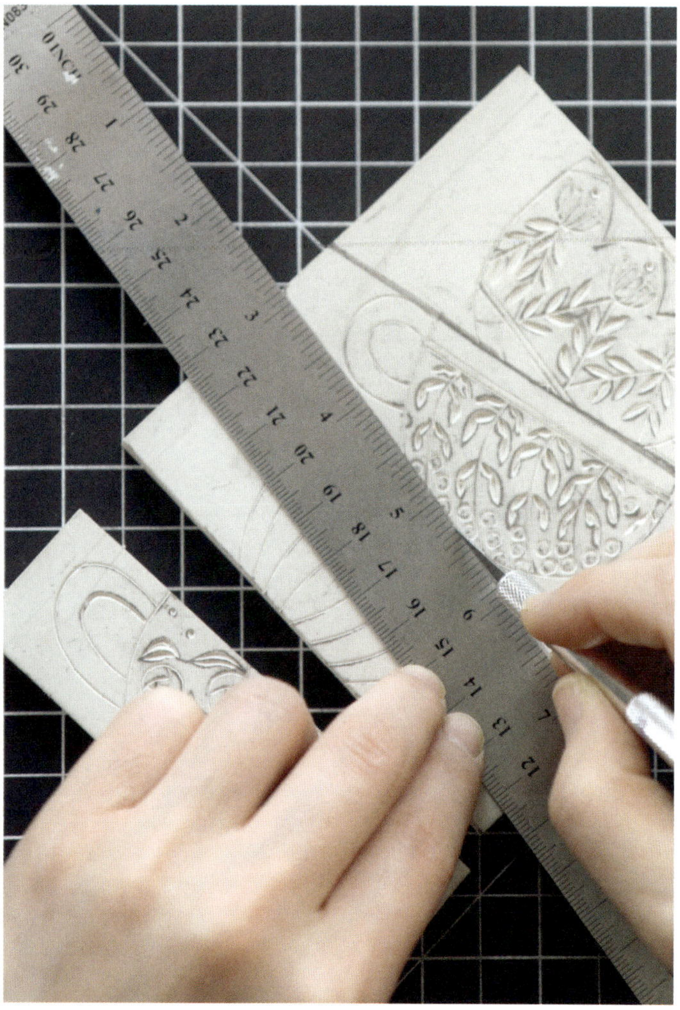

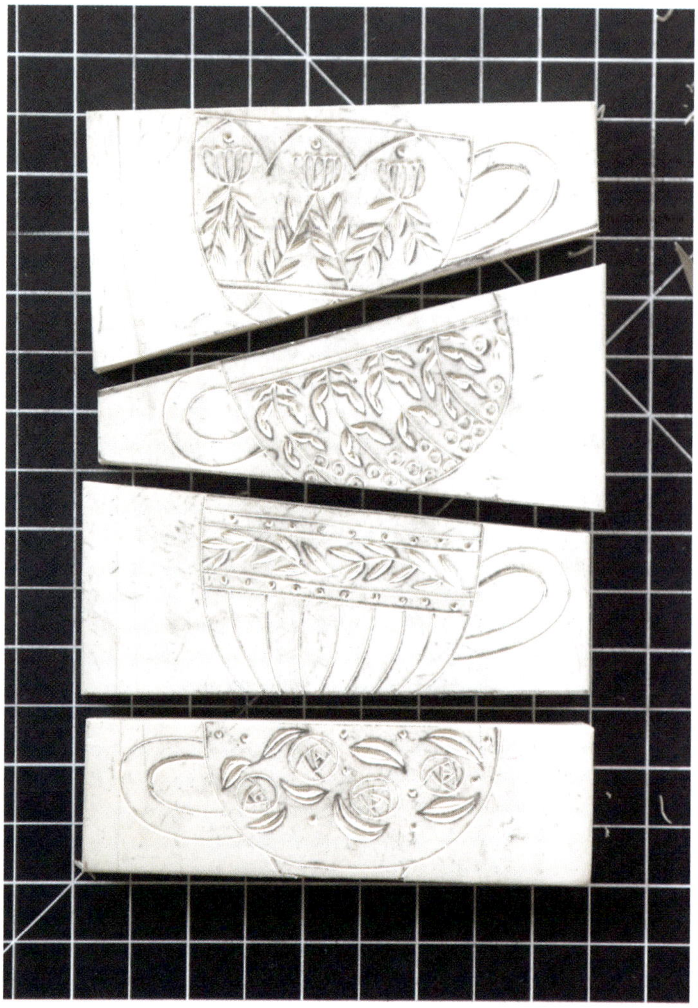

SCHRITT 4

Sind die Umrisslinien ausgeschnitten, schneiden Sie die Platte mithilfe von Metalllineal und Cutter in die einzelnen Teile. Achten Sie dabei auf akkurate Schnitte entlang der vorgezeichneten Trennlinien, damit sich die einzelnen Platten später zum Drucken wieder gut zusammenfügen lassen.

SCHRITT 5

Tragen Sie mit einer u-förmigen Klinge den Hintergrund ab. Etwaige Linoleumkrümel entfernen Sie mit einem alten Pinsel. Weiter geht es mit dem Druck!

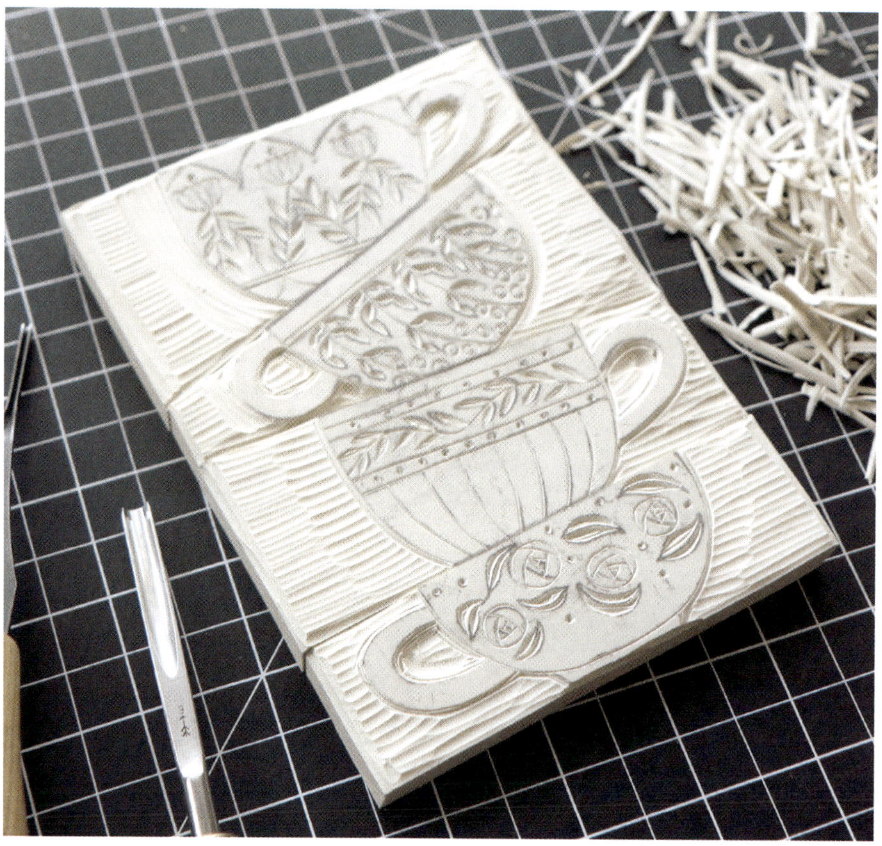

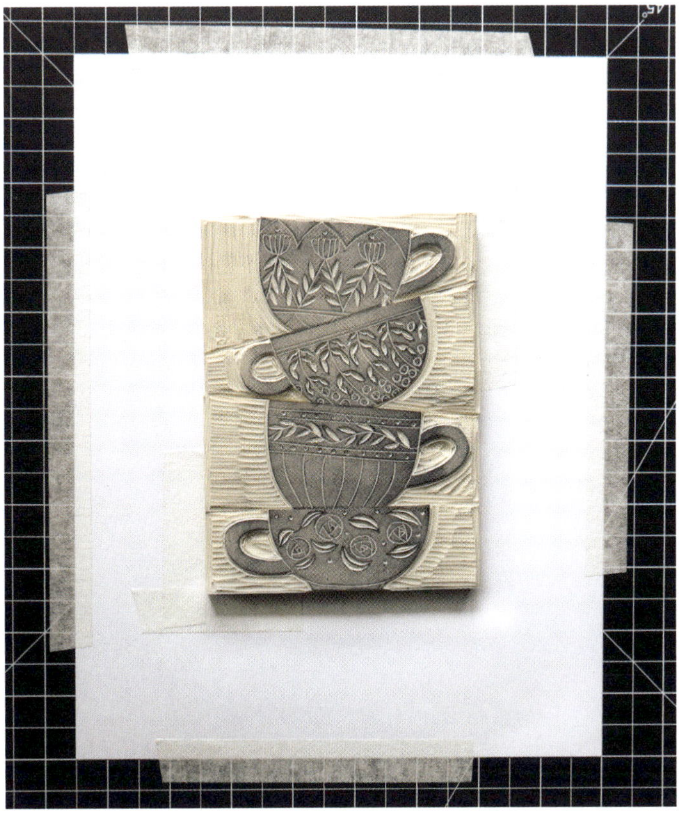

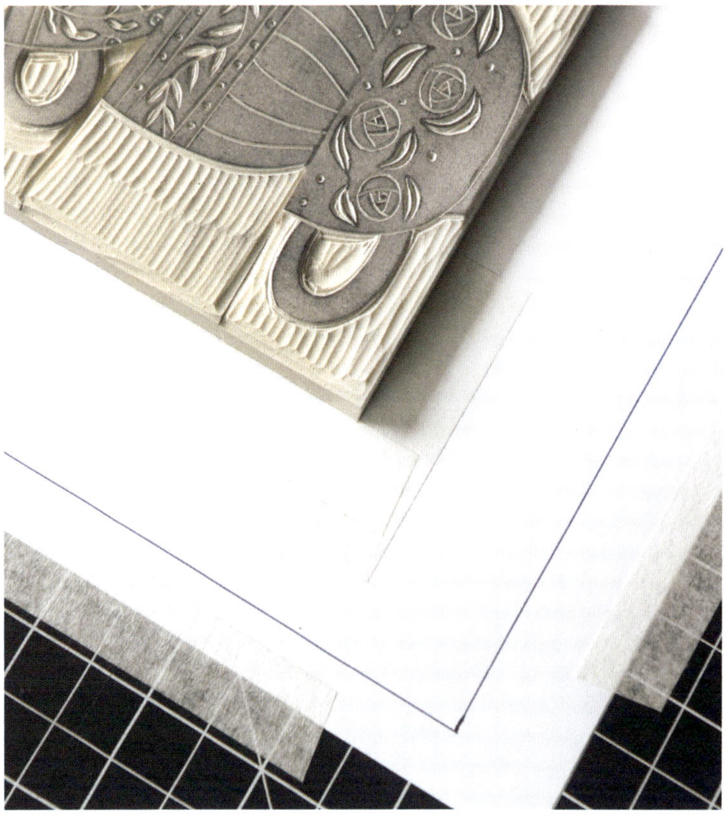

SCHRITT 6

Erstellen Sie aus weißem Tonkarton eine Ausrichtungshilfe. Kleben Sie das Blatt an allen Rändern auf die Matte und positionieren Sie die Teilmotive mittig. Kleben Sie mit Malerkrepp an einer unteren und einer oberen Ecke eine L-förmige Orientierungslinie. Das verhindert ein Verrutschen des Druckstocks. Zeichnen Sie eine Rahmenlinie in der Größe des Druckpapiers auf die Ausrichtungshilfe.

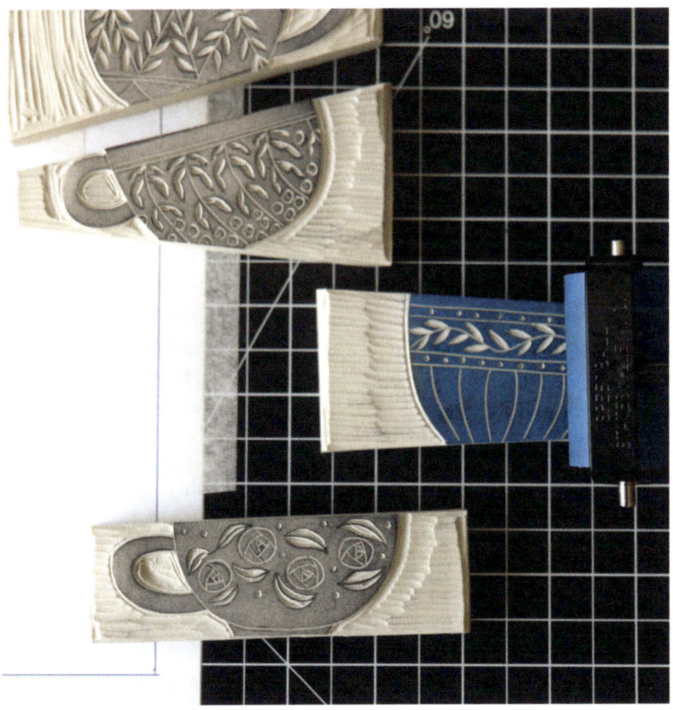

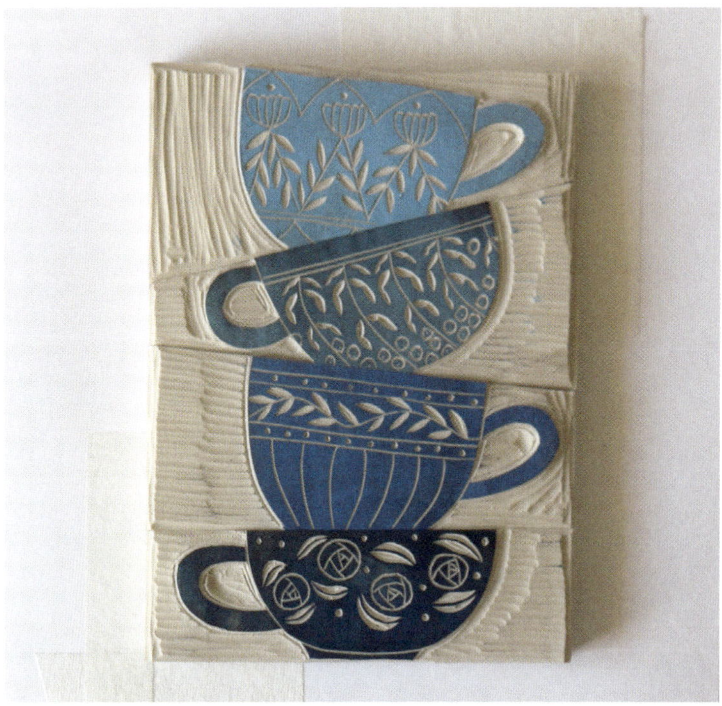

SCHRITT 7

Ich habe mich bei diesem Projekt für vier verschiedene Blautöne entschieden. Am besten nimmt man pro Farbton eine eigene Walze; alternativ die Walze zwischendurch reinigen. Geben Sie etwas Farbe auf die Palette und tragen Sie anschließend eine dünne, gleichmäßige Farbschicht auf die Druckplatte auf. Die Farbverläufe auf den einzelnen Motiven (Tassen) entstehen, wenn Sie zusätzlich schwarze oder weiße Farbe auf die Palette geben – so lassen sich Farbvarianten anmischen (Dunkelblau, Hellblau usw.). Sind alle Teile eingefärbt, diese in der Mitte der Ausrichtungshilfe zusammenlegen.

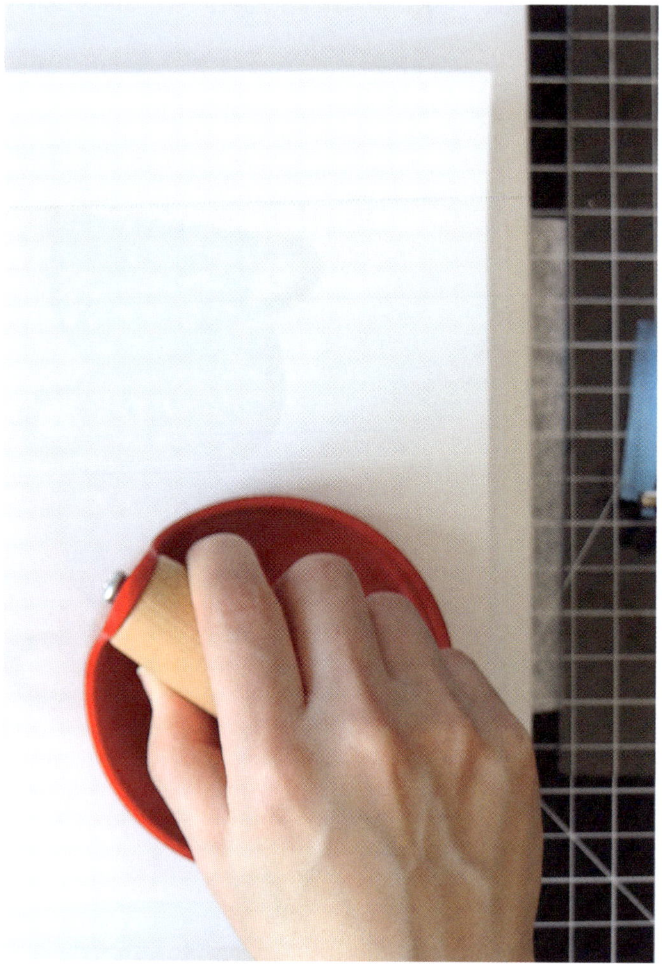

SCHRITT 8

Richten Sie das Druckpapier ab der Rahmenlinie aus. Reiben Sie mit Handreiber und Holzlöffel über das Papier und ziehen Sie es anschließend vorsichtig mit beiden Händen ab.

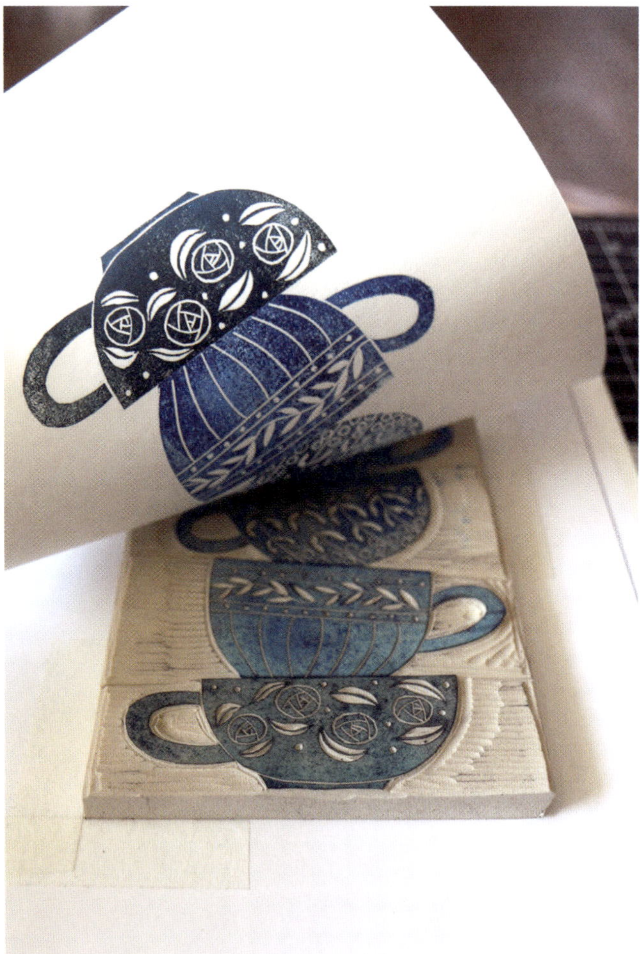

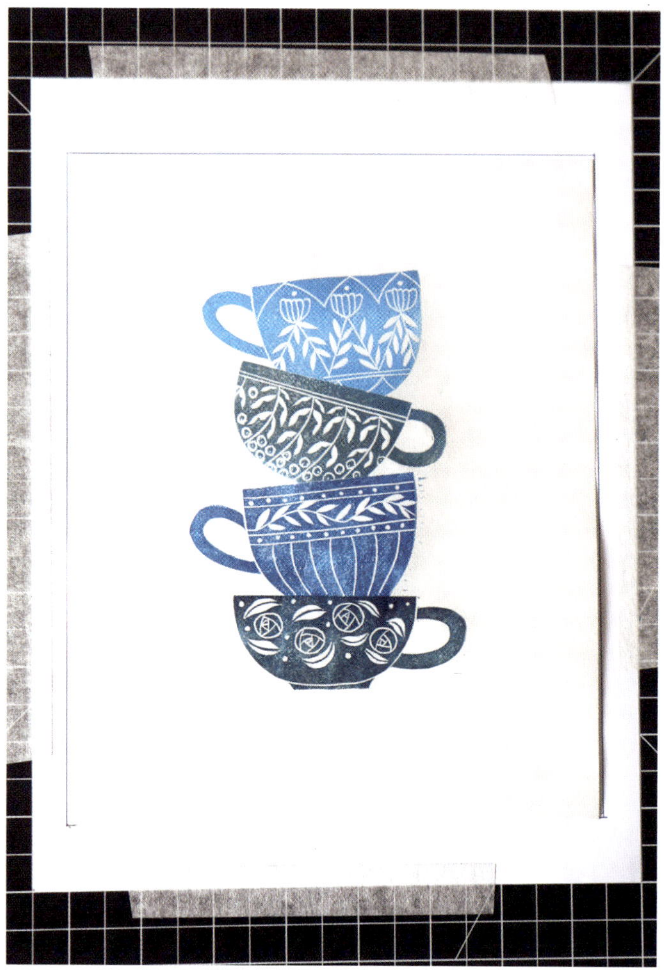

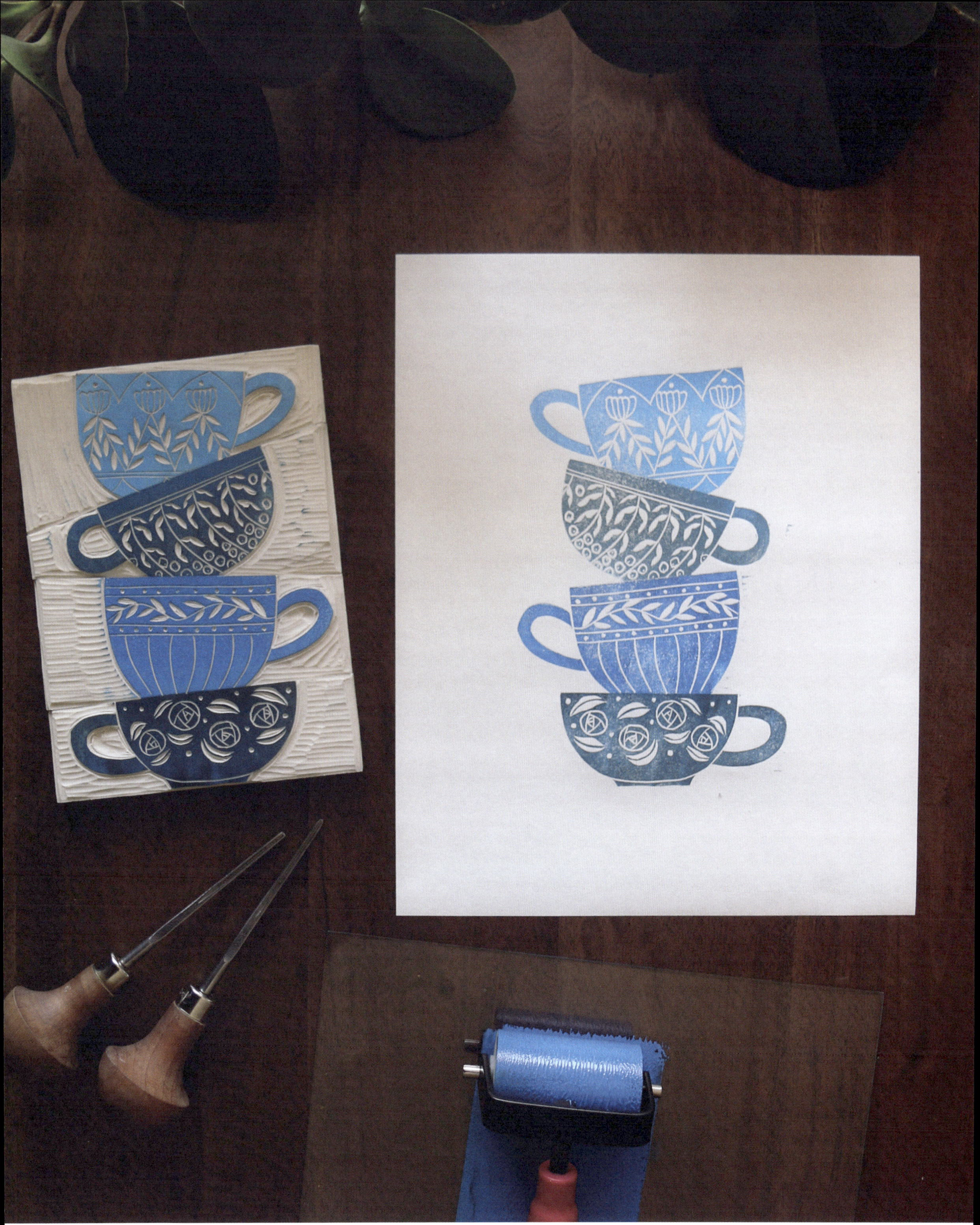

SCHRITT 9

Die Platten nacharbeiten, falls erforderlich. Sobald Ihnen der Druck gefällt, legen Sie ihn zum Trocknen beiseite. Probieren Sie verschiedene Farbkombinationen aus – die Möglichkeiten sind schier endlos!

TRADITIONELLER LINOLSCHNITT

Jeder Linoldruck wird aufgrund der Schnitttechnik zu einem einzigartigen Kunstwerk. Wie ein Druckstock bearbeitet wird, hängt von dem Festigkeitsgrad der Platte ab, der Form des Schnitzwerkzeugs, von Winkel und Tiefe des Schnitts, von dem Druck der Finger beziehungsweise der Hand und so weiter. Sieht man sich verschiedene Werke an, fällt auf, dass diese meistens aus zahlreichen Umrisslinien bestehen. Letztere sorgen nicht nur für Kontrast und Lebendigkeit, sondern auch für den Eindruck von räumlicher Tiefe. Der richtige Einsatz von Umrisslinien kann eine starke Raumwirkung entfalten.

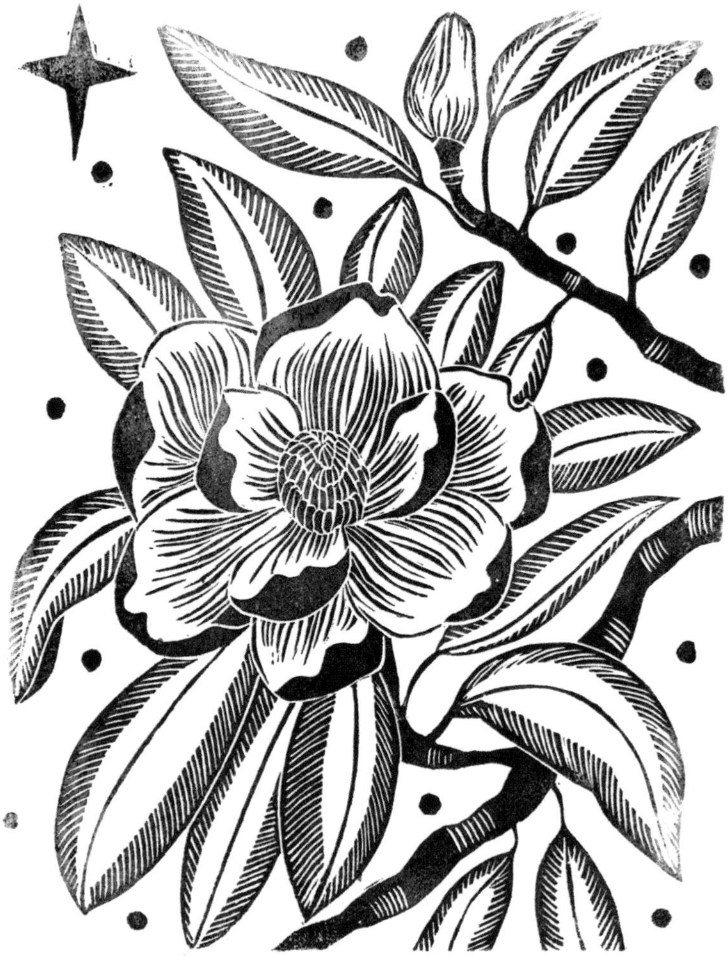

Materialien & Werkzeuge

- Zeichenpapier oder Skizzenblock
- Linoleumplatte
- Pauspapier
- Weicher Bleistift (B oder 2B)
- Schwarzer Permanentmarker
- Schnitzwerkzeugset
- Druckpapier (auf Größe der Druckplatte plus Rand zugeschnitten)
- Wasserlösliche Druckfarbe in Wunschfarben
- Spachtelmesser (für Farbe in Dose oder Glas)
- Palette
- Walzen
- Weißer Tonkarton als Ausrichtungshilfe
- Handreiber oder Holzlöffel
- Malerkrepp
- Falzbein
- Schneidematte
- Lineal aus Acryl oder Metall
- Cutter

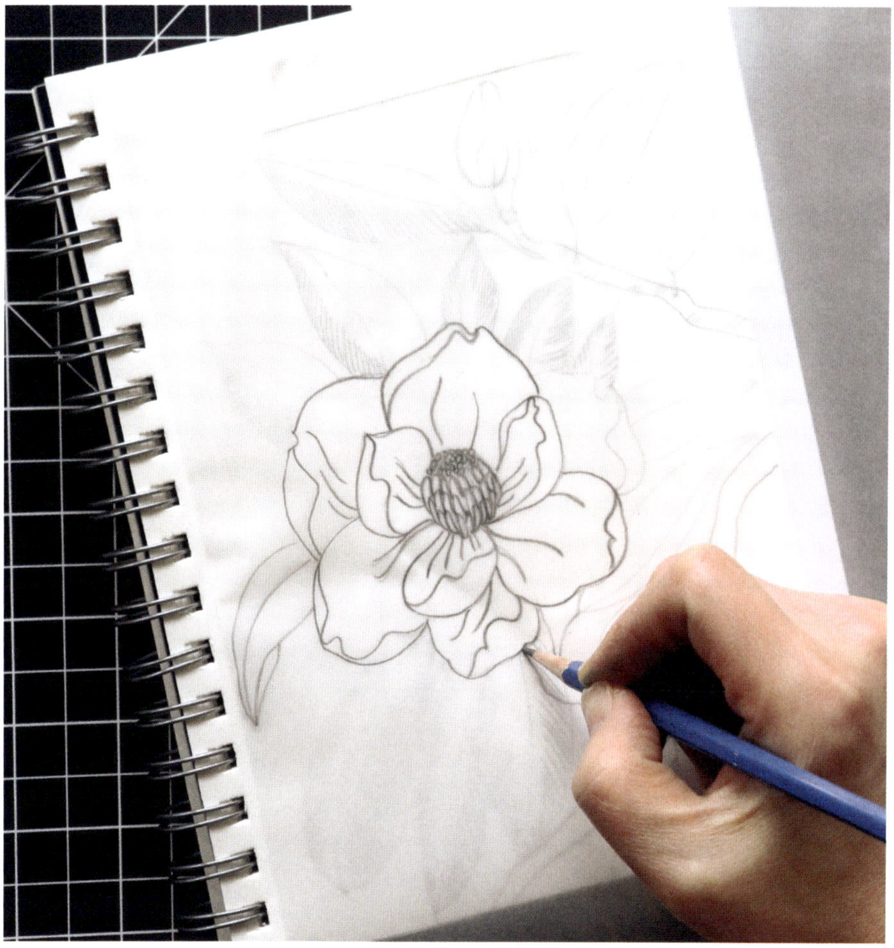

SCHRITT 1

Zeichen Sie mit Bleistift ein detailreiches Motiv auf das Zeichenpapier oder in Ihr Skizzenbuch. Legen Sie Pauspapier auf die fertige Zeichnung und zeichnen Sie diese nach. Mit Malerkrepp an den Ecken festkleben, damit während des Zeichnens nichts verrutscht.

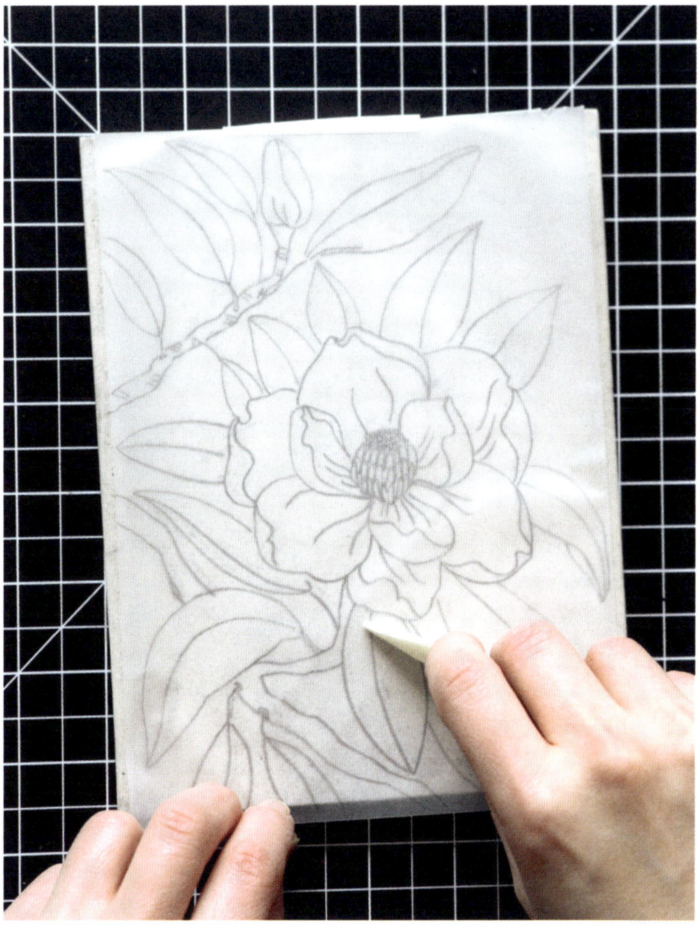

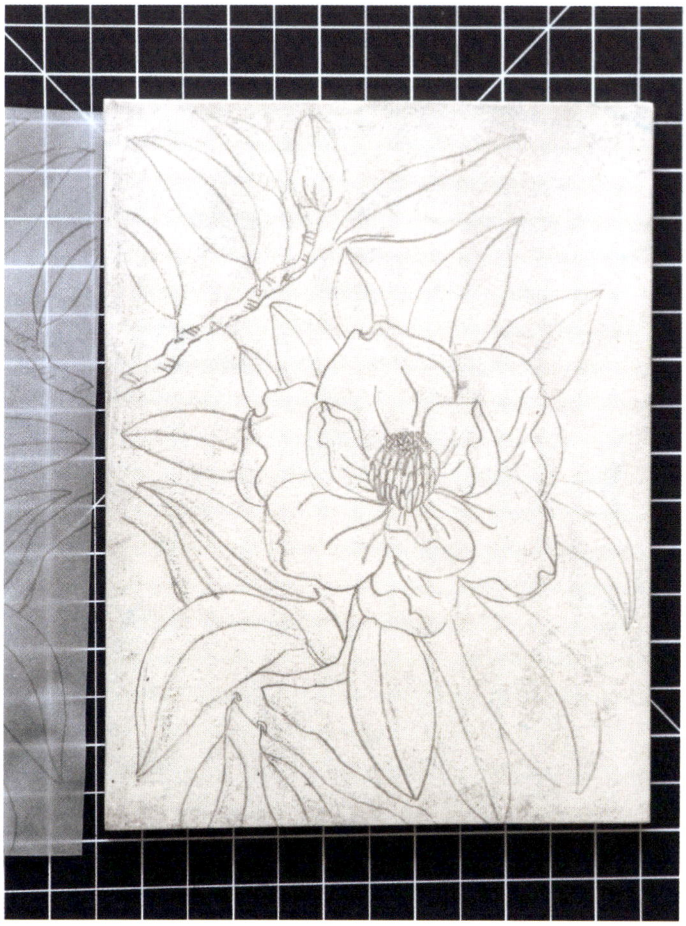

SCHRITT 2

Legen Sie das Pauspapier mit der Zeichnung nach unten auf die Druckplatte, kleben Sie die Ränder fest und übertragen Sie das Motiv auf das Linoleum, indem Sie mit dem Falzbein über die Linien reiben.

SCHRITT 3

Sobald das Motiv übertragen ist, beginnen Sie mit dem Schneiden. Bei diesem Projekt besteht das Motiv hauptsächlich aus Konturlinien. Das Schnitzen dieser Umrisslinien entstammt der traditionellen Druckkunst; sie verleihen dem zweidimensionalen Bild räumliche Tiefe.

Färben Sie Bereich für Bereich mit dem Permanentmarker schwarz ein. So heben sich die bearbeiteten Stellen deutlich von den unbearbeiteten ab und Sie können die Linien, die Sie ausschneiden wollen, besser erkennen.

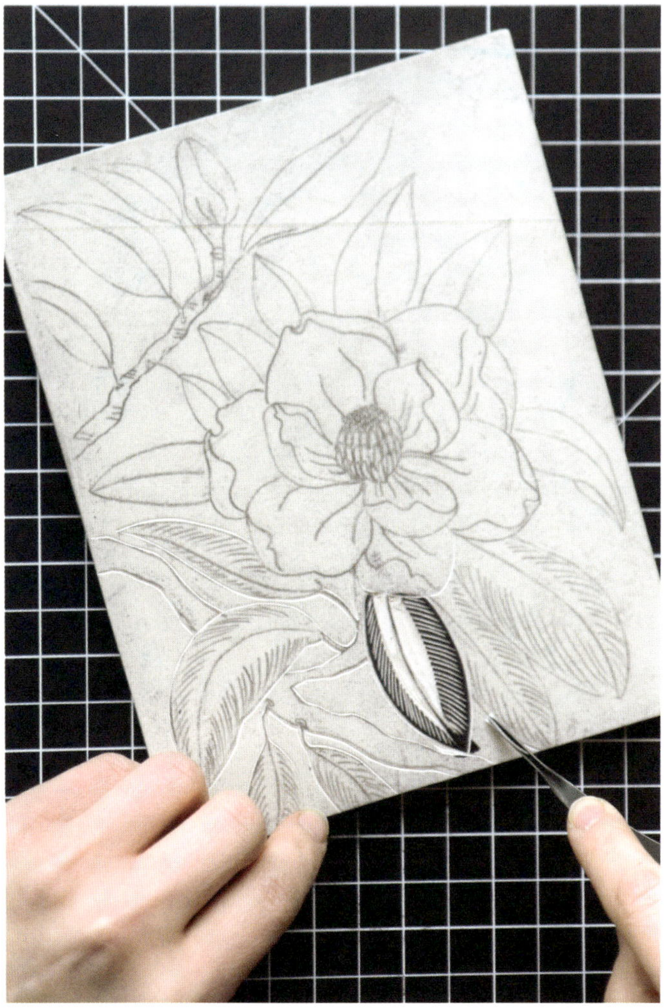

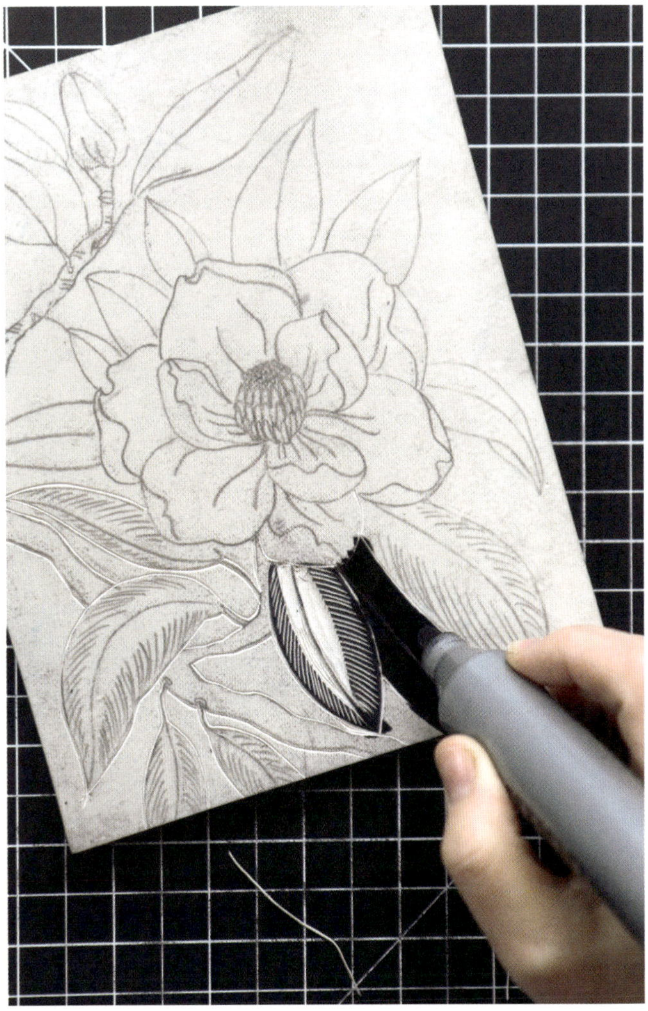

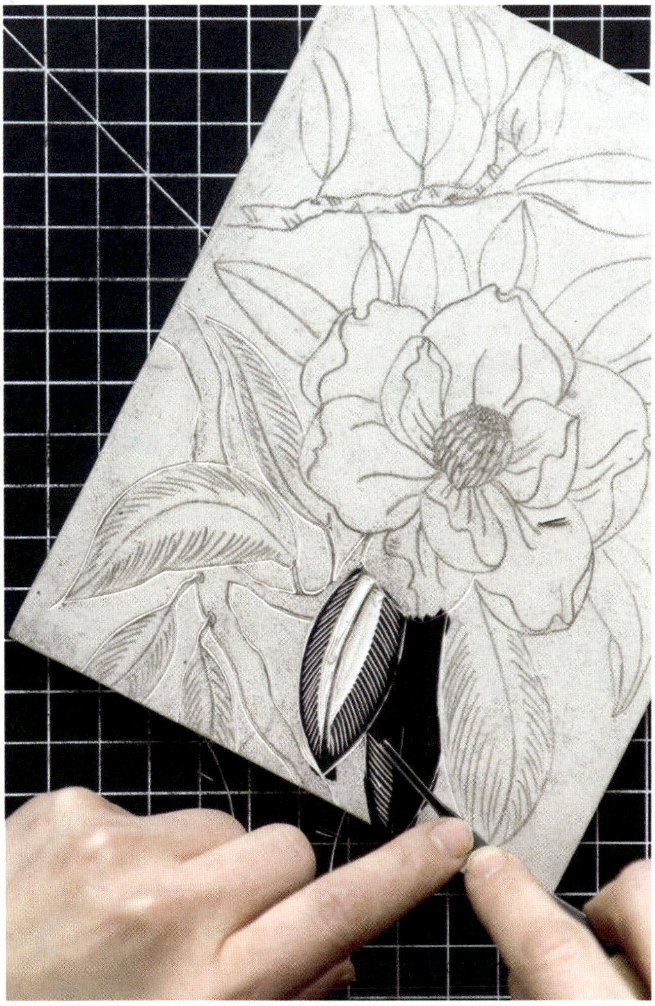

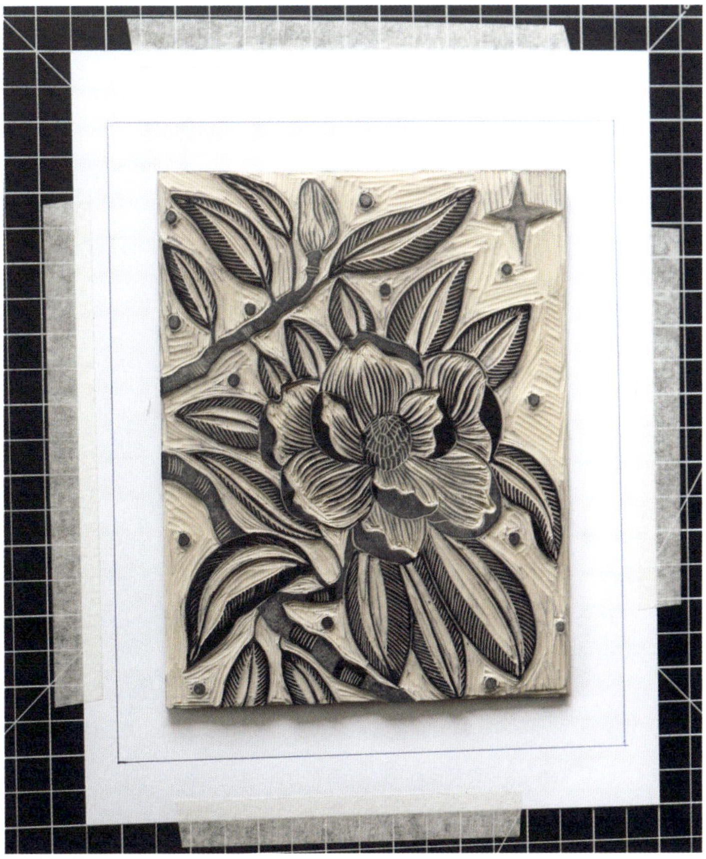

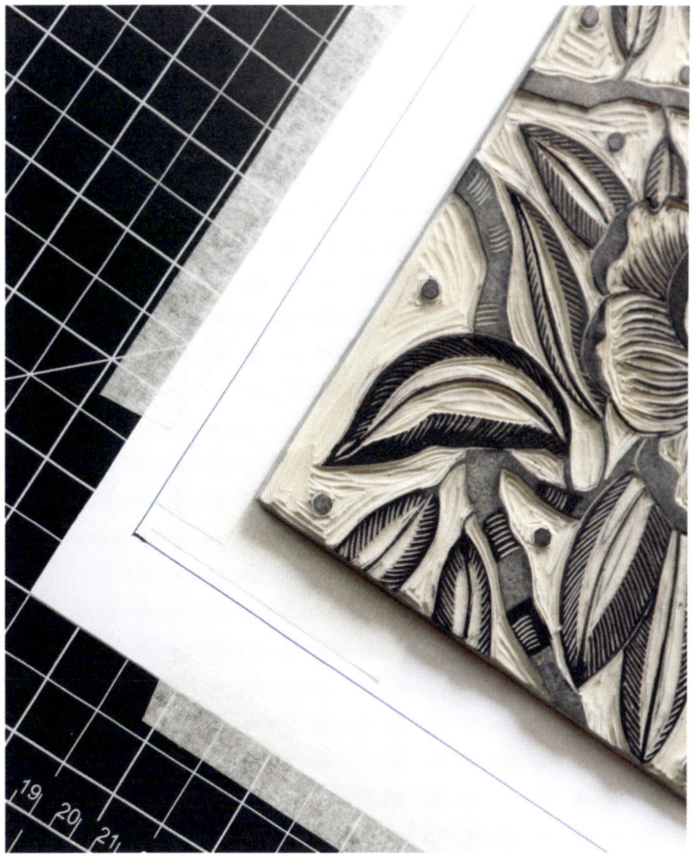

SCHRITT 4

Mit einem v-förmigen Geißfuß werden die Konturen ausgearbeitet, größere Flächen werden mit einem u-förmigen Hohleisen abgetragen. Sobald Ihnen der bearbeitete Druckstock gefällt, bereiten Sie die Ausrichtungshilfe vor. Begrenzen Sie dazu eine obere und eine untere Ecke L-förmig mit Malerkrepp.

SCHRITT 5

Tragen Sie Farbe auf die Palette auf und walzen Sie diese ab, bis die Walze gleichmäßig mit Farbe überzogen ist. Färben Sie den Druckstock ein.

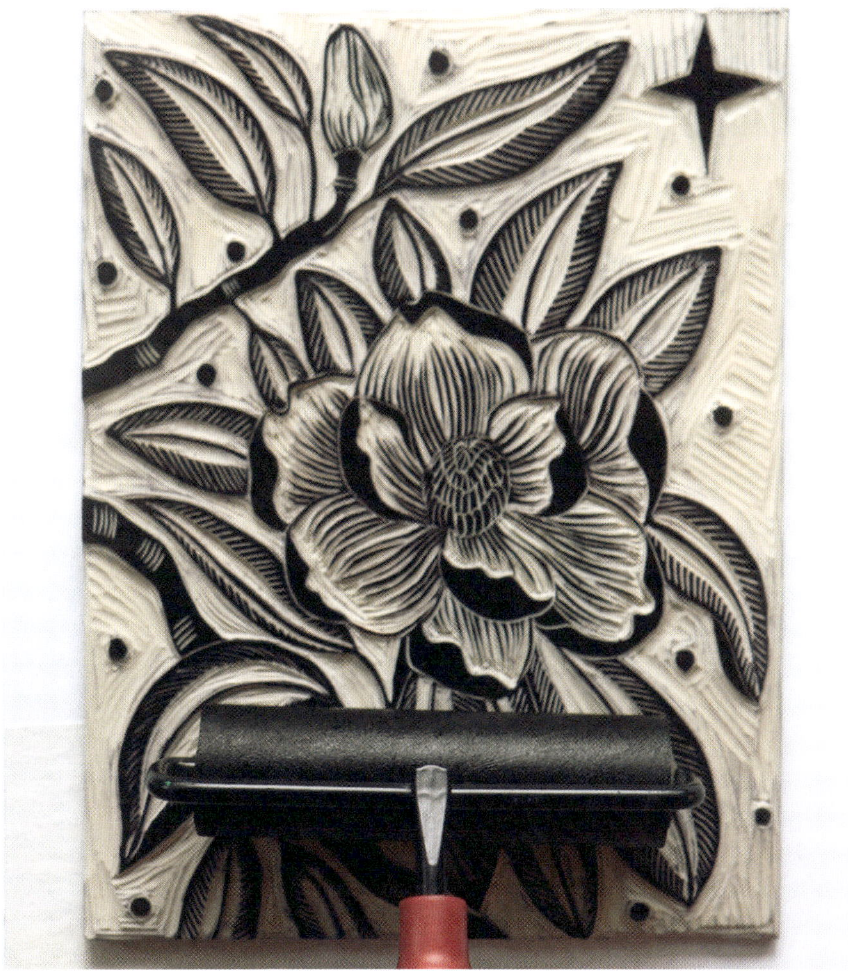

SCHRITT 6

Platzieren Sie das Druckpapier vorsichtig auf der Platte und orientieren Sie sich an der Ausrichtungshilfe. Reiben Sie das Papier mit Handreiber und / oder Holzlöffel an.

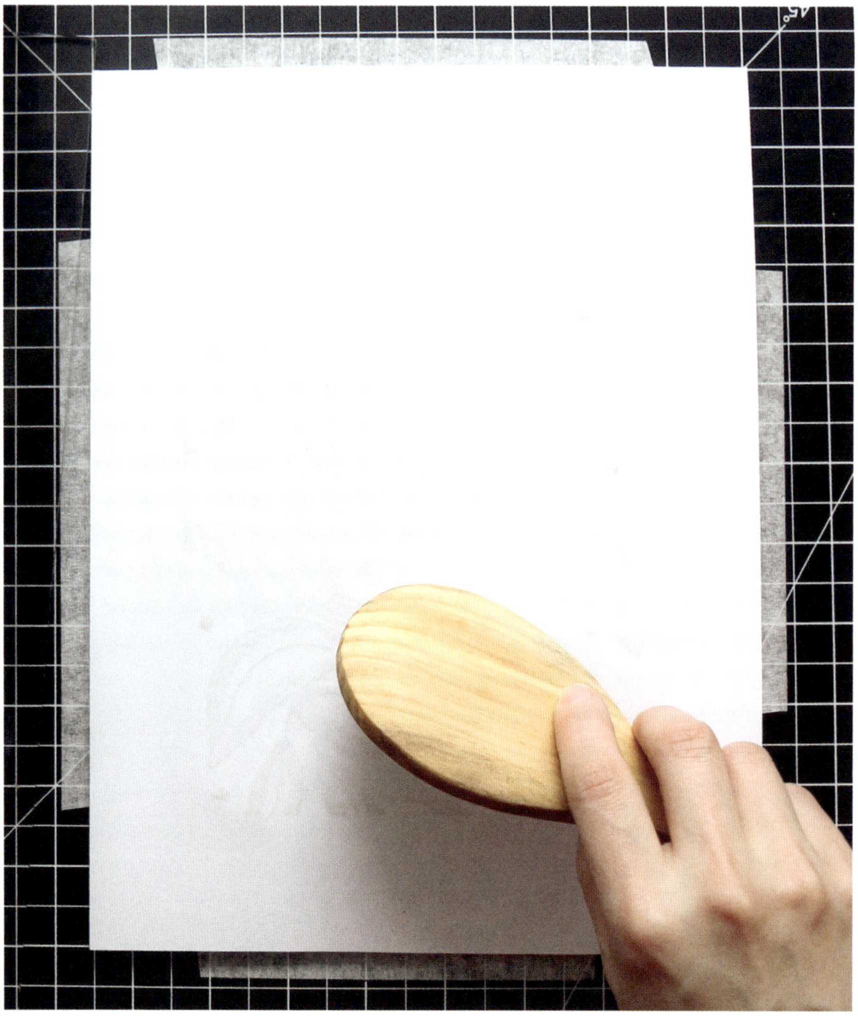

SCHRITT 7

Ziehen Sie den Druck langsam mit beiden Händen ab. Wenn Sie noch nicht zufrieden sind, können Sie das Papier mit dem Holzlöffel weiter anreiben – so erhalten Sie stärkere Hell-Dunkel-Kontraste.

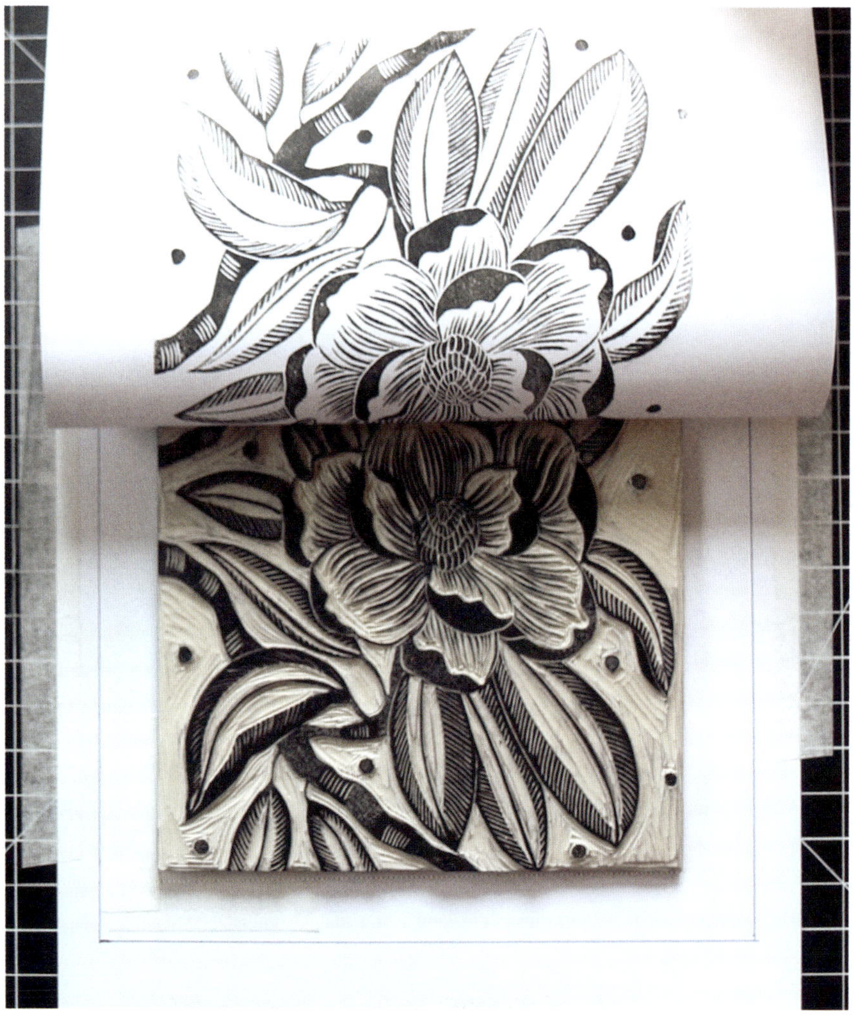

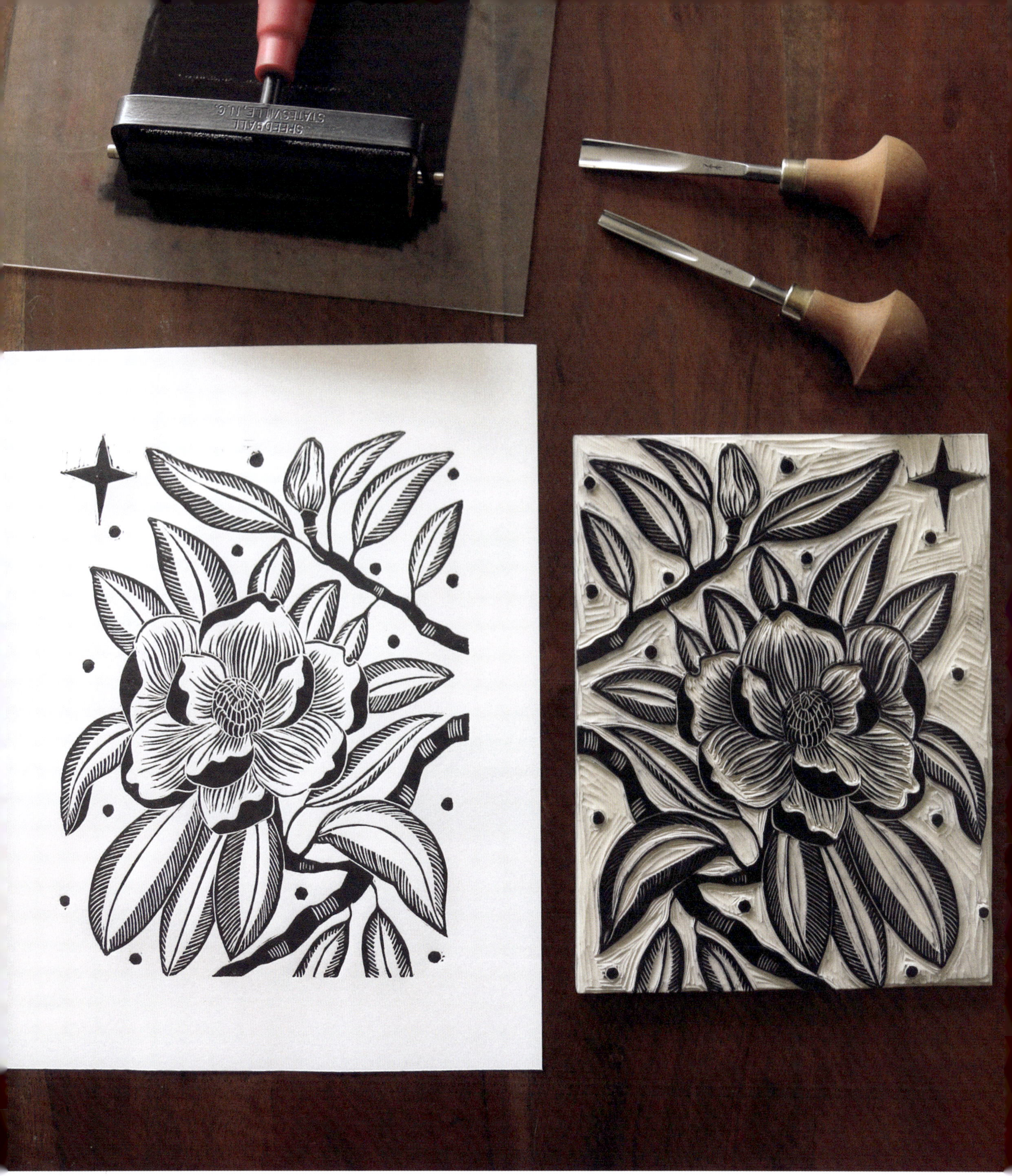

SCHRITT 8

Fertigen Sie bei Bedarf mehrere Testdrucke an. Sobald Sie mit dem Ergebnis zufrieden sind, lassen Sie den finalen Druck trocknen.

HANDKOLORIERTER LINOLDRUCK

Das Nachkolorieren von Hand ist eine gängige Technik im Mehrfarbendruck. Die Positivräume auf dem Druckträger bieten zahlreiche Möglichkeiten der Kolorierung: mit Aquarell, Buntstiften, Acrylfarbe ... Durch Nachkolorieren per Hand erzielt man einen spontanen, lebendigen Effekt. Der Druck muss vorher unbedingt gut getrocknet sein, bevor zusätzliche Farbe aufgetragen wird – das A und O für ein sauberes, schönes Mixed-Media-Ergebnis. Probieren Sie mit ein- und demselben Druckmotiv ruhig ganz verschiedene Farben und Materialien aus!

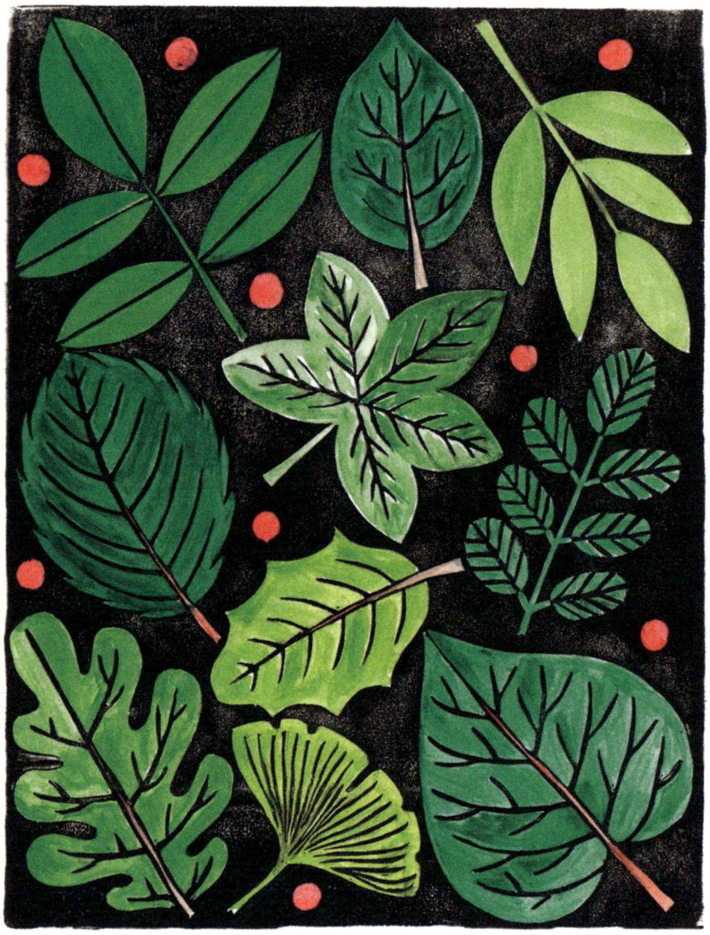

Materialien & Werkzeuge

- Zeichenpapier oder Skizzenblock
- Linoleumplatte
- Pauspapier
- Weicher Bleistift (B oder 2B)
- Aquarellfarben
- Pinsel
- Schnitzwerkzeugset
- Druckpapier (auf Größe der Druckplatte plus Rand zugeschnitten)
- Wasserlösliche Druckfarbe in Wunschfarben
- Spachtelmesser (für Farbe in Dose oder Glas)
- Palette
- Walzen
- Weißer Tonkarton als Ausrichtungshilfe (alternativ Holzrest und Industriekleber)
- Handreiber oder Holzlöffel
- Malerkrepp
- Falzbein
- Schneidematte
- Lineal aus Acryl oder Metall
- Cutter

SCHRITT 1

Zeichnen Sie ein detailreiches Motiv auf Papier. Zeichnen Sie es auf einem Stück Pauspapier mit einem weichen Bleistift nach.

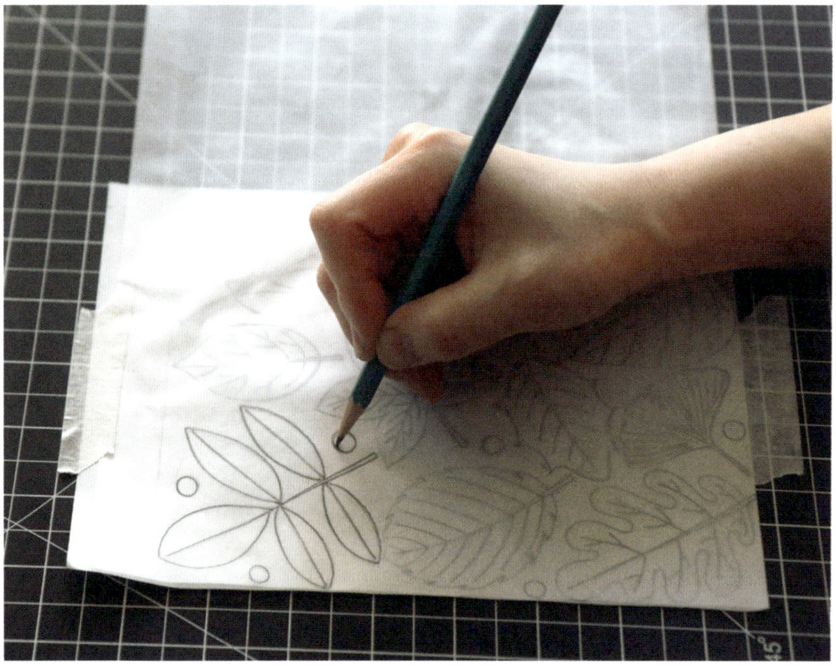

SCHRITT 2

Übertragen Sie das Motiv mithilfe des Falzbeins auf die Druckplatte. Legen Sie dazu das Pauspapier mit der Vorderseite nach unten auf die Platte und fahren Sie mit dem Falzbein über die Linien.

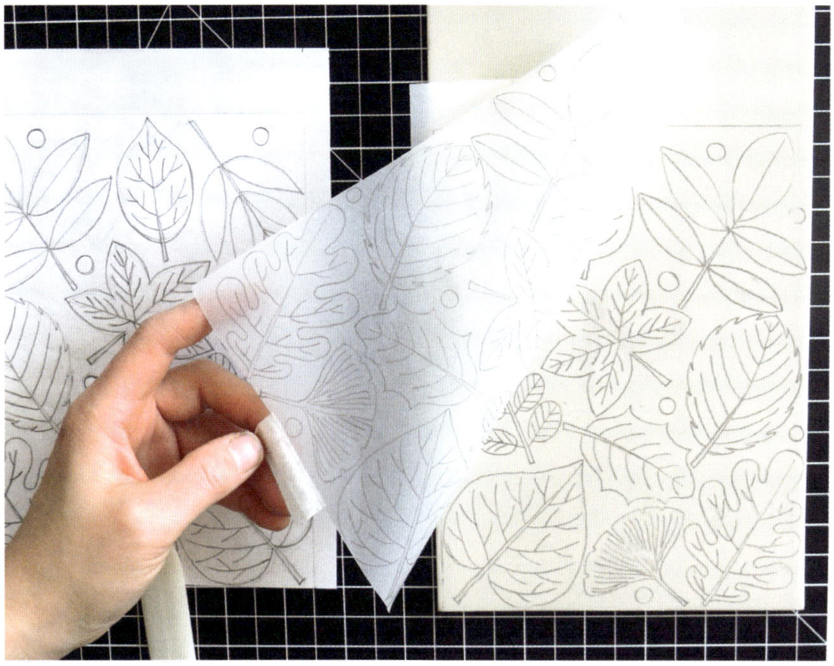

SCHRITT 3

Sobald das Bild übertragen ist, schneiden Sie die Druckplatte mithilfe von Cutter und Lineal zurecht. Legen Sie die abgeschnittenen Teile für spätere Projekte zur Seite. Achten Sie beim Schneiden von festem Linoleum auf einen durchgehenden, sauberen Schnitt.

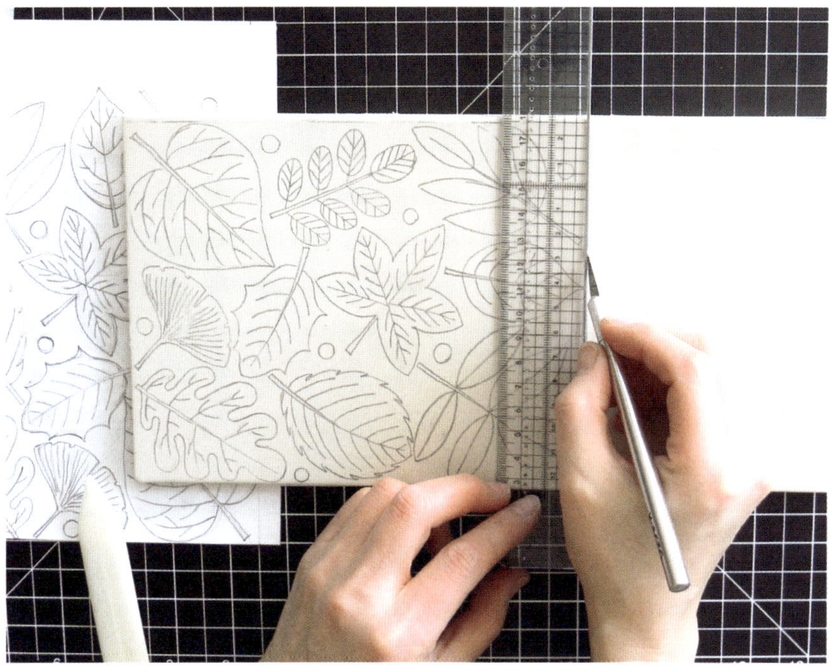

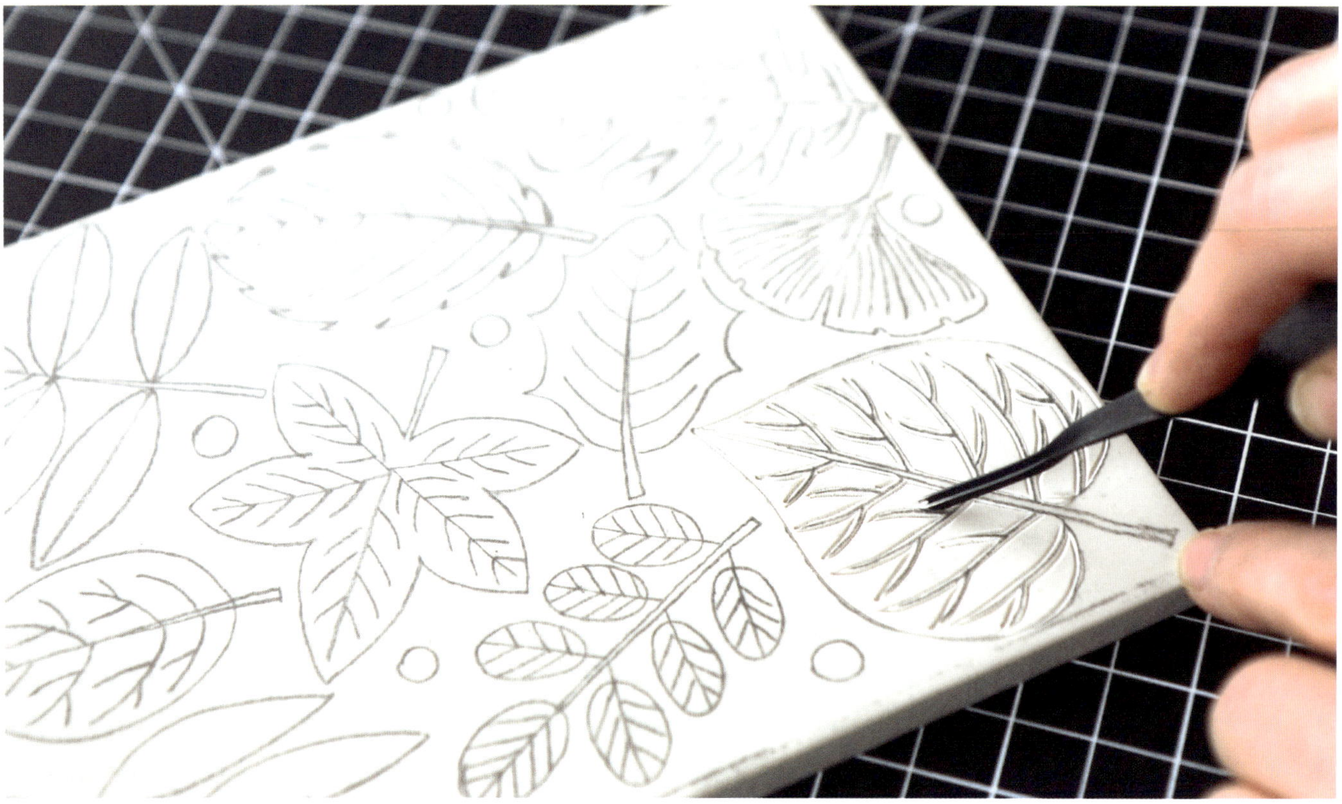

SCHRITT 4

Beginnen Sie mit einer feinen v-förmigen Klinge für die Umrisslinien. Bei einem Motiv mit unterschiedlichen Formen und Flächen wechseln Sie während der Schneidearbeit immer zum idealen Schnitzwerkzeug.
Da dieser Druckstock das Grundmotiv für das spätere Kolorieren mit Aquarellfarben bildet, werden alle Teilmotive weggeschnitten (Positivschnitt). Größere Flächen mit einer flachen u-förmigen Klinge abtragen.

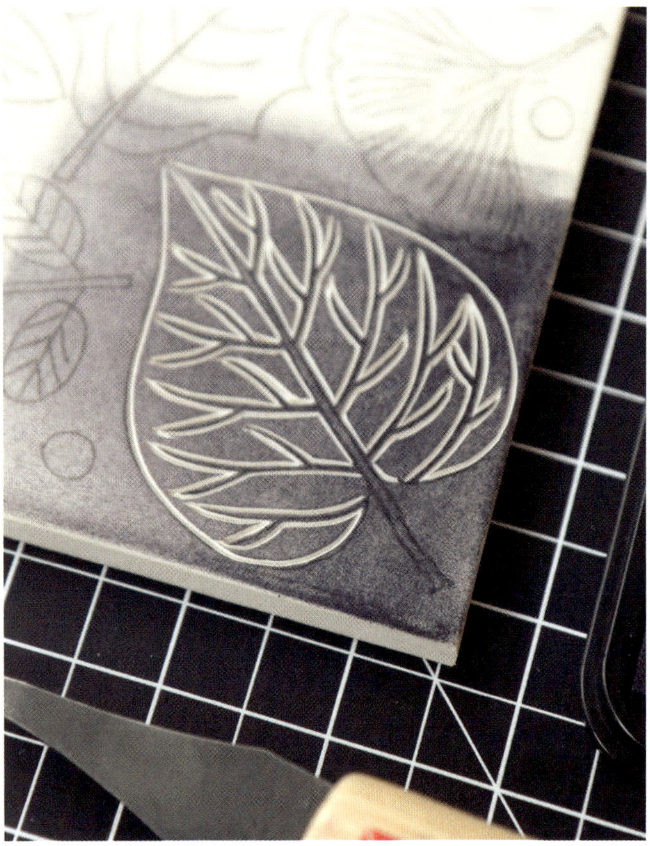

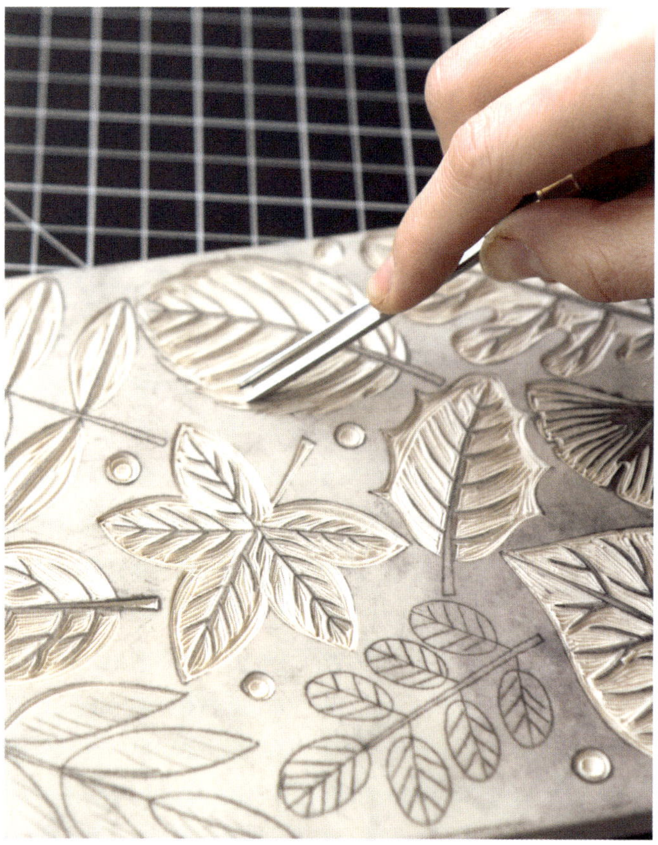

SCHRITT 5

Wenn Sie Bereiche schon während des Schneidens einfärben, hilft das, bereits bearbeitete Stellen besser zu erkennen. Hierfür eignet sich ein Stempelkissen oder ein Permanentmarker.

SCHRITT 6

Als Ausrichtungshilfe auf der Schneidematte einen Holzwinkel oben links mithilfe einer Klemme oder eines Schraubstocks an der Arbeitsplatte befestigen. Mit Malerkrepp die Druckposition markieren.

Alternativ bereiten Sie weißen Tonkarton als Ausrichtungshilfe vor. Ich arbeite am liebsten mit einer dünnen Holzplatte anstelle des Tonkartons. Wenn Sie aus anderen Kreativprojekten ein dünnes Brett (A3 oder etwas kleiner) und Holzleisten übrig haben, dann schneiden Sie das Brett exakt rechteckig zu und kleben zwei Holzleisten oben und links mit Industriekleber an den Rand, sodass sich oben links ein exakter rechter Winkel ergibt. Auf Seite 93 kann man die Holzkonstruktion sehen.

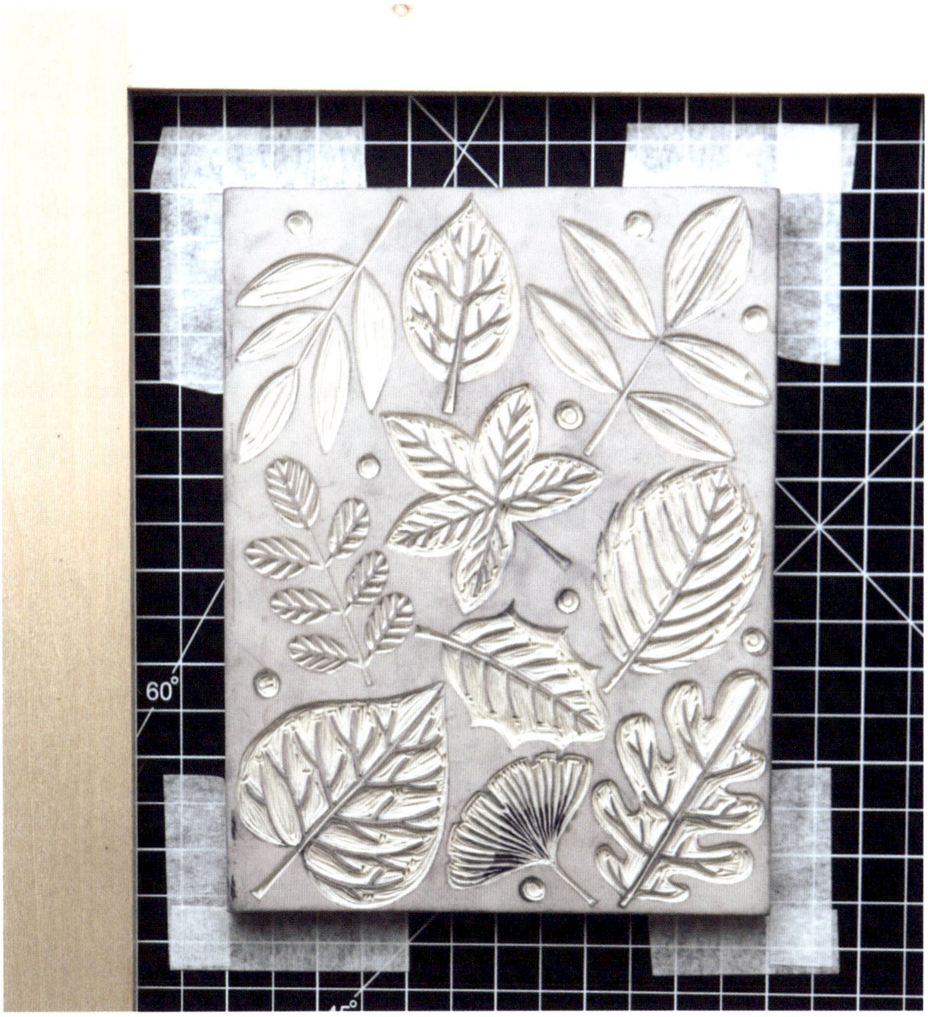

SCHRITT 7

Sobald Ihre Druckstation fertig ist, geht es ans Einfärben. Geben Sie Farbe auf die Palette und verteilen Sie diese mit der Walze, bis letztere vollständig und gleichmäßig überzogen ist. Rollen Sie vorsichtig über den Druckstock.

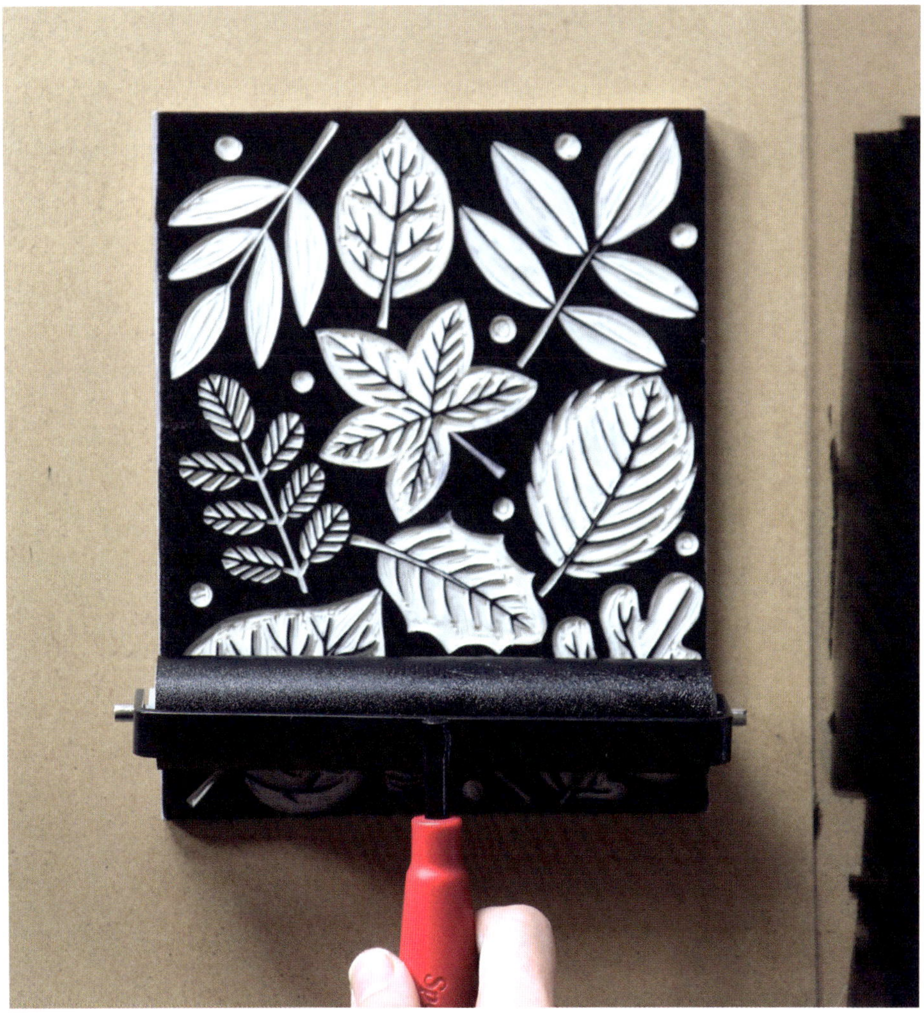

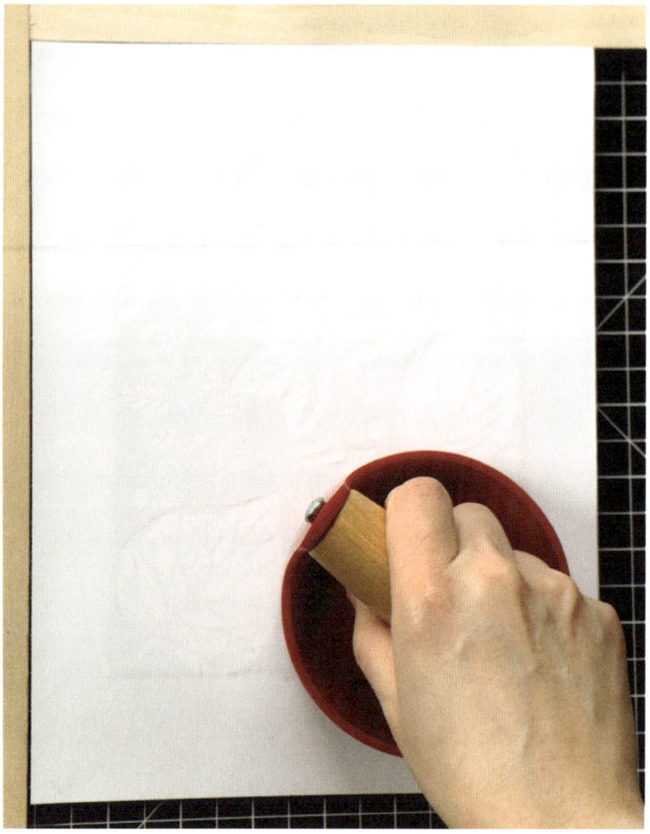

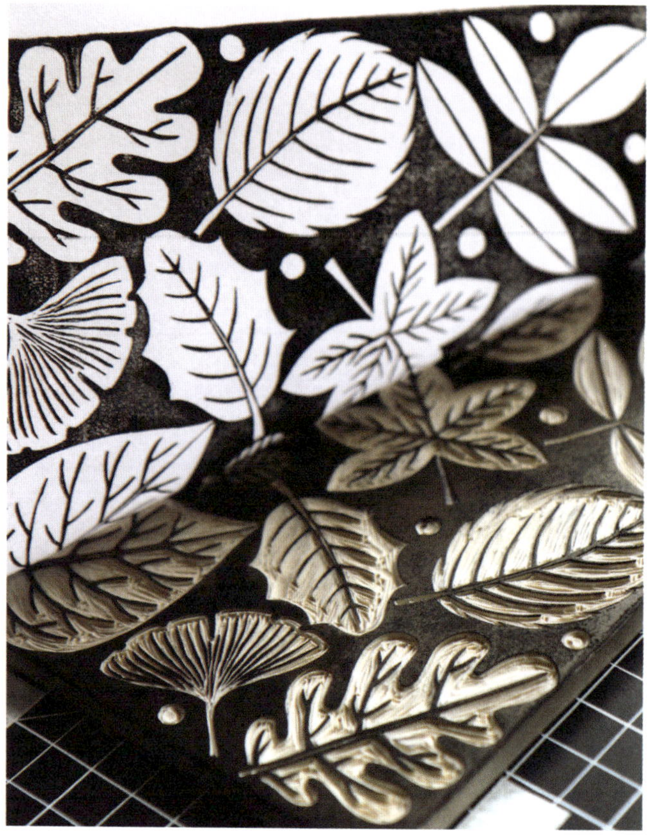

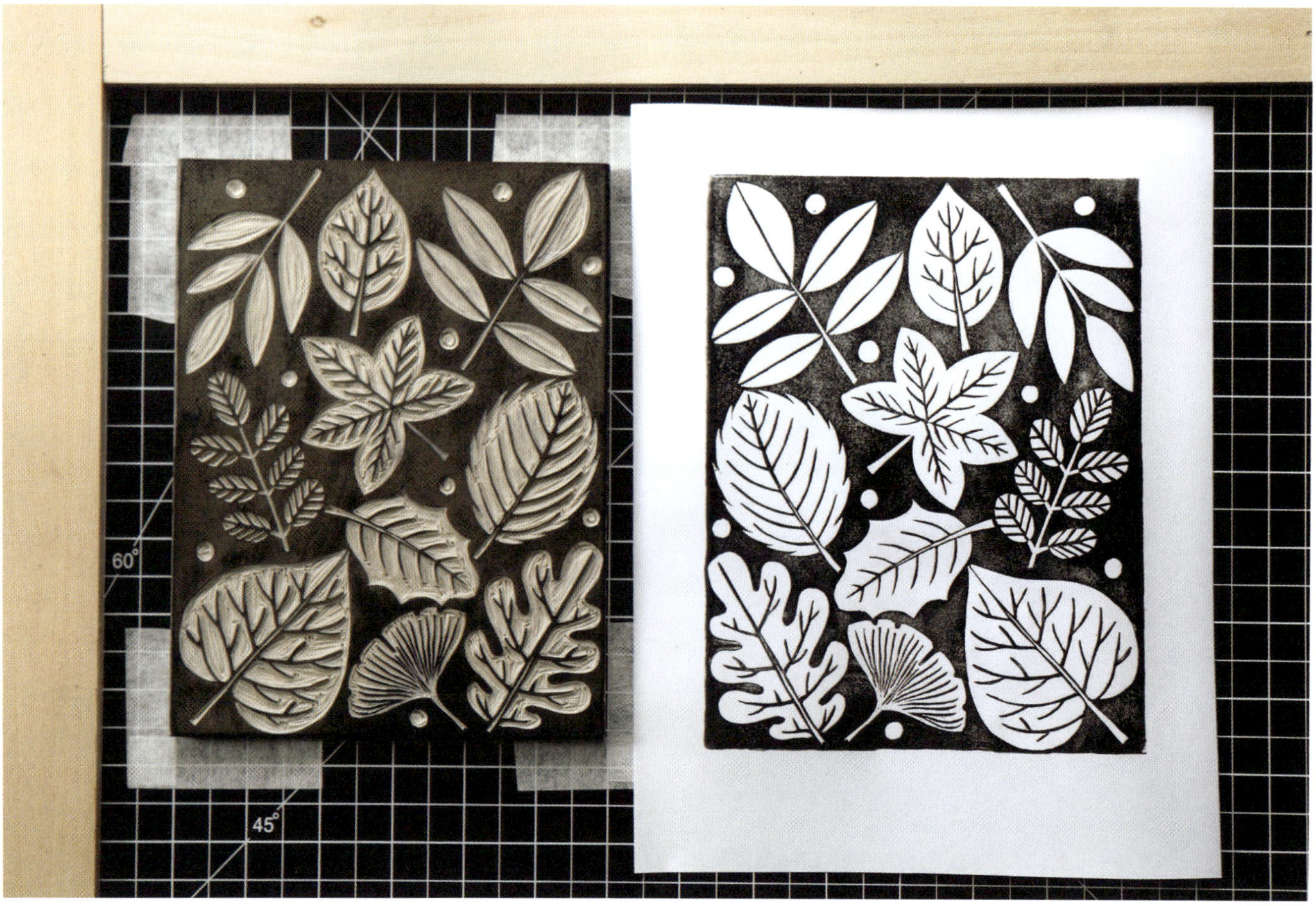

SCHRITT 8

Legen Sie den eingefärbten Druckstock innerhalb der Malerkreppmarkierung und das Druckpapier so darauf, dass es mit der linken oberen Ecke des Holzwinkels oder der Markierung auf dem Tonkarton abschließt. Reiben Sie es mit Handreiber und Holzlöffel ab. Da hier der gesamte Hintergrund eingefärbt wurde, ist gründliches Anreiben sehr wichtig. Heben Sie eine Ecke des Druckpapiers zur Kontrolle an. Bei Bedarf nacharbeiten.

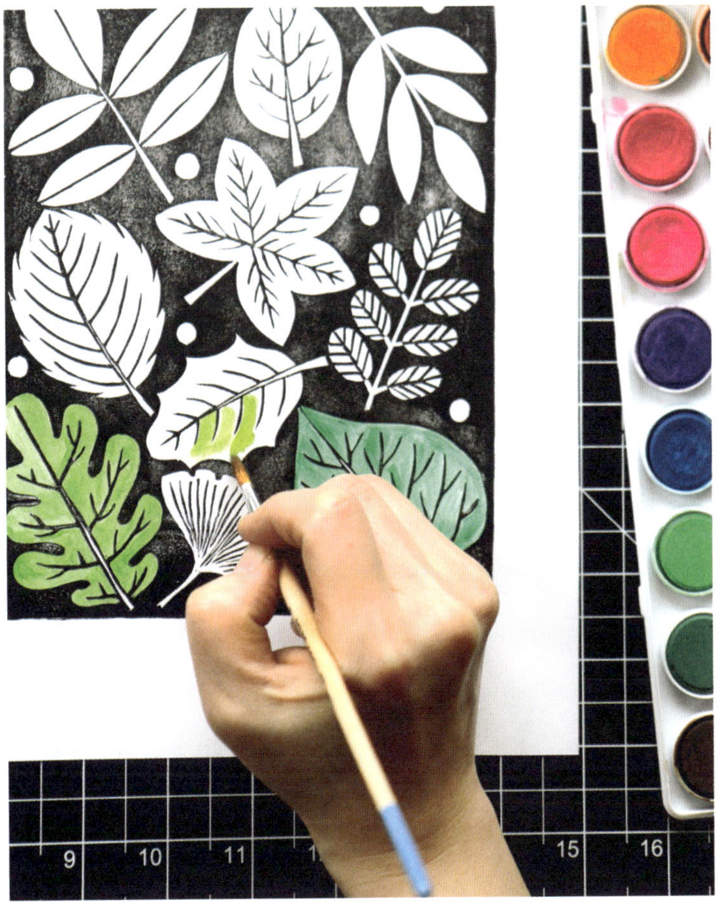

SCHRITT 9

Sobald der finale Druck vollständig getrocknet ist, können Sie mit dem Kolorieren beginnen. Wählen Sie Ihr bevorzugtes Material aus. Ich habe mich in diesem Fall für Aquarell entschieden.

Kolorieren Sie jedes Bildelement einzeln. Lassen Sie Ihr Kunstwerk gut trocknen, bevor Sie es ausstellen oder aufhängen.

Tipp

Testen Sie verschiedene Kombinationen von Aquarellfarben vorher auf einem separaten Blatt Papier, bis Sie mit den angemischten Farbtönen zufrieden sind.

Dieses Druckmotiv bietet viele Gestaltungsmöglicheiten. Genießen Sie die Freiheit und entdecken Sie Mixed Media, indem Sie mit verschiedenen Farbpaletten und anderen Materialien experimentieren.

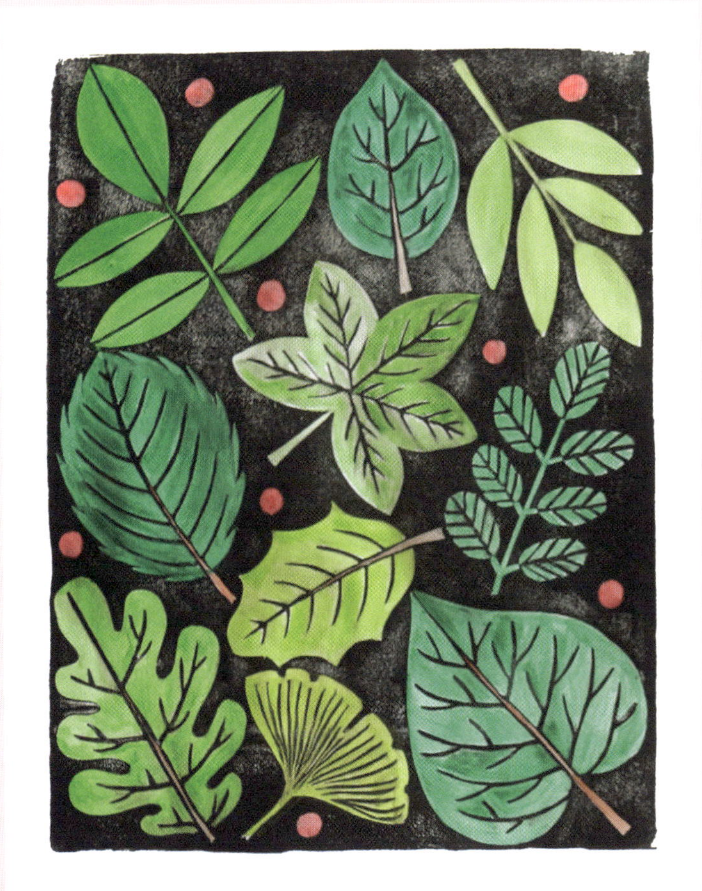

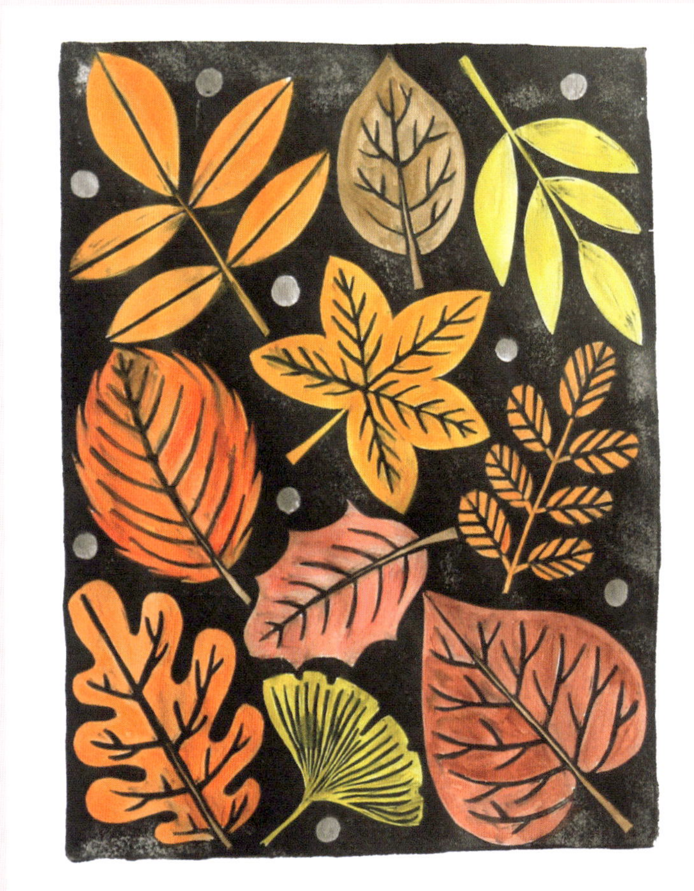

LINOLDRUCK MIT MOSAIKEFFEKT

Um mehrfarbige Drucke mit nur einem Druckstock zu erstellen, bieten sich verschiedene Techniken an. Bei diesem Projekt geht es um einen Druck mit verschiedenen Texturen, der ohne komplizierte Ausrichtungen relativ einfach herzustellen ist. Im Druckjargon wird diese Technik Chine-Collé genannt. Dabei werden verschiedene Papiere mit ganz unterschiedlichen Oberflächenstrukturen auf das Druckpapier aufgebracht. Meistens handelt es sich um dünnes Japanpapier. Die Papierstücke können einen Bildgegenstand ausfüllen oder auch den Hintergrund bilden. Für diese Technik sind Servietten, dünnes Origamipapier und sehr dünne Stoffe gut geeignet.

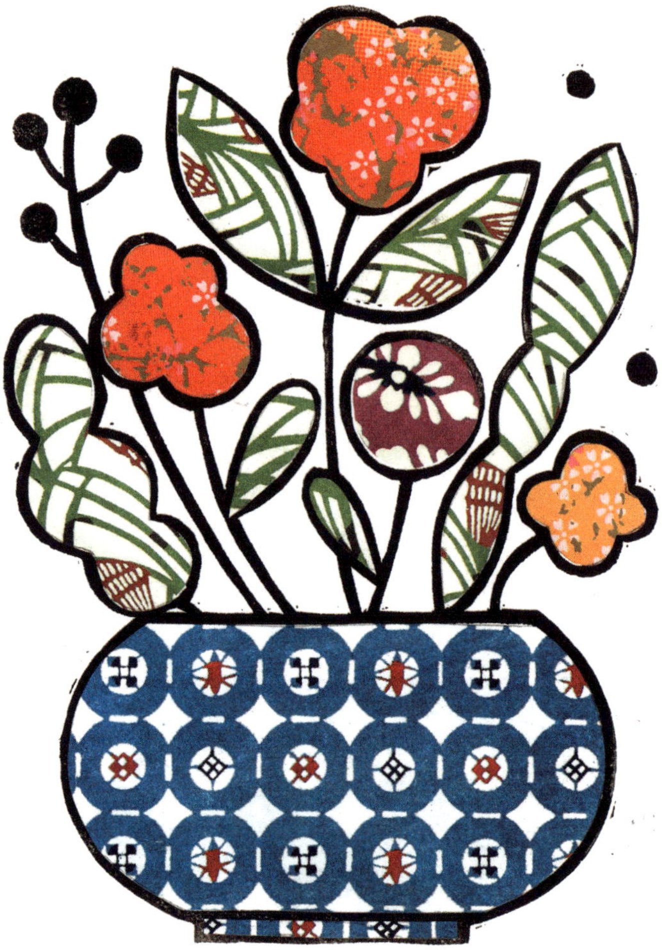

Materialien & Werkzeuge

- Zeichenpapier oder Skizzenblock
- Linoleumplatte
- Pauspapier
- Verschiedene Origamipapiere oder Servietten (oberste Schicht)
- Weicher Bleistift (B oder 2B)
- Schnitzwerkzeugset
- Druckpapier (auf Größe der Druckplatte plus Rand zugeschnitten)
- Kraftpapier (auf Größe der Druckplatte plus Rand zugeschnitten)
- Wasserlösliche Druckfarbe in Wunschfarben
- Spachtelmesser (für Farbe in Dose oder Glas)
- Palette
- Walzen
- Weißer Tonkarton als Ausrichtungshilfe
- Handreiber oder Holzlöffel
- Malerkrepp
- Falzbein
- Schneidematte
- Lineal aus Acryl oder Metall
- Schere
- Serviettenkleber und Pinsel
- Pinzette

SCHRITT 1

Zeichnen Sie mit einem weichen Bleistift Ihr Motiv auf Papier. Bedenken Sie, dass bei diesem Projekt das Innere jedes Elements mit Papier ausgefüllt wird, weshalb nach dem Schneiden nur die Umrisslinien stehen bleiben sollten.

Legen Sie ein Stück Pauspapier in passender Größe auf die Zeichnung und zeichnen Sie diese nach. Fixieren Sie die Ecken mit Malerkrepp, damit nichts verrutscht.

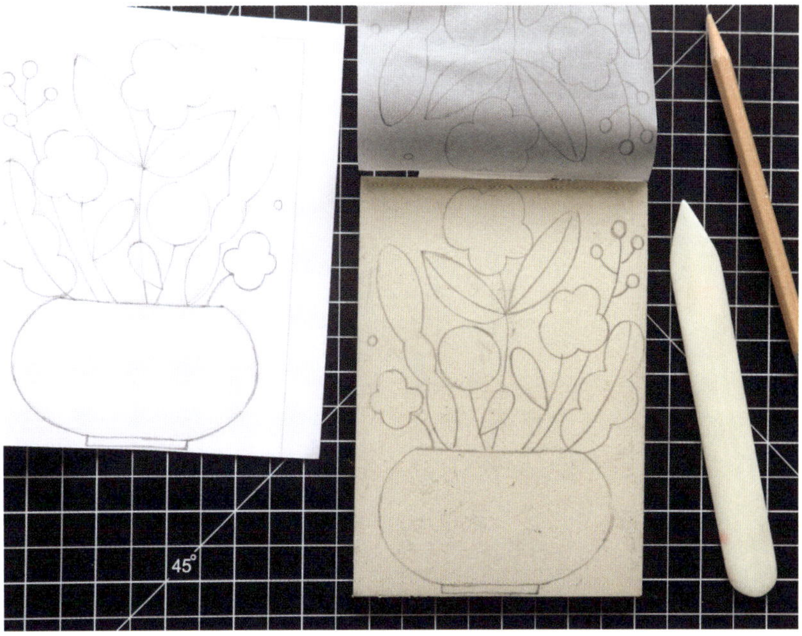

SCHRITT 2

Da es sich hierbei um einen Positivschnitt handelt, zeichnen Sie mit einem Permanentmarker breite, deutliche Linien auf die übertragene Zeichnung. Das verbessert die Übersichtlichkeit beim Schneiden.

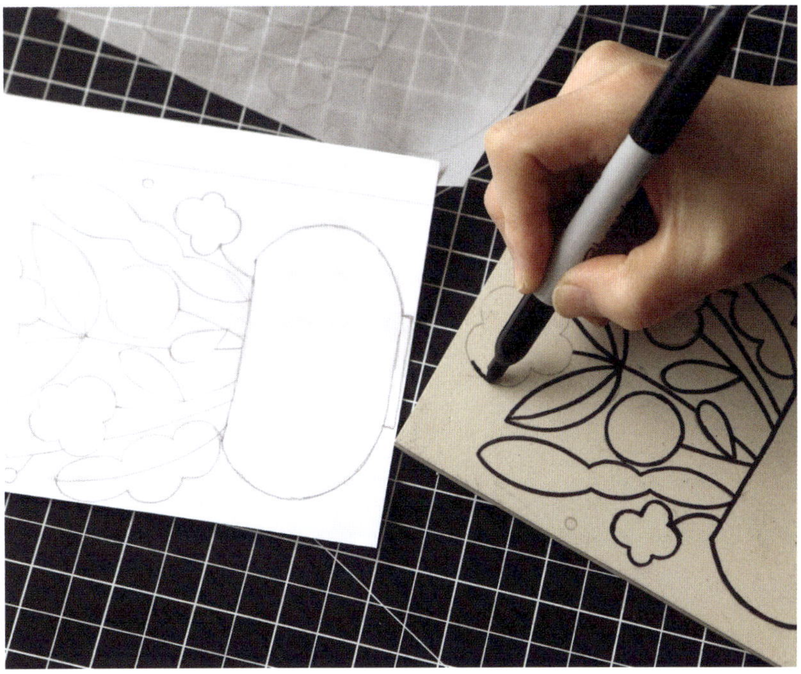

SCHRITT 3

Entfernen Sie das Linoleum neben den Konturen mit einer v-förmigen, schmalen Klinge. Wichtig ist, dass die Linien möglichst gleichmäßig sind, also in der Breite nicht variieren. Anschließend entfernen Sie die größeren Bereiche in den Motiven sowie den Hintergrund mit einem u-förmigen Hohleisen.

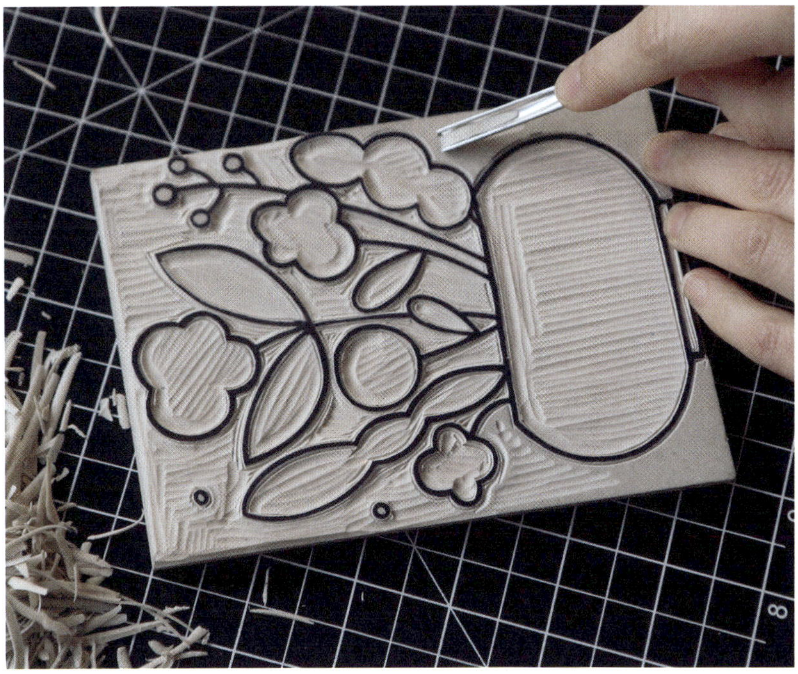

SCHRITT 4
Bereiten Sie das Einfärben vor. Achten Sie auf saubere, staubfreie Flächen und geben Sie etwas Farbe auf die Palette. Walzen Sie die Farbe ab, bis die Walze mit einer dünnen, gleichmäßigen Farbschicht überzogen ist. Rollen Sie sie anschließend über die Druckplatte. Legen Sie vorsichtig ein Stück Kraftpapier in passender Größe auf die Druckplatte. Mit dem Holzlöffel sorgfältig anreiben. Da das Kraftpapier recht dick ist, kann viel Druck ausgeübt werden. Das Druckbild mit beiden Händen abziehen. Wenn Sie zufrieden sind, legen Sie es zum Trocknen beiseite.

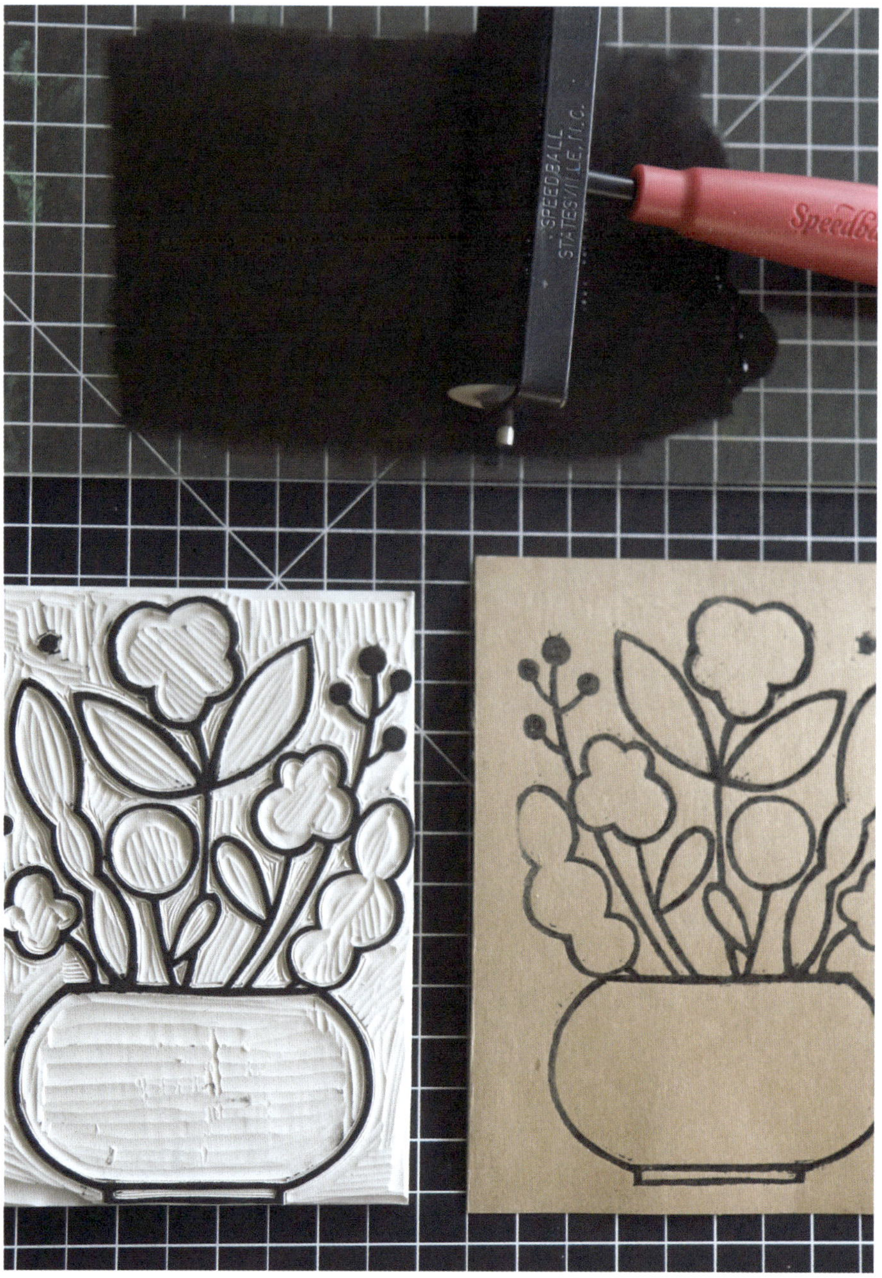

SCHRITT 5
Mit einem Cutter wird nun jedes Bildelement, das mit buntem Papier gefüllt werden soll, knapp innerhalb des Drucks ausgeschnitten. Dabei ist es wichtig, entlang der inneren, nicht der äußeren, gedruckten Konturen zu schneiden, denn die einzelnen Papierelemente sollen nicht die gedruckten Umrisslinien des Motivs überdecken.

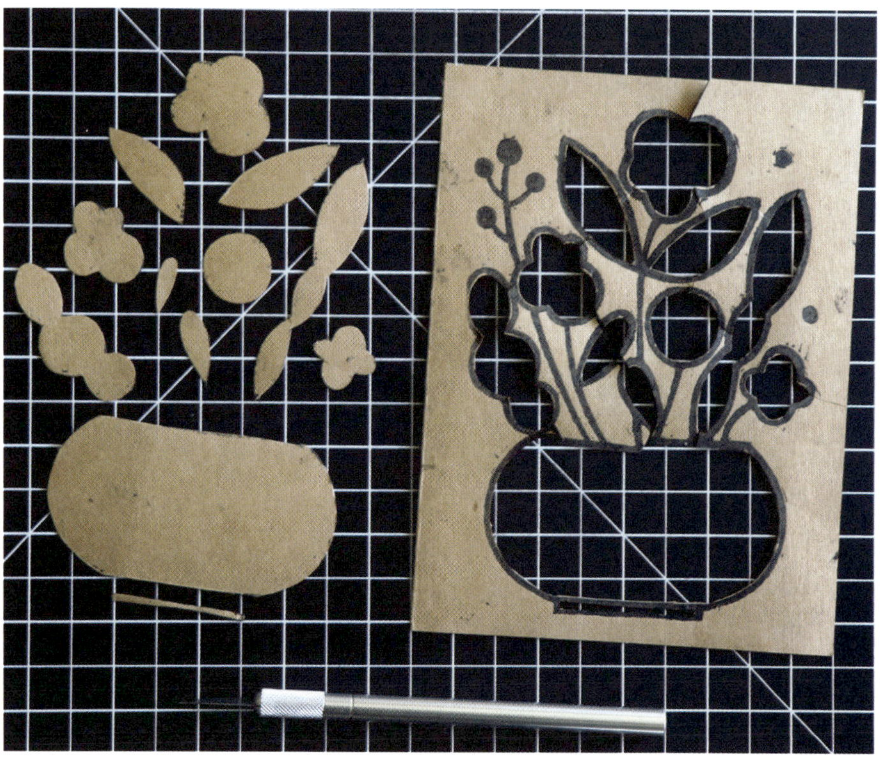

SCHRITT 6

Legen Sie Ihre ausgeschnittenen Teile als Schablonen auf die verschiedenen bunten Papiere (Origamipapier oder Servietten). Fahren Sie die Konturen mit Bleistift nach und schneiden Sie sie mit der Schere aus. Anschließend legen Sie die Teile zur Probe auf das Kraftpapier. Gefällt Ihnen ein Element oder die Verteilung der Muster nicht, können Sie jetzt noch Änderungen vornehmen.

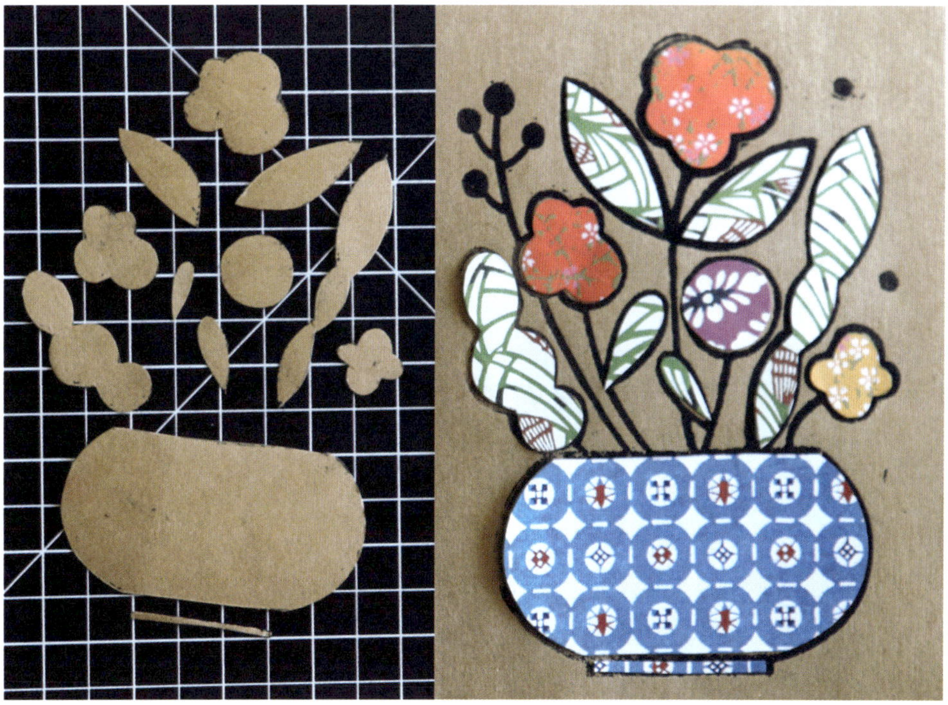

SCHRITT 7

Bereiten Sie aus weißem Tonkarton eine Ausrichtungshilfe vor (siehe Seite 23). Zeichnen Sie darauf entlang aller Seiten des Druckstocks Ausrichtungslinien ein. Geben Sie Farbe auf die Palette, nehmen Sie diese mit der Walze auf und färben Sie den Druckstock gleichmäßig ein.

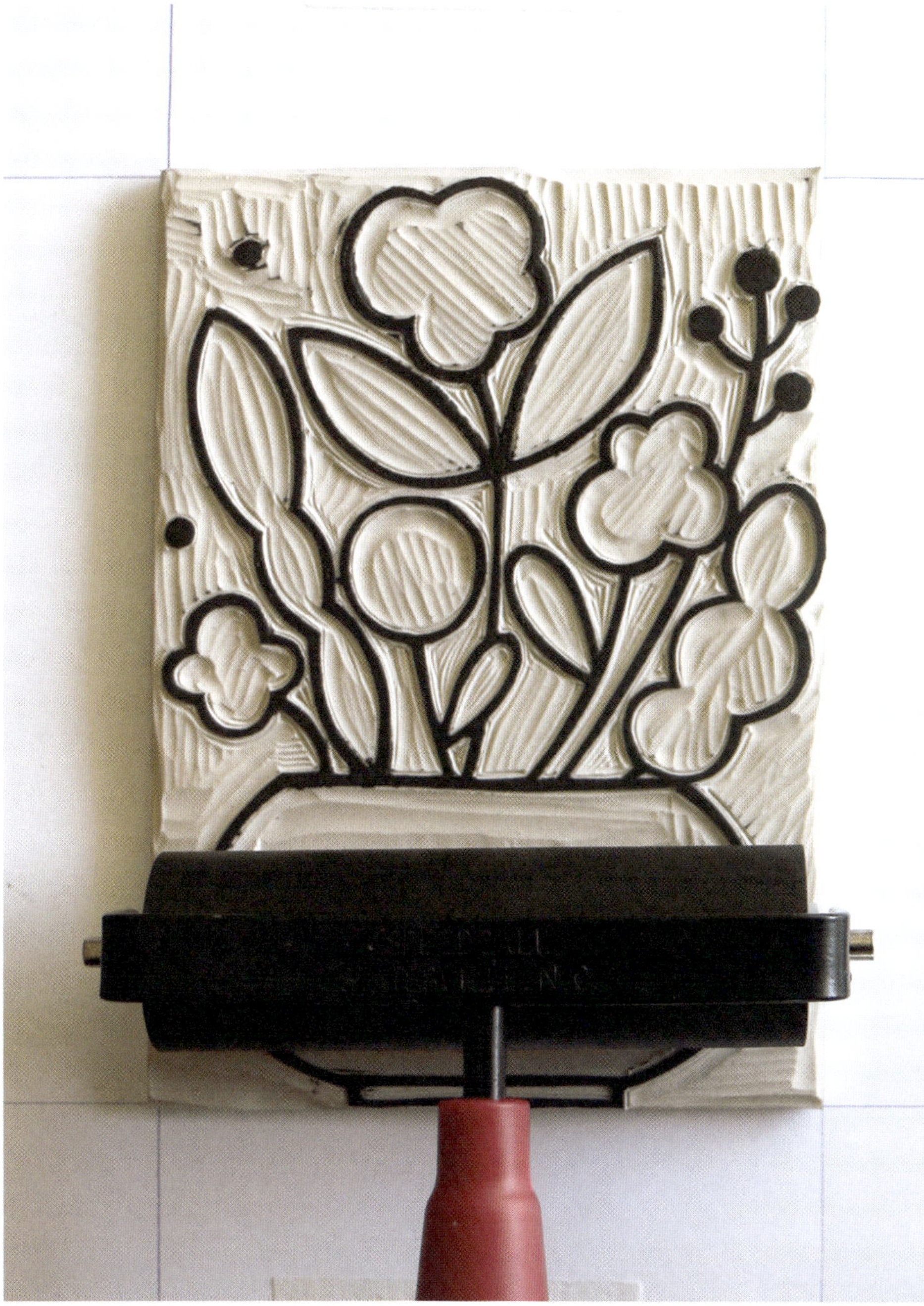

SCHRITT 8

Legen Sie das Druckpapier bündig zur Ausrichtungshilfe auf die Druckplatte. Reiben Sie es mit einem Handreiber oder Holzlöffel ab. Sind Sie mit dem Farbübertrag zufrieden, ziehen Sie das Druckbild vorsichtig ab und lassen es gut trocknen.

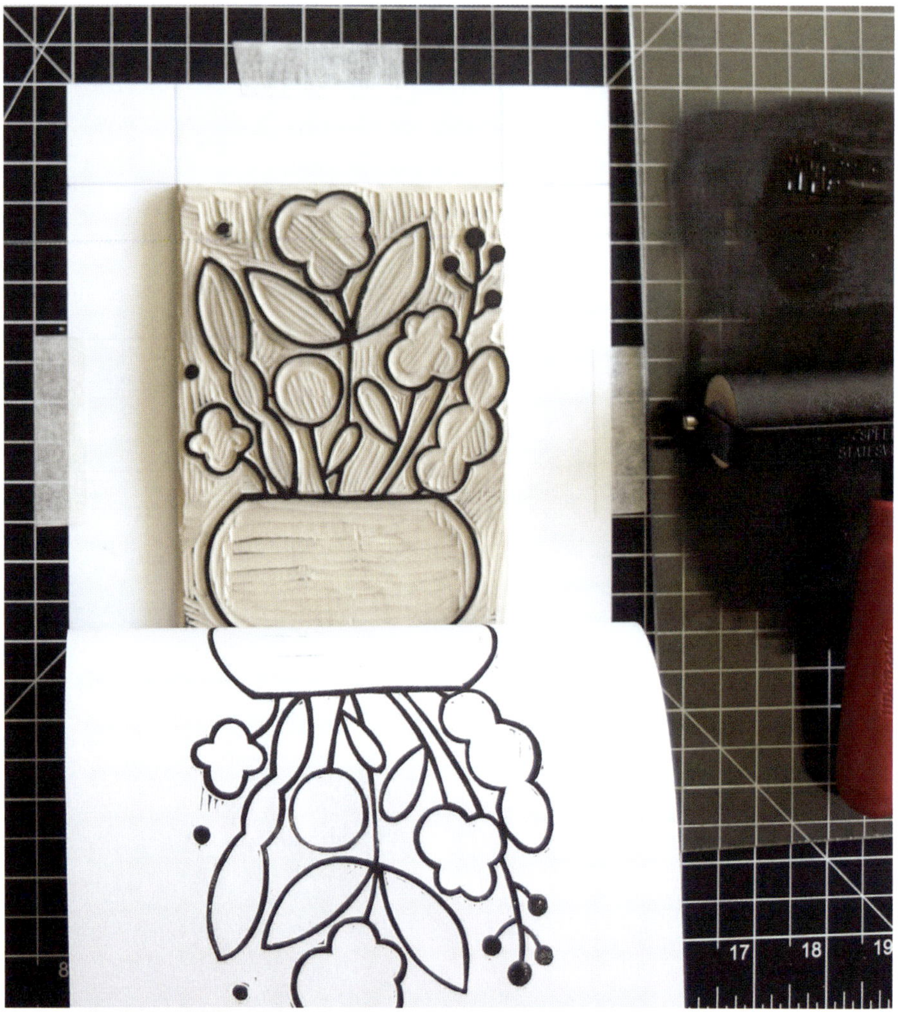

SCHRITT 9

Wenn alles gut getrocknet ist, können Sie mit dem Applizieren der Papierelemente beginnen. Tragen Sie mit einem Pinsel etwas Kleber auf die Rückseite der Formen auf, wobei Sie darauf achten, dass sich diese nicht wellen. Eine lange Pinzette hilft beim Aufbringen der dünnen Papierteile auf das Druckbild.

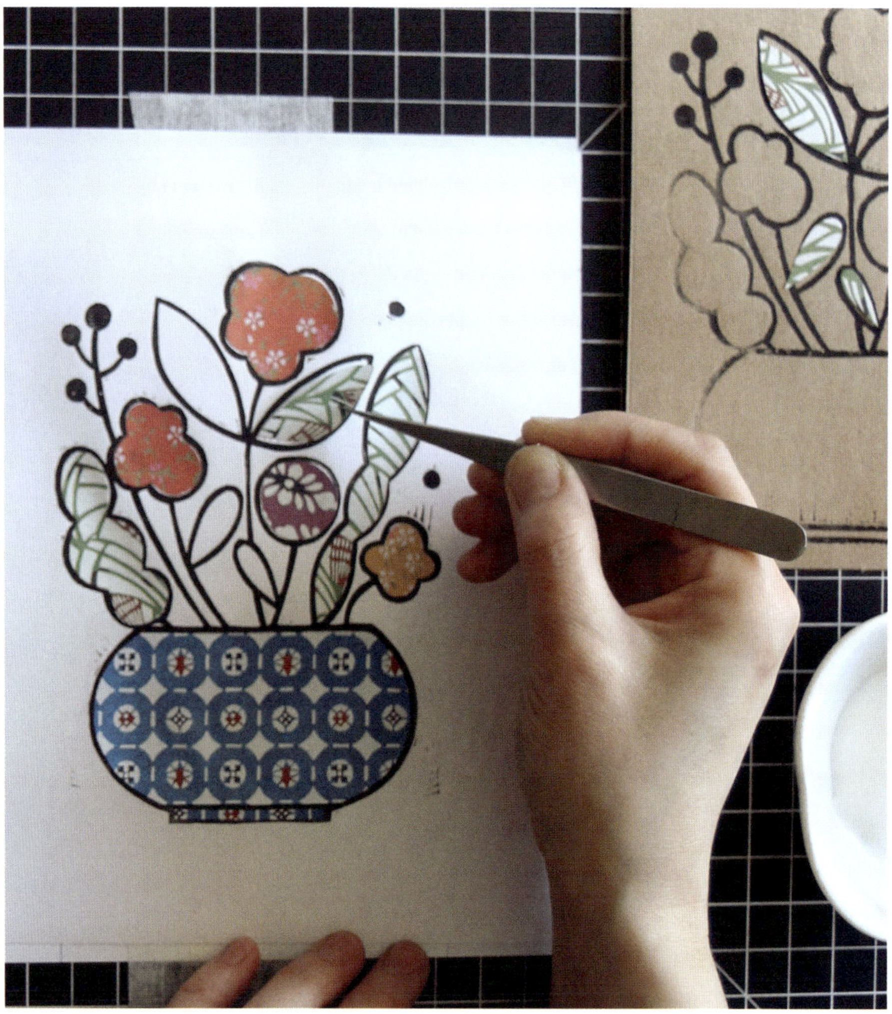

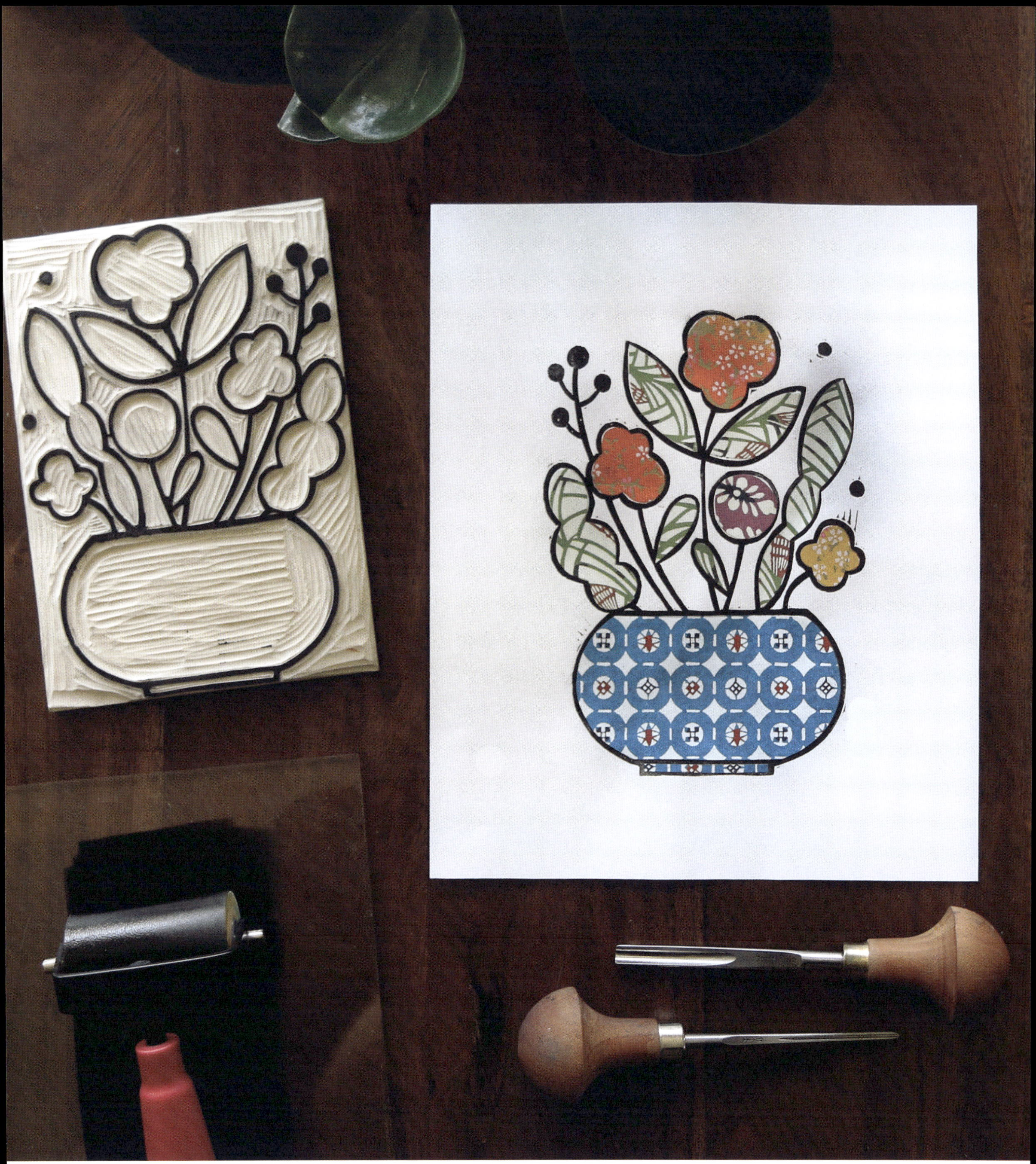

SCHRITT 10
Wenn alle Formen aufgeklebt sind, lassen Sie das Bild gut trocknen. Natürlich können Sie noch weitere Drucke herstellen und mit anderen Farben, Papieren und Texturen experimentieren.

Tipp

Sie können Ihr Motiv auch auf ein komplett gemustertes Blatt Papier drucken.

REGENBOGEN-LINOLDRUCK MIT ROLLTECHNIK

Mit einem ausgeschnittenen Druckstock können Sie mithilfe verschiedener Farben ganz unterschiedliche Abzüge erstellen. Bei diesem Projekt lernen Sie, mit nur einem Druckstock und einer Farbwalze einen mehrfarbigen Druck anzufertigen, und zwar mithilfe der Regenbogen-Rolltechnik. Die Tatsache, dass man mittels Walze auch mehrere Farben auf den Druckstock aufbringen kann, wird bei dieser Technik effektiv genutzt. Die Druckergebnisse sind immer ein wenig anders und mitunter überraschend.

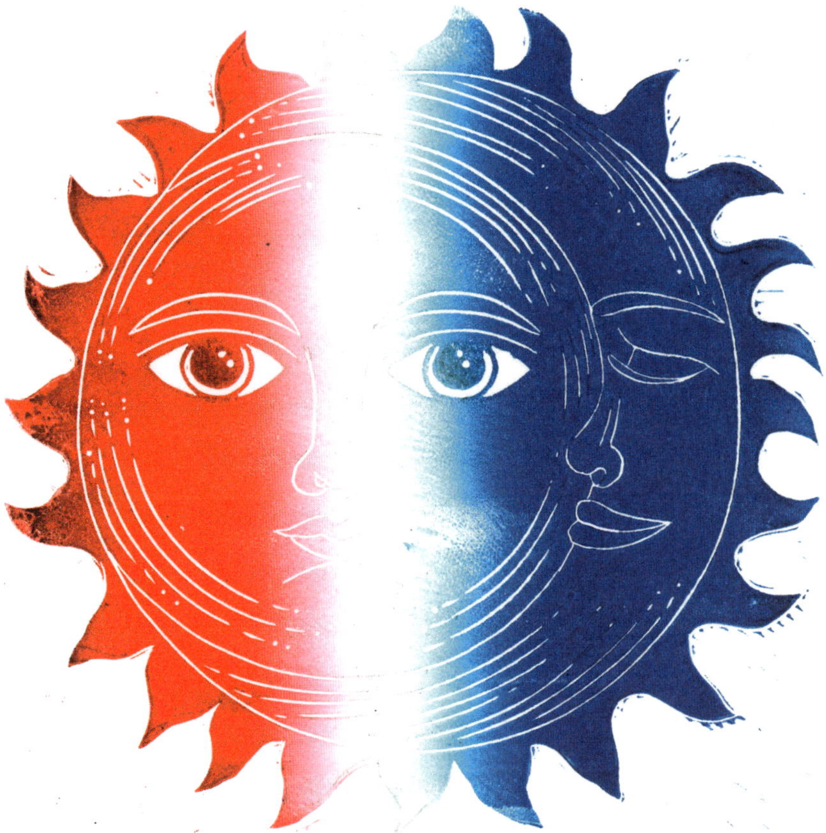

Materialien & Werkzeuge

- Zeichenpapier oder Skizzenblock
- Linoleumplatte
- Pauspapier
- Weicher Bleistift (B oder 2B)
- Schnitzwerkzeugset
- Druckpapier (auf Größe der Druckplatte plus Rand zugeschnitten)
- Wasserlösliche Druckfarbe in Wunschfarben
- Spachtelmesser (für Farbe in Dose oder Glas)
- Palette
- Walzen
- Weißer Tonkarton als Ausrichtungshilfe
- Handreiber oder Holzlöffel
- Malerkrepp
- Falzbein
- Schneidematte
- Lineal aus Acryl oder Metall
- Cutter

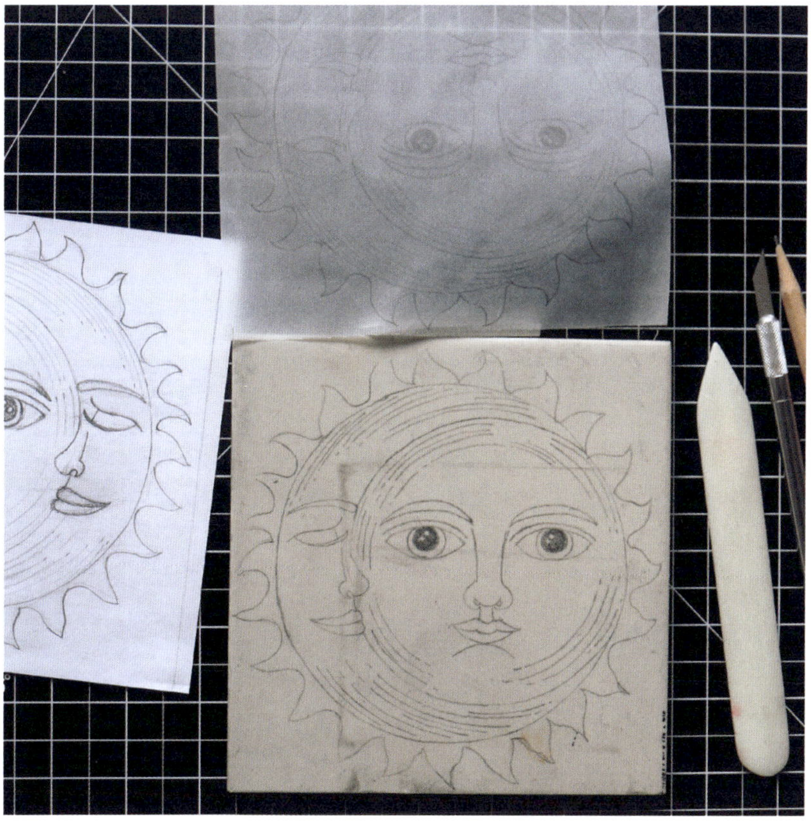 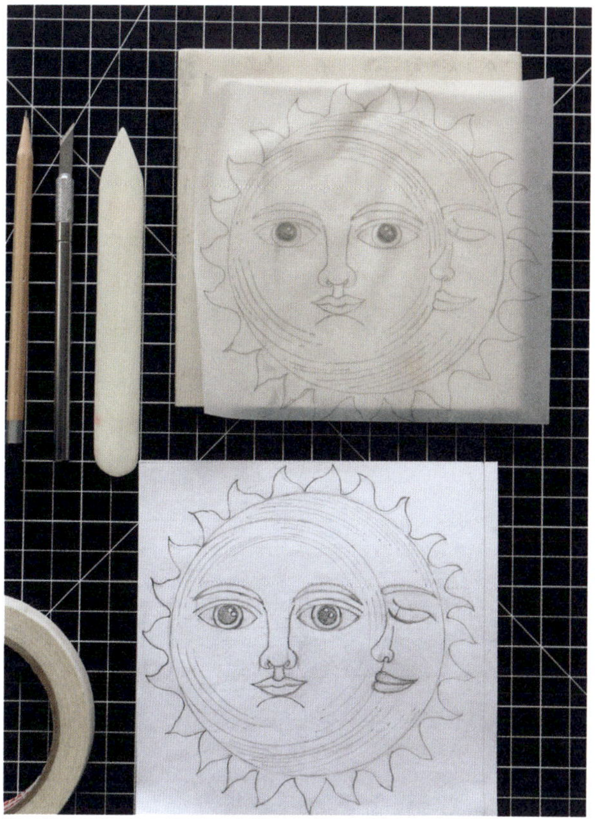

SCHRITT 1

Zeichnen Sie ein Motiv mit weichem Bleistift. Da bei diesem Projekt mehrfarbige Farbverläufe mit der Walze auf den Druckstock aufgetragen werden sollen, brauchen wir einen Negativschnitt, damit die Farbverläufe auch gut sichtbar sind: Nur die Positivräume (die Konturen des Gesichts) und der Hintergrund werden weggeschnitten.

Übertragen Sie Ihr Motiv auf Pauspapier und dann mithilfe des Falzbeins auf die Druckplatte.

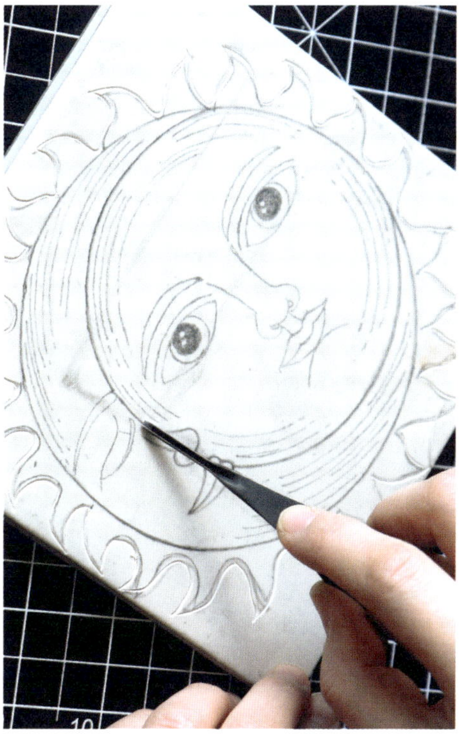 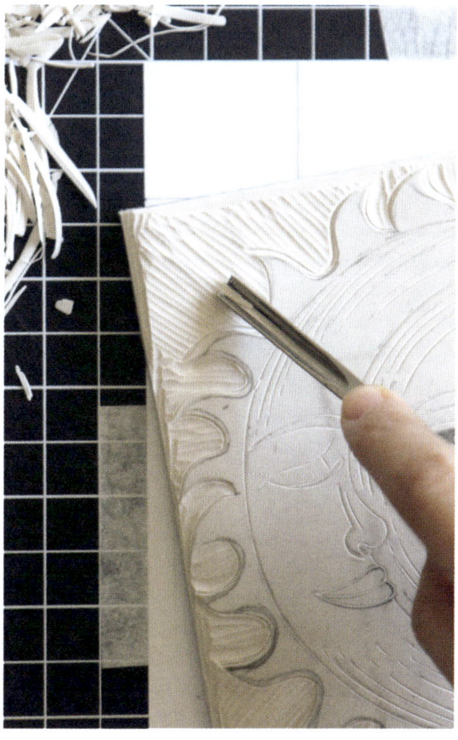 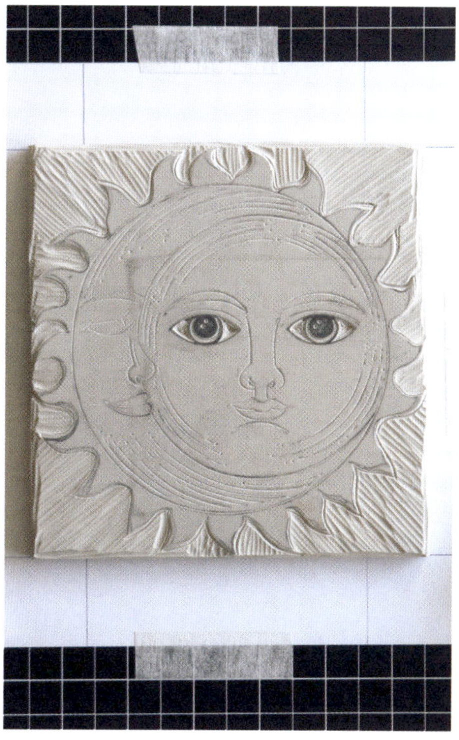

SCHRITT 2

Schneiden Sie wie gewohnt mit einer v-förmigen Klinge die Umrisslinien. Bei derart feinen Linien eines Negativschnitts arbeiten Sie möglichst präzise, um keine ungenauen oder unregelmäßigen Linien zu erhalten.

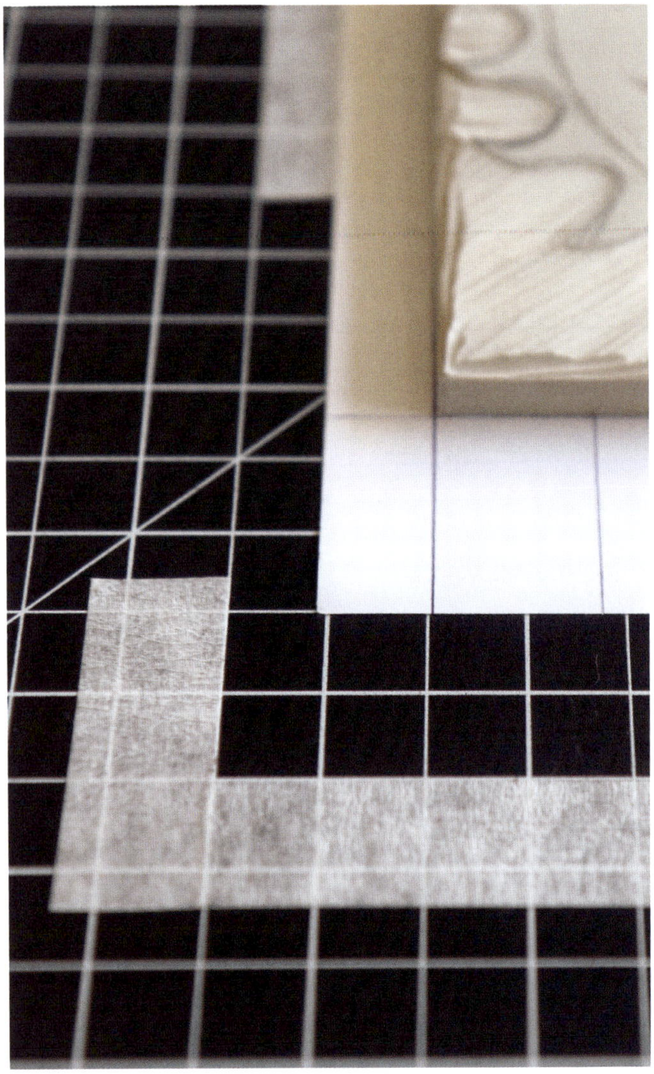

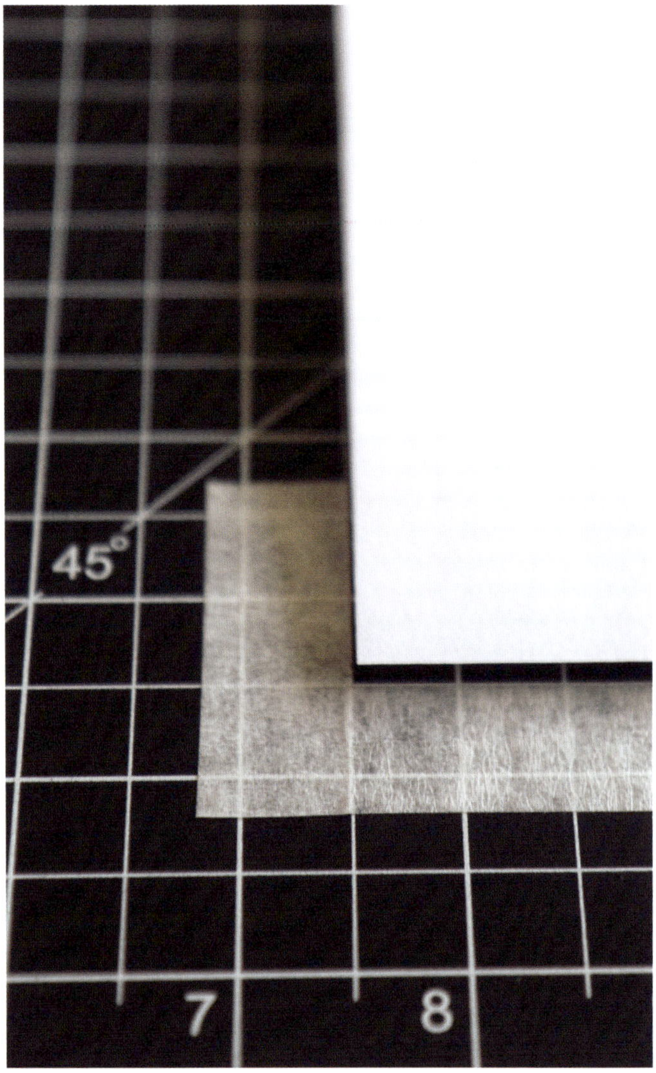

SCHRITT 3

Bereiten Sie aus weißem Tonkarton eine Ausrichtungshilfe vor. Sie soll so groß wie das Druckpapier sein. Mit Malerkrepp alle vier Seiten auf der Schneidematte befestigen und die Rahmenlinien des Druckstocks aufzeichnen.

Breite der Walze

Bei der Regenbogen-Rolltechnik sollte die Walze ungefähr so breit wie der Druckstock sein, in jedem Fall so breit, dass sie die gesamte Fläche bedeckt, idealerweise minimal breiter als die bearbeitete Druckplatte.

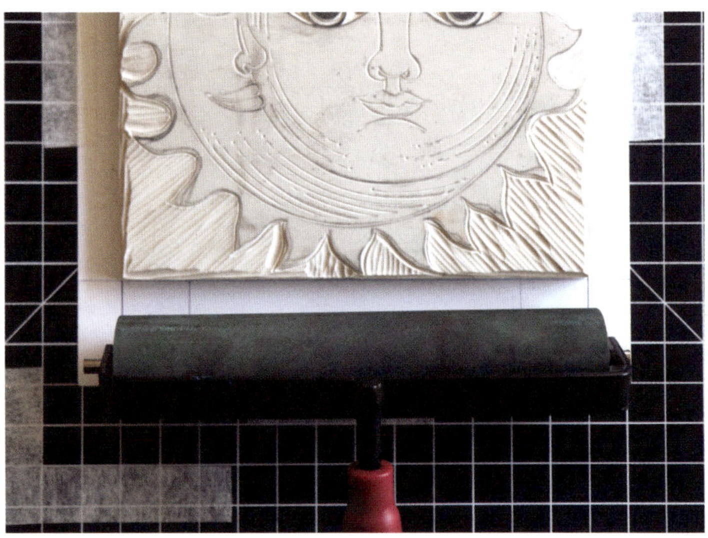

SCHRITT 4

Das Ausrollen der Farbe erfordert etwas Übung. Beginnen Sie immer mit einer kleinen Farbmenge, die Sie auf die Palette geben, wobei Sie die Farbkleckse der verschiedenen Farben mit etwas Abstand nebeneinander auftragen. Legen Sie die Walze kurz vor den Farbklecksen an und rollen Sie sie vor und zurück. Wiederholen Sie diese Bewegung einige Male, bis die Walze vollständig und gleichmäßig mit einer dünnen Farbschicht überzogen ist. Durch das Walzen der Farbe verschwimmen die einzelnen Töne automatisch miteinander, sodass wunderschöne Farbverläufe entstehen.

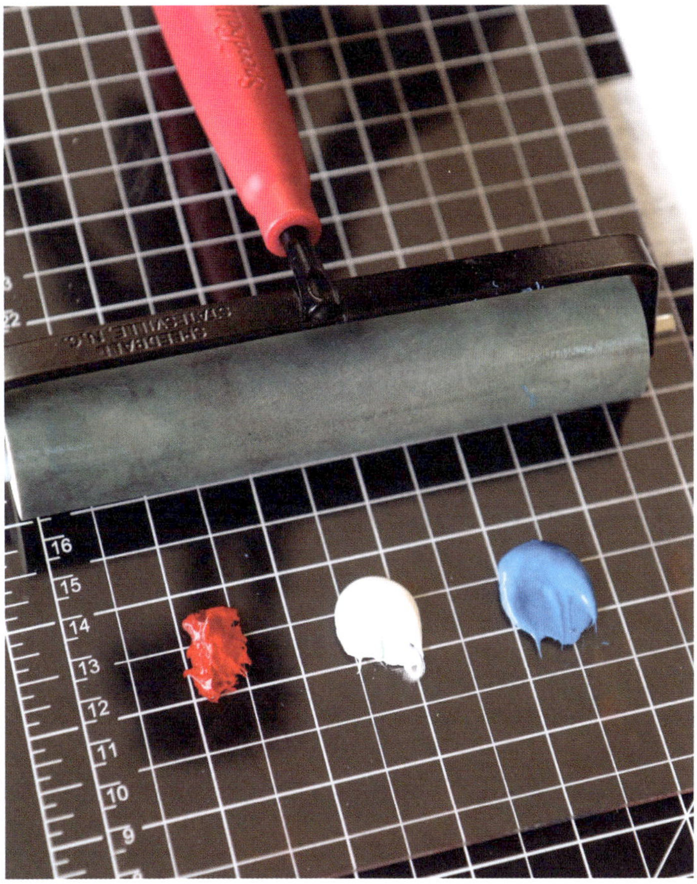

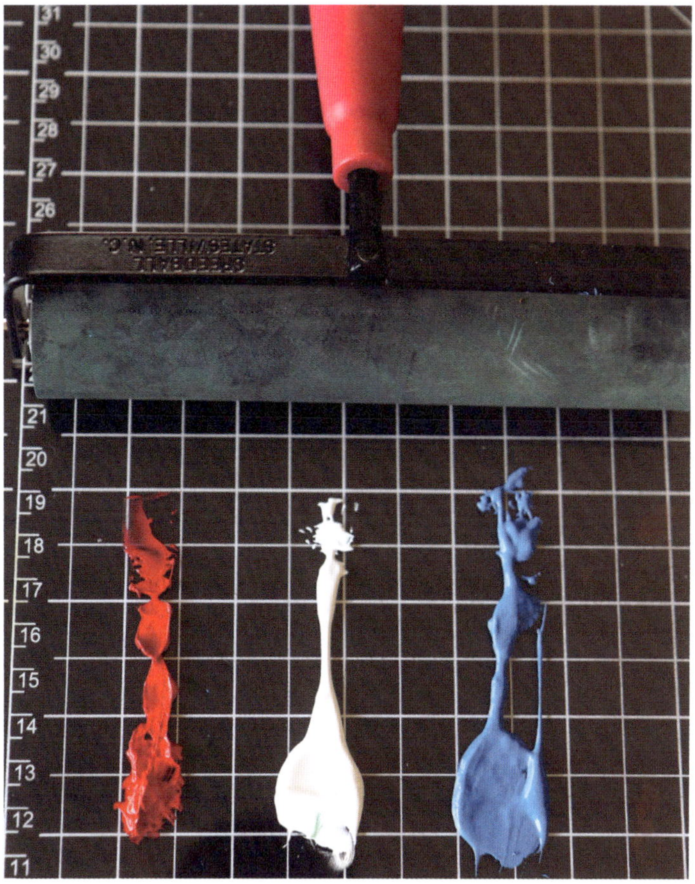

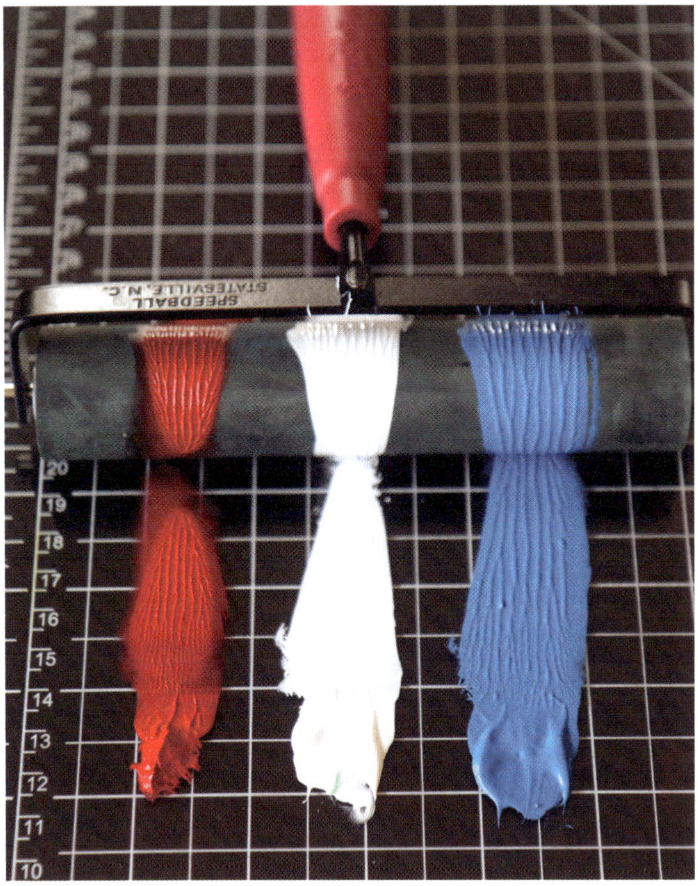

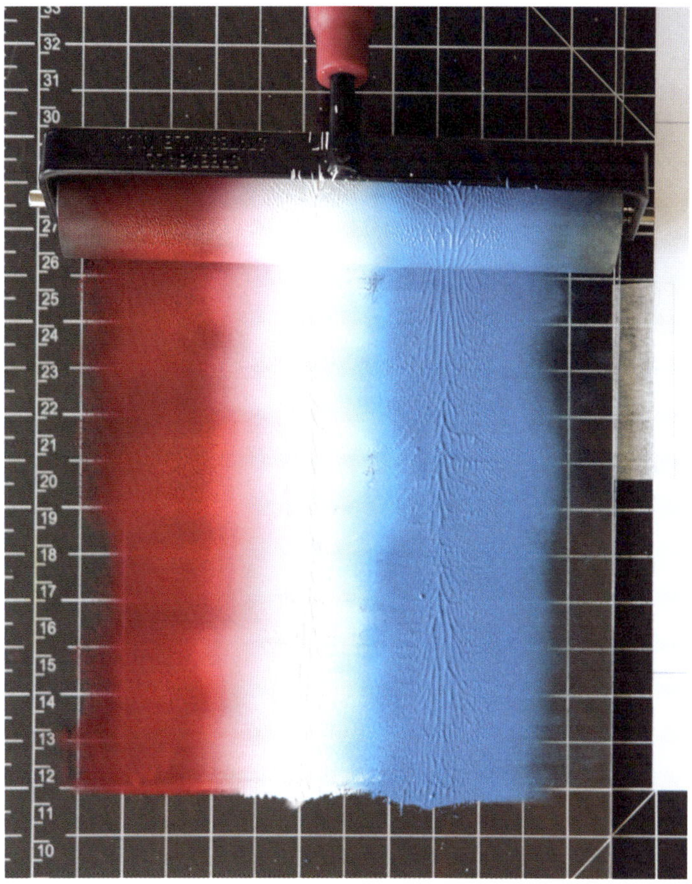

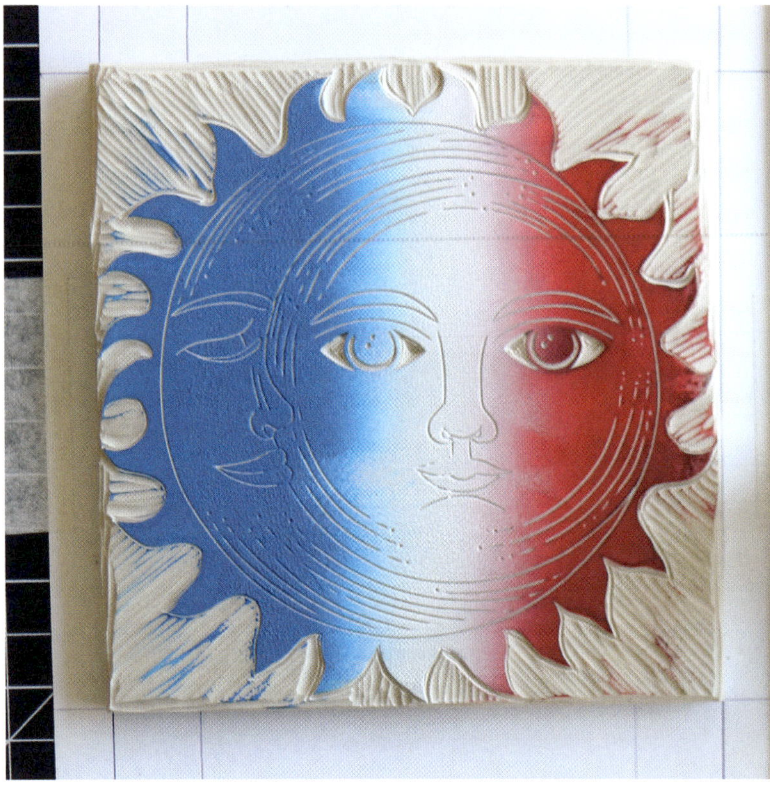
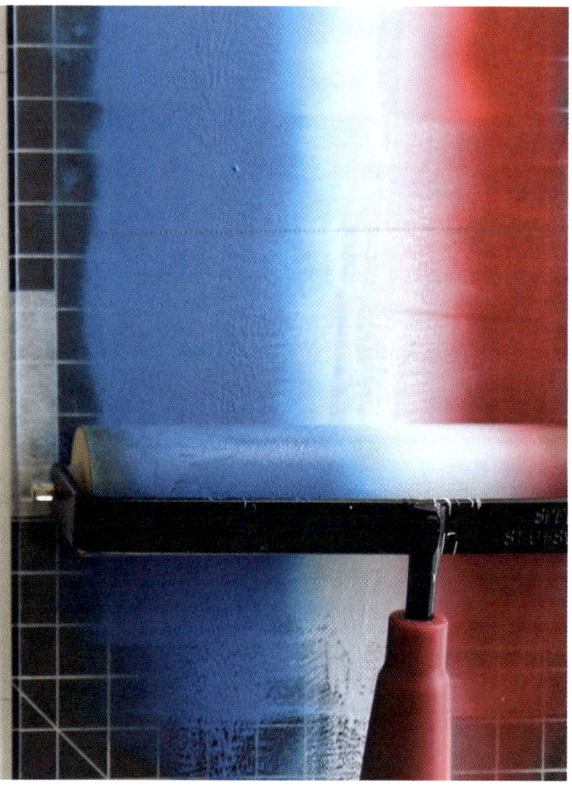

SCHRITT 5

Übertragen Sie die Farbe auf den Druckstock und achten Sie darauf, dass sie gleichmäßig verteilt wird. Reicht das Druckmotiv bis zum Rand der Platte, stellen Sie sicher, dass die Druckfarbe auch bis dorthin gelangt. Die Walze darf immer nur in eine Richtung gerollt werden, damit sich die einzelnen Farben nicht komplett vermischen.

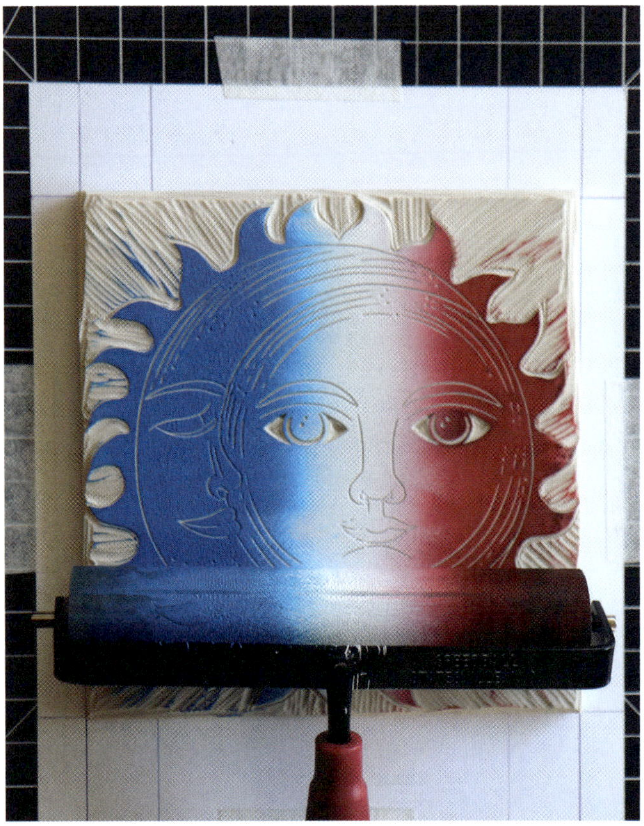

SCHRITT 6

Legen Sie das Druckpapier bündig mit der Ausrichtungshilfe auf den Druckstock. Reiben Sie das Papier vorsichtig mit Handreiber und Holzlöffel an. Der Löffel eignet sich besonders gut für das Herausarbeiten der Linien.

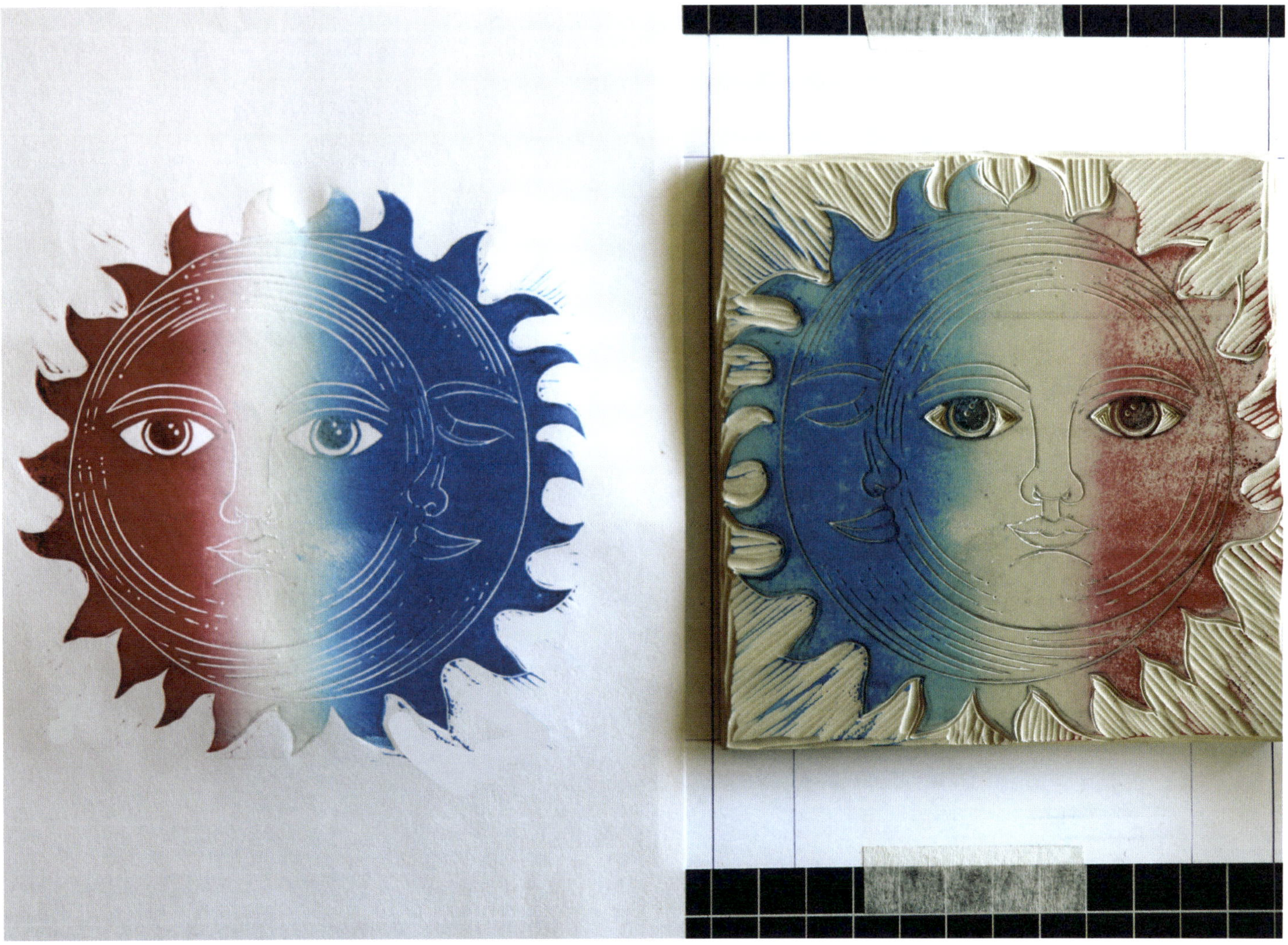

SCHRITT 7

Ziehen Sie das Druckbild mit beiden Händen ab und prüfen Sie, ob die Farbverläufe gleichmäßig sind. Diese Rolltechnik sorgt immer für Überraschungen beim Sichten jedes Abzugs. Probieren Sie unterschiedliche Farbkombinationen aus und finden Sie Ihren persönlichen Favoriten!

Wenn Sie mit nur einer Farbe den Effekt eines Farbverlaufs erzeugen möchten, mischen Sie die von Ihnen gewählte Farbe mit Schwarz oder Weiß.

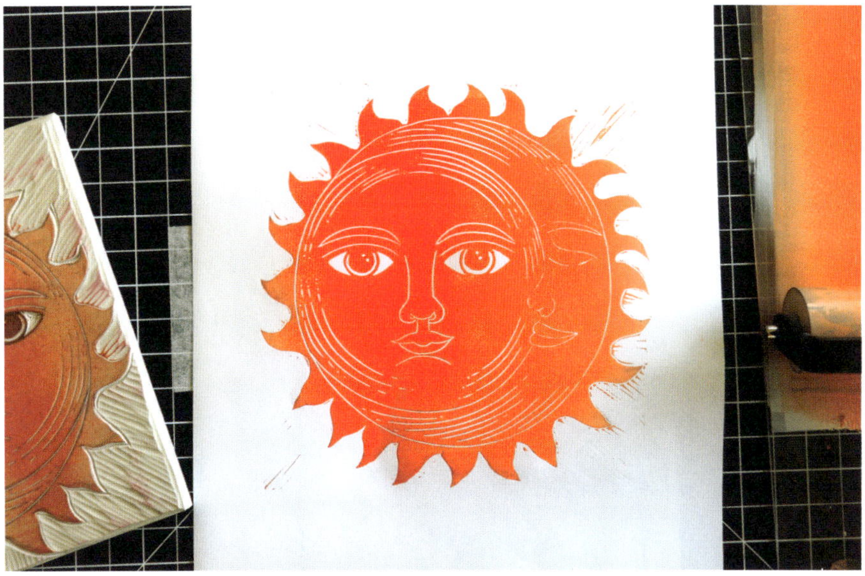

LINOL-PUZZLEDRUCK

Der Schneidevorgang macht Linoldruck zu einer einzigartigen, aber auch zeitintensiven Kunstform. Für einen mehrschichtigen oder mehrfarbigen Druck benötigt man deutlich mehr Zeit, da man mehrere Druckstöcke vorbereiten muss. Weiche Linoleumplatten, ein relativ neu entwickeltes Material, erleichtern es erheblich, einen Druckstock in verschiedene, kleinere Formen zu zerschneiden. Diese besondere Methode erinnert an Holzpuzzles für Kleinkinder, da die Einzelteile für den finalen Druck wieder zusammengefügt werden müssen.

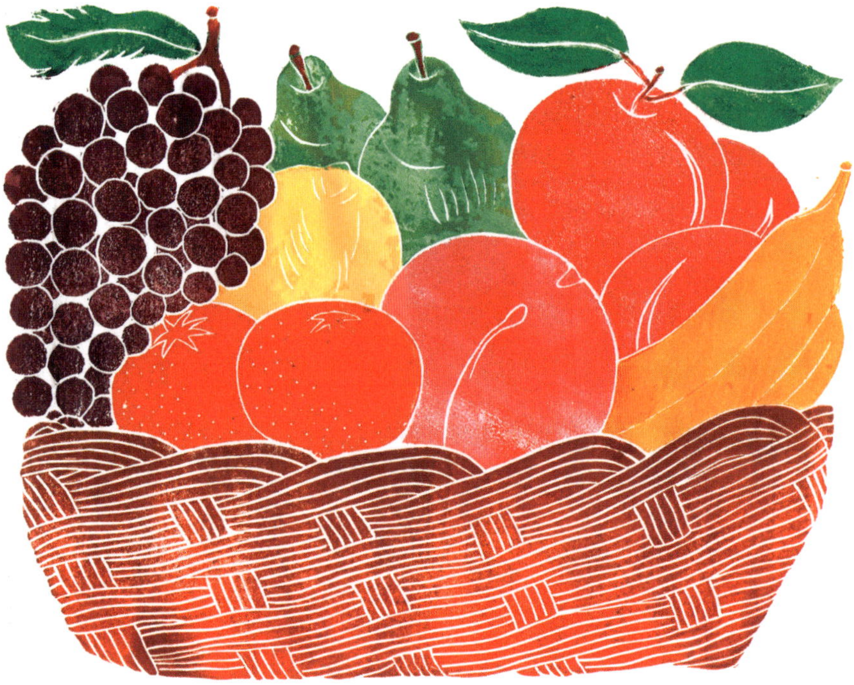

Materialien & Werkzeuge

- Zeichenpapier oder Skizzenblock
- Linoleumplatte
- Pauspapier
- Weicher Bleistift (B oder 2B)
- Schnitzwerkzeugset
- Druckpapier (auf Größe der Druckplatte plus Rand zugeschnitten)
- Wasserlösliche Druckfarbe in Wunschfarben
- Spachtelmesser (für Farbe in Dose oder Glas)
- Palette
- Walzen
- Weißer Tonkarton als Ausrichtungshilfe
- Handreiber oder Holzlöffel
- Malerkrepp
- Falzbein
- Schneidematte
- Lineal aus Acryl oder Metall
- Cutter
- Buntstifte (optional)

SCHRITT 1

Zeichnen Sie Ihr Motiv mit einem weichen Bleistift auf Papier. Da bei diesem Projekt der Druckstock vor dem Einfärben in Einzelteile geschnitten und für das Drucken erneut zusammengefügt wird, achten Sie auf durchgezogene Linien. Anschließend übertragen Sie die Zeichnung auf Pauspapier und mithilfe eines Falzbeins auf den Druckstock.

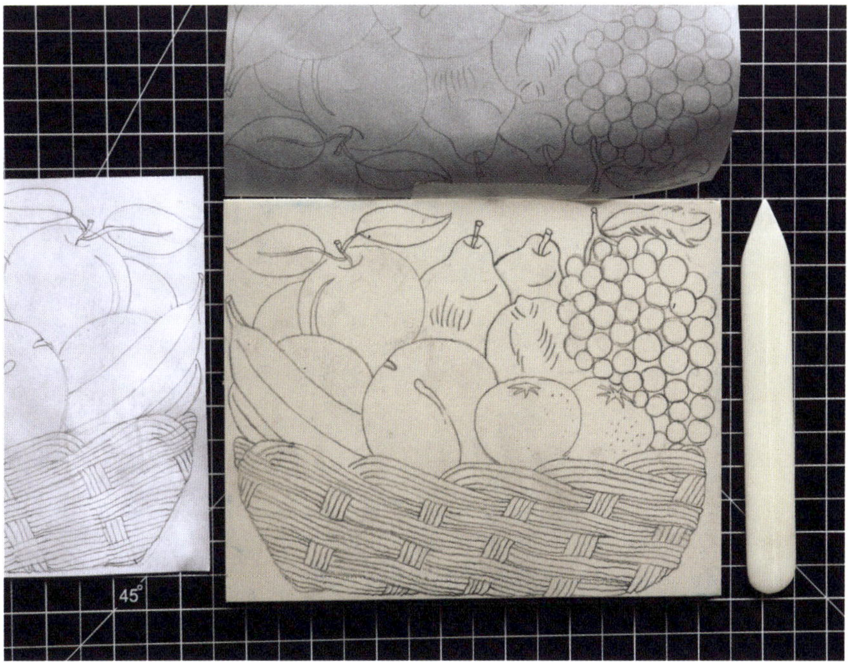

SCHRITT 2

Beginnen Sie beim Schneiden mit Ihrer schmalsten v-förmigen Klinge. Bei Kurven und Kreisformen drehen Sie lieber die Platte, nicht das Schneidwerkzeug. Bleibt die Klinge in einer Position, erhalten Sie nämlich saubere, gleichmäßiger geschwungene Linien.

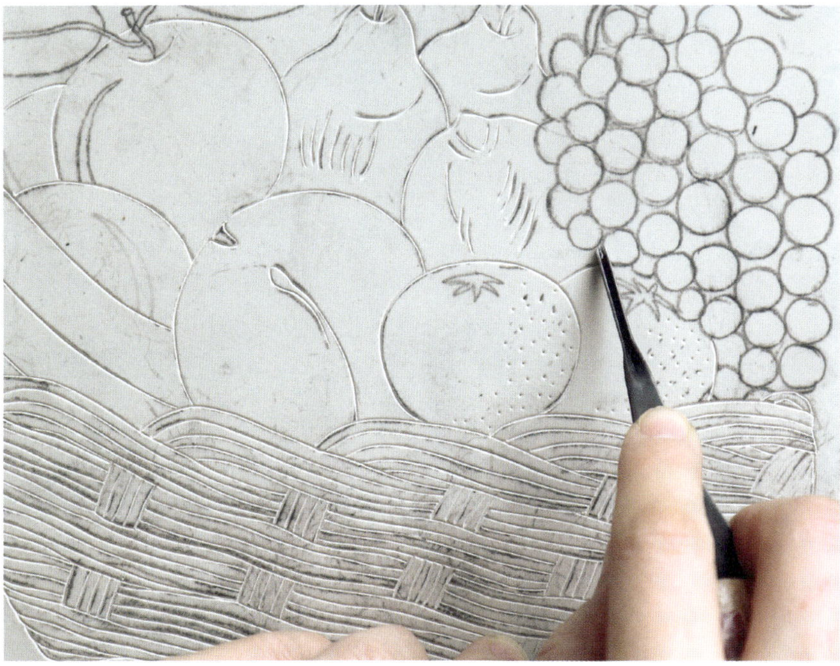

SCHRITT 3

Nach den Umrisslinien tragen Sie den Hintergrund mit einem breiten u-förmigen Hohleisen ab. Entfernen Sie Linoleumkrümel mit einem Pinsel von der Platte.

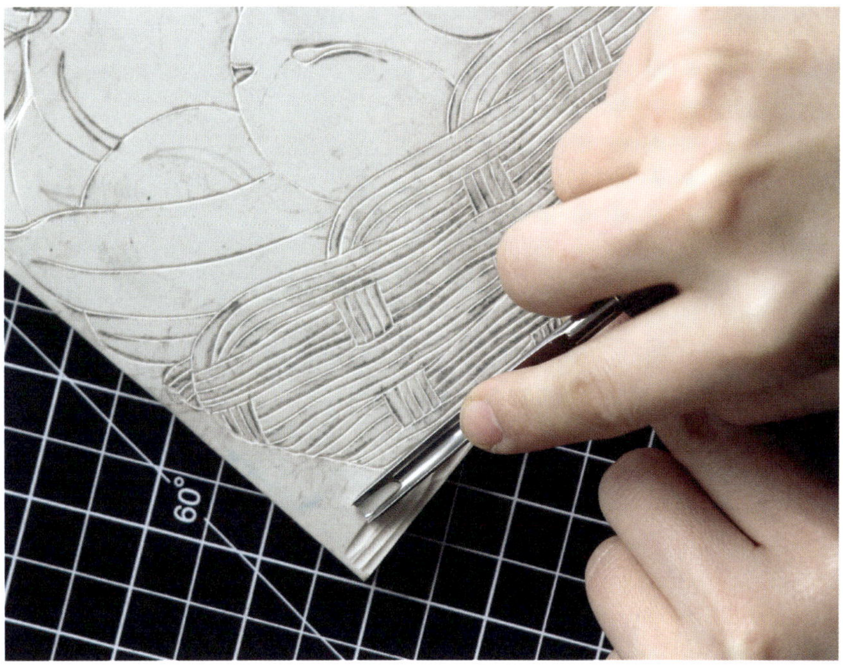

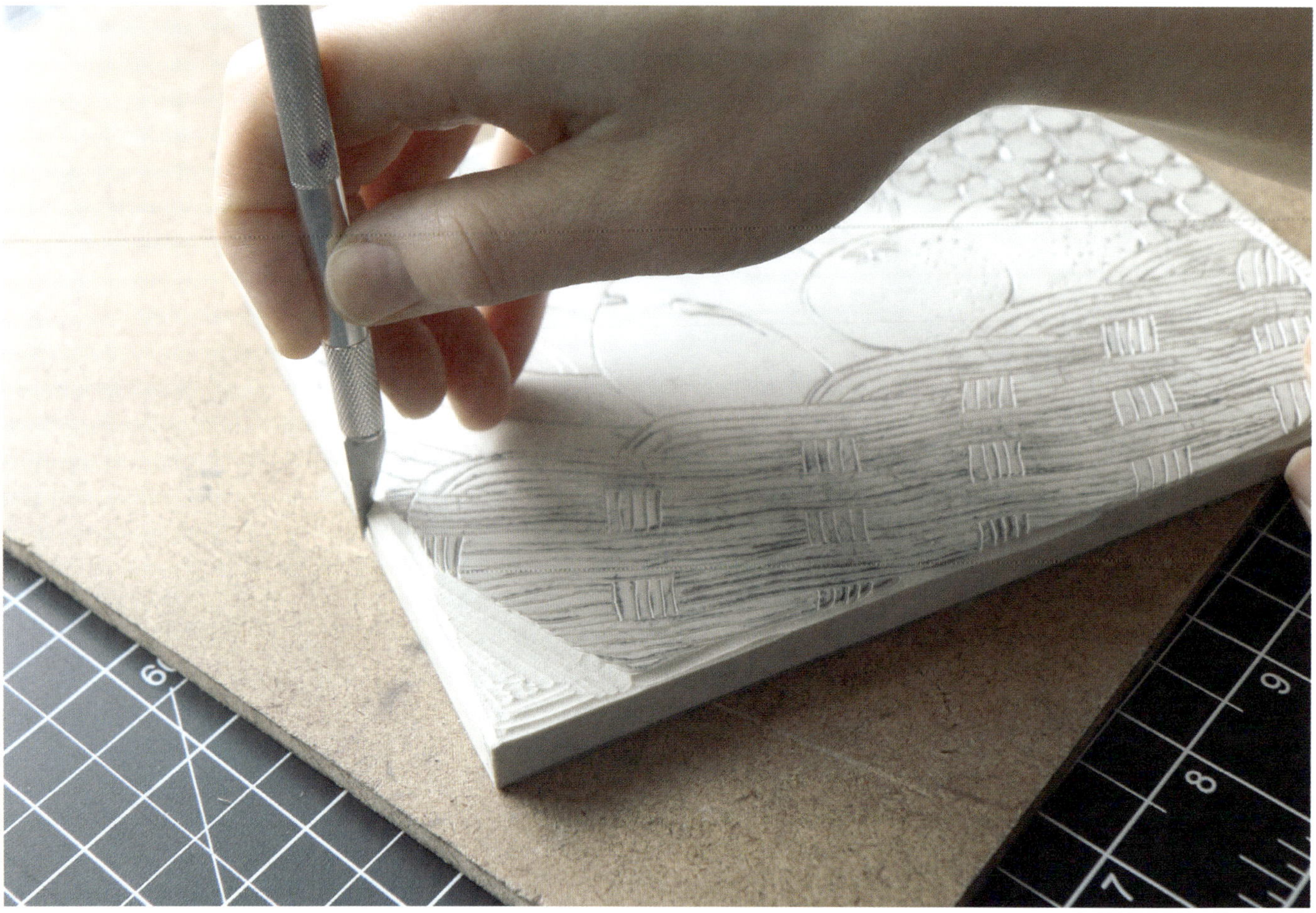

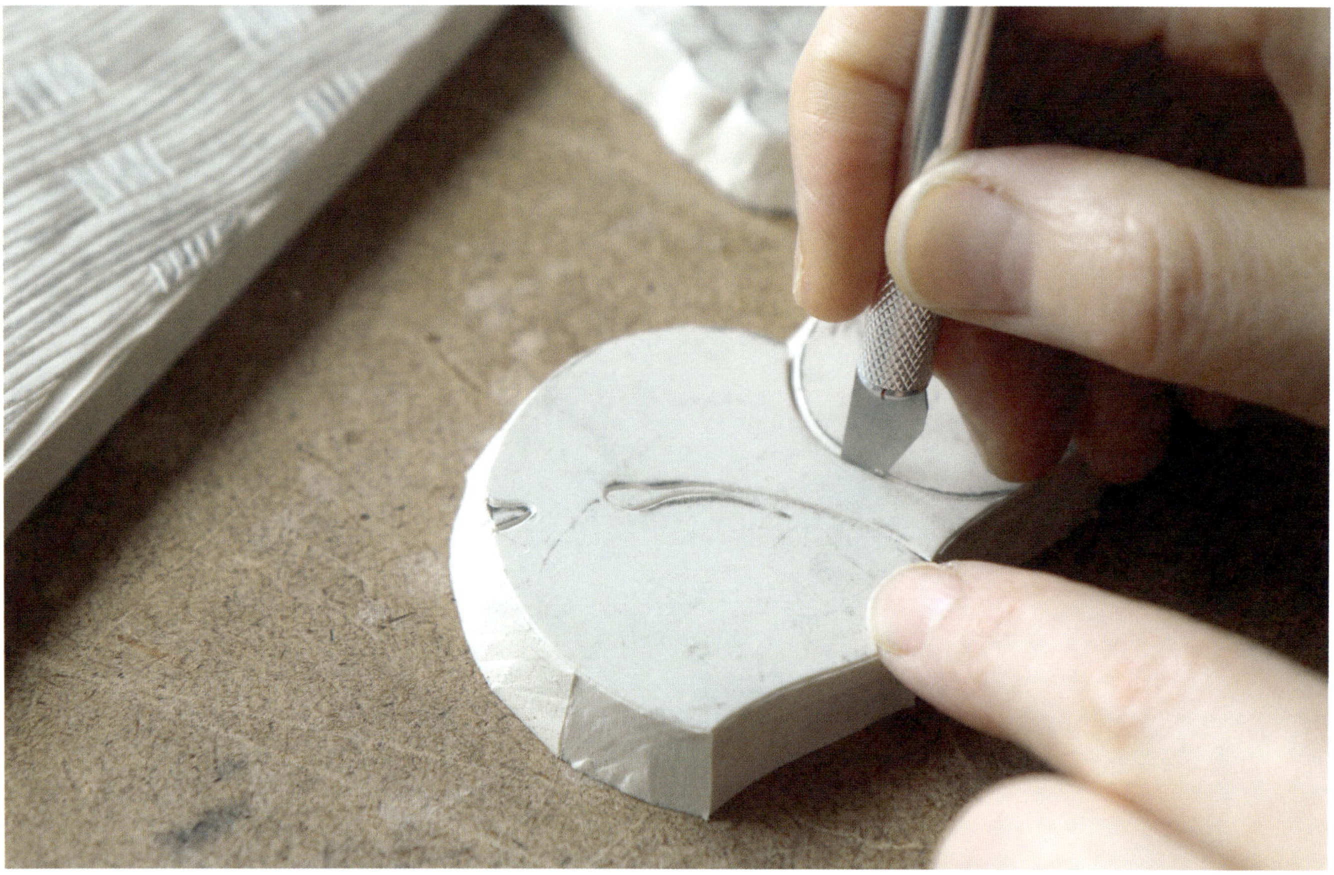

SCHRITT 4

Teilen Sie nun jede Farbfläche mit einem Cutter ab. Achten Sie darauf, das Messer senkrecht zu halten und mit festem Griff gleichmäßigen Druck auszuüben. So entstehen gerade Kanten an den Puzzleteilen. Diese sauberen Schnitte erleichtern Ihnen später das Zusammenfügen der Teile für den Druckvorgang.

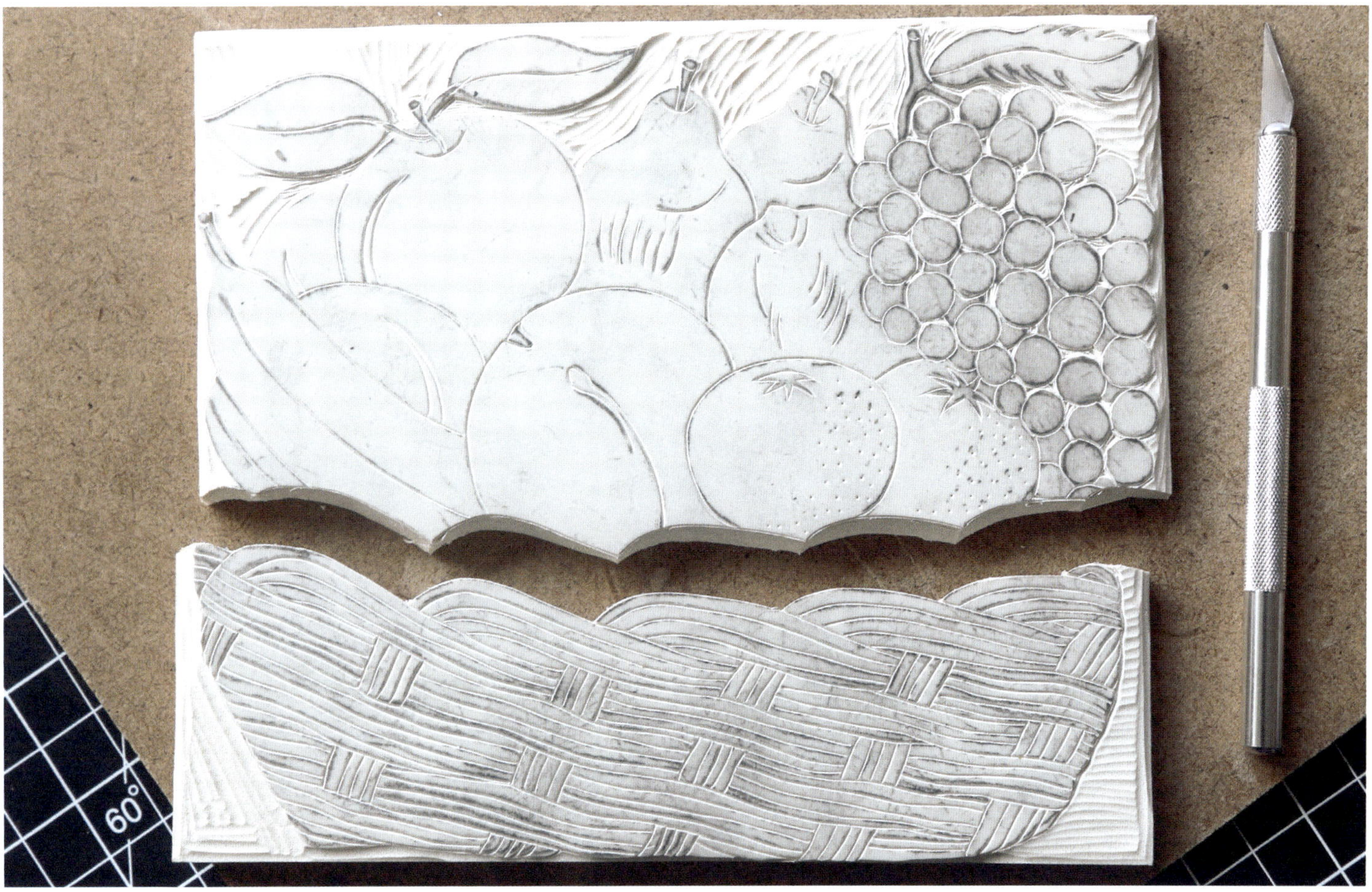

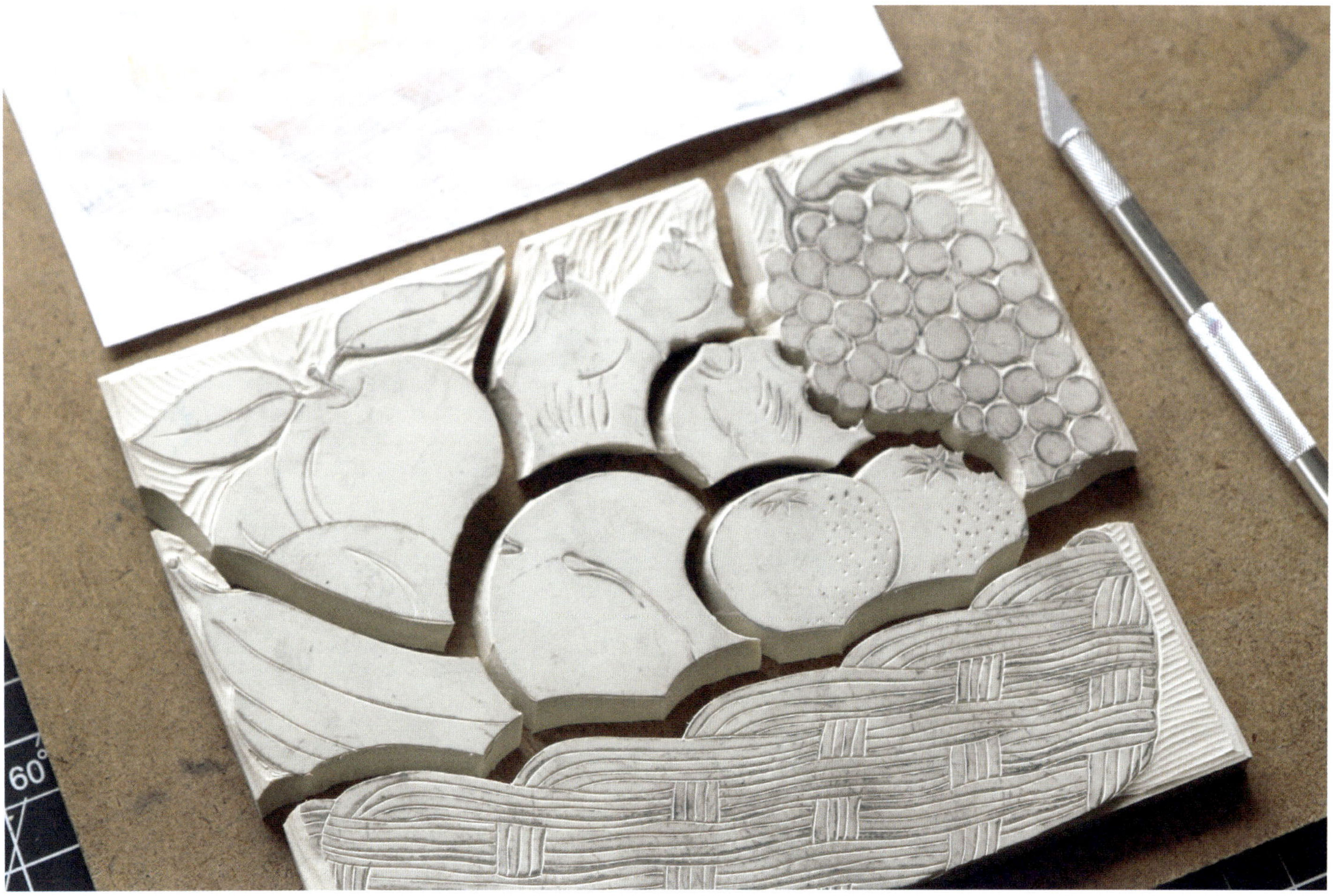

SCHRITT 5

Trennen Sie sämtliche Puzzleteile ab. Sie können Ihre geplante Farbkombination auf der Anfangsskizze mit Buntstiften testen, bevor Sie den Druckstock einfärben.

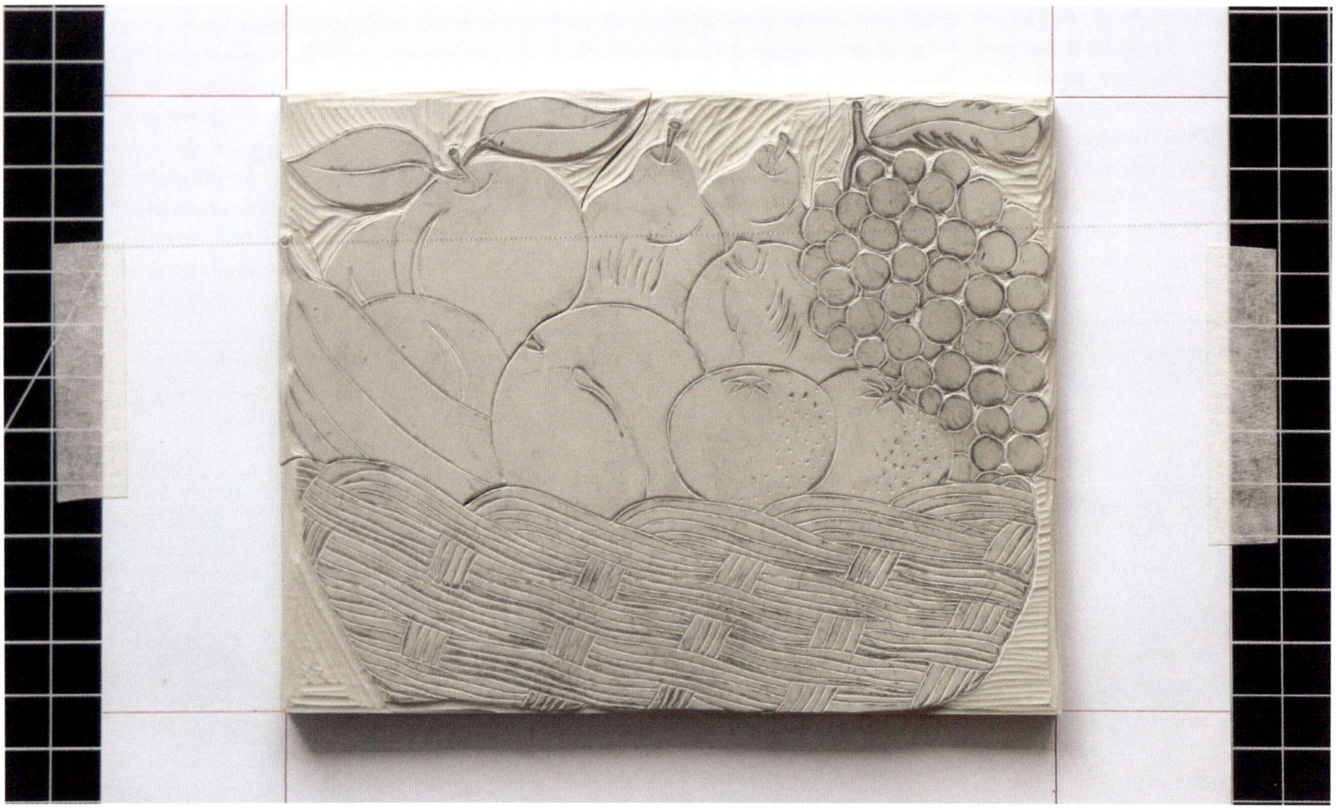

SCHRITT 6

Bereiten Sie aus weißem Tonkarton eine Ausrichtungshilfe vor, die Sie auf die Schneidematte kleben. Richten Sie den Druckstock mittig darauf aus und markieren Sie mit Malerkrepp wenigstens zwei Ecken. Zeichnen Sie die Rahmenlinien entsprechend der Größe Ihres Druckpapiers auf.

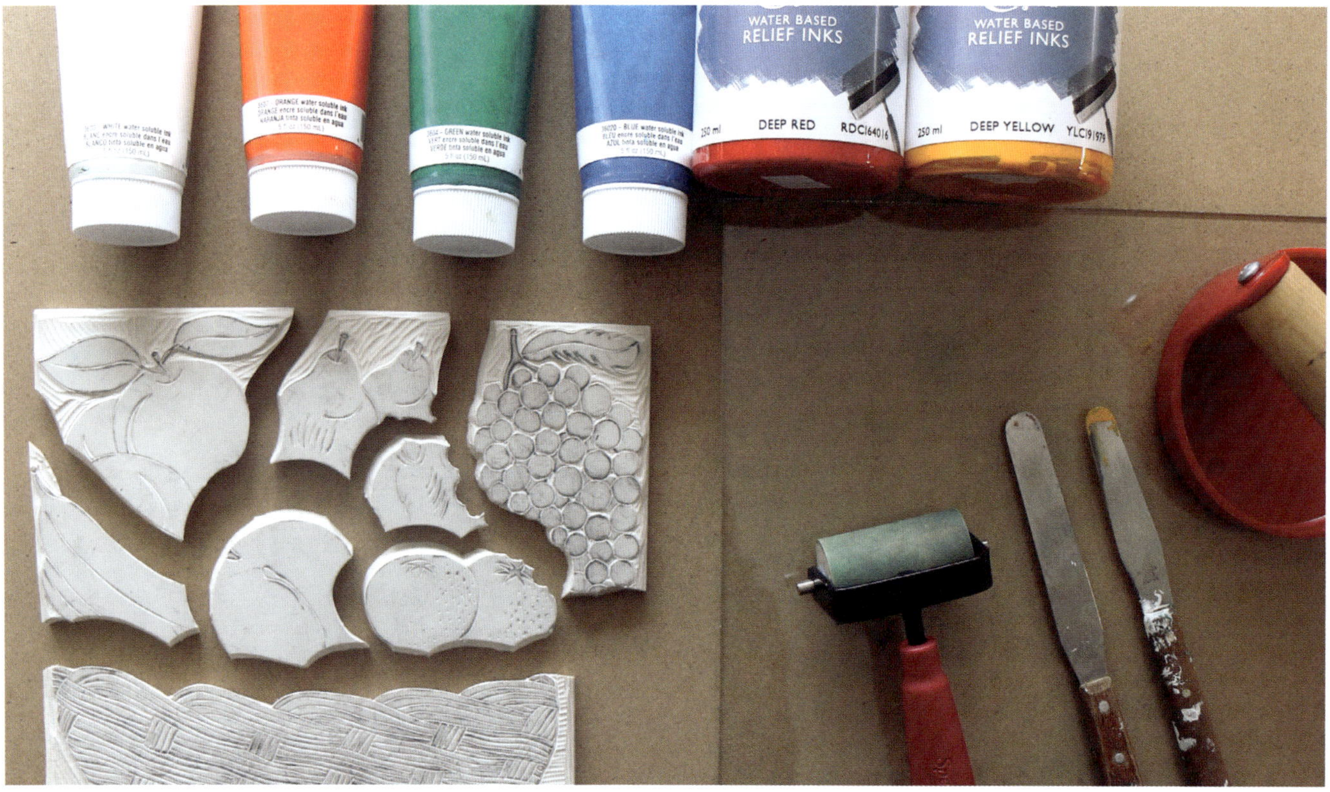

SCHRITT 7

Bereiten Sie alle Materialien für das Einfärben vor. Bei diesem Projekt wird jedes Puzzleteil des Druckstocks in einer anderen Farbe gedruckt, weshalb sich je eine Walze pro Farbe anbietet. Wenn Sie weniger Walzen haben, reinigen Sie sie zwischendurch, aber zügig, damit die anderen Farben derweil nicht antrocknen.

SCHRITT 8

Arbeiten Sie mit unterschiedlich breiten Walzen, tragen Sie dünne Farbschichten auf die Teildruckstöcke auf.

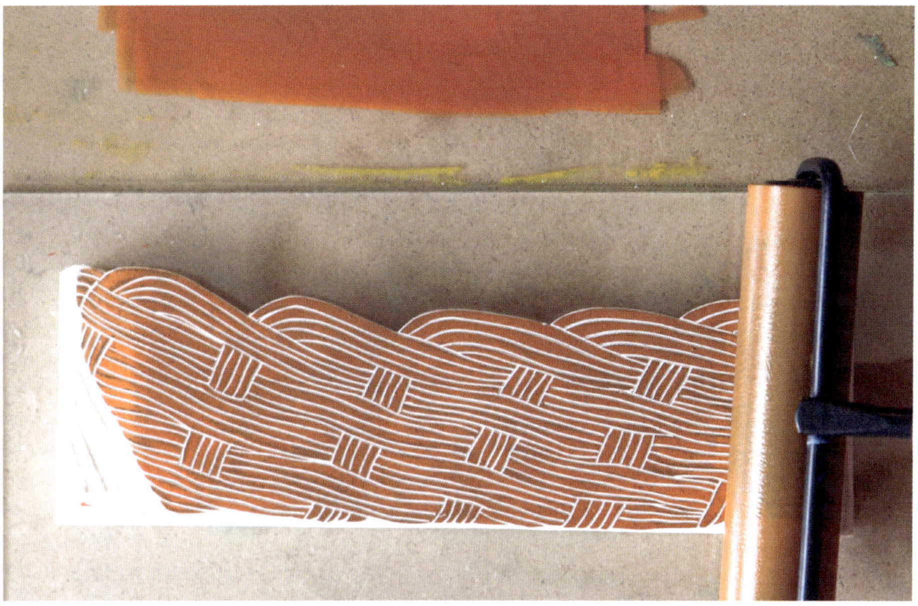

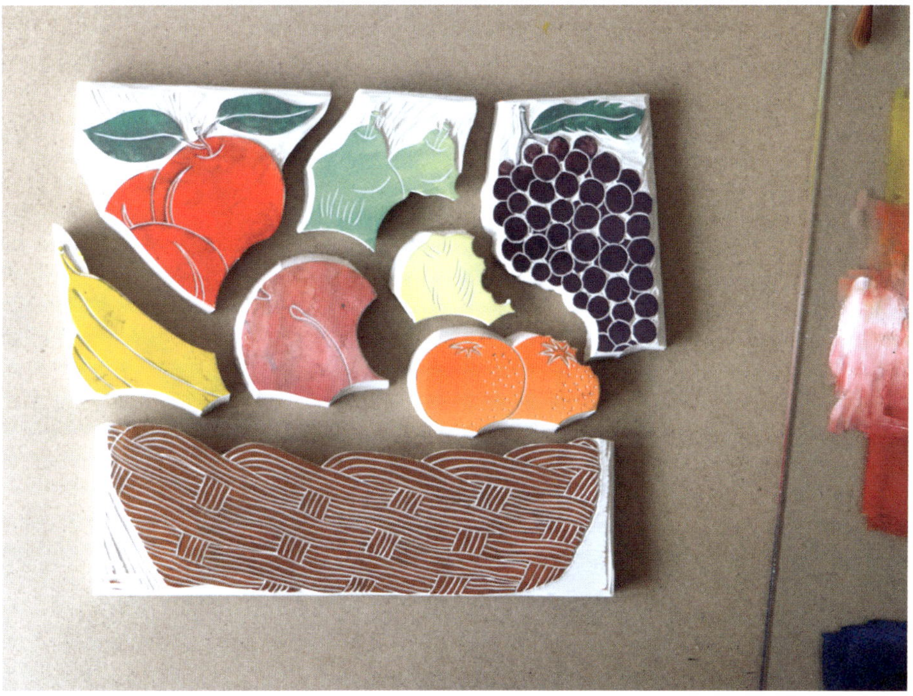

SCHRITT 9

Sobald alle Teile eingefärbt sind, fügen Sie diese zu einem Gesamtmotiv zusammen und platzieren Sie sie mittig auf Ihrer Ausrichtungshilfe.

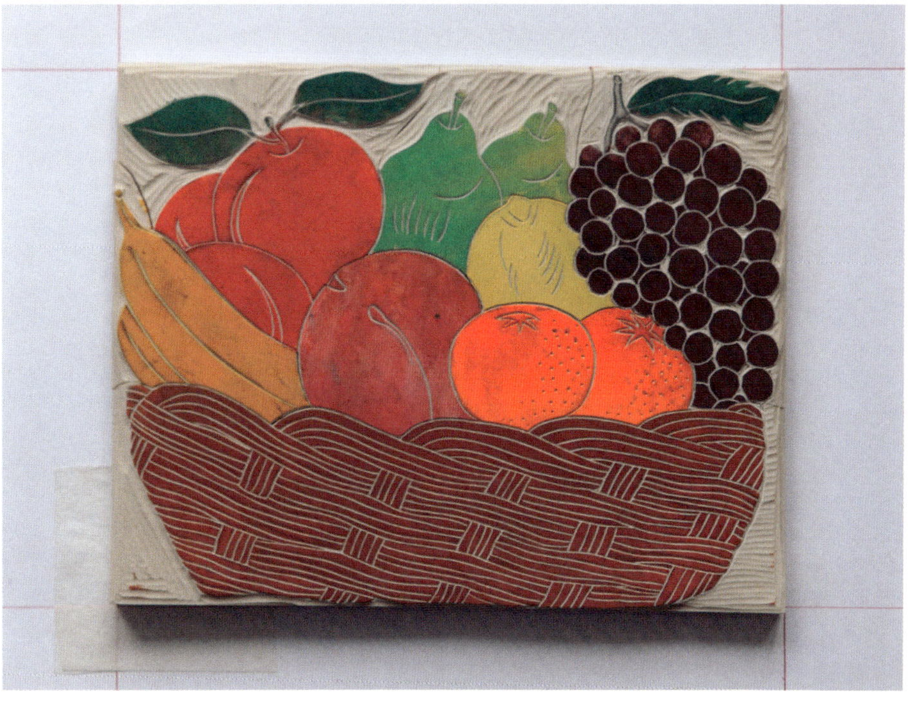

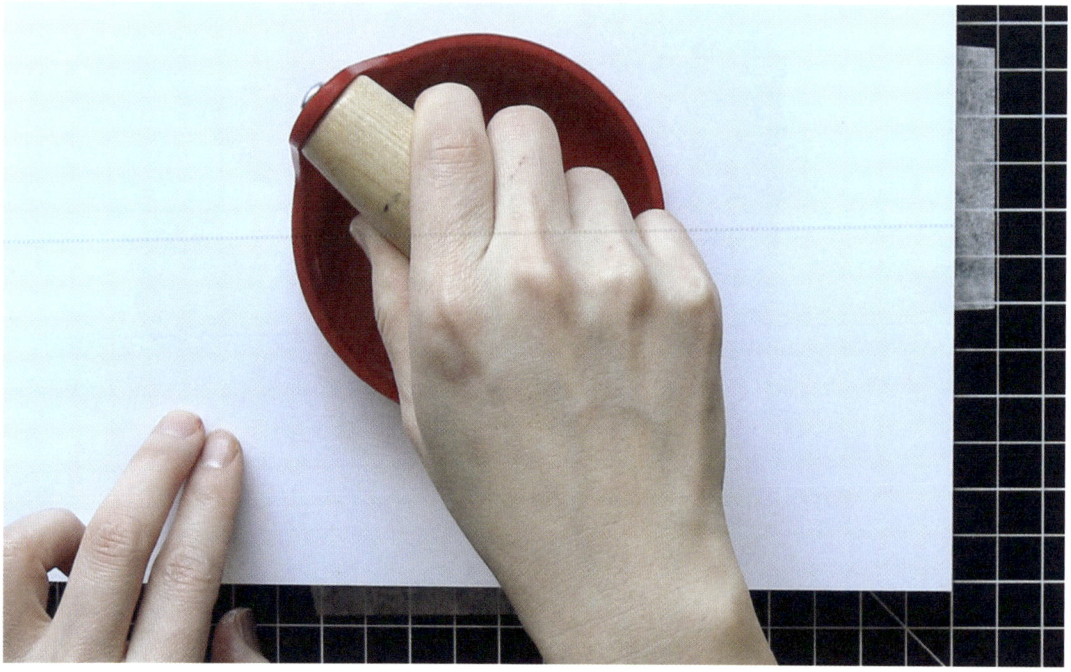

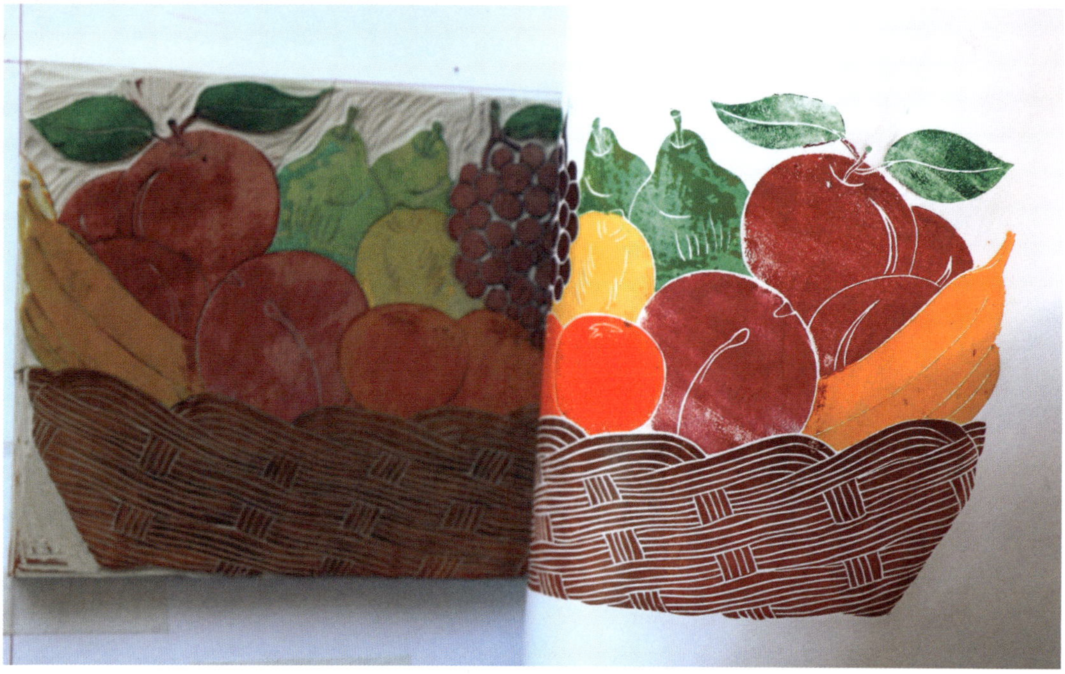

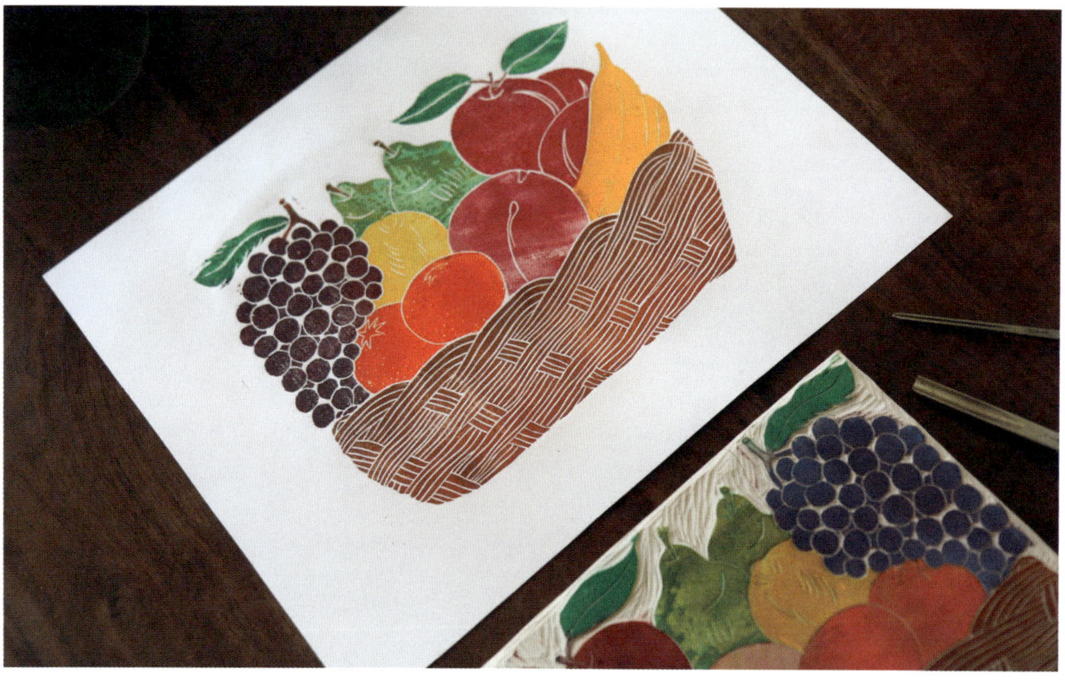

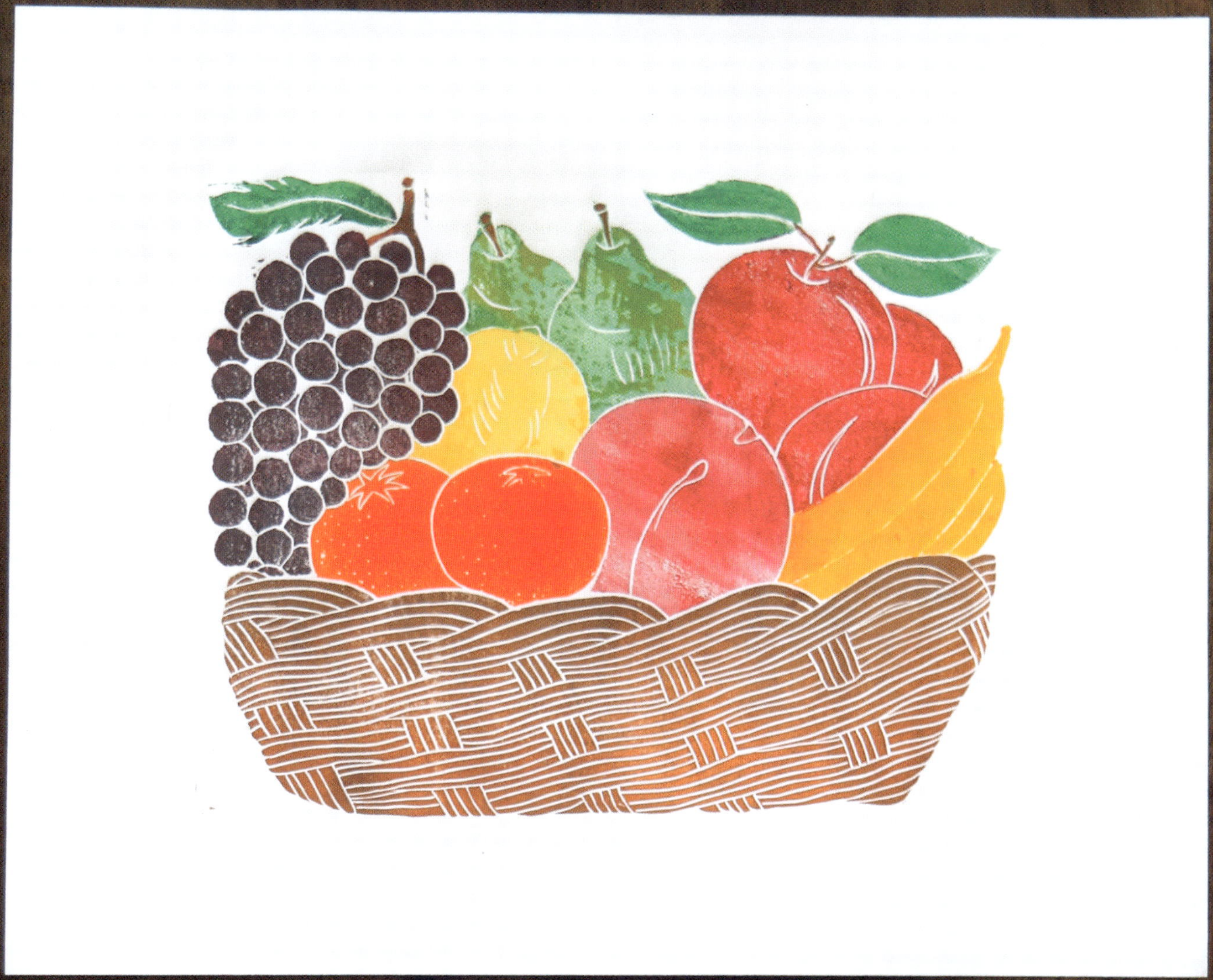

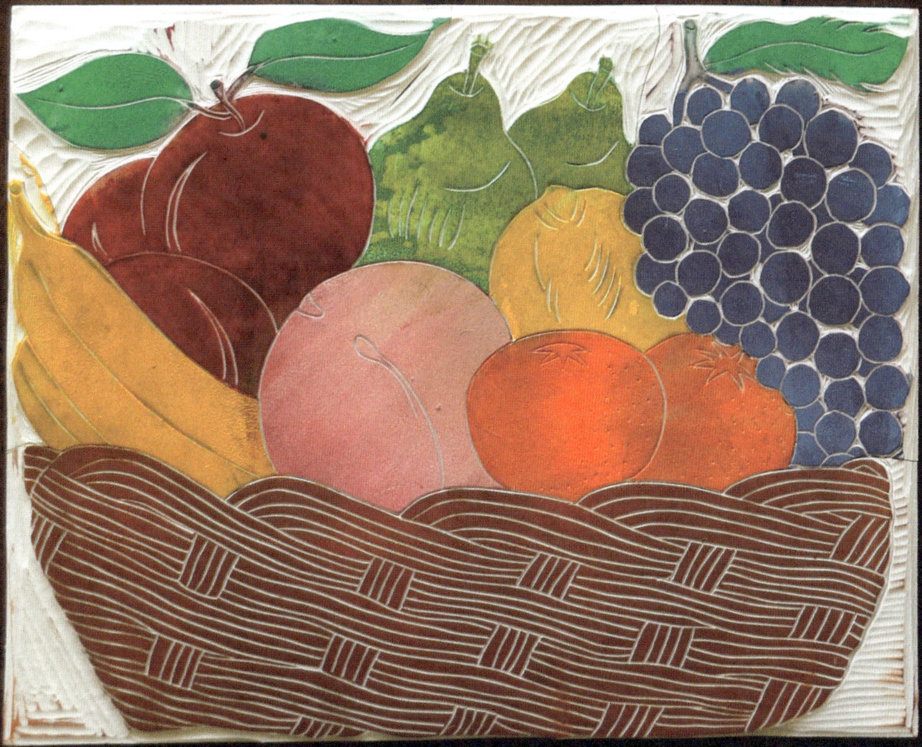

Tipp

Bei dieser Technik kann es passieren, dass der erste Testdruck Unstimmigkeiten aufweist, da jedes einzelne Element eine andere Oberflächenstruktur und Form hat. Fertigen Sie daher ruhig mehrere Drucke an, bis Sie eine gelungene Kombination gefunden haben.

SCHRITT 10

Legen Sie das Druckpapier bündig mit den Rahmenlinien auf den Druckstock. Reiben Sie es mit Handreiber und Holzlöffel an und achten Sie darauf, dass die Einzelteile nicht auseinanderrutschen. Wenn die Farbe überall vom Papier aufgenommen wurde, ziehen Sie dieses vorsichtig mit beiden Händen ab.

LINOLDRUCK MIT MEHREREN DRUCKSTÖCKEN

Mehrfarbige Drucke wirken sehr lebendig. Bei diesem Projekt arbeiten wir mit mehreren Druckstöcken – eine Methode, die häufig für mehrfarbige Motive gebraucht wird. Es werden zwei Druckstöcke angefertigt: einer für die schwarze Druckfarbe, einer für die Farbflächen. Beide Druckstöcke sollten gleich groß sein, dann fällt das Ausrichten leichter. Diese Technik verlangt etwas mehr Zeit für das Zurichten der beiden Druckplatten sowie Erfahrung beim Einfärben und Drucken.

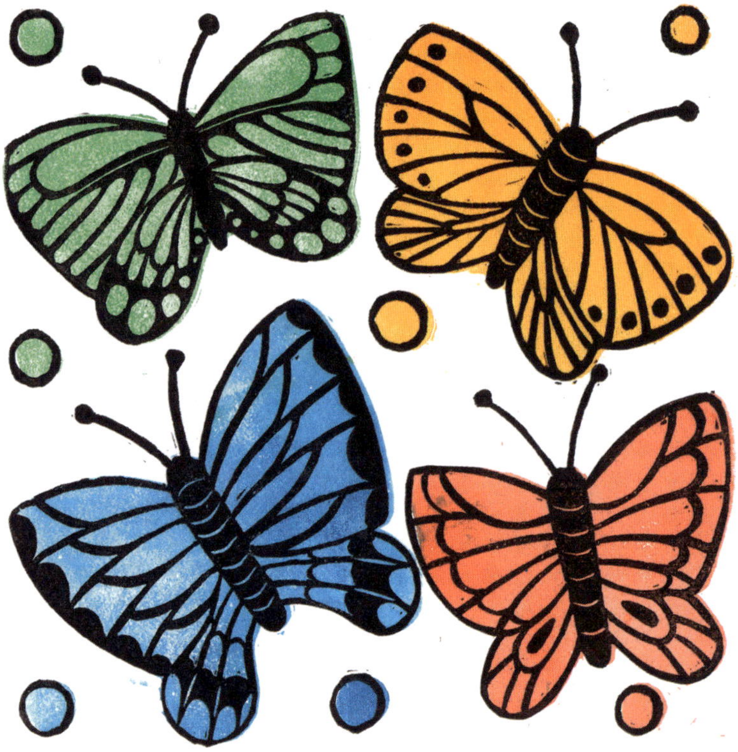

Materialien & Werkzeuge

- Zeichenpapier oder Skizzenblock
- 2 Linoleumplatten
- Pauspapier
- Weicher Bleistift (B oder 2B)
- Schwarzer Permanentmarker
- Transparente Acetatfolie (auf Größe der Druckplatte zugeschnitten)
- Schnitzwerkzeugset
- Druckpapier (auf Größe der Druckplatte plus Rand zugeschnitten)
- Wasserlösliche Druckfarbe in Wunschfarben
- Spachtelmesser (für Farbe in Dose oder Glas)
- Palette
- Walzen
- Holzwinkel (optional)
- Feste Wellpappe
- Handreiber oder Holzlöffel
- Malerkrepp
- Falzbein
- Schneidematte
- Lineal aus Acryl oder Metall
- Cutter

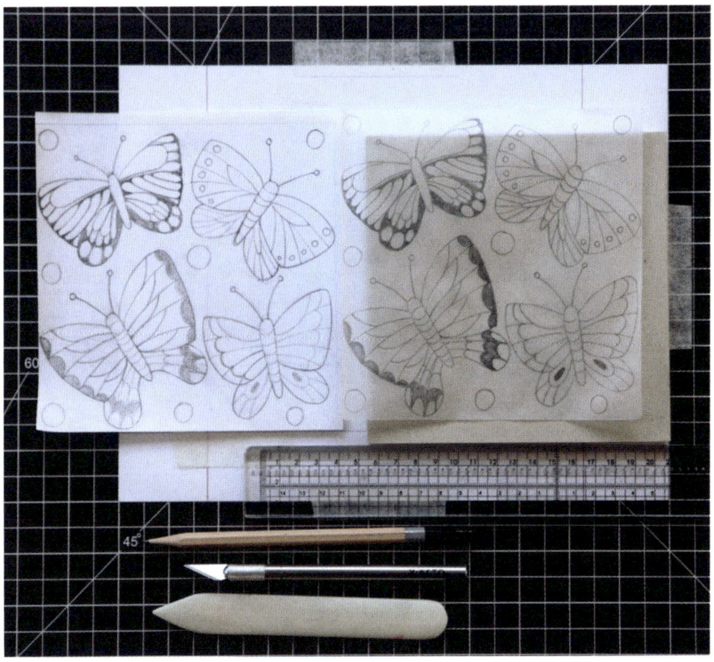

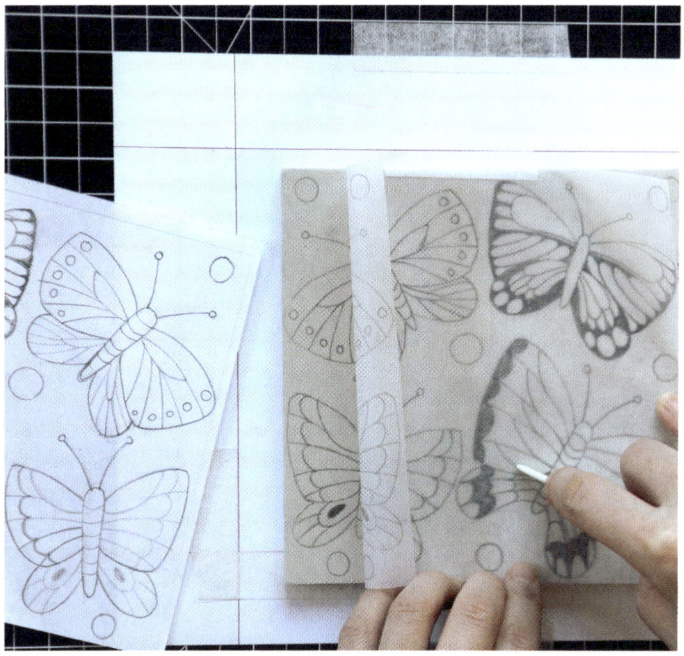

SCHRITT 1

Zeichnen Sie Ihr Motiv mit weichem Bleistift auf Papier. Wir fertigen zwei Druckstöcke. Die Platte für die schwarzen Konturen sollte deutliche, filigrane Linien und Formen aufweisen. Das fertige Motiv auf Pauspapier übertragen. Anschließend kleben Sie das Pauspapier mit der Vorderseite nach unten mittig auf eine der Platten, sodass die Ränder von Papier und Platte bündig aufeinanderliegen. Reiben Sie mit dem Falzbein über das Pauspapier, um alle Linien der Zeichnung auf den Druckstock zu bringen.

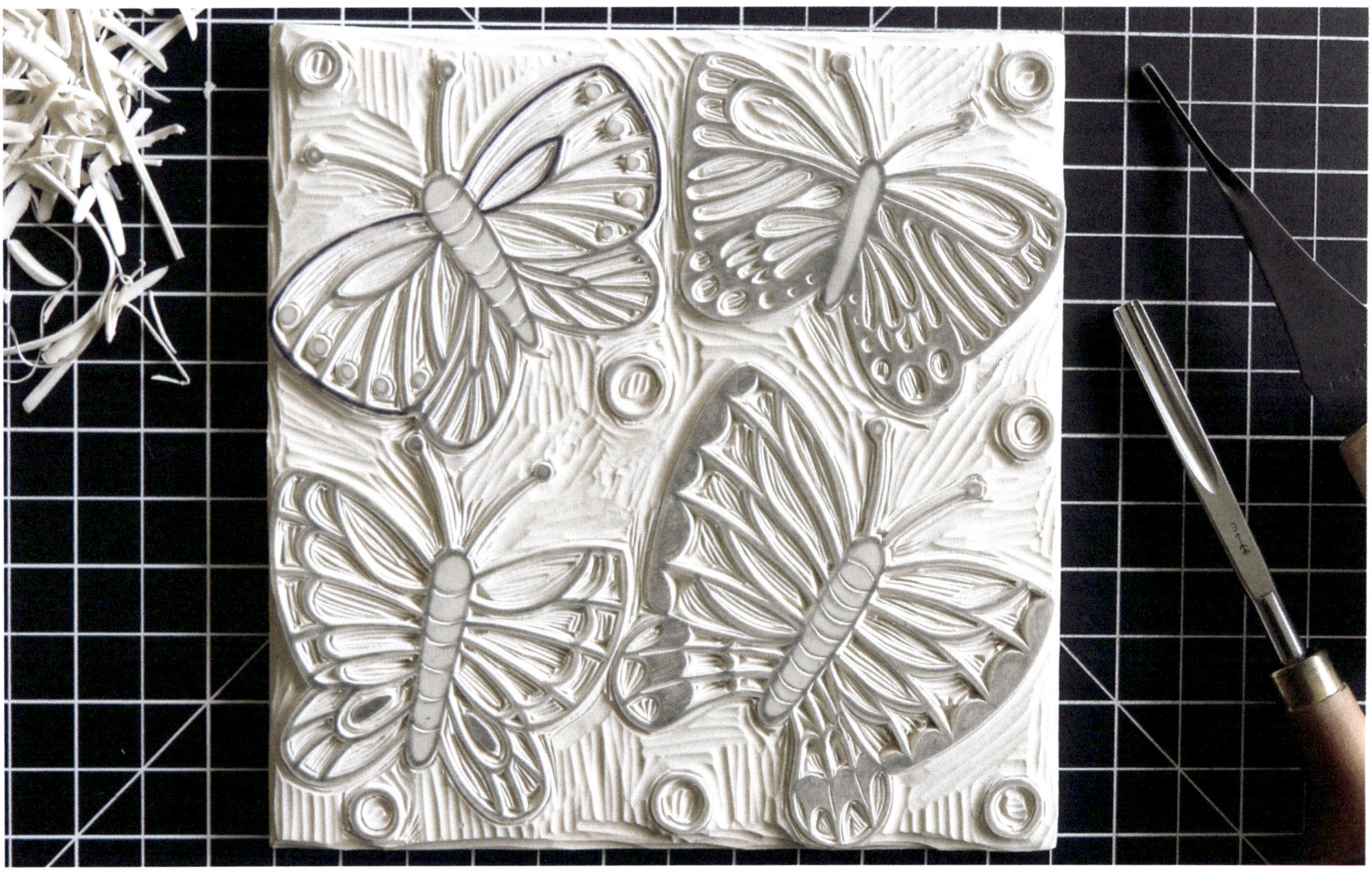

SCHRITT 2

Beginnen Sie anschließend mit dem Schneiden. Hier handelt es sich um einen Positivschnitt, das bedeutet, dass Sie alle Negativräume außerhalb und innerhalb der Motive wegschneiden. Beginnen Sie mit einer schmalen v-förmigen Klinge und den Umrissen. Danach entfernen Sie größere Flächen sowie den Hintergrund mit einem breiteren Hohleisen.

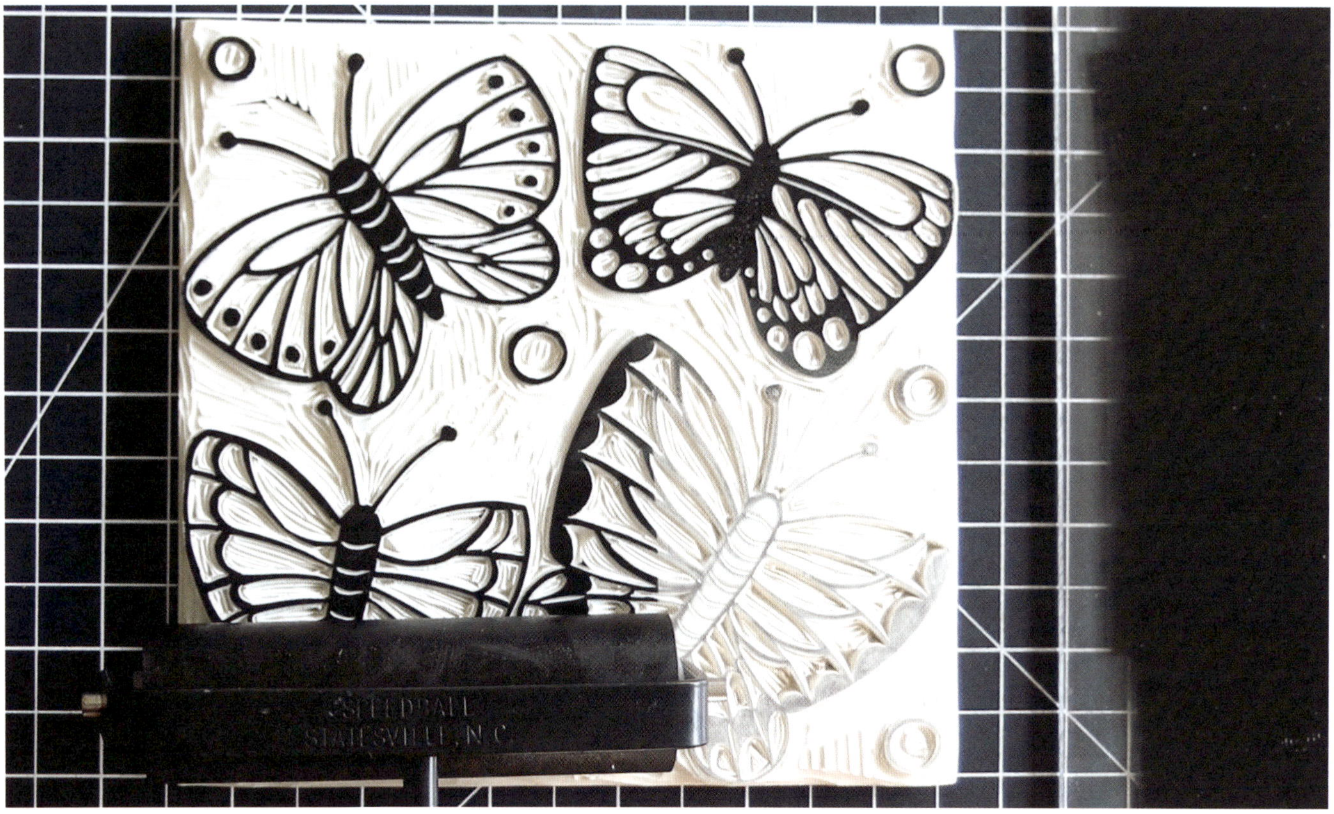

SCHRITT 3

Bereiten Sie die Acetatfolie vor. Sie dient als Übertragungsmedium für den zweiten Druckstock. Geben Sie Farbe auf die Palette, nehmen Sie eine dünne Farbschicht mit der Walze auf und färben Sie den Druckstock damit ein.

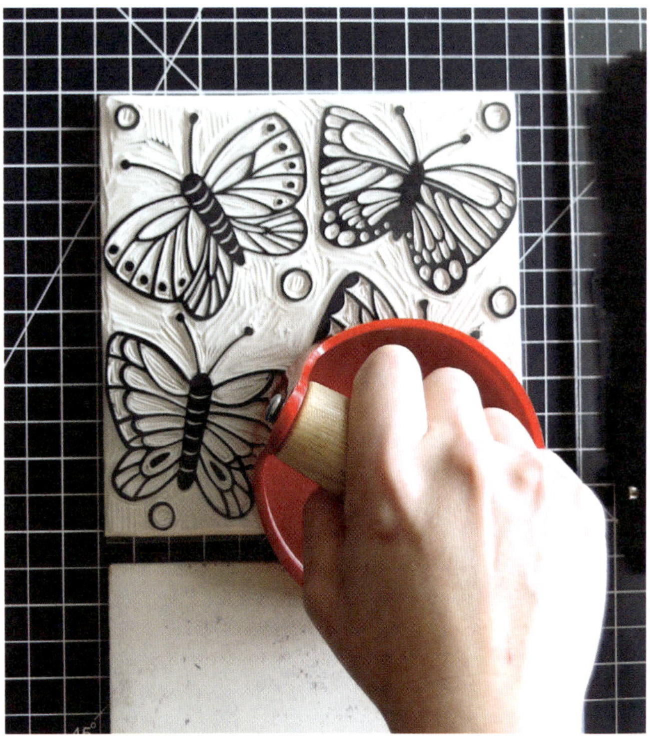

SCHRITT 4

Legen Sie die Transparentfolie bündig auf den Druckstock. Üben Sie mit dem Handreiber und einem Holzlöffel gleichmäßig Druck auf die Folie aus, um das Motiv zu übertragen. Bei sehr dünnen Linien und Details hilft ein Falzbein.

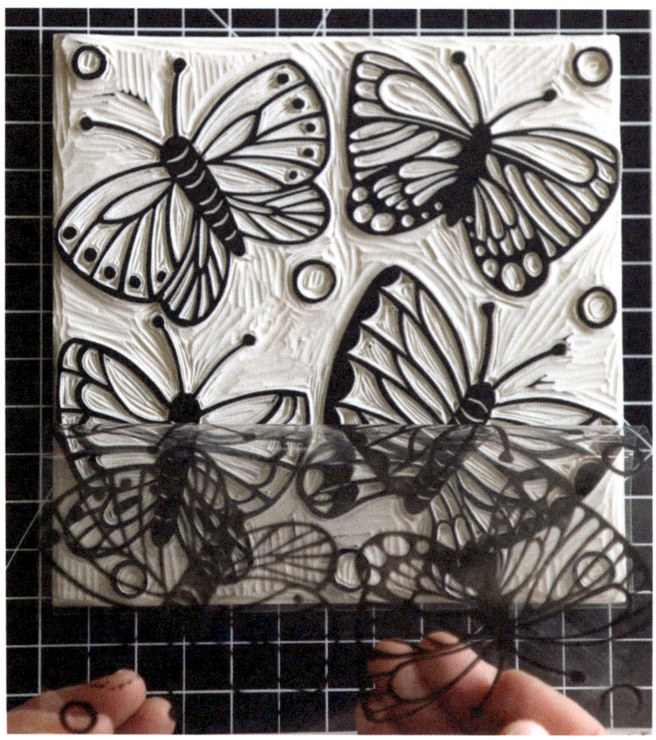

SCHRITT 5

Die Folie vorsichtig abziehen und prüfen, ob alle Bildelemente übertragen wurden.

SCHRITT 6

Legen Sie die Transparentfolie mit der eingefärbten Seite nach unten bündig auf den zweiten Druckstock. Mit Handreiber, Holzlöffel oder der Kante eines Falzbeins das Motiv übertragen. Wenn Sie die Folie abziehen, achten Sie darauf, dass alle Elemente auf dem Druckstock gut zu sehen sind. Anschließend trocknen lassen.

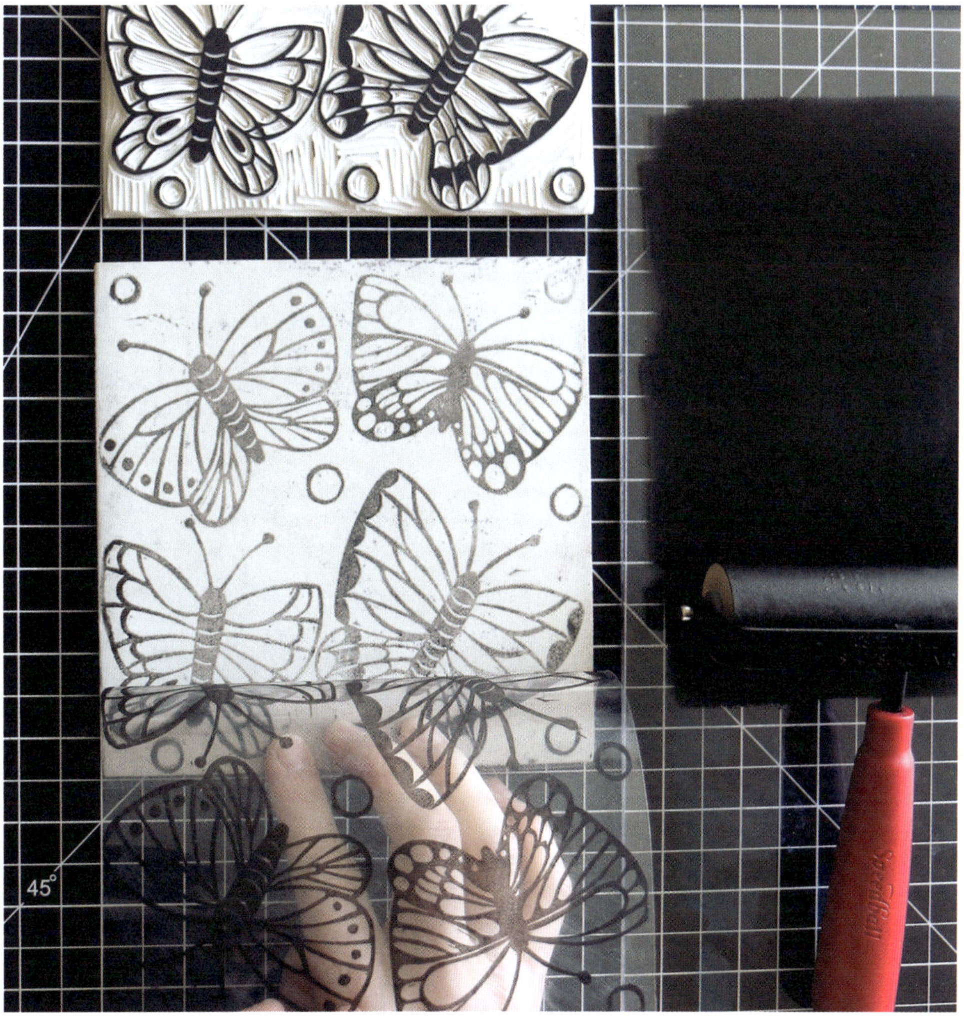

SCHRITT 7

Ist alles getrocknet, können Sie bis auf die Formen der Bildelemente alles wegschneiden.

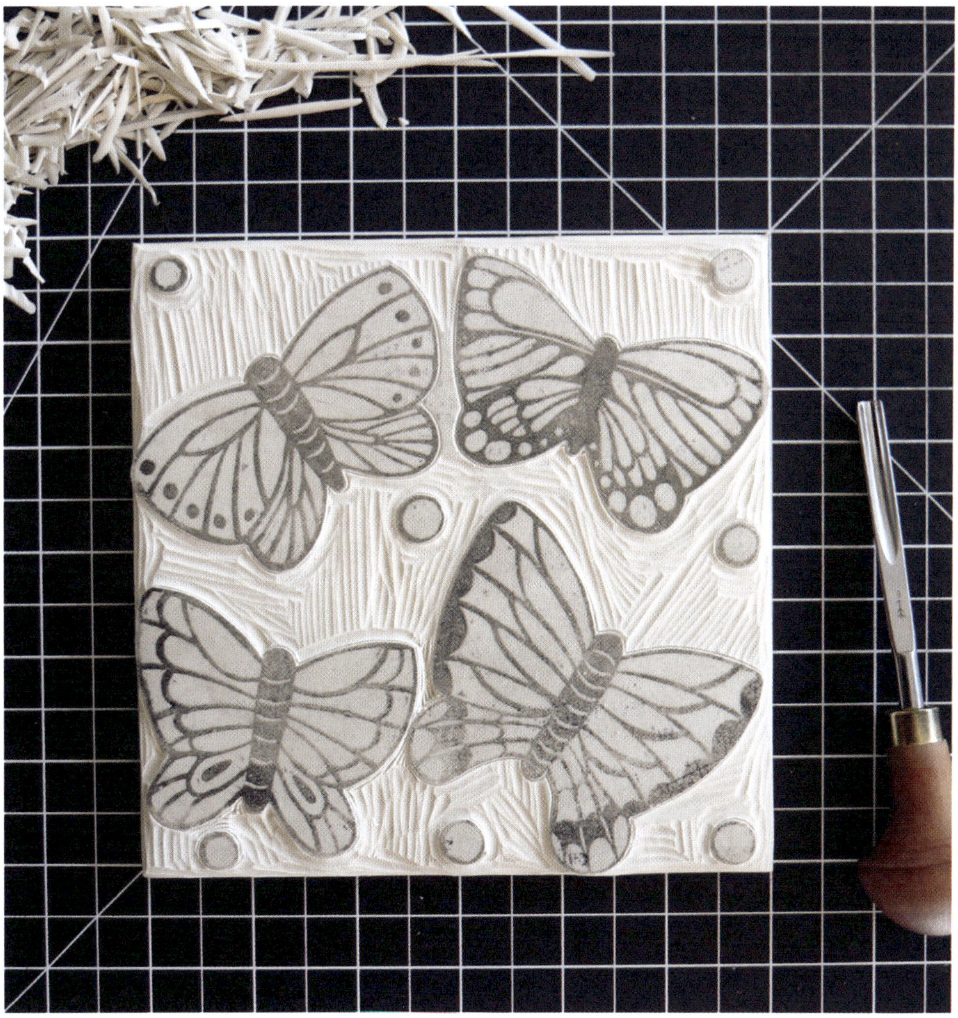

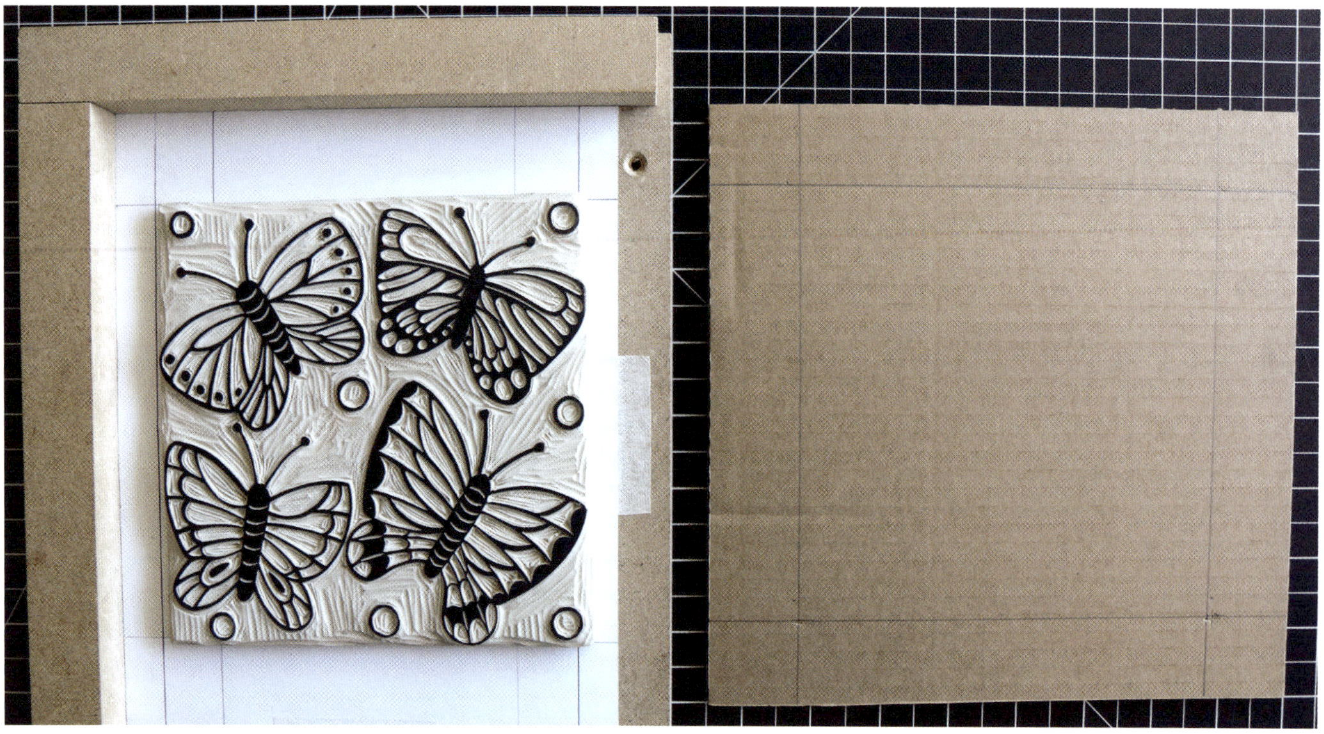

SCHRITT 8

Bereiten Sie die Ausrichtungshilfe vor. Das korrekte Ausrichten ist beim Arbeiten mit mehreren Druckstöcken besonders wichtig, da die Andrucke perfekt übereinander liegen sollen. Bei diesem Projekt benutze ich neben einem Stück Wellpappe einen Holzwinkel als Ausrichtungshilfe. Platzieren Sie den Druckstock mittig auf der Pappe und zeichnen Sie mit Stift und Lineal Hilfslinien an allen Seiten ein. Mit einem stabilen Cutter schneiden Sie den mittleren Bereich der Pappe aus, sodass ein »Loch« für die Druckplatte entsteht. So kann beim Drucken nichts verrutschen.

SCHRITT 9

Drucken Sie zuerst mit der mehrfarbigen Platte, der Basis des Druckmotivs. Ich habe vier Farben gewählt und gebrauche pro Farbe eine eigene Walze. Geben Sie je Farbton eine kleine Menge auf die Palette und färben Sie die entsprechenden Elemente auf der Platte ein. Dazu legen Sie die Farbwalze auf die entsprechende Stelle der Platte und rollen Sie sie vor und zurück. Gehen Sie so bei jedem Bildelement vor.

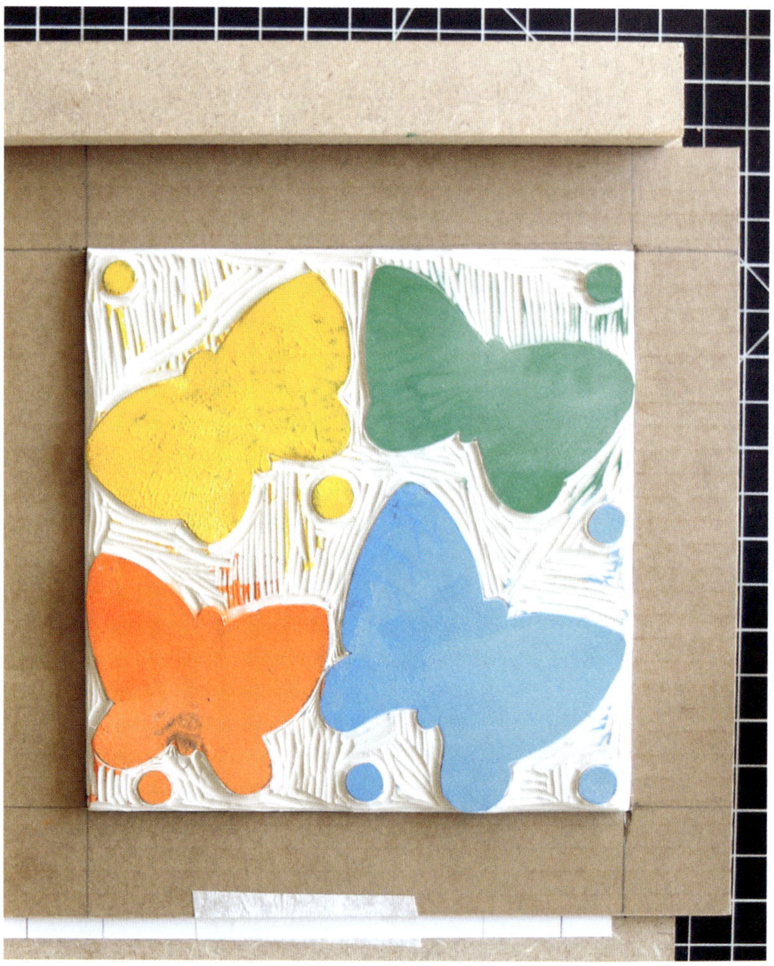

Tipp

Ein Holzwinkel ist nicht zwingend notwendig. Er fixiert die Platte während des Schneidens und dient zusammen mit einem Papprahmen zudem als Ausrichtungshilfe.

SCHRITT 10

Legen Sie das Druckpapier vorsichtig auf den eingefärbten Druckstock. Hier erweist sich der Holzwinkel als hilfreich: Stößt der obere Rand des Papiers an den Winkel, liegt das Papier fest auf der Platte und kann nicht verrutschen. Reiben Sie das Papier mit Handreiber und Holzlöffel an.

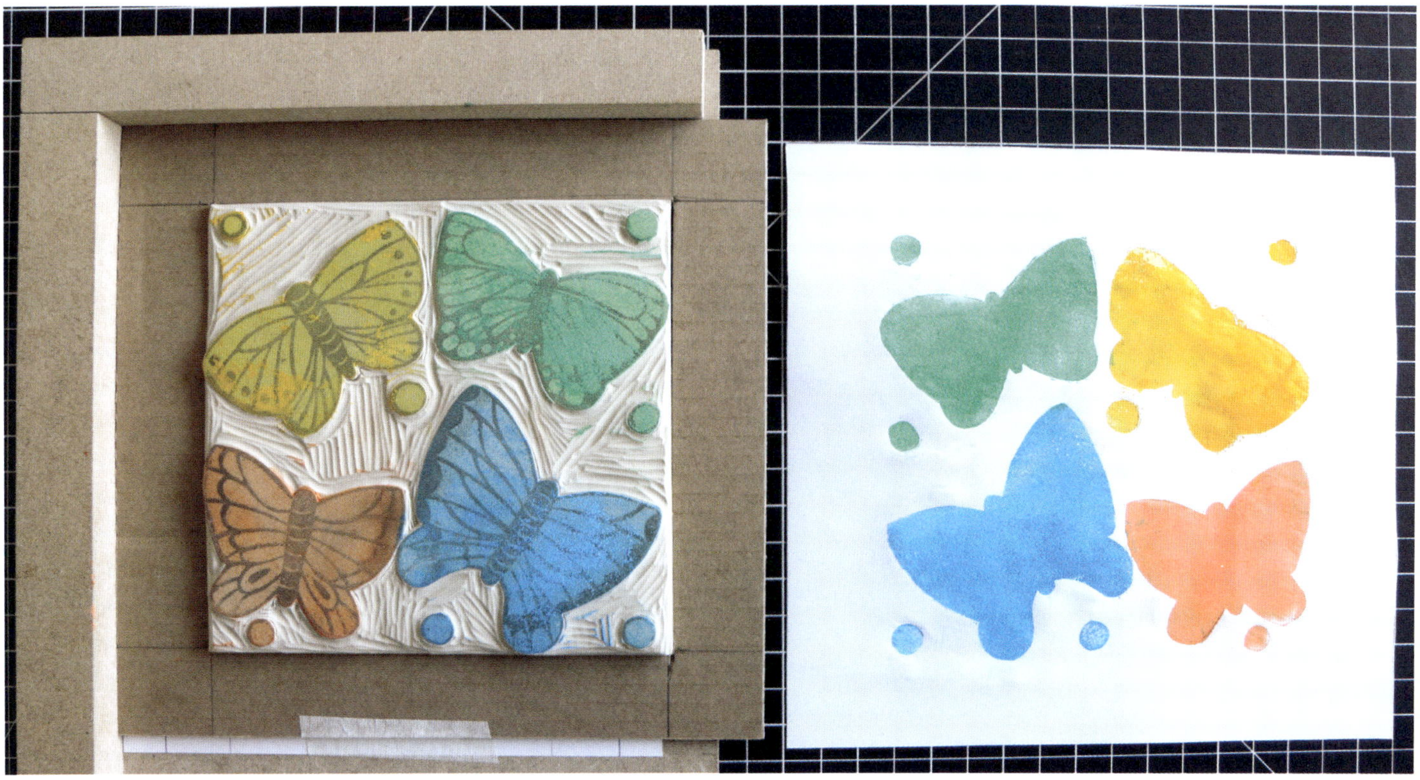

SCHRITT 11

Das Papier vorsichtig mit beiden Händen abziehen. Sind Sie nicht zufrieden, versuchen Sie es noch einmal und reiben das Papier für ein farbintensiveres Ergebnis mit dem Holzlöffel stärker an oder verwenden mehr Farbe. Fertigen Sie ruhig mehrere Testabzüge an. Sind Sie mit dem Druck zufrieden, lassen Sie ihn trocknen.

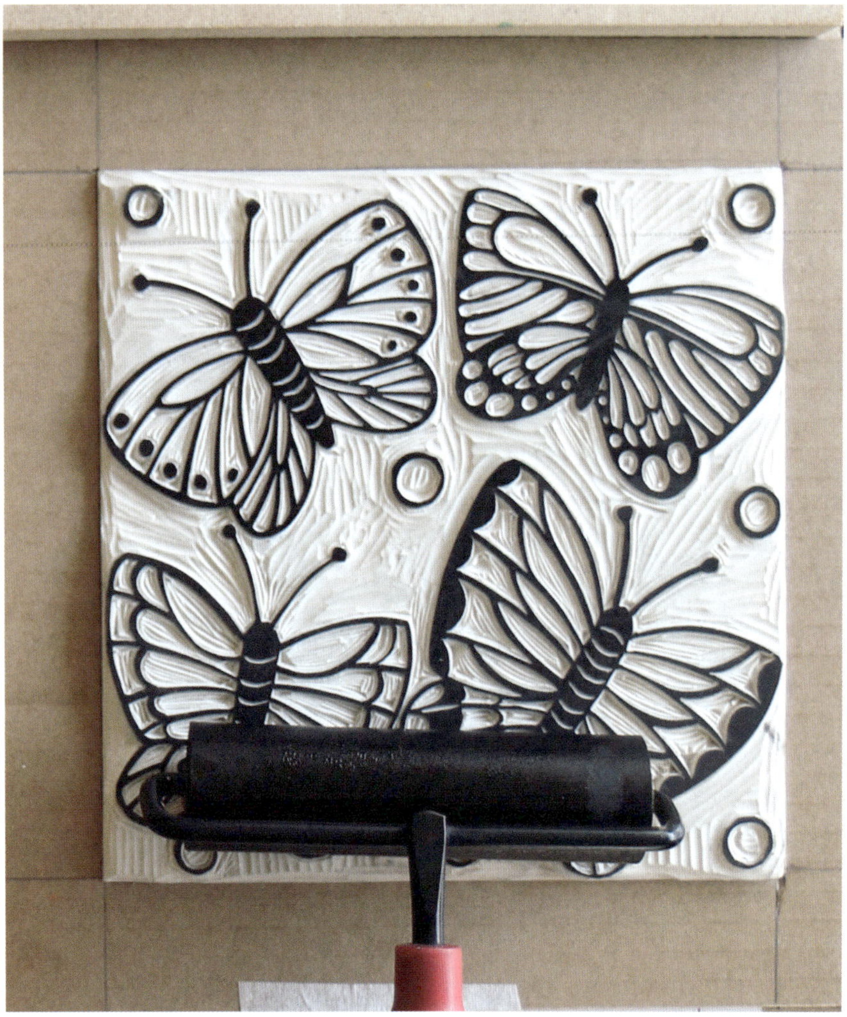

SCHRITT 12

Legen Sie den Druckstock für die schwarzen Konturen in den Papprahmen. Beim Drucken mit mehreren Druckstöcken wird die Platte mit den Umrisslinien immer zuletzt gedruckt, meistens in Schwarz, um die zuvor gedruckten Farben hervorzuheben. Nehmen Sie mit der Walze schwarze Farbe auf und färben Sie die Platte gleichmäßig ein.

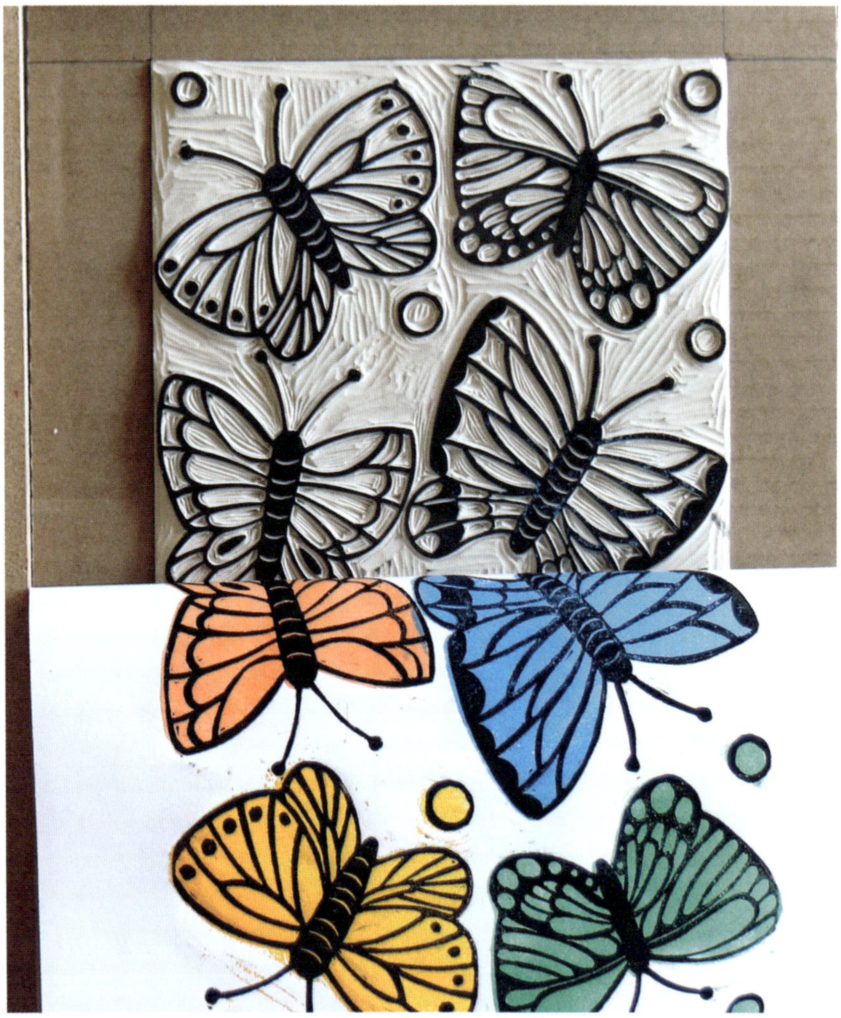

SCHRITT 13

Legen Sie das Druckpapier mit der bereits bedruckten Seite nach unten auf den Druckstock, sodass die Papierränder mit dem Holzwinkel abschließen. Mit Handreiber und Holzlöffel anreiben.

Da das Druckpapier bereits Farbflächen aufweist, ist es wichtig, die schwarze Farbe komplett zu übertragen. Lassen Sie sich daher beim Anreiben Zeit. Anschließend das Papier vorsichtig abziehen.

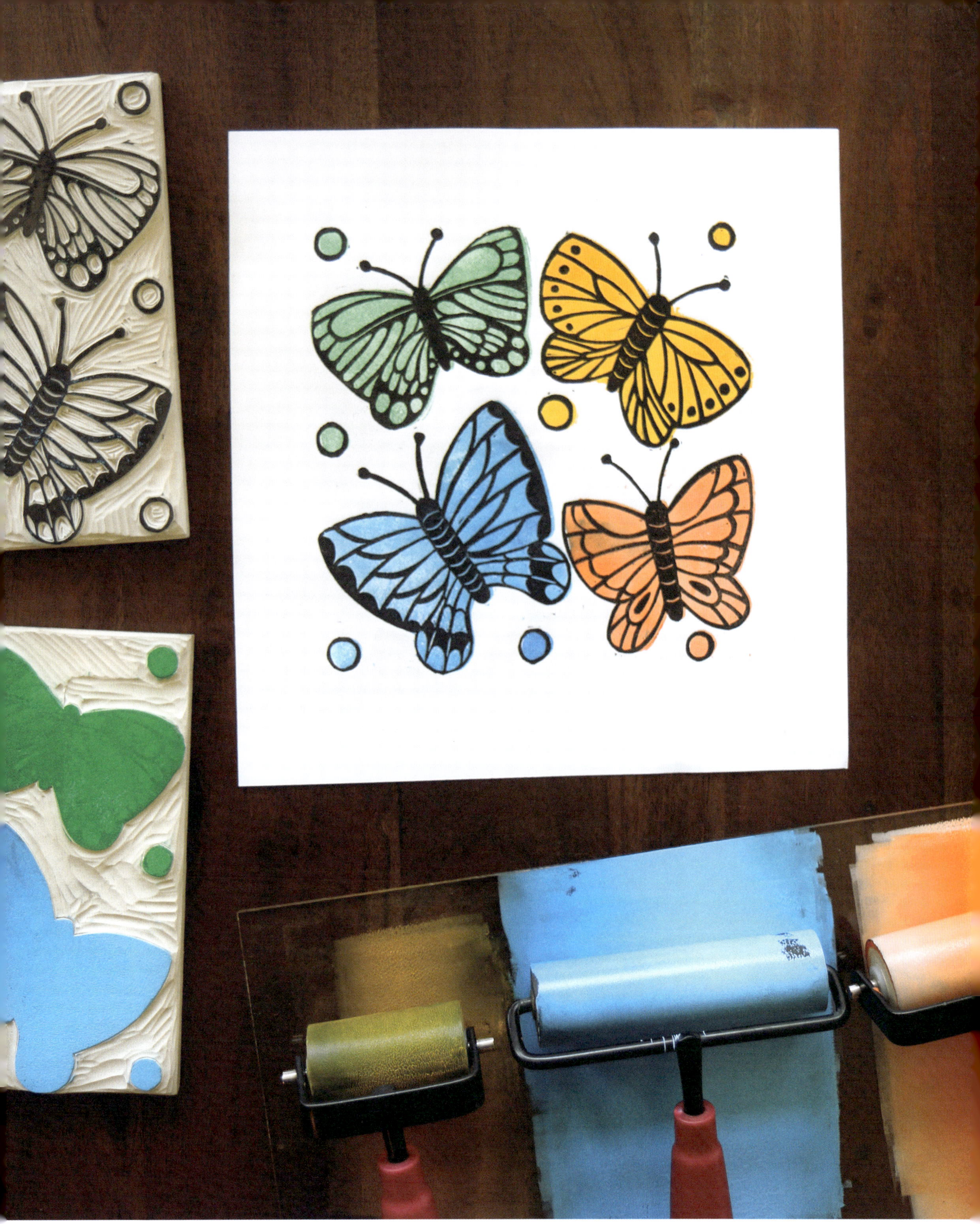

SCHRITT 14
Wenn der Druck Ihnen gefällt, lassen Sie ihn gut trocknen. Wie bei allen mehrfarbigen Projekten können Sie verschiedene Farbkombinationen ausprobieren und so zahlreiche Abzüge mit diesem Motiv erstellen.

REDUKTIONSDRUCK

Der Reduktionsdruck (auch Eliminationsdruck) ist ebenfalls eine Möglichkeit, mit nur einer Druckplatte mehrfarbig zu drucken. Dafür wird das Linoleum für die nächste Druckversion weiter weggeschnitten, sodass das Material auf der Platte immer weniger wird. Jede Schicht wird in einer anderen Farbe gedruckt, vom hellsten bis zum dunkelsten Farbton. Für das Einfärben und den Druckvorgang bedeutet das, dass sich mehrere Farbschichten überlagern. Da der Prozess des Wegschneidens nicht umkehrbar ist, ist sorgfältige Planung vonnöten. Wie viele Farben und Schichten sind vorgesehen? Beim Skizzieren sollte jeder Schritt bedacht werden. Außerdem ist es sinnvoll, von jeder Phase mehrere Drucke anzufertigen.

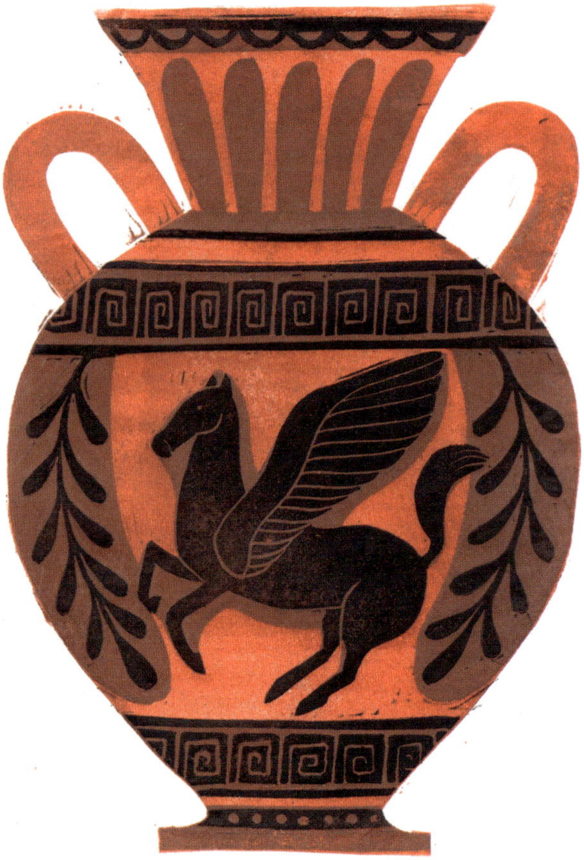

Materialien & Werkzeuge

- Zeichenpapier oder Skizzenblock
- Linoleumplatte
- Pauspapier
- Weicher Bleistift (B oder 2B)
- Aquarellfarbe
- Pinsel
- Schnitzwerkzeugset
- Druckpapier (auf Größe der Druckplatte plus Rand zugeschnitten)
- Wasserlösliche Druckfarbe in Wunschfarben
- Spachtelmesser (für Farbe in Dose oder Glas)
- Palette
- Walzen
- Holzwinkel (optional)
- Feste Wellpappe
- Weißer Tonkarton als Ausrichtungshilfe
- Handreiber oder Holzlöffel
- Malerkrepp
- Falzbein
- Schneidematte
- Lineal aus Acryl oder Metall
- Cutter

SCHRITT 1

Skizzieren Sie Ihr Motiv auf Zeichenpapier. Arbeiten Sie von Anfang an alle Details aus, denn nach dem Wegschneiden der einzelnen Schichten können Sie keine Änderungen am Druckstock mehr vornehmen. Bestimmen Sie schon jetzt, mit wie vielen Schichten und mit welchen Farben Sie arbeiten wollen, sowie alle weiteren Details. Zur Visualisierung kann das Kolorieren mit Buntstiften helfen, ebenso wie das Kopieren der Skizze, um verschiedene Farbkombinationen auszuprobieren. Bei diesem Projekt kommen drei Schichten und somit drei Farben zum Einsatz. Die fertige Zeichnung auf Pauspapier übertragen. Achten Sie dabei auf deutliche, akkurate Linien.

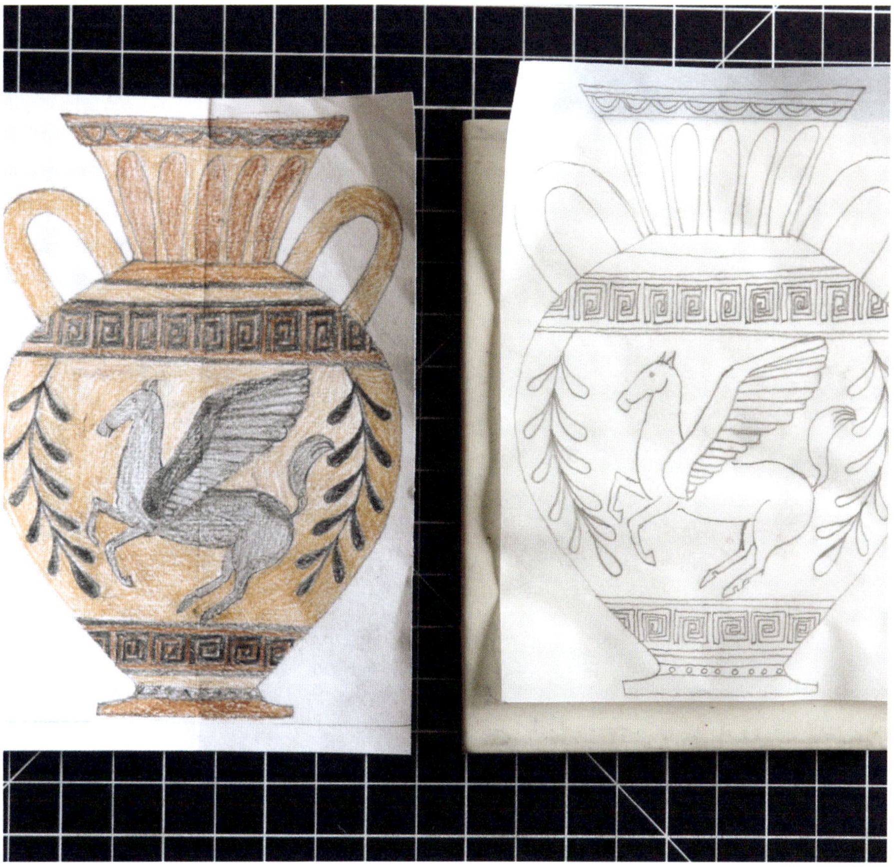

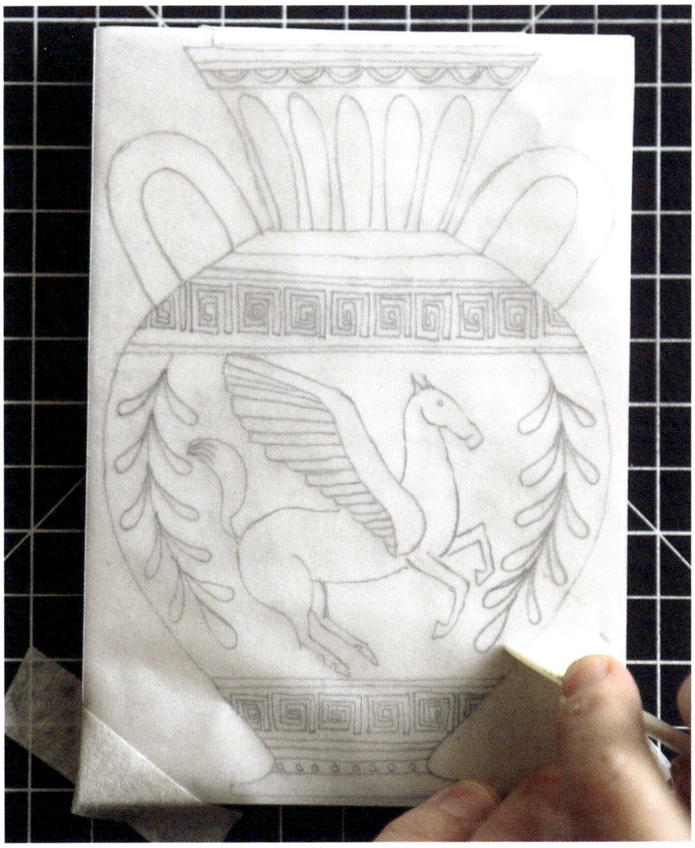

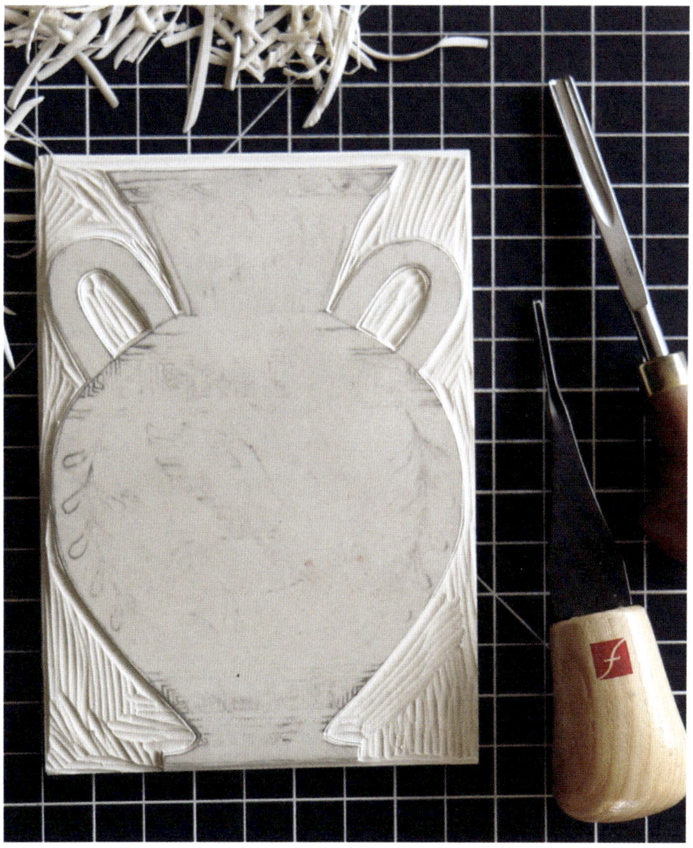

SCHRITT 2

Übertragen Sie die erste Schicht Ihres Motivs auf die Druckplatte. Legen Sie dazu das Pauspapier mit der Zeichnung nach unten auf die Platte und fahren Sie mit dem Falzbein über die entsprechenden Linien. Im Beispiel ist das lediglich die Umrisslinie der Vase, da diese flächig mit der ersten Farbe gedruckt wird.

SCHRITT 3

Schneiden Sie die Umrisslinie mit einer schmalen v-förmigen Klinge aus, bevor Sie den Hintergrund mit einem breiten u-förmigen Hohleisen abtragen. Da es sich um die erste Schicht handelt, schneiden Sie nur die Bereiche weg, die im finalen Druck weiß bleiben sollen; der Großteil des Druckstocks bleibt noch erhalten.

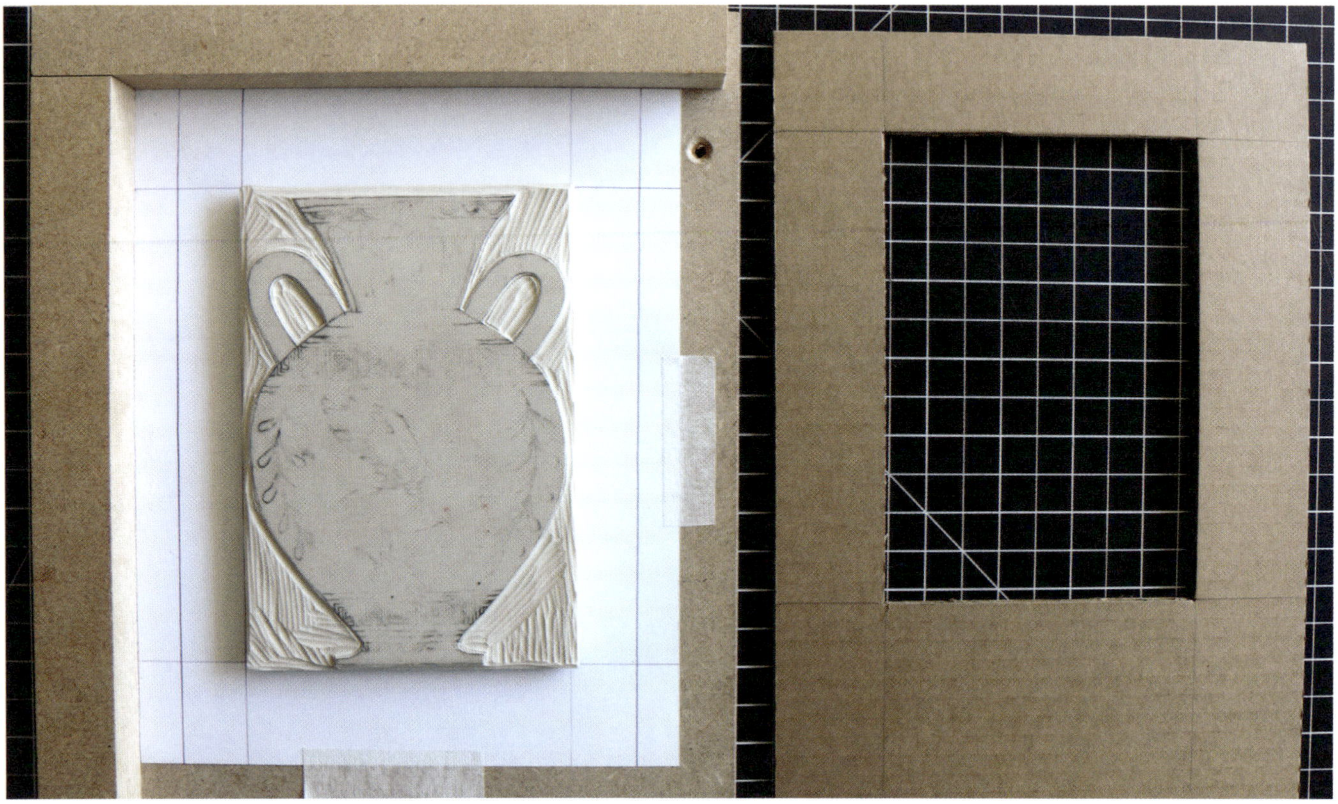

SCHRITT 4

Bereiten Sie die Ausrichtungshilfe vor. Legen Sie dazu den Druckstock in die Mitte der Pappe, die nach unten etwas größer als das Druckpapier sein darf. Mit Stift und Lineal Orientierungslinien an den Seiten einzeichnen. Schneiden Sie das Innere des Rahmens mit dem Cutter aus; die Platte sollte exakt in den Rahmen passen, damit er während des Druckens nicht verrutscht und das Druckpapier beim Drucken der einzelnen Schichten richtig platziert werden kann.

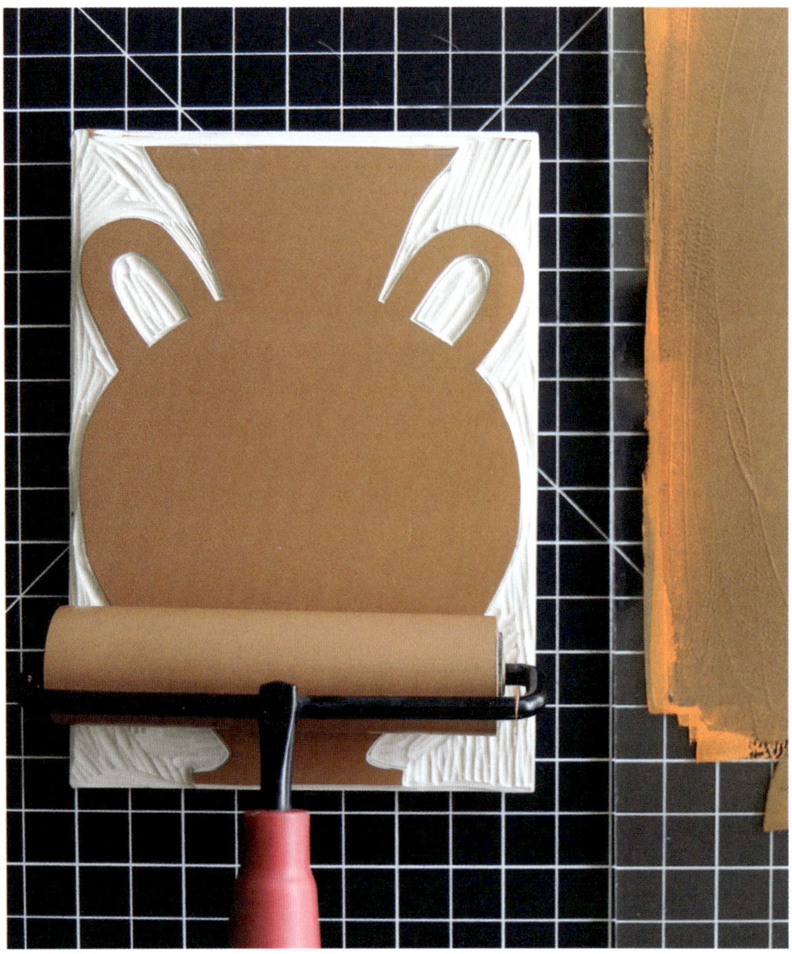

SCHRITT 5

Die Vase wird in der ersten Farbe (Terracotta) gedruckt. Farbe auf die Palette geben, die Walze einfärben und auf der Druckplatte gleichmäßig abwalzen.

SCHRITT 6

Legen Sie die Druckplatte in den Papprahmen und platzieren Sie das Druckpapier so darauf, dass es oben links mit dem Holzwinkel abschließt. Das Papier vorsichtig anreiben, abziehen und das Druckergebnis prüfen. Wenn der Farbauftrag und die Ausrichtung stimmen, sollten Sie mehrere Abzüge dieser ersten Schicht erstellen. Abzüge trocknen lassen. Bewahren Sie diese sauber und sicher auf, denn sobald Sie die nächste Schicht ausgeschnitten haben, können Sie dieses Teilmotiv nicht mehr drucken.

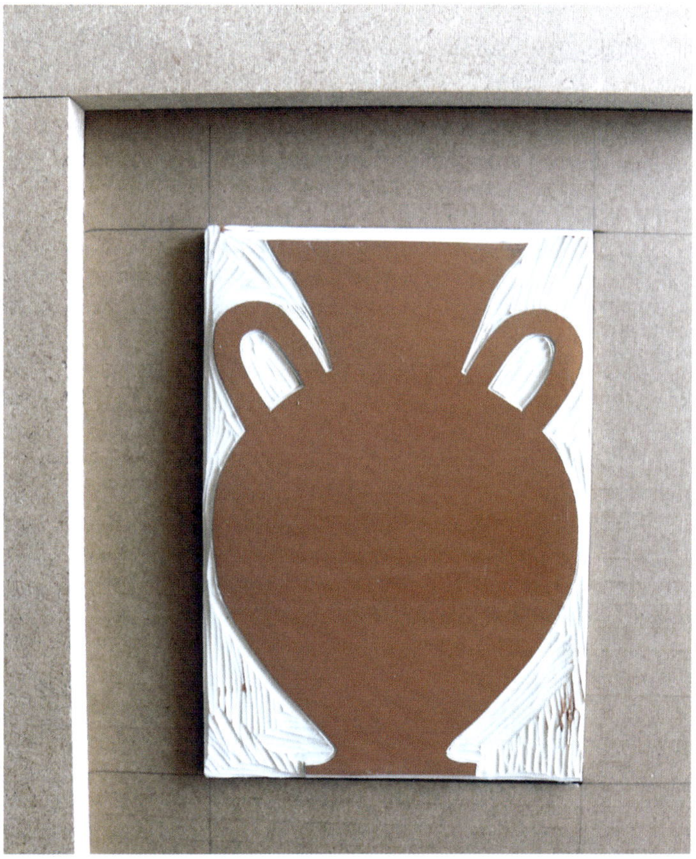

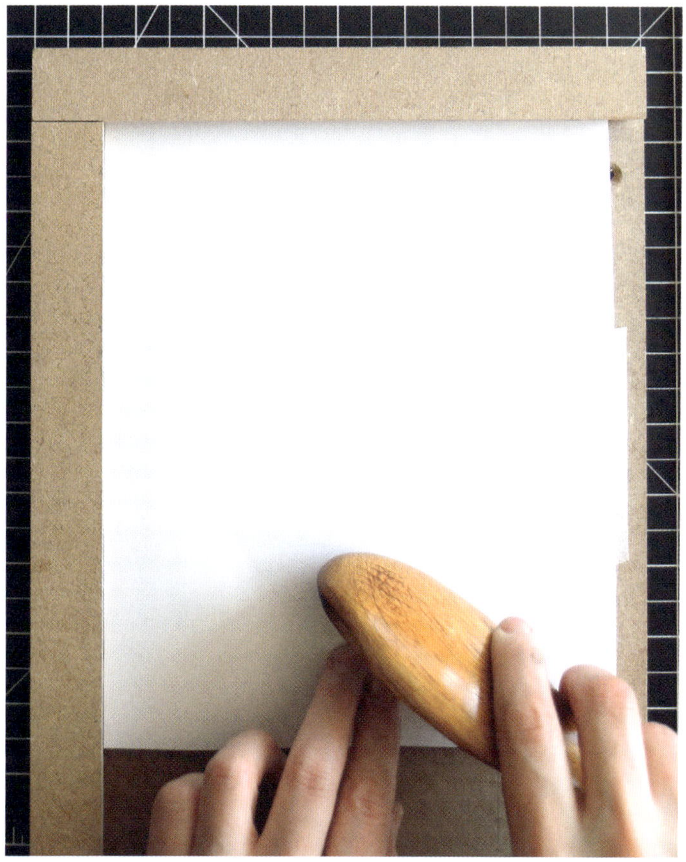

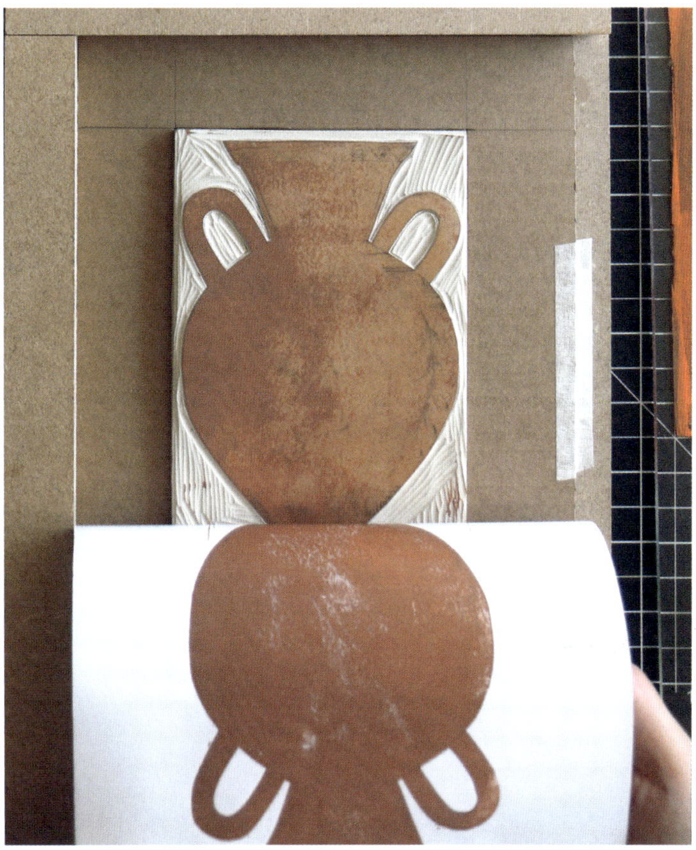

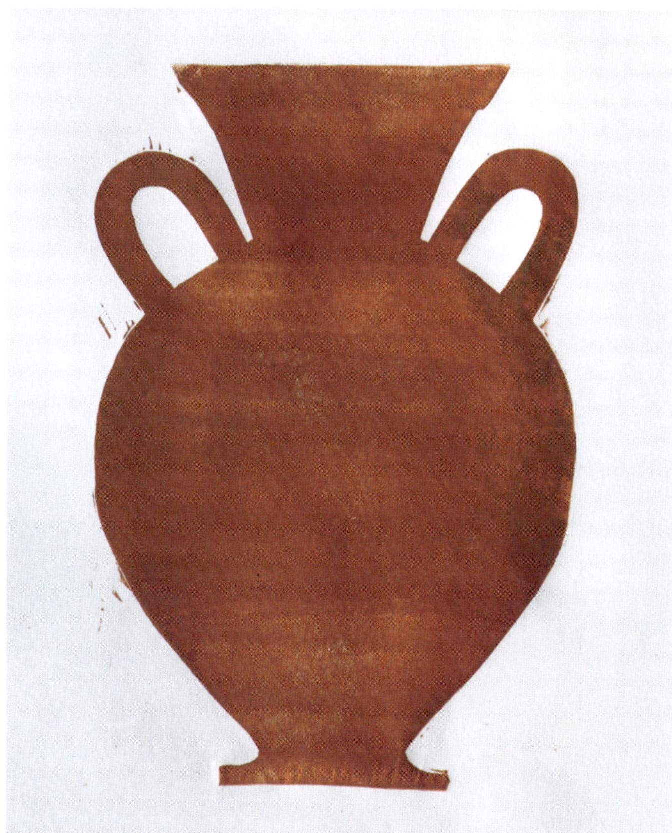

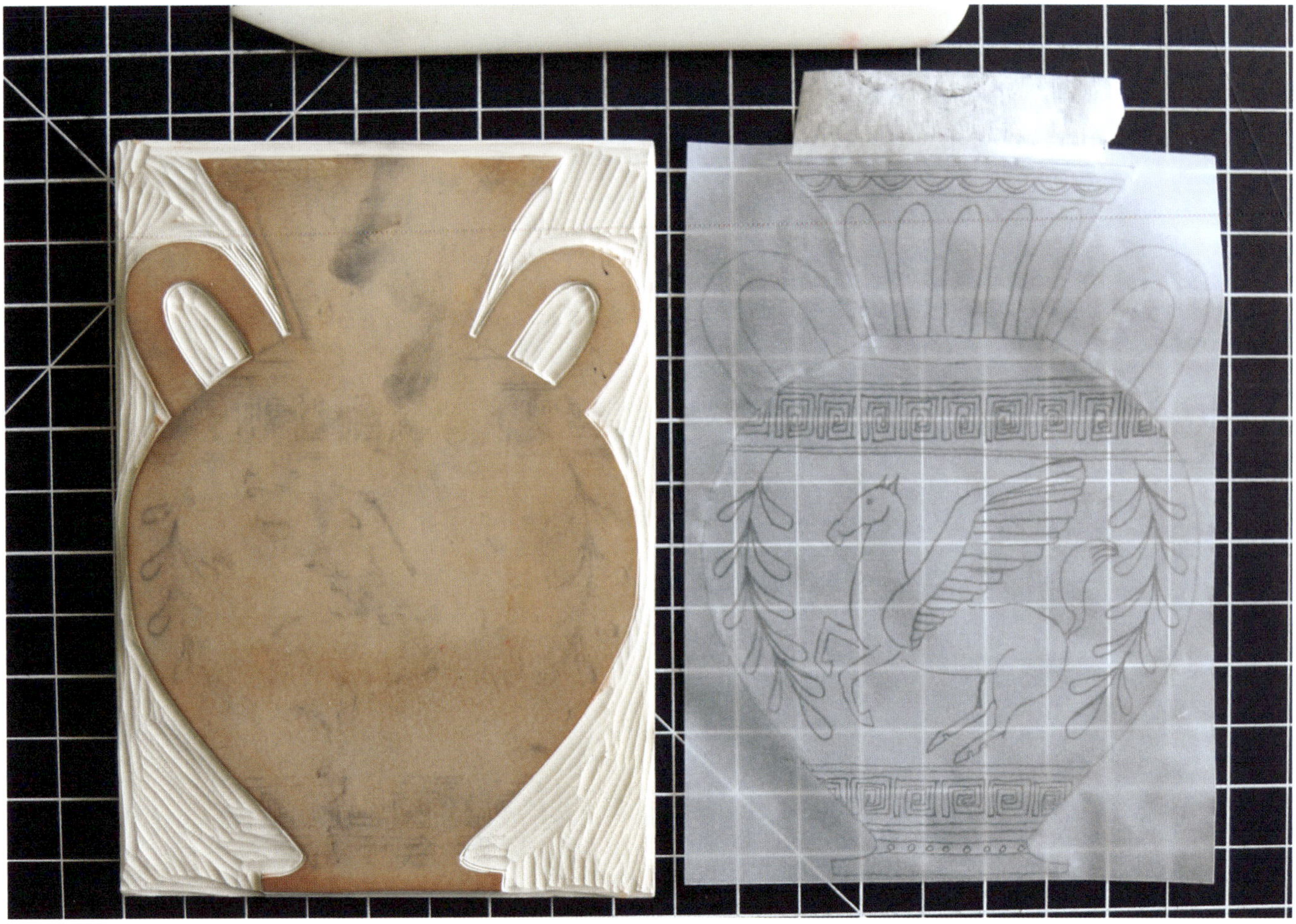

SCHRITT 7

Bereiten Sie das Drucken der zweiten Schicht vor. Übertragen Sie mithilfe des Pauspapiers und eines Falzbeins den gesamten Innenbereich der Vase auf die Platte.

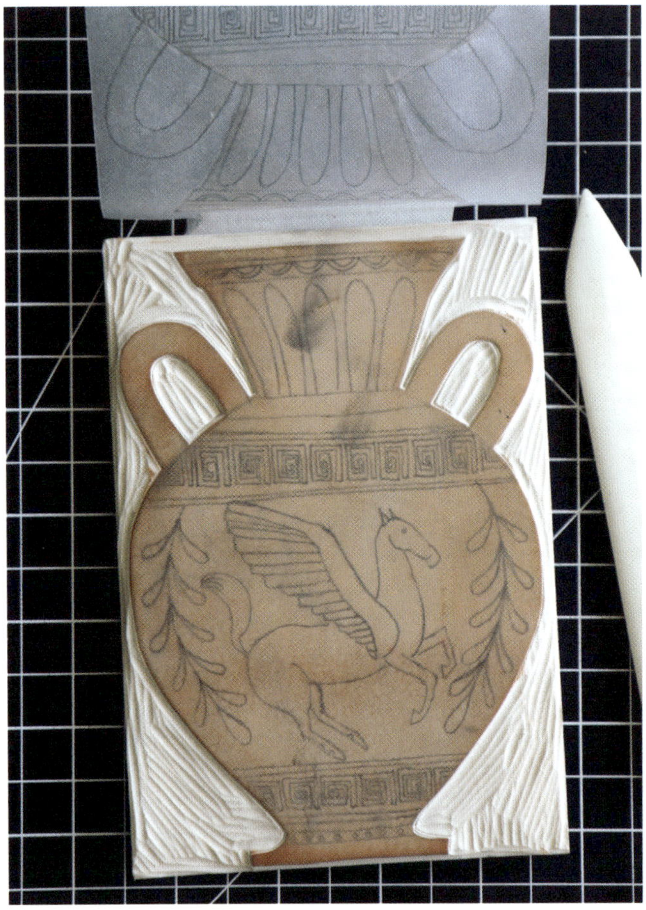

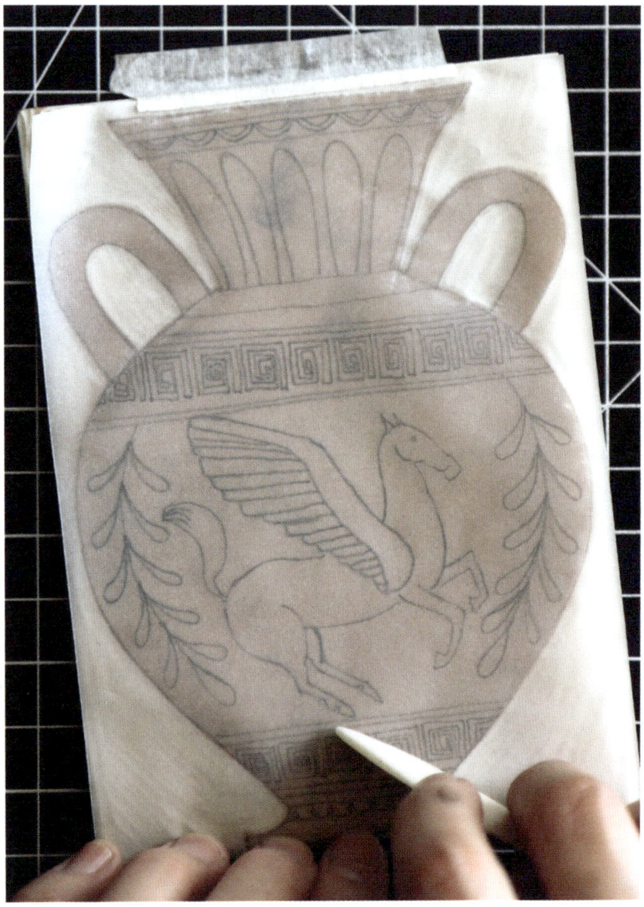

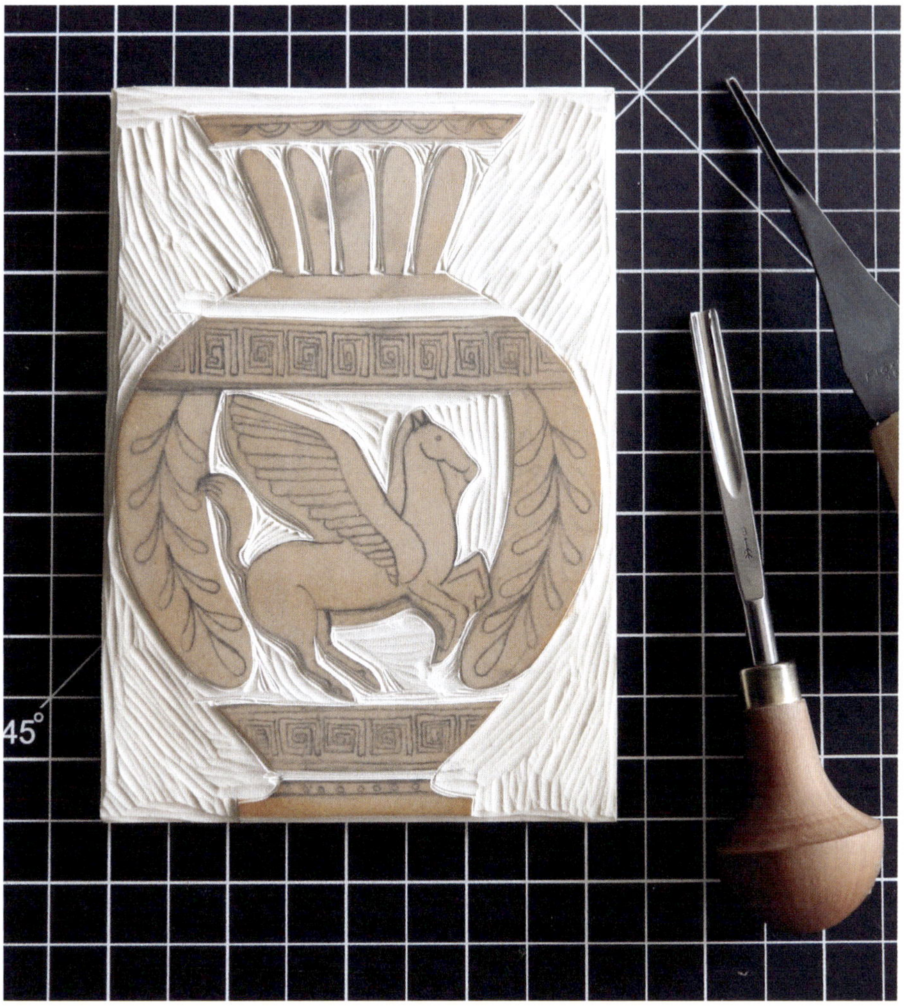

SCHRITT 8

Nachdem Sie die Umrisslinien der zweiten Schicht übertragen haben, beginnen Sie mit dem Schneiden. Bedenken Sie: Sie schneiden nun die Bereiche aus, die im finalen Druck noch die Farbe des ersten Andrucks (Terracotta) haben sollen.

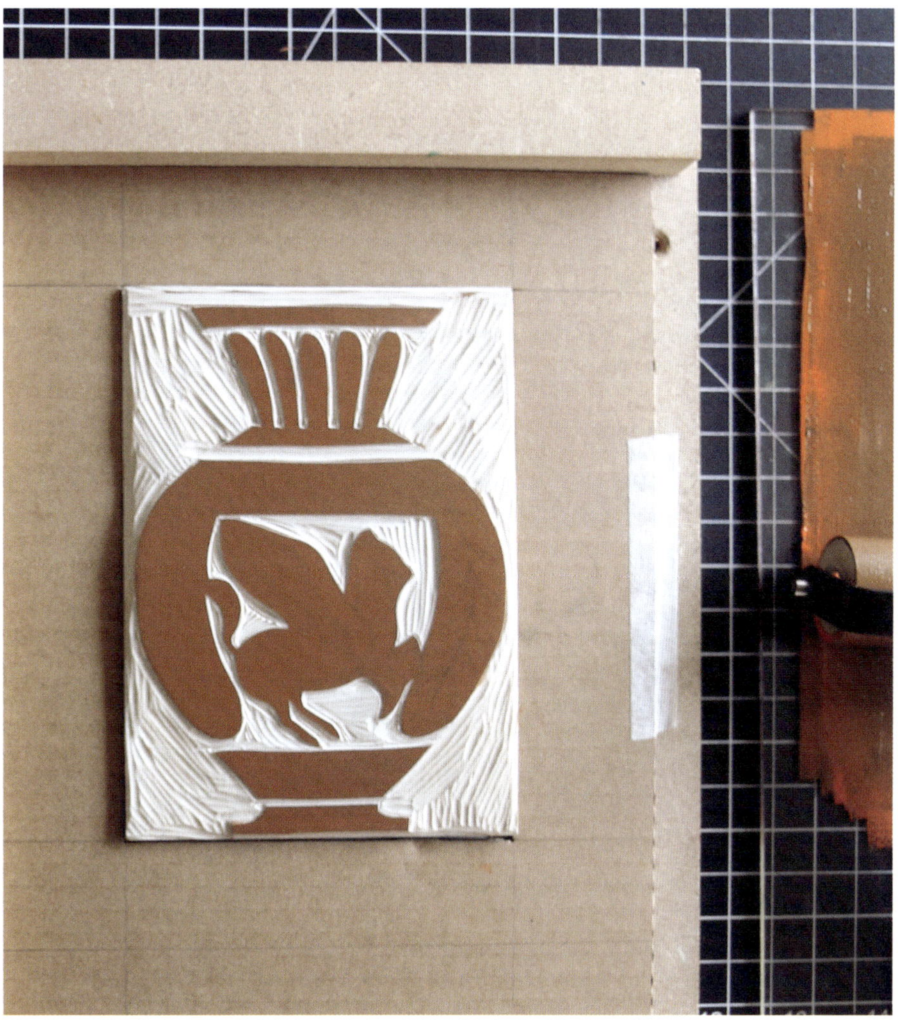

SCHRITT 9

Das Teilmotiv einfärben. Geben Sie von der zweiten Farbe (Dunkelbraun) einen Klecks auf die Palette, rollen mit der Walze darüber und färben den Druckstock gleichmäßig ein.

SCHRITT 10

Legen Sie das Druckpapier auf die Platte und reiben Sie es mit Handreiber und Holzlöffel an. Achten Sie auf die korrekte Ausrichtung. Führen Sie diesen zweiten Druckvorgang mit allen ersten Abzügen durch und legen Sie sie anschließend zum Trocknen beiseite.

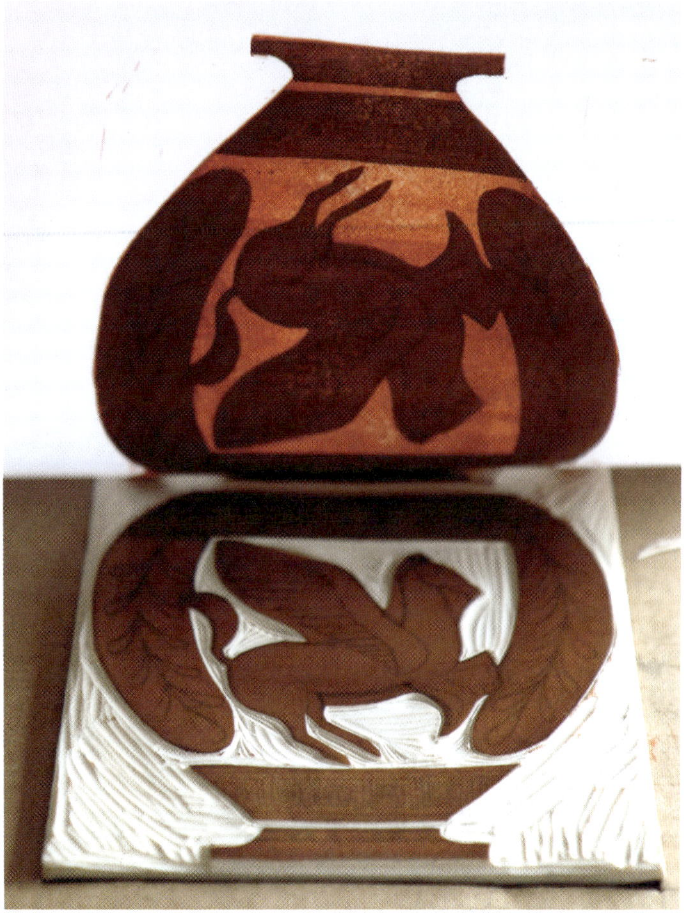

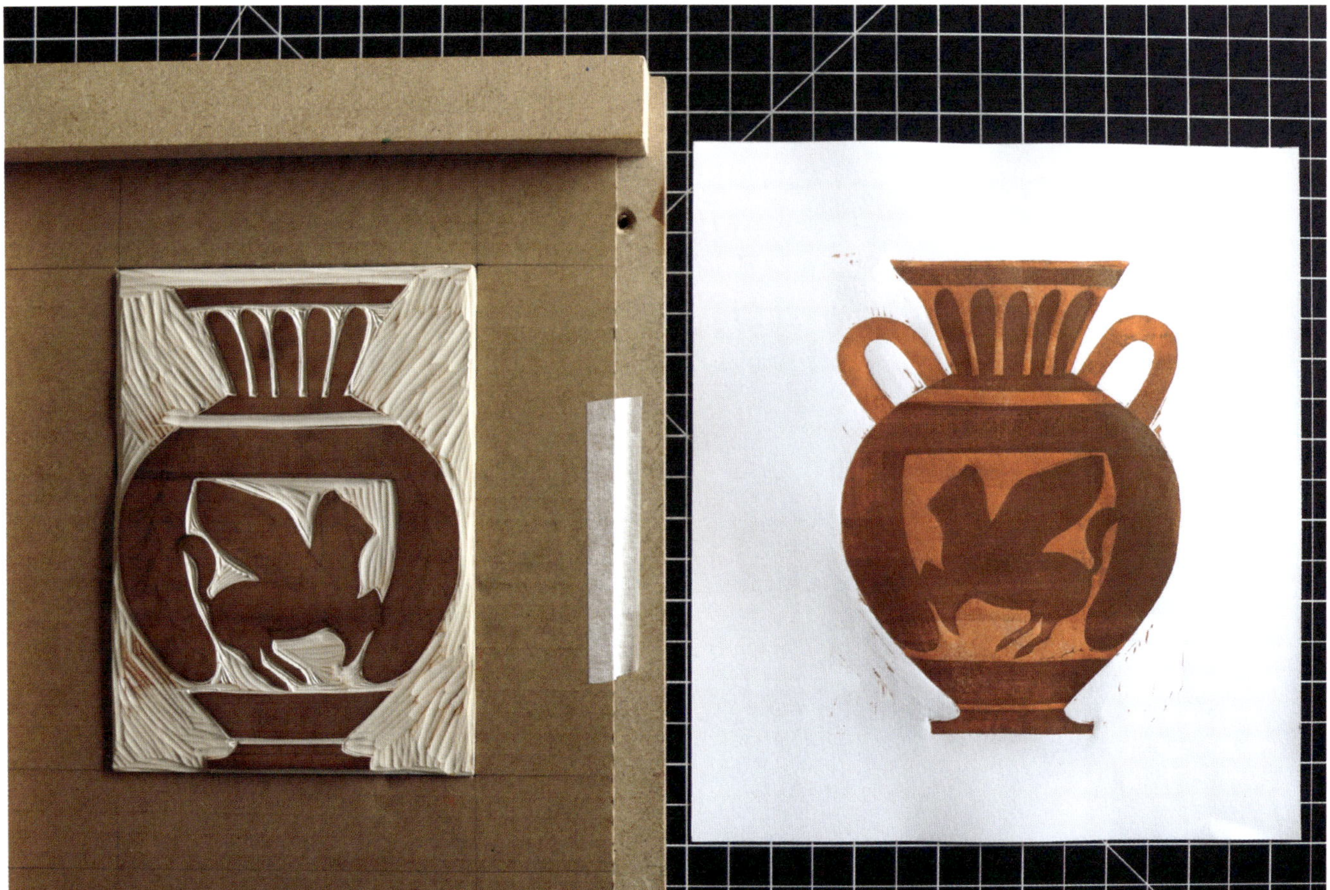

SCHRITT 11

Bereiten Sie die letzte, dritte Schicht vor, die in Schwarz gedruckt wird. Sie umfasst die dünnsten Linien und Details. Dazu die Ornamente innerhalb der Vase mit einem Falzbein vom Pauspapier auf die Platte übertragen. Klare, gut sichtbare Linien sorgen für ein optimales Ergebnis.

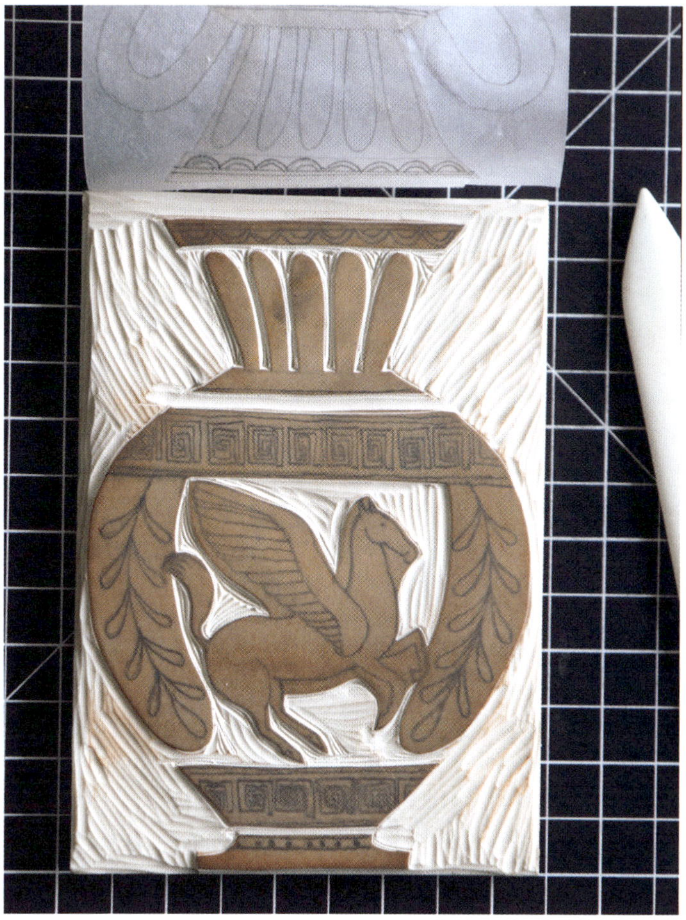

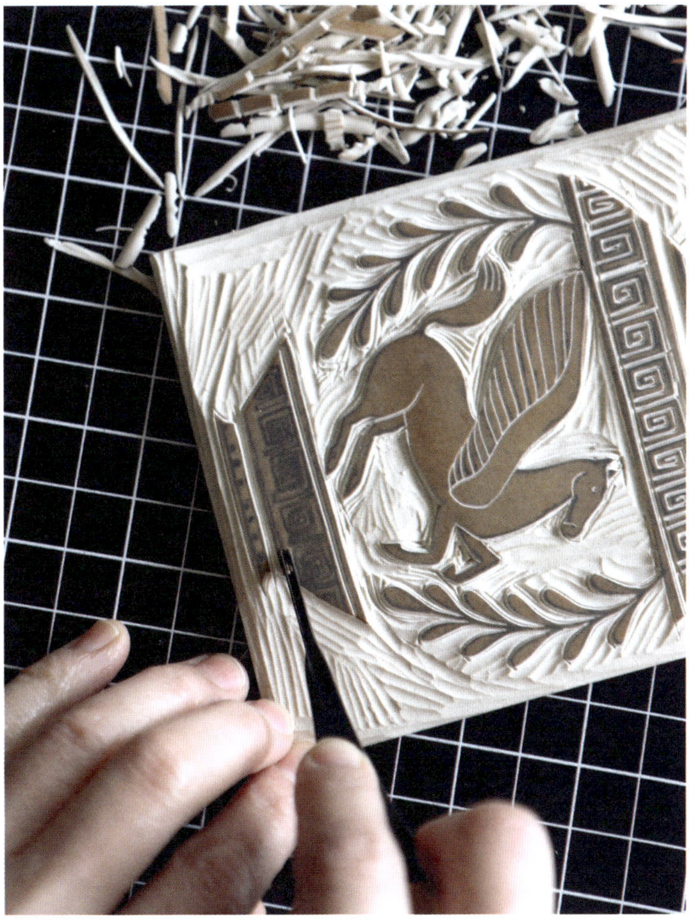

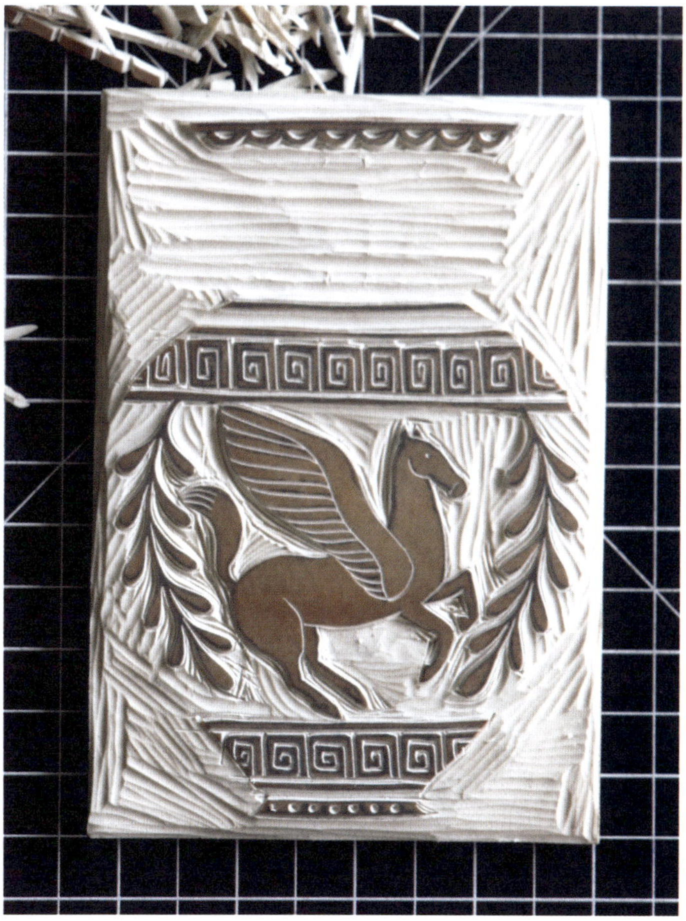

SCHRITT 12

Schneiden Sie die letzte Schicht aus. Mit einer schmalen, v-förmigen Klinge zuerst die feinen Linien ausschneiden, anschließend mit einem breiten u-förmigen Hohleisen die größeren Bereiche.

SCHRITT 13

Legen Sie die Druckplatte in den Papprahmen. Geben Sie etwas schwarze Farbe auf die Palette, rollen Sie die Walze darüber und tragen Sie eine dünne, gleichmäßige Farbschicht auf die Platte auf.

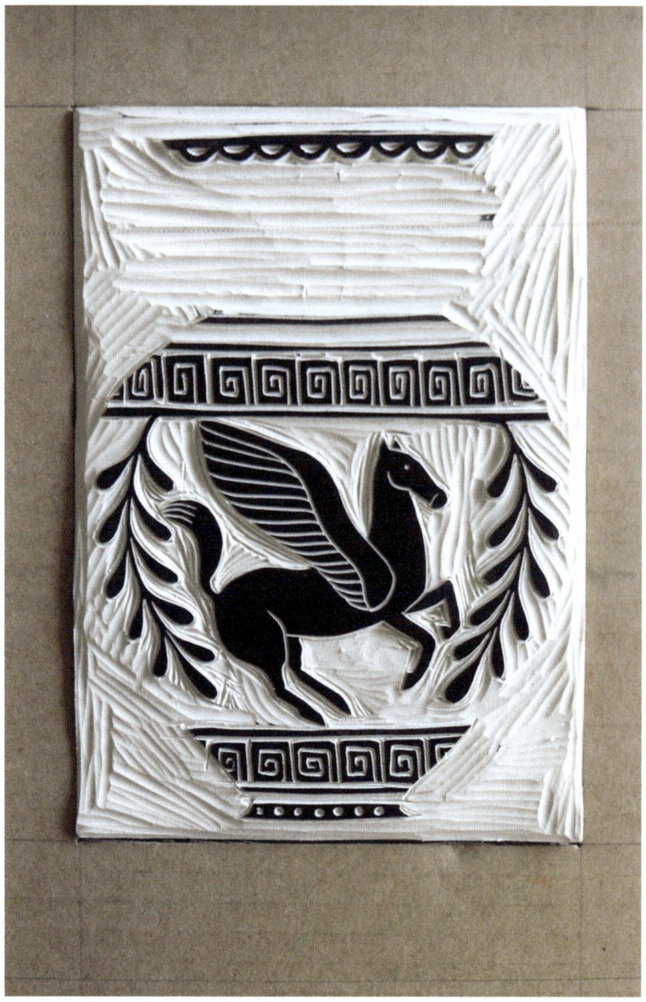

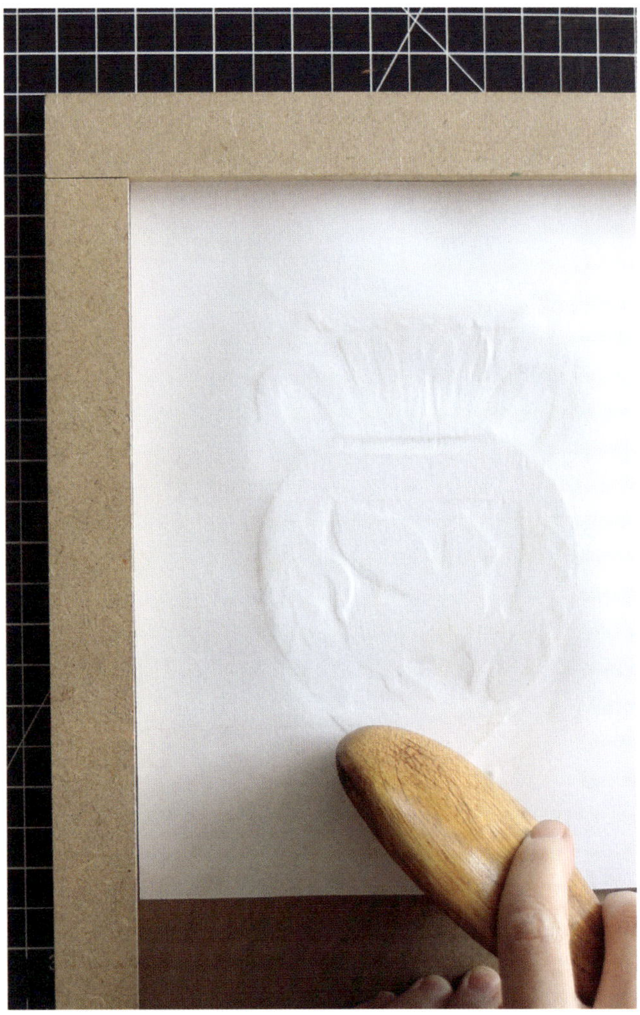

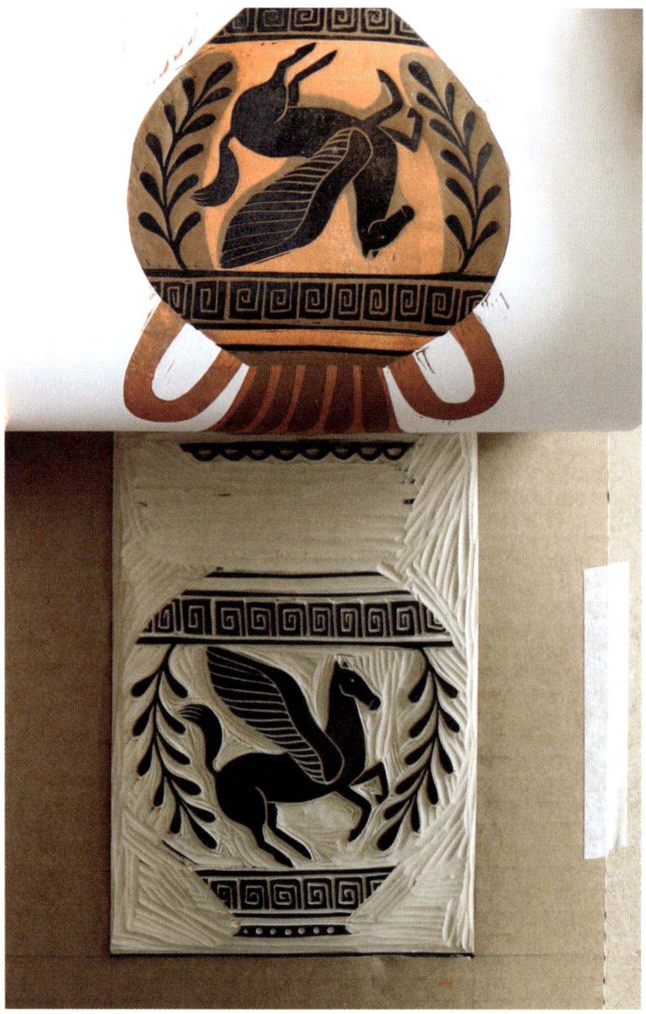

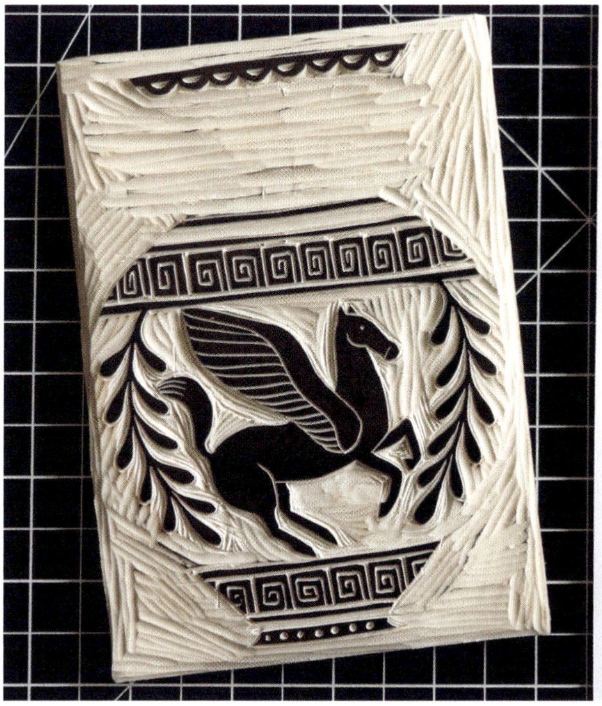

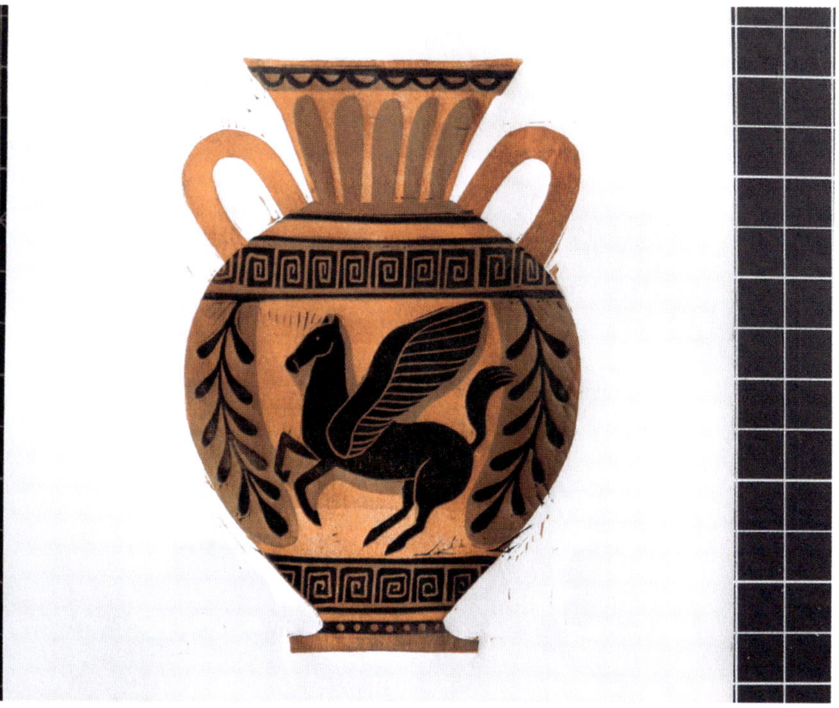

SCHRITT 14

Legen Sie das Druckpapier auf die Platte. Reiben Sie die Farbe mit Handreiber und Holzlöffel an. Da bereits zwei Farbschichten auf dem Papier sind, seien Sie hier besonders gründlich. Ziehen Sie das Papier langsam ab. Wenn alles gut geklappt hat, ergeben die drei Farbschichten ein harmonisches Bild. Wiederholen Sie diesen Schritt mit allen Abzügen und lassen Sie diese gut trocknen. Sie können alle gelungenen Abzüge dieser Auflage nummerieren.

Schicht 1

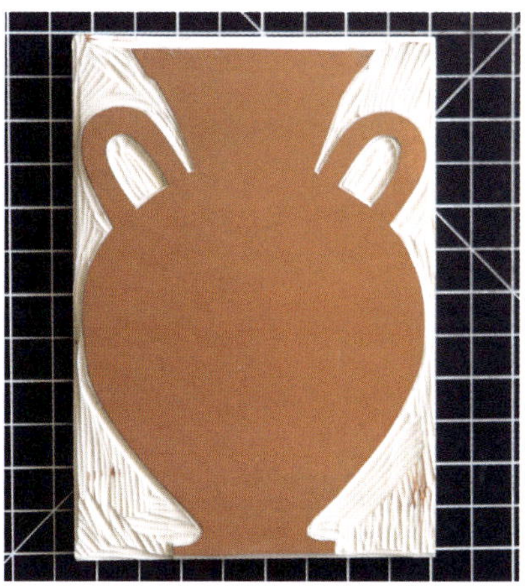

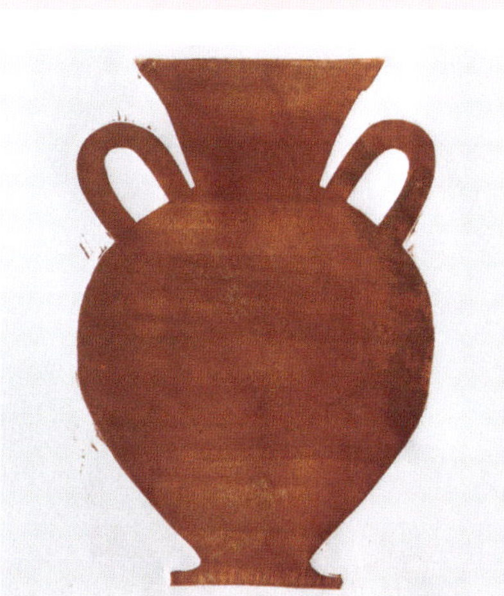

Schicht 2

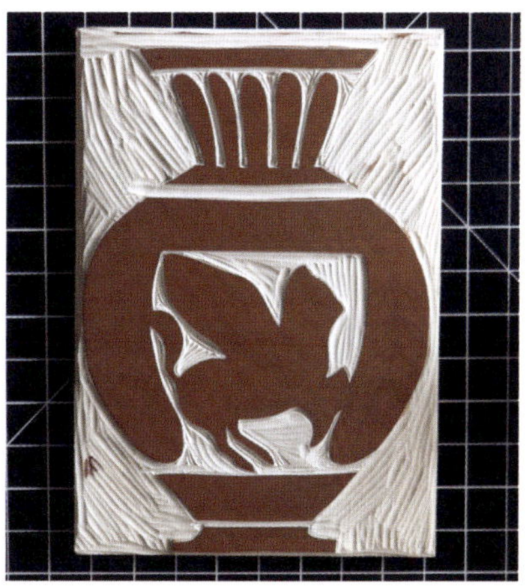

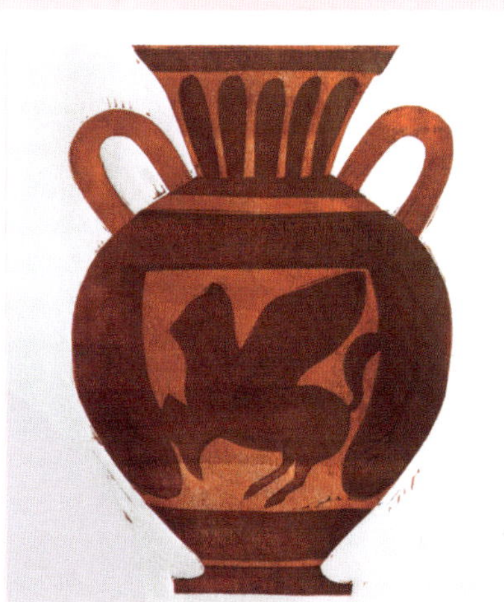

Schicht 3

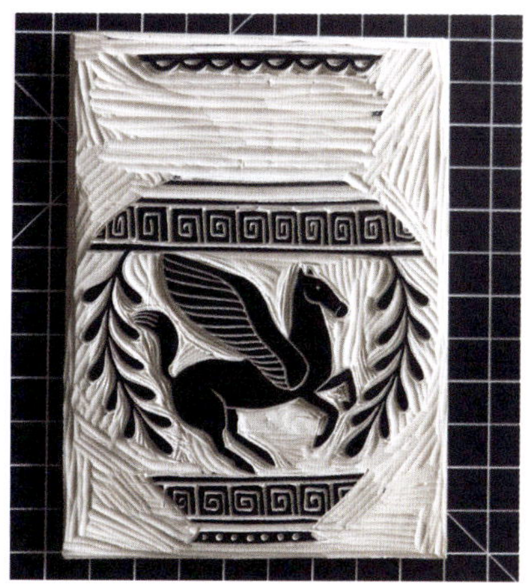

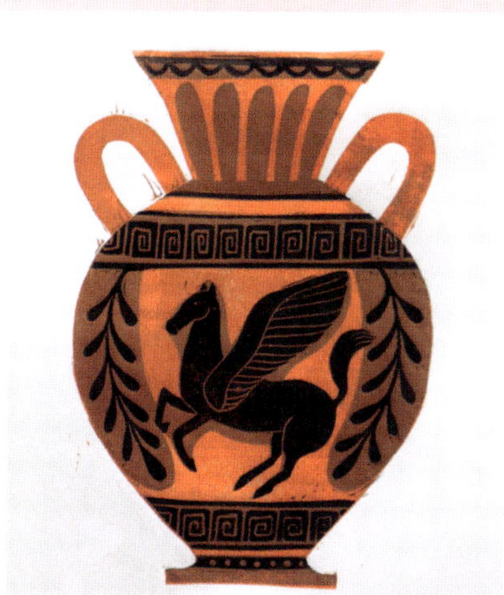

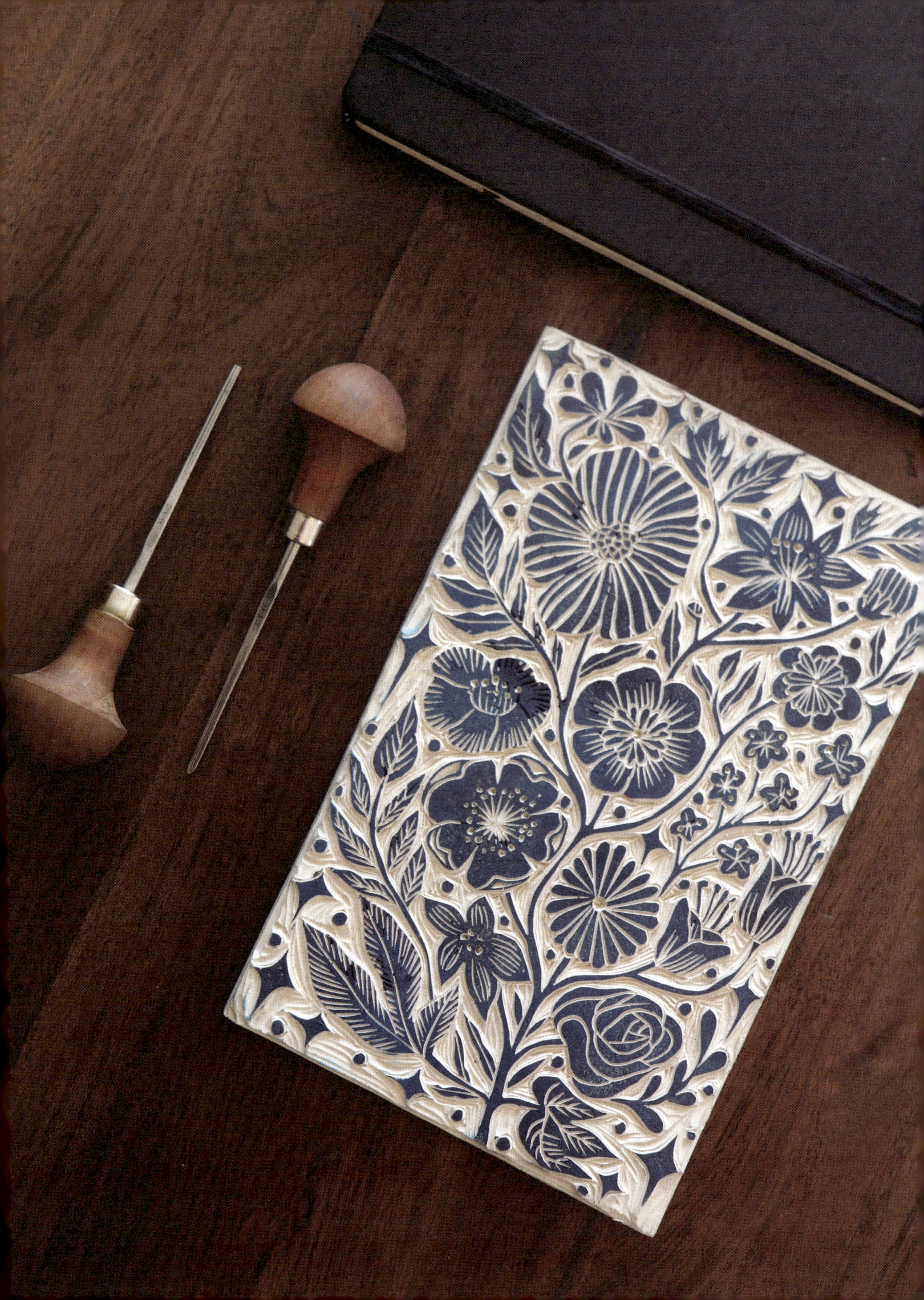

DRUCKTECHNIKEN MIT PLATTE & STEMPEL

Nachdem Sie die grundlegenden Drucktechniken kennengelernt haben, sind Sie nun bereit, anspruchsvollere, kreative Methoden des Linoldrucks auszuprobieren. In diesem Teil des Buches bauen wir auf den erlangten Fertigkeiten auf und experimentieren mit mehreren Farben und Druckstöcken. Auf den ersten Blick wirken manche Projekte kompliziert, aber keine Panik – mithilfe meiner Tipps und Tricks sowie einigen einfachen Techniken gelingen Ihnen wunderschöne, hochwertige Druckbilder.

Weitere Vorlagen

In der Digitalen Bibliothek stehen viele Vorlagen für die folgenden Projekte zum Herunterladen bereit. Weitere Informationen dazu finden Sie im Impressum.

ABSTRAKTE FORMEN DRUCKEN

Abstrakte Kunst zeichnet sich häufig durch den Fokus auf Farben, Linien und Formen aus, etwa Kreise, Dreiecke, Rechtecke, Rauten, gepunktete Linien usw. In diesem Projekt entdecken Sie das abstrakte Drucken von geometrischen Formen in einem einfach gehaltenen Farbschema. Komposition ist hier das A und O und kann eine starke visuelle Wirkung erzielen, allein durch die Anordnung der Formen und die Farbwahl. Während dieses Prozesses erlebt man immer wieder angenehme Überraschungen und gerät ins Staunen – toben Sie sich bei der Anordnung der Formen also ruhig aus!

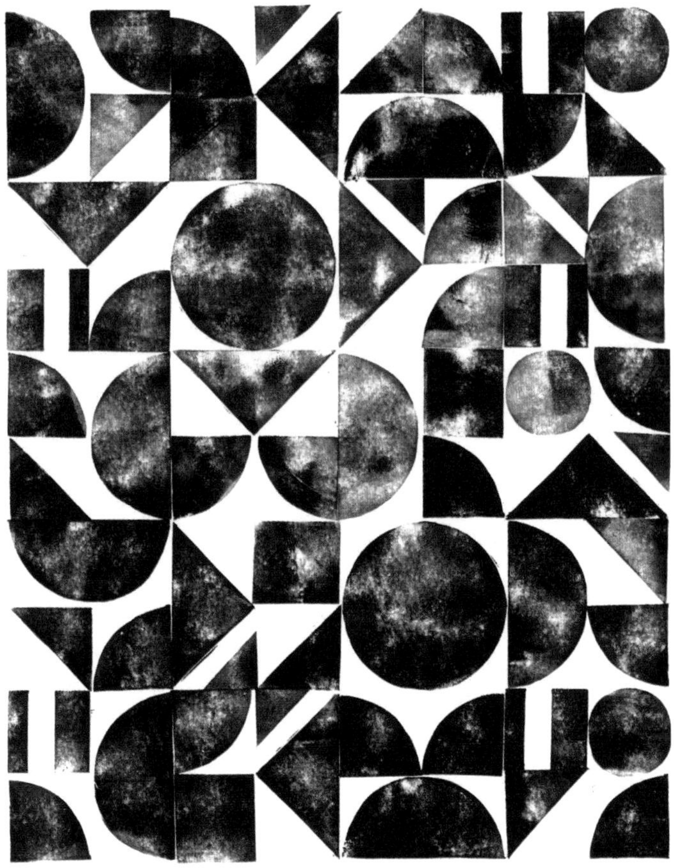

Materialien & Werkzeuge

- Zeichenpapier oder Skizzenblock
- Linoleumplatte
- Pauspapier
- Weicher Bleistift (B oder 2B)
- Schnitzwerkzeugset
- Druckpapier (auf Größe der Druckplatte plus Rand zugeschnitten)
- Wasserlösliche Druckfarbe in Wunschfarben
- Spachtelmesser (für Farbe in Dose oder Glas)
- Palette
- Walzen
- Handreiber oder Holzlöffel
- Malerkrepp
- Falzbein
- Schneidematte
- Lineal aus Acryl oder Metall
- Cutter

SCHRITT 1

Zeichnen Sie mit einem weichen Bleistift einfache geometrische Formen wie Kreise, Bögen, Dreiecke oder Rechtecke sowie klare Linien auf Zeichenpapier. Übertragen Sie das Motiv auf Pauspapier. Fixieren Sie das Papier gegebenenfalls mit Malerkrepp an den Ecken. Legen Sie anschließend das Pauspapier mit der Zeichnung nach unten auf die Druckplatte und reiben mit dem Falzbein über die Linien. Da die Platte entlang der Linien in mehrere Stempel geschnitten wird, sind bei diesem Projekt deutlich erkennbare Linien im exakten rechten Winkel besonders wichtig.

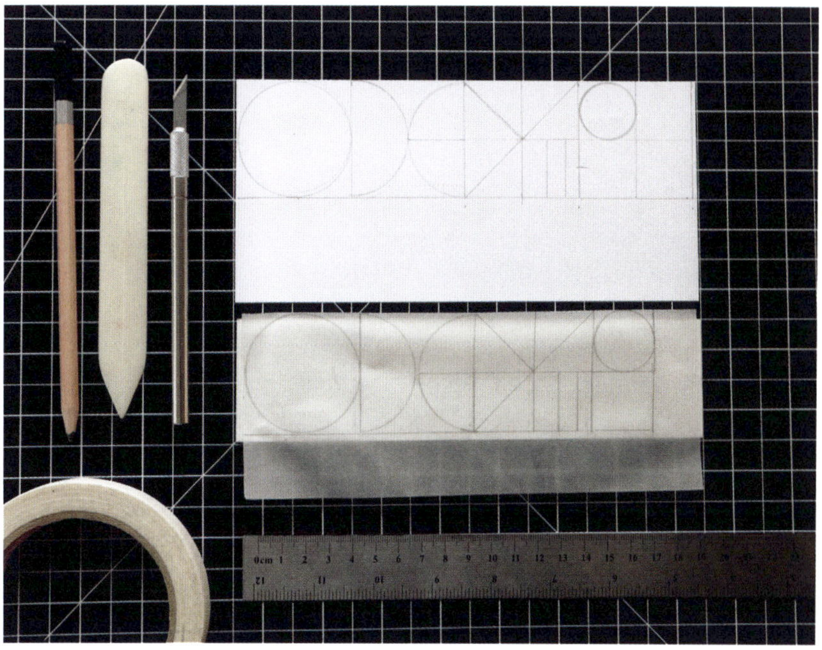

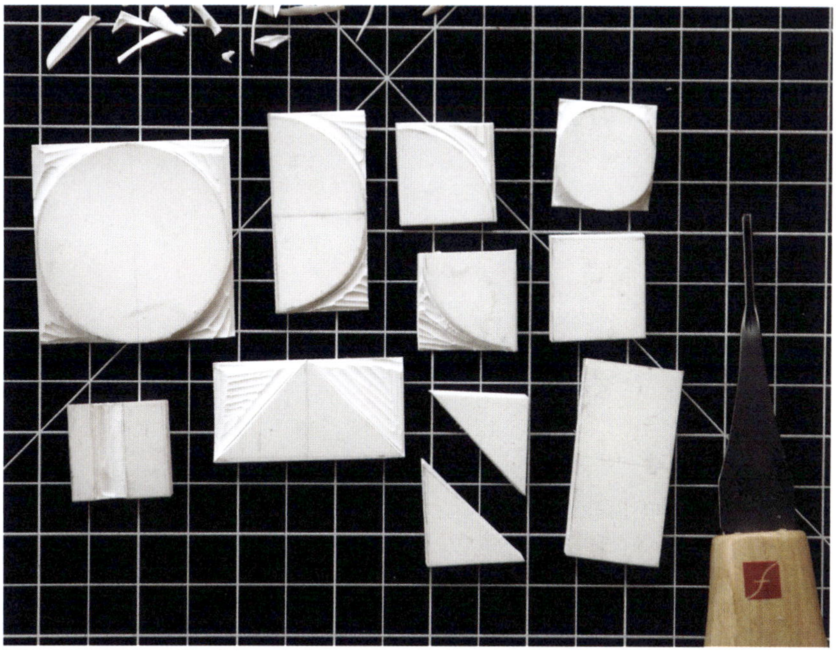

SCHRITT 2

Trennen Sie mit einem Cutter die einzelnen Formen voneinander. Anschließend mit einer schmalen v-förmigen Klinge die Konturen gleichmäßig ausschneiden, danach mit einer u-förmigen Klinge die anderen Bereiche mit abtragen.

SCHRITT 3

Bereiten Sie das Einfärben vor. Bei diesem Projekt ist jede Motivreihe und -spalte gleich breit. Mit Lineal und Bleistift zarte Hilfslinien auf das Druckpapier zeichnen. Nach dem Drucken werden diese wieder wegradiert.

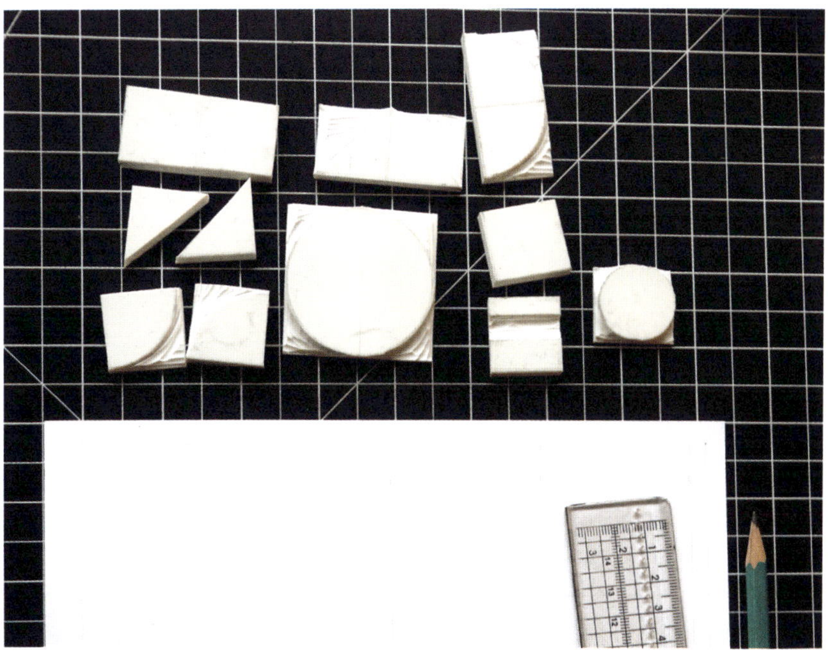

Die Vorlage zu diesem Motiv steht in der Digitalen Bibliothek zum Download bereit. Weitere Informationen dazu finden Sie im Impressum.

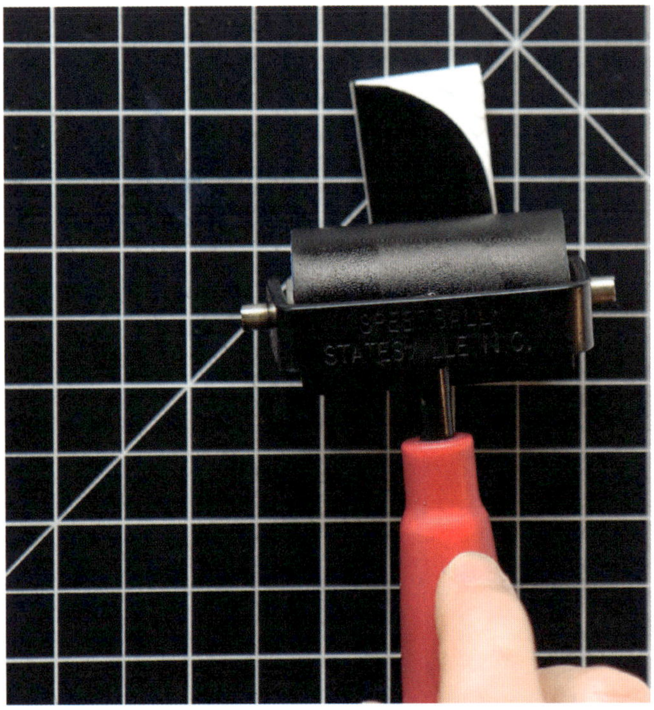

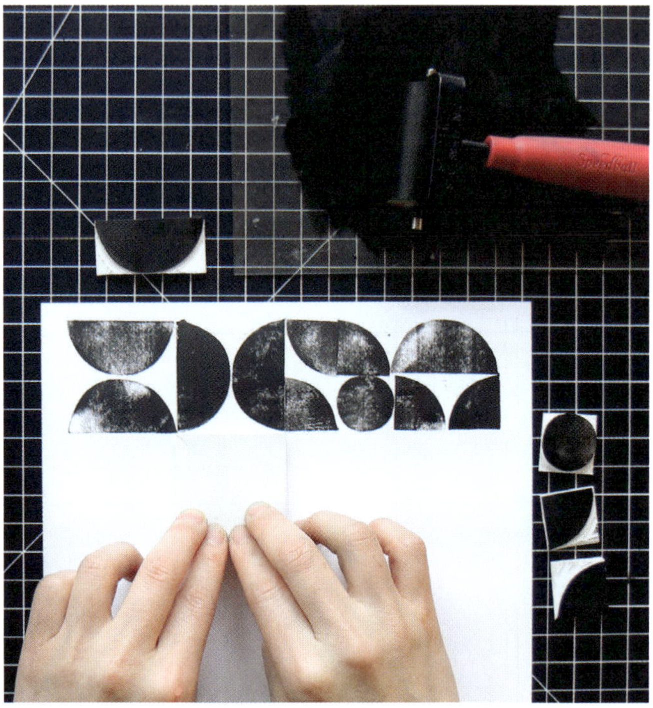

SCHRITT 4

Geben Sie ein wenig Farbe auf die Palette, setzen Sie die Walze an und rollen diese vorsichtig hin und her, bis die Walze dünn und gleichmäßig mit Farbe überzogen ist. Anschließend den Druckstock vorsichtig einfärben und auf das Druckpapier legen. Mit einem Handreiber oder beiden Händen andrücken. Sobald Sie mit dem Farbauftrag zufrieden sind, nehmen Sie den Druckstock vom Papier. Wiederholen Sie diesen Schritt und richten den Druckstock dabei jedes Mal anders aus. So entsteht ein einzigartiges Design.

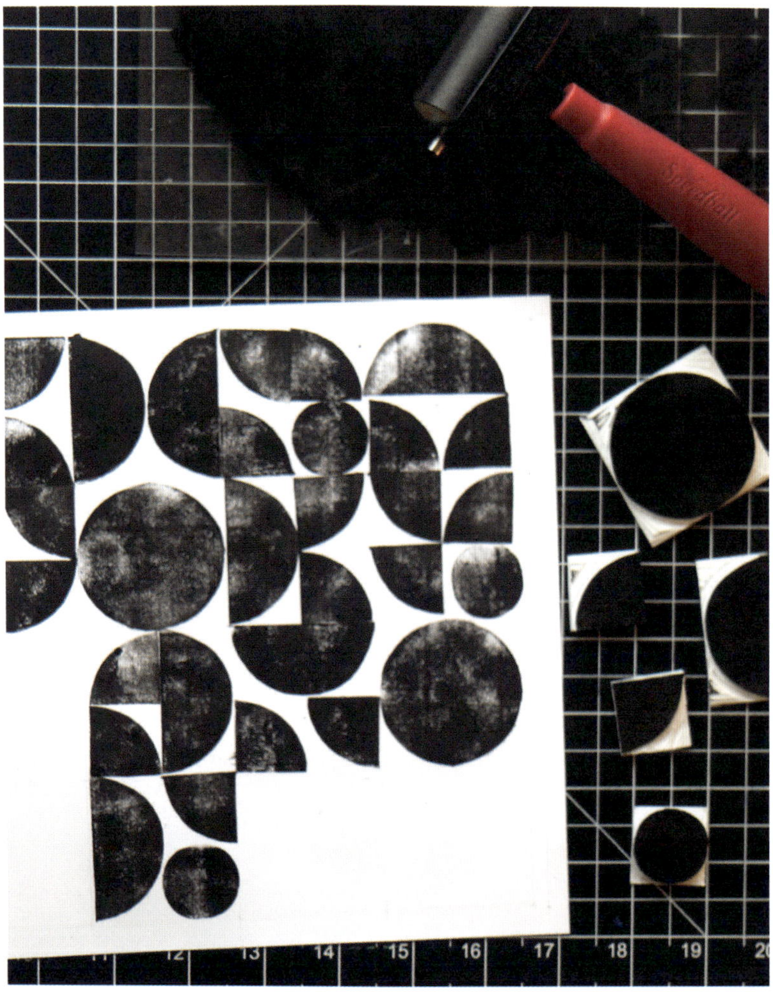

Tipp

Am besten klappt es mit einer Walze, die in etwa so breit wie Ihr Druckstock ist.

SCHRITT 5

Wiederholen Sie nun das Einfärben und Drucken mit den anderen Formen.

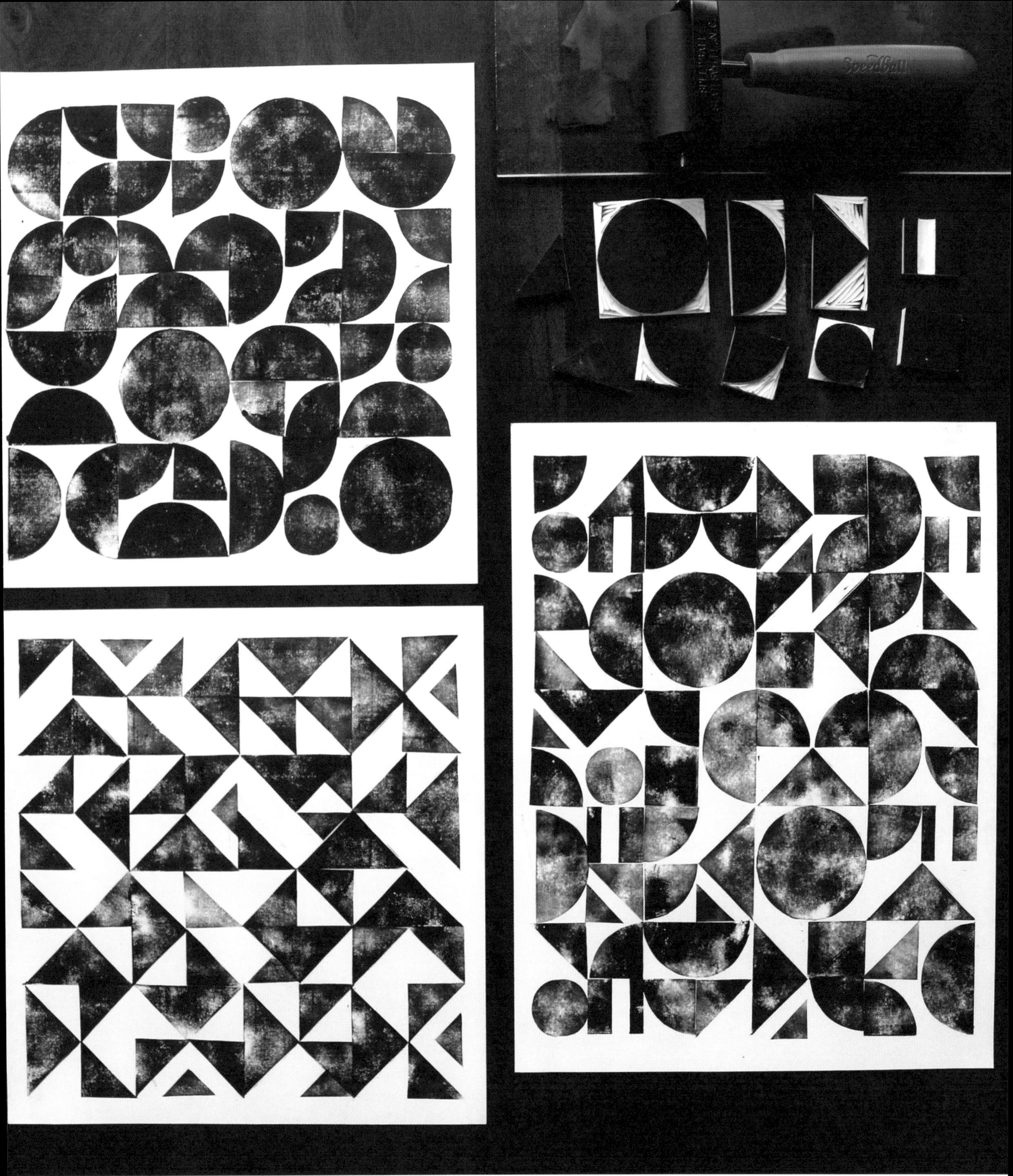

SCHRITT 6

Dem Anordnen der verschiedenen Formen sind keine Grenzen gesetzt. Wenn Ihnen der erste Druck nicht gefällt, versuchen Sie es einfach noch einmal! Wenn Ihnen dieses spontane Drucken nicht liegt, fertigen Sie vorab eine Kompositionsskizze an, an der Sie sich beim Drucken orientieren.

MUSTER DRUCKEN

Heutzutage sind wir umgeben von Mustern: auf Kleidung, Möbeln, Tapeten, aber auch Gebäuden, Straßen und sogar in der Natur. Das Drucken sich wiederholender Elemente auf Oberflächen hat eine lange Tradition. Bei diesem Projekt lernen Sie, mit einem Teilmotiv per Hand ein Muster zu drucken. Im Anschluss können mithilfe anderer Farben, Anordnungen, Abstände und Farbverläufe neue Variationen erschaffen werden. Hier arbeiten wir zwar mit nur einer Farbe, aber mit verschiedenen Farbkombinationen lässt sich ein simples Motiv dynamischer und spannender gestalten.

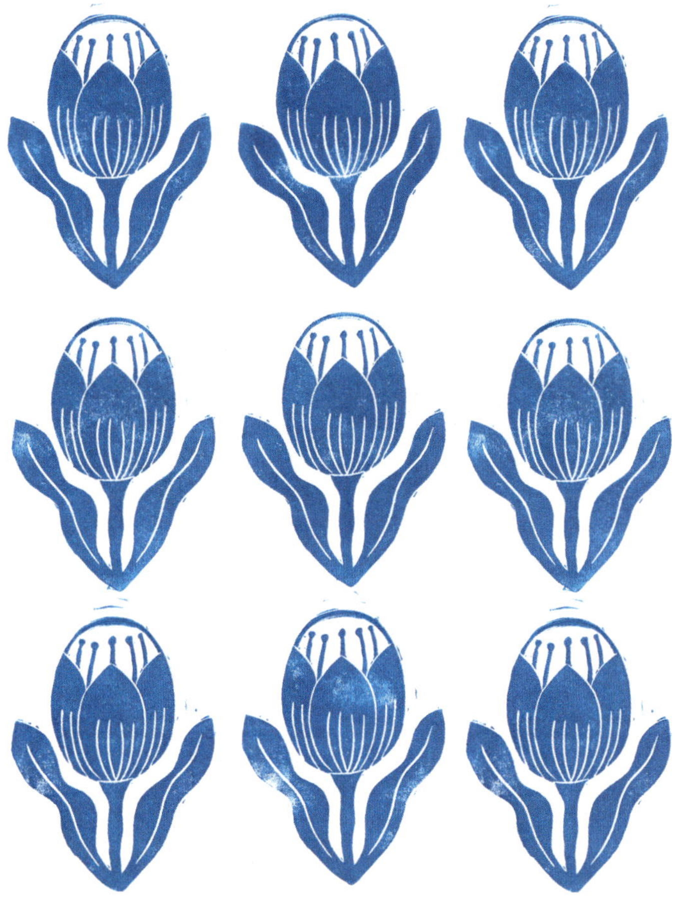

Materialien & Werkzeuge

- Zeichenpapier oder Skizzenblock
- Linoleumplatte
- Pauspapier
- Weicher Bleistift (B oder 2B)
- Schnitzwerkzeugset
- Druckpapier (auf Größe der Druckplatte plus Rand zugeschnitten)
- Wasserlösliche Druckfarbe in Wunschfarben
- Spachtelmesser (für Farbe in Dose oder Glas)
- Palette
- Walzen
- Handreiber oder Holzlöffel
- Malerkrepp
- Falzbein
- Schneidematte
- Lineal aus Acryl oder Metall
- Cutter

SCHRITT 1

Übertragen Sie ein Motiv mit Bleistift auf das Zeichenpapier. Ich arbeite hier mit einem Blütenmotiv, das ich für mehrere Muster verwenden werde. Schneiden Sie die Platte rautenförmig zu; so können Sie die Form später leichter entlang von Hilfslinien in einem bestimmten Muster anordnen. Das Motiv auf Pauspapier und anschließend mithilfe eines Falzbeins auf die Platte übertragen. Eventuell mit Malerkrepp fixieren.

> Die Vorlage zu diesem Motiv steht in der Digitalen Bibliothek zum Download bereit. Weitere Informationen dazu finden Sie im Impressum.

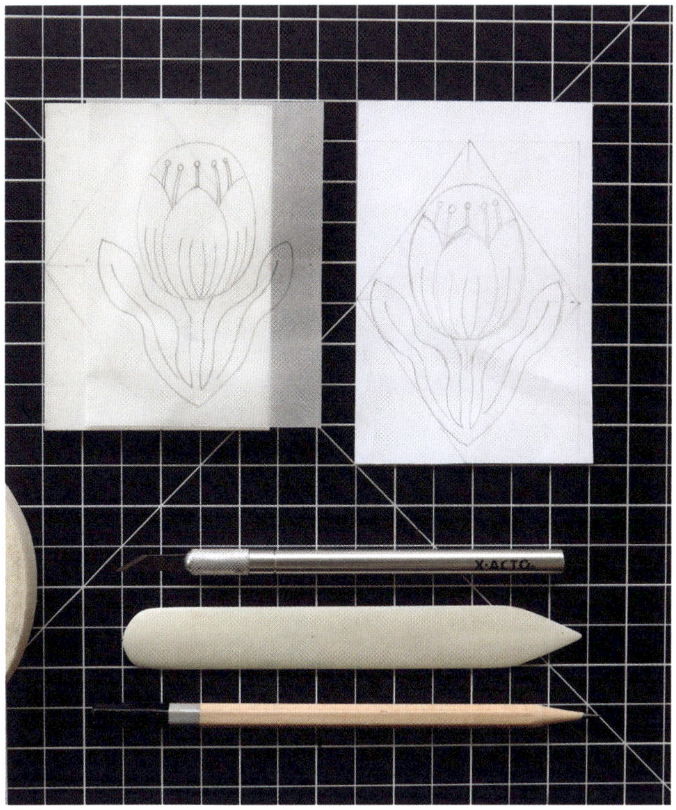

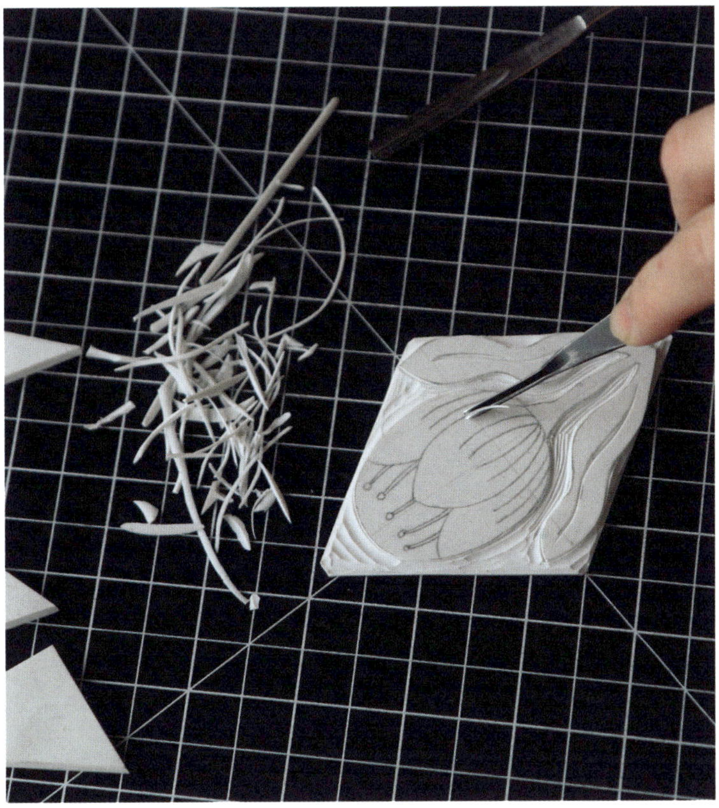

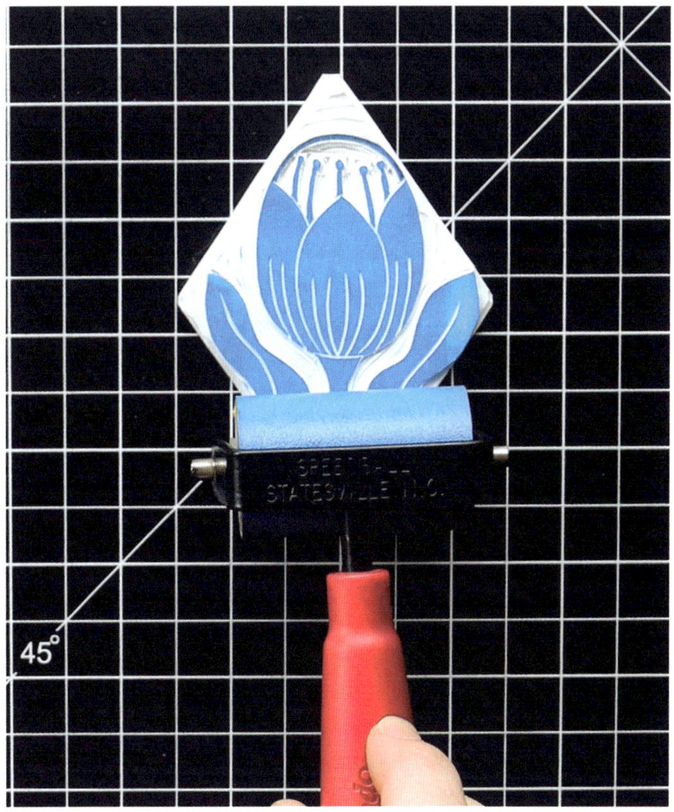

SCHRITT 2

Schneiden Sie mit einem Cutter die symmetrische Rautenform zu. Schneiden Sie anschließend mit einem v-förmigen Geißfuß die Umrisslinien aus, bevor Sie mit einem u-förmigen Hohleisen oder einem breiteren Messer den Hintergrund abtragen. Beim Negativschnitt der dünnen Linien sollten Sie möglichst geschmeidig und sorgfältig arbeiten.

SCHRITT 3

Bereiten Sie das Drucken vor. Da wir hier mit nur einer (kleinen) Platte arbeiten, geben Sie jeweils besonders wenig Farbe auf die Palette. Nehmen Sie die Farbe mit der Walze auf, bis diese komplett mit einer dünnen Farbschicht überzogen ist. Walzen Sie nun die Farbe vorsichtig auf der Platte ab, bis diese vollständig eingefärbt ist.

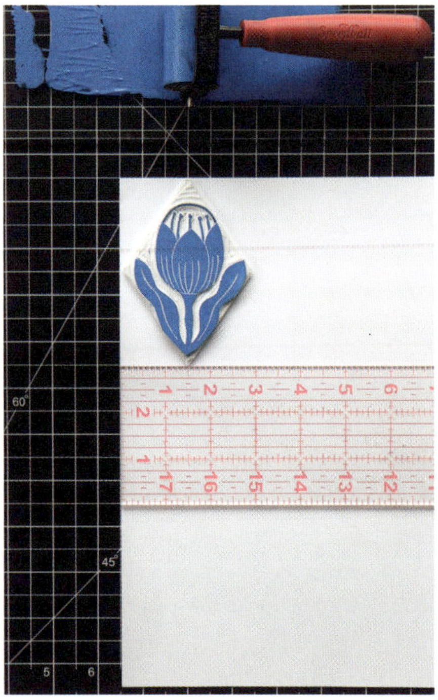

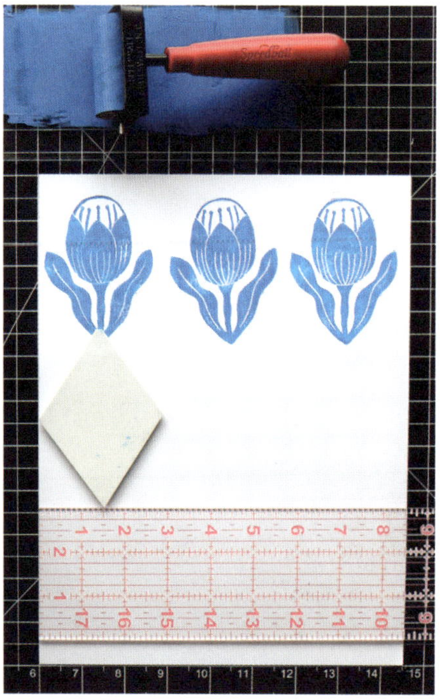

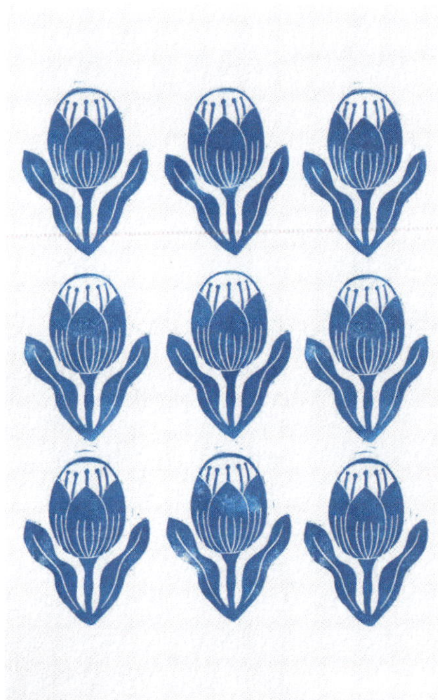

SCHRITT 4

Platzieren Sie die Platte vorsichtig auf dem Papier und drücken Sie sie mit den Händen, dem Handreiber oder dem Holzlöffel an. Heben Sie den Druckstock behutsam ab und prüfen, ob die Farbe gleichmäßig aufgebracht wurde. Hier erstellen wir ein linear angeordnetes Muster, das bedeutet, ein Motiv wird in regelmäßigen Abständen entlang der Orientierungslinien mehrmals gedruckt. Ein Lineal hilft bei der korrekten, regelmäßigen Ausrichtung.

SCHRITT 5

Wiederholen Sie das Einfärben und Drucken und kreieren Sie verschiedene Muster, die je eine Seite Druckpapier füllen.

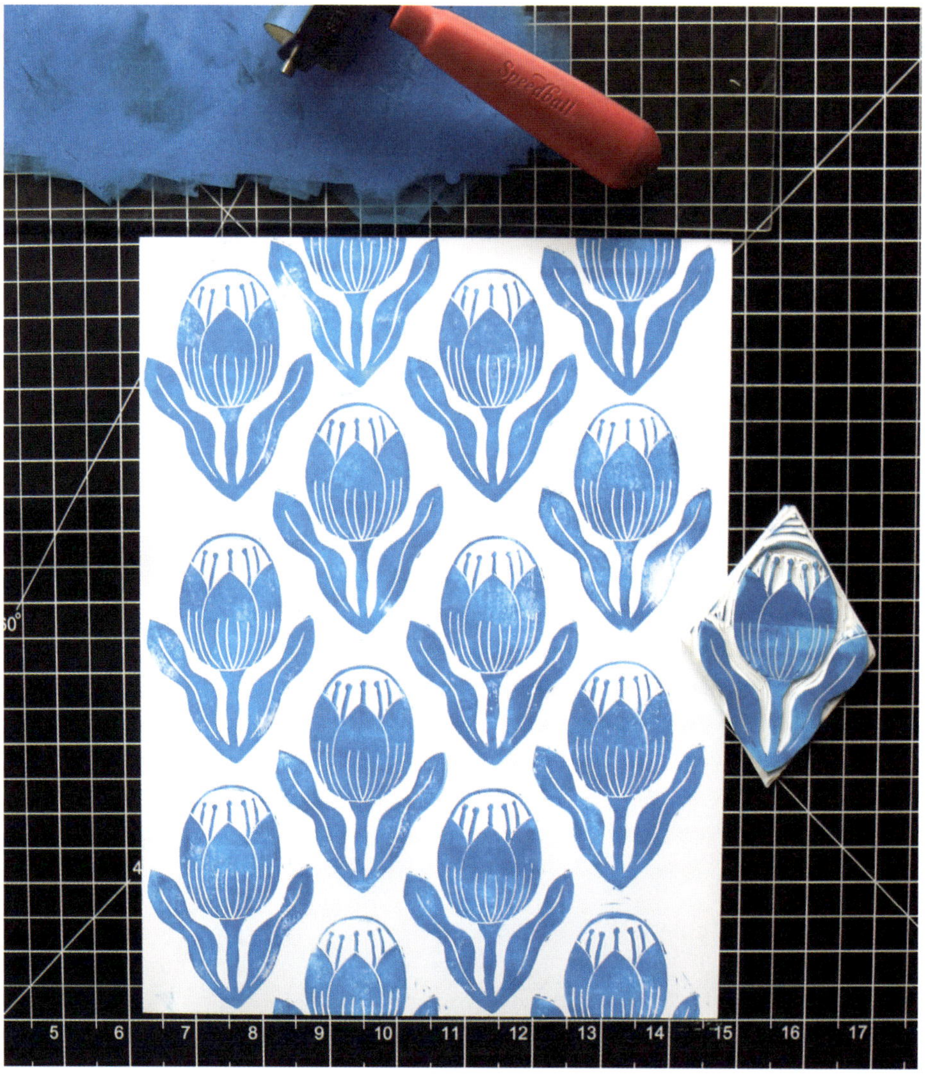

SCHRITT 6

Nachdem Sie Reihenmuster gedruckt haben, probieren Sie auch andere Anordnungen aus.

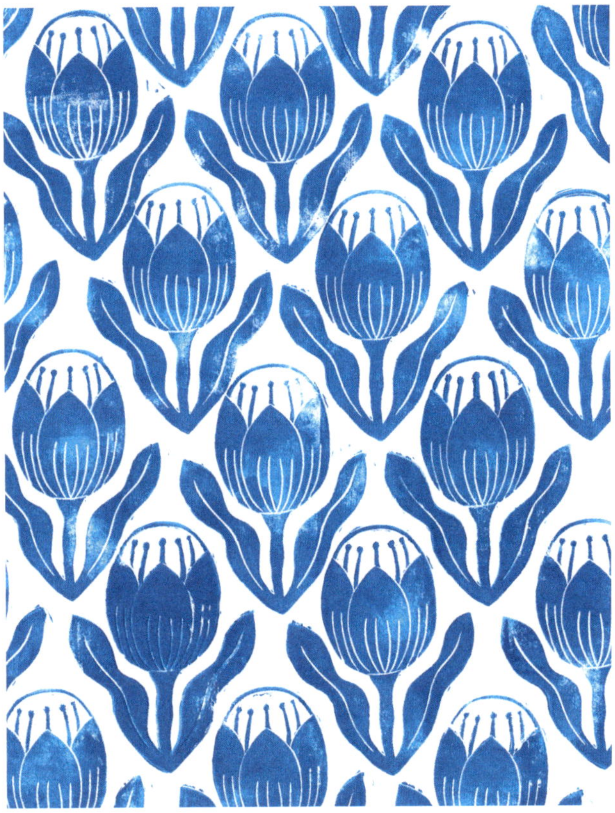

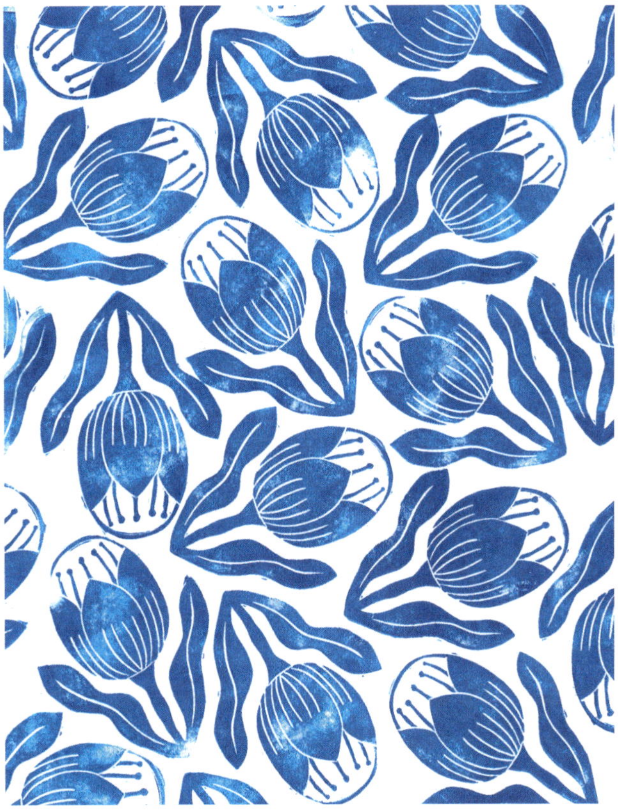

Anordnungsmöglichkeiten für sich wiederholende Muster

Linear oder im Raster

Das sich wiederholende Motiv befindet sich auf einer Linie (gerade oder geschwungen). Folgen weitere Reihen, beginnen sie an der gleichen Stelle.

Versetzt

Die Reihen werden so versetzt, dass die Elemente der nächsten Reihe vertikal gesehen zwischen den Elementen der Vorreihe sitzen. Der Zeilenabstand ist geringer als beim Backsteinprinzip.

Backsteinprinzip

Die Reihen sind wenigstens so weit auseinander, dass die Elemente sich nicht berühren. Die einzelnen Elemente sitzen recht eng beieinander.

Zufällig

Eine vollkommen willkürliche, ungeordnete Ausrichtung der Elemente ohne feste Abstände. Diese unregelmäßige und zufällige Art der Anordnung erzeugt einen sehr lockeren, verspielten Effekt.

DRUCKEN MIT BUNTER STEMPELFARBE

Mithilfe verschiedener Stempelfarben entstehen auf einfache Weise fröhliche Druckbilder. Ohne auf die typischen Drucktechniken angewiesen zu sein, können Sie mehrere Farben auf den Druckstock auftragen. Probieren Sie so viele Farbkombinationen aus, wie Sie mögen: Ähnliche Farbtöne erzeugen eine friedliche, ruhige Gesamtstimmung, während Kontrastfarben die einzelnen Formen Ihres Drucks betonen.

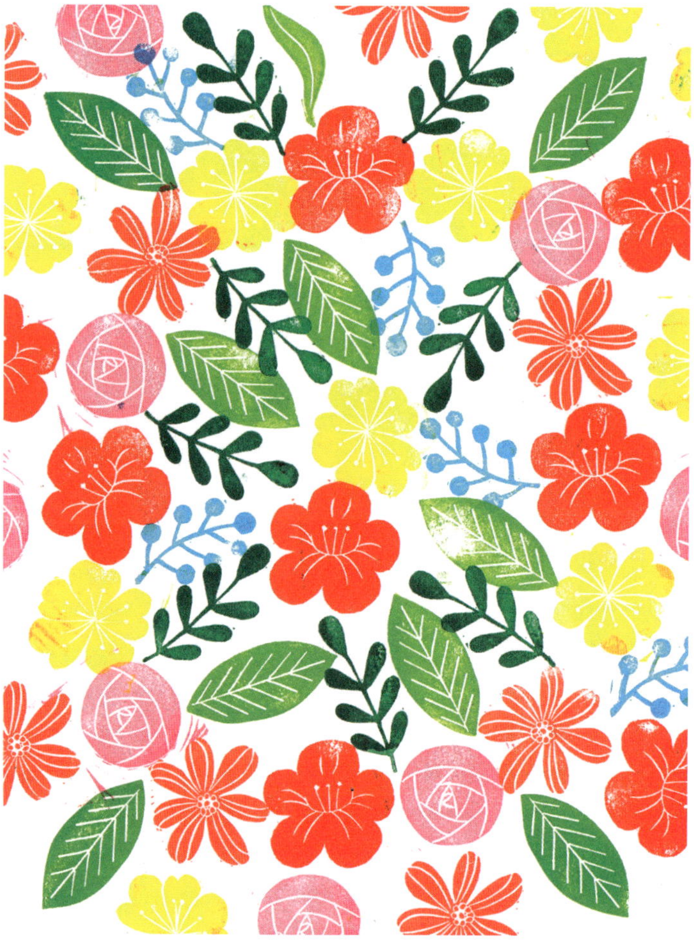

Materialien & Werkzeuge

- Zeichenpapier oder Skizzenblock
- Linoleumplatte
- Pauspapier
- Weicher Bleistift (B oder 2B)
- Schnitzwerkzeugset
- Druckpapier (auf Größe der Druckplatte plus Rand zugeschnitten)
- Stempelkissen in verschiedenen Farben
- Handreiber oder Holzlöffel
- Malerkrepp
- Falzbein
- Schneidematte
- Lineal aus Acryl oder Metall
- Cutter

SCHRITT 1

Mit weichem Bleistift die Motive auf Zeichenpapier bringen. Während des Zeichnens sollten Sie die Techniken berücksichtigen, die das jeweilige Projekt erfordert. Hier arbeiten wir mit isolierten Elementen, die als Stempel gedruckt werden. Deshalb sollten die Trennlinien der einzelnen Elemente deutlich sichtbar sein. Die Zeichnung auf Pauspapier übertragen.

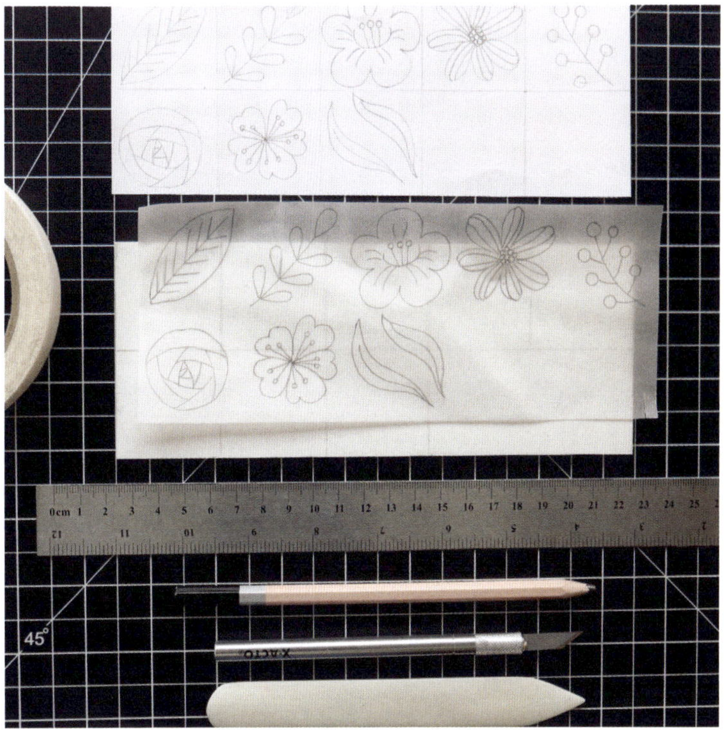

SCHRITT 2

Legen Sie das Pauspapier auf die Druckplatte und kleben Sie es am oberen und unteren Rand mit Malerkrepp fest. Mithilfe des Falzbeins die Linien auf die Platte übertragen. Trennen Sie die einzelnen Elemente mit einem Cutter sauber voneinander. Halten Sie den Cutter dabei vertikal und üben Sie gleichmäßigen Druck entlang der Trennlinien aus, damit die Schnittkanten senkrecht sind, also im 90-Grad-Winkel zur Druckfläche.

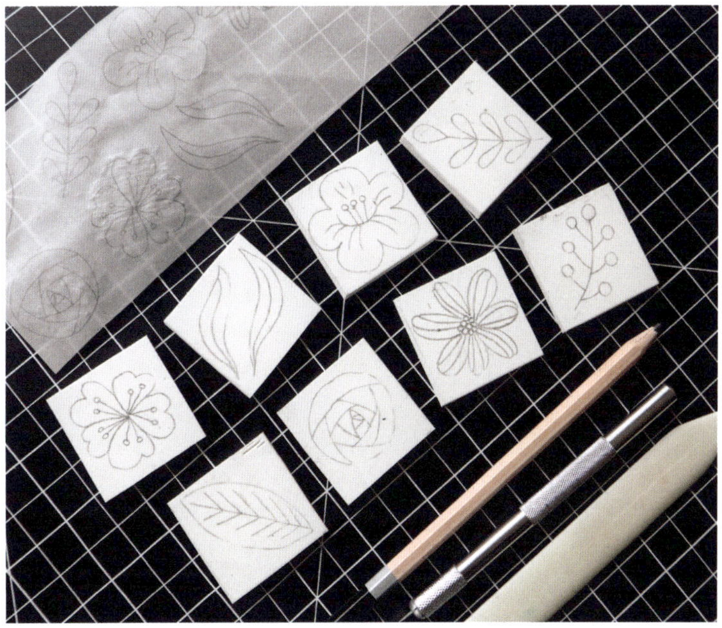

SCHRITT 3

Beginnen Sie die Schneidearbeit mit einer schmalen v-förmigen Klinge für die Umrisslinien. Bei Kurven oder Kreisformen drehen Sie den Druckstock, nicht das Messer. Anschließend die restlichen Bereiche mit einer breiten u-förmigen Klinge abtragen. Rundliche Motive bleiben auf dem quadratischen oder rechteckigen Druckstock, schmalere Motive können weiter zurückgeschnitten werden. Das hilft später bei der Ausrichtung auf dem Druckpapier.

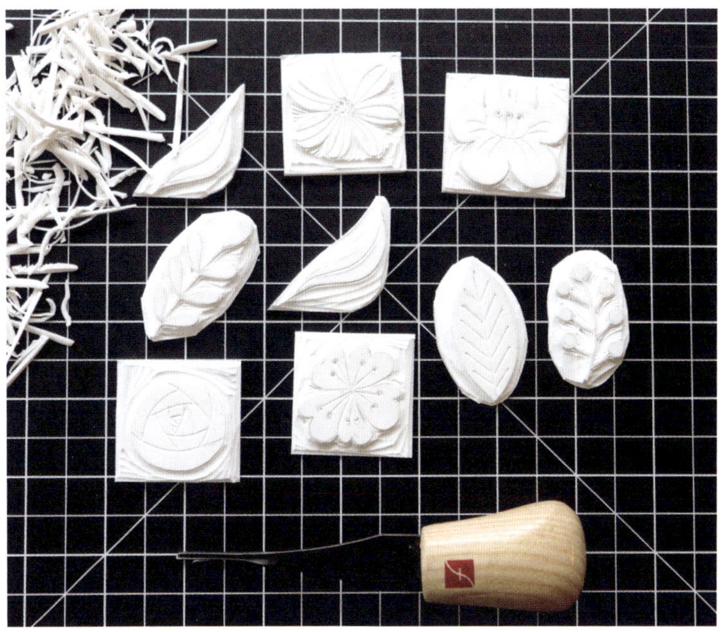

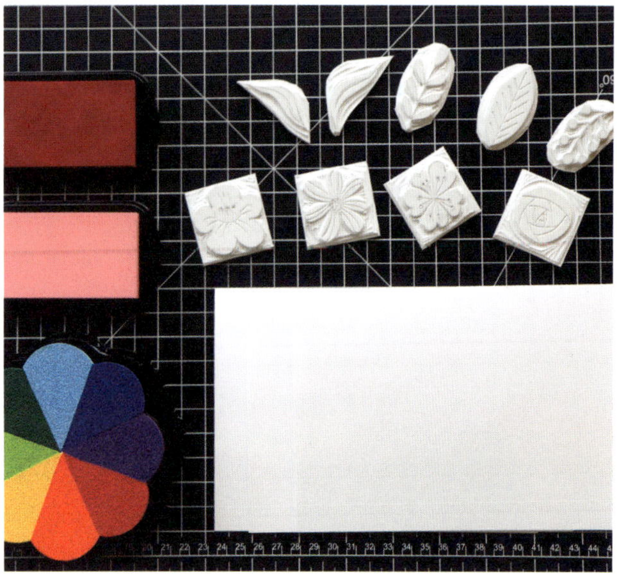

SCHRITT 4

Legen Sie sich alles Nötige für das Stempeln zurecht. Beginnen Sie mit einem zentralen Element, zum Beispiel Blumen, um das Gesamtbild ausgewogen zu gestalten. Drücken Sie ein Stempelkissen auf den entsprechenden Druckstock und platzieren Sie diesen anschließend auf dem Druckpapier. Drücken Sie ihn gleichmäßig an, ohne dass er verrutscht. Ist die Stempelfarbe vom Papier aufgenommen, heben Sie den Stempel vorsichtig ab. Beim ersten Versuch kann es zu Unregelmäßigkeiten kommen, probieren Sie also ruhig verschiedene Kombinationen aus, bis Ihnen das Ergebnis gefällt.

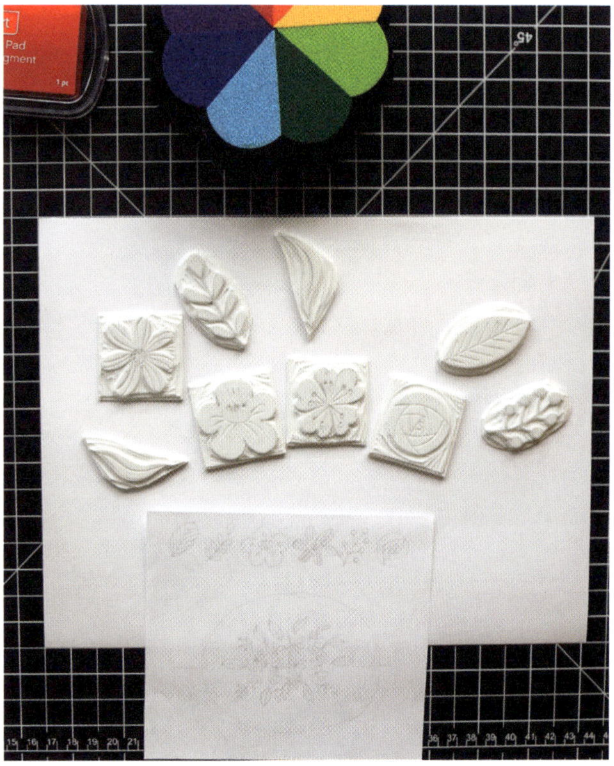

Tipp

Hier wird jeder Druckstock in einer anderen Farbe gedruckt, weshalb das Arrangement vorab wohlüberlegt sein muss. Vielleicht hilft es Ihnen, die Anordnung vorher grob zu skizzieren und im Anschluss die einzelnen Farben festzulegen.

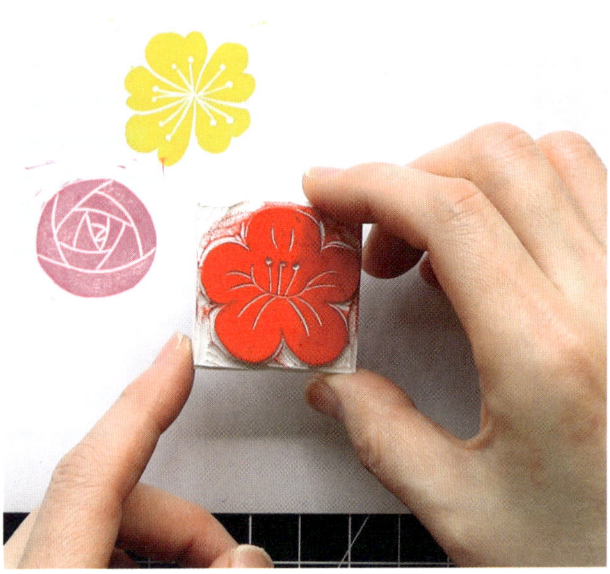

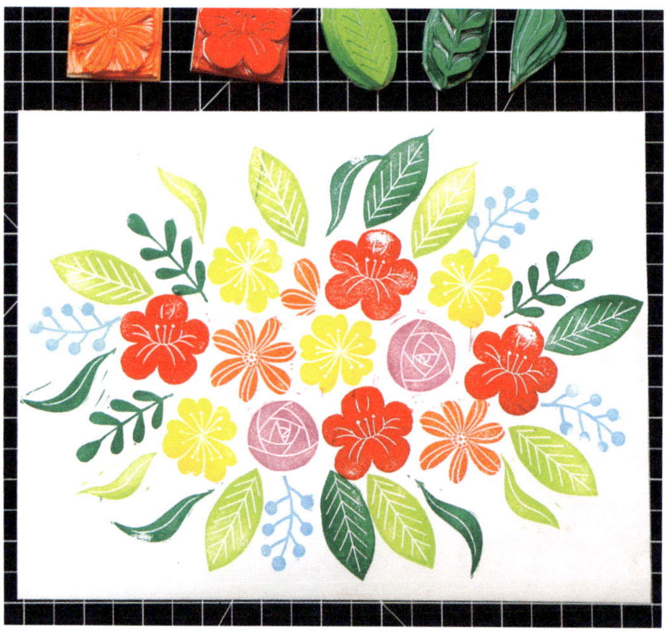

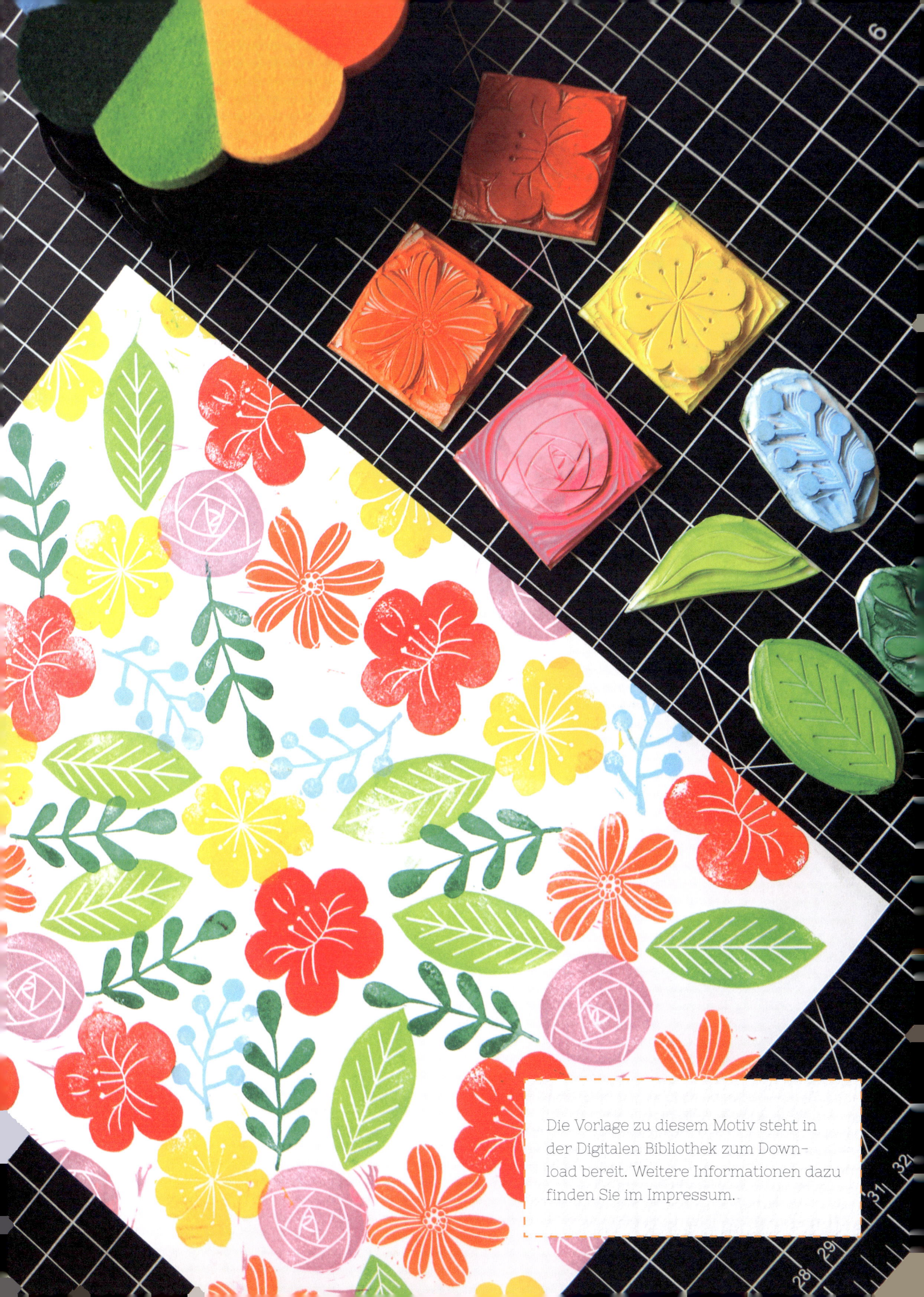

Die Vorlage zu diesem Motiv steht in der Digitalen Bibliothek zum Download bereit. Weitere Informationen dazu finden Sie im Impressum.

COLLAGE

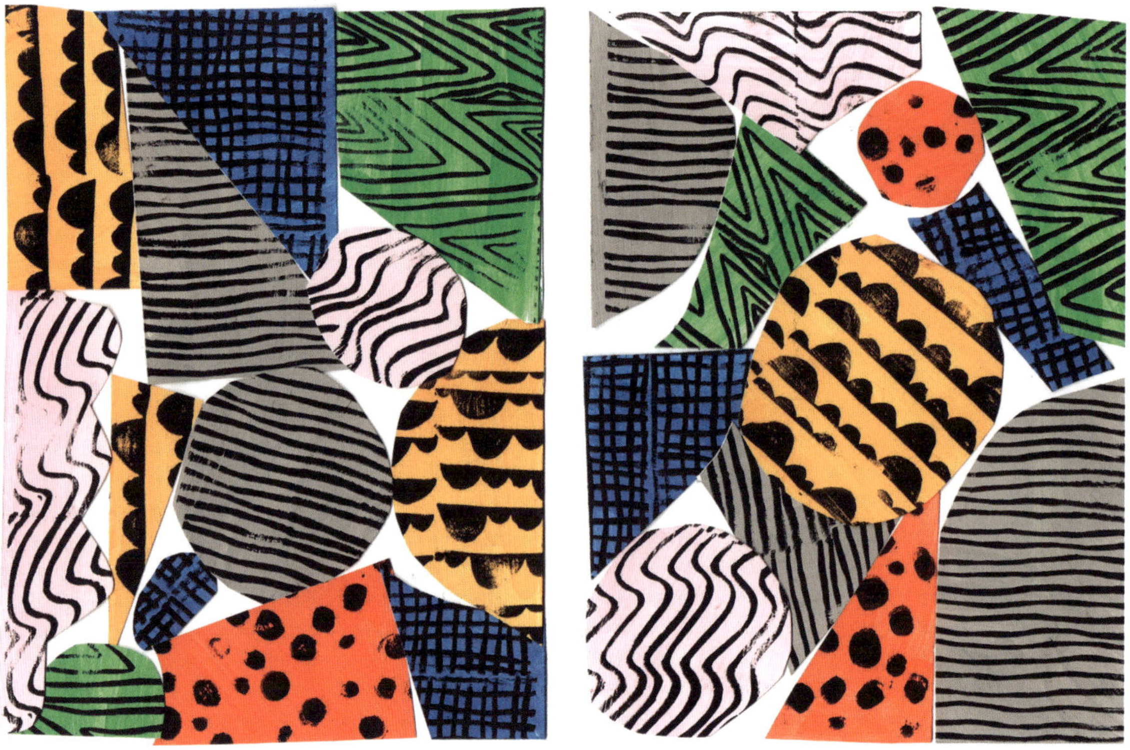

Eine Collage (zurückgehend auf das französische *papier collé* oder *découpage*) ist eine Technik, bei der verschiedene Papiere oder andere Materialien auf eine Oberfläche aufgebracht oder geklebt werden. Bei diesem Projekt erstellen wir eine verspielte Collage aus gedruckten geometrischen Mustern. Geometrische Linien und Formen verleihen einer Oberfläche einen modernen Look und lassen zusammen mit bunten Papieren und verschiedenen Linienführungen ein einzigartiges Kunstwerk entstehen. Das Tolle an dieser Technik ist, dass sich mit einem einfachen Muster auf dem Druckstock unterschiedliche bunte Papiere herstellen lassen.

Materialien & Werkzeuge

- Zeichenpapier oder Skizzenblock
- Linoleumplatte
- Pauspapier
- Weicher Bleistift (B oder 2B)
- Acrylfarbe und Pinsel
- Schnitzwerkzeugset
- Druckpapier (auf Größe der Druckplatte plus Rand zugeschnitten)
- Wasserlösliche Druckfarbe in Wunschfarben
- Spachtelmesser (für Farbe in Dose oder Glas)
- Palette
- Walzen
- Handreiber oder Holzlöffel
- Malerkrepp
- Falzbein
- Schneidematte
- Lineal aus Acryl oder Metall
- Cutter
- Schere
- Leim und Pinsel

SCHRITT 1

Zeichnen Sie verschiedene detailreiche Muster mit weichem Bleistift. Jeder Druckstock wird ein anderes Muster aufweisen. Übertragen Sie die Skizzen auf das Pauspapier.

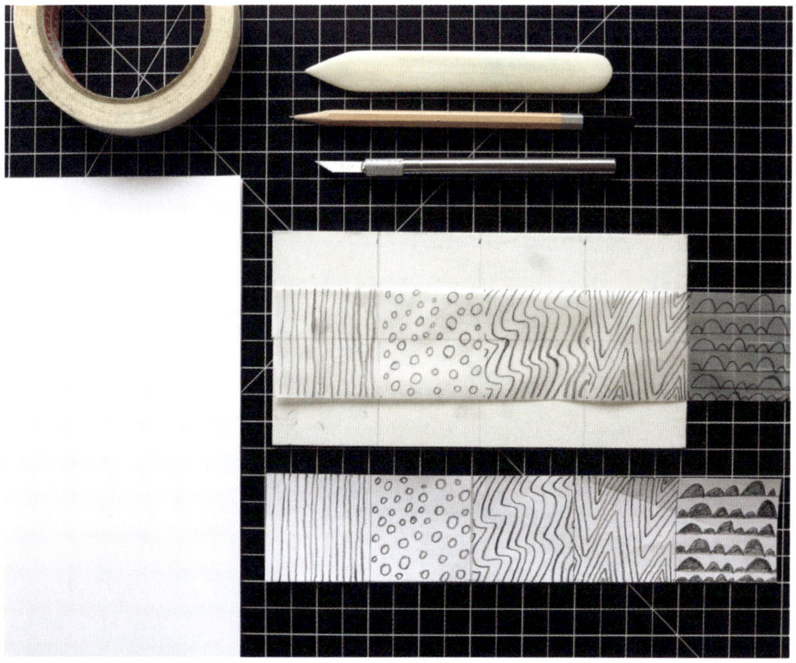

SCHRITT 2

Legen Sie das Pauspapier auf die zugeschnittenen Druckplatten. Kleben Sie den oberen Rand fest, sodass die Ecken von Pauspapier und Platte exakt aufeinanderliegen. Mit dem Falzbein die Zeichnungen übertragen.

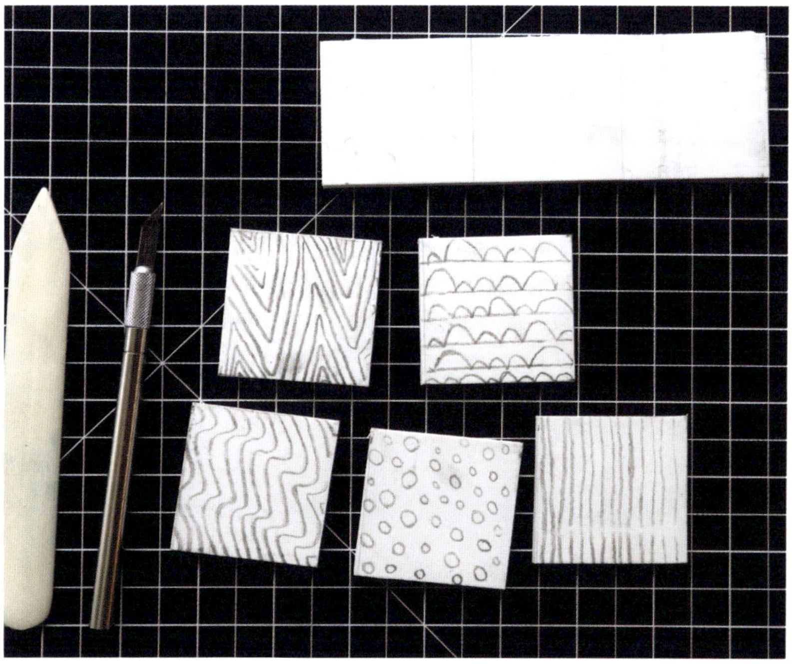

SCHRITT 3

Grundieren Sie die Druckpapiere mit Acrylfarbe. Natürlich können Sie auch Aquarell, Druckfarbe oder andere Farben ausprobieren. Arbeiten Sie mit einem Pinsel und lassen Sie die Farbe gut trocknen, bevor sie überdruckt wird.

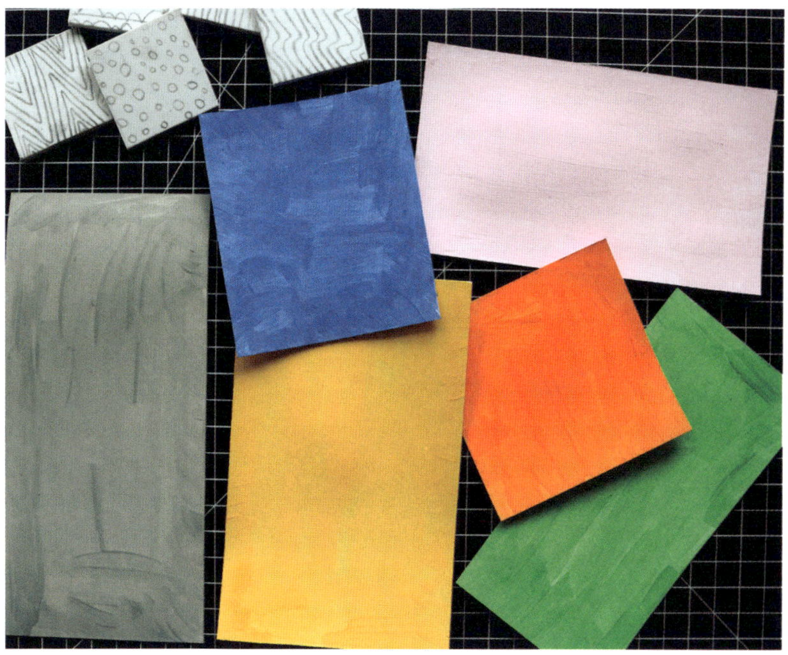

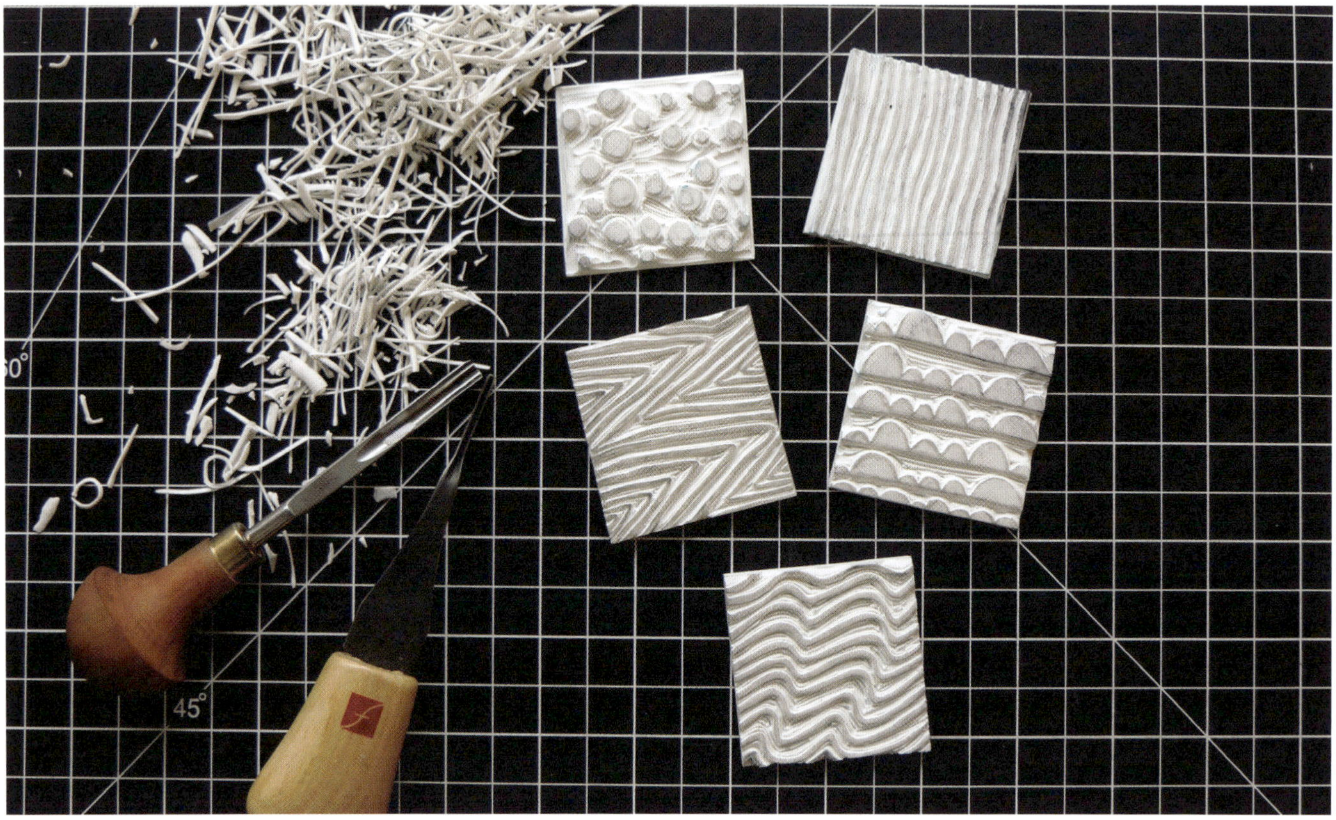

SCHRITT 4

Nach dem Übertragen schneiden Sie die Muster auf den Druckplatten aus. Hier handelt es sich um Positivschnitte bestehend aus einfachen Linien und Kreisen. Mit einer schmalen v-förmigen Klinge schneiden Sie die Umrisslinien aus. Anschließend mit einer u-förmigen Klinge die Hintergründe abtragen.

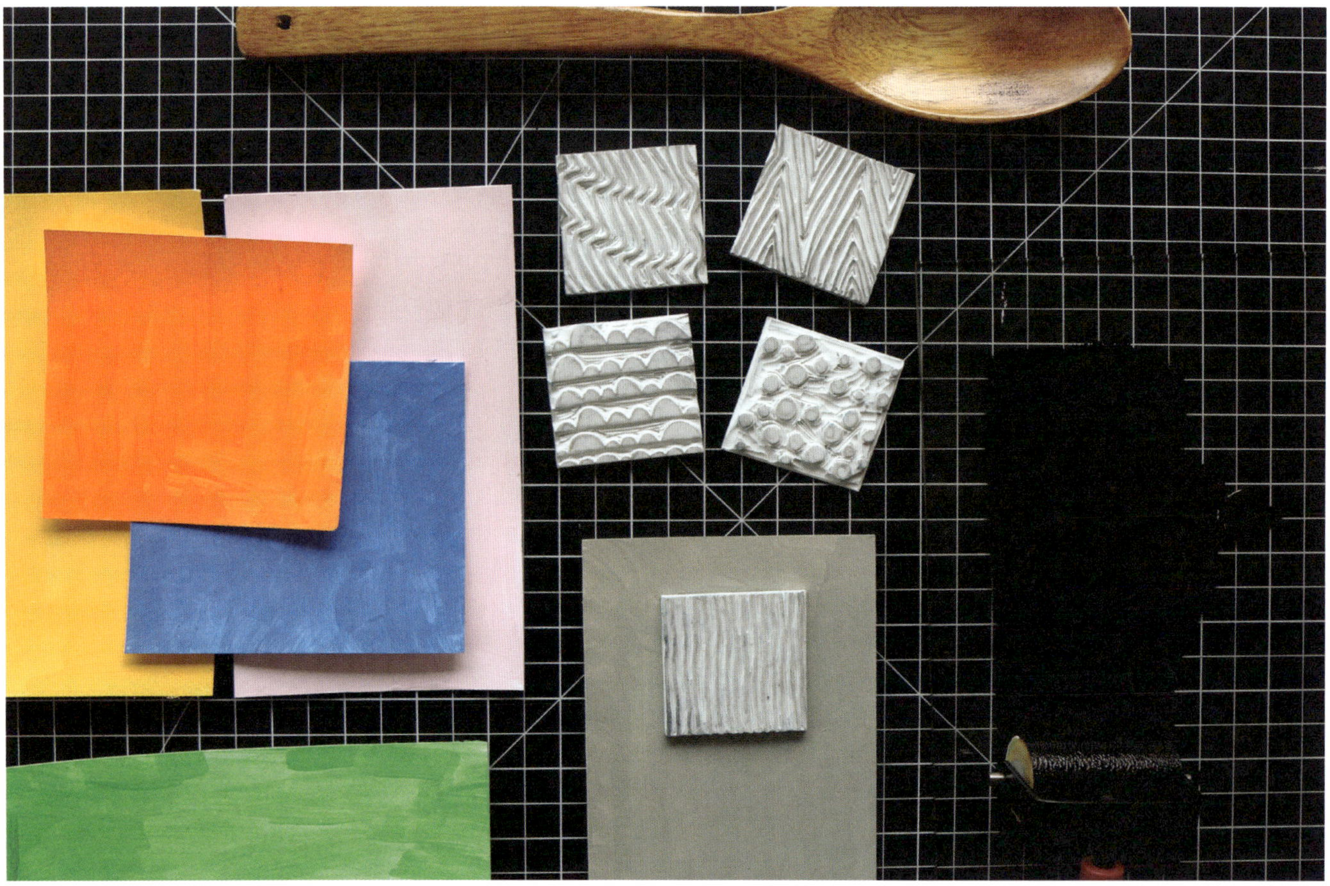

SCHRITT 5

Jetzt geht es ans Drucken! Etwas Farbe auf die Palette geben und langsam mit der Walze ausrollen.

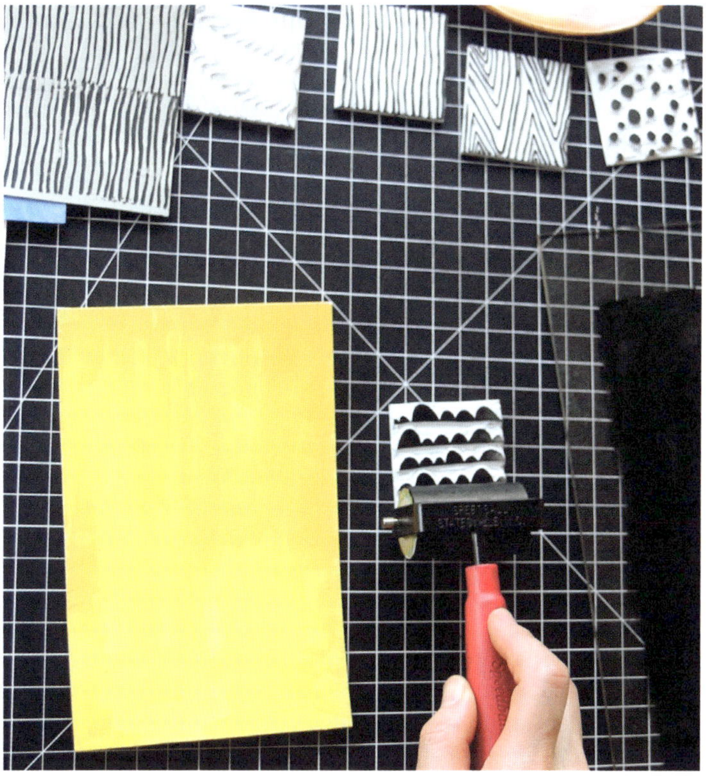

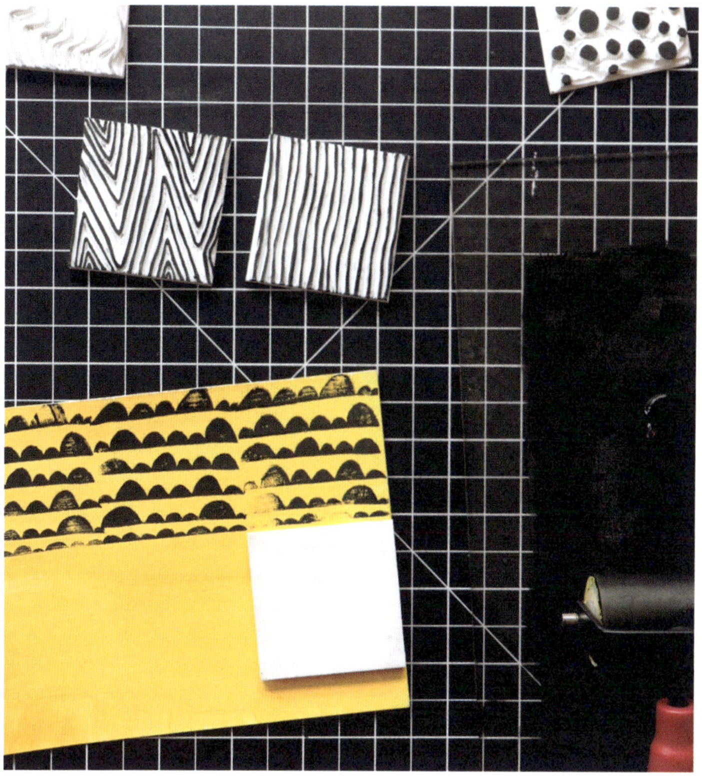

SCHRITT 6

Den Druckstock mit einer dünnen Schicht einfärben. Bei kleinen Druckstöcken empfiehlt es sich, mit einer Walze in ähnlicher Breite zu arbeiten. Die Druckplatte vorsichtig auf das bemalte Papier drücken. Wenn das Muster gut übertragen wurde, können Sie die Platte abziehen und die Farbe trocknen lassen. Anschließend den restlichen Bereich bedrucken.

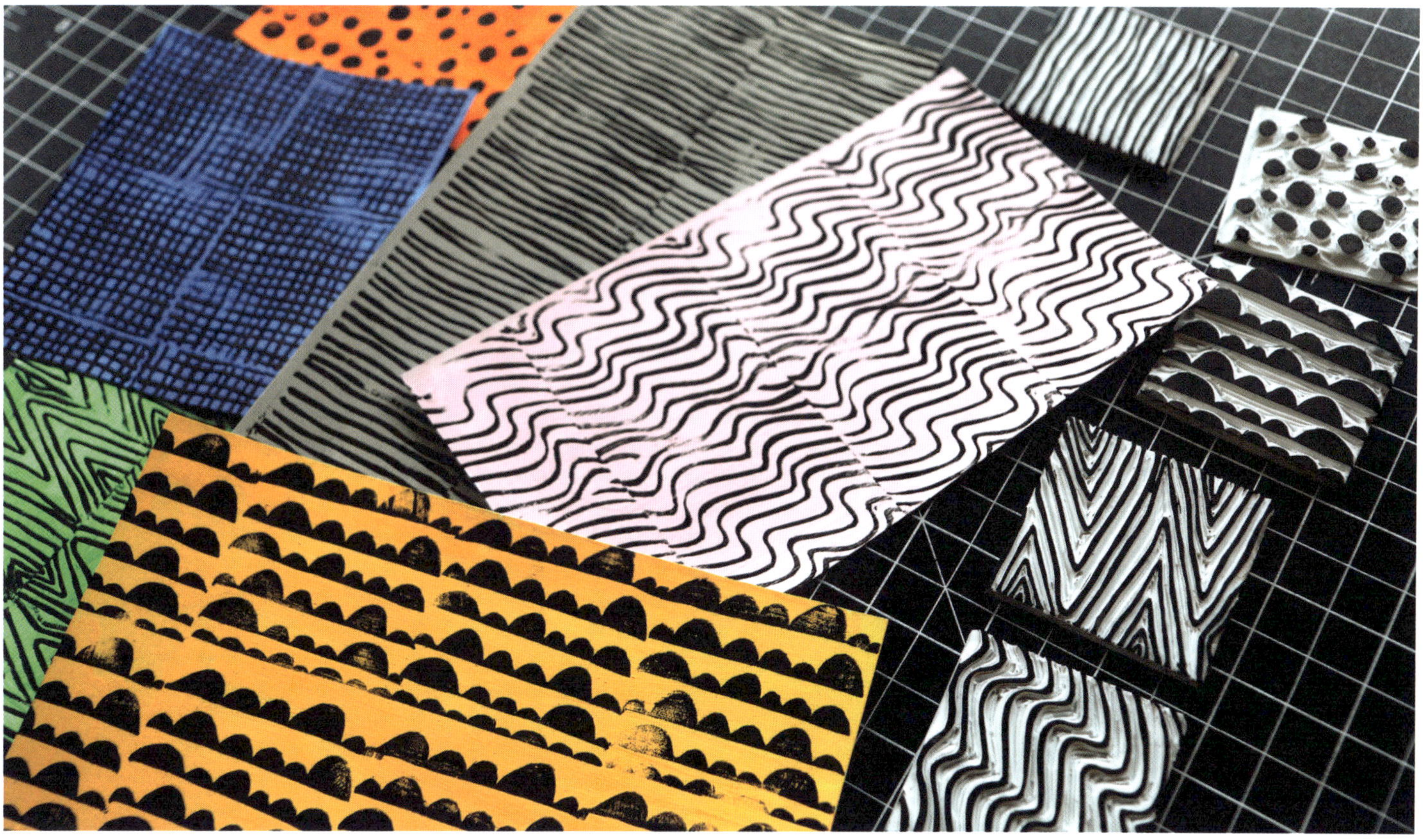

SCHRITT 7

Wiederholen Sie Schritt 5 und 6, um auch die anderen Papiere zu bedrucken. Am besten eignet sich schwarze Farbe (oder eine andere kontrastreiche, dunkle Farbe) für derartige Muster auf buntem Hintergrund. Erschaffen Sie mit den anderen Druckstöcken auf den übrigen kolorierten Papieren weitere Muster.

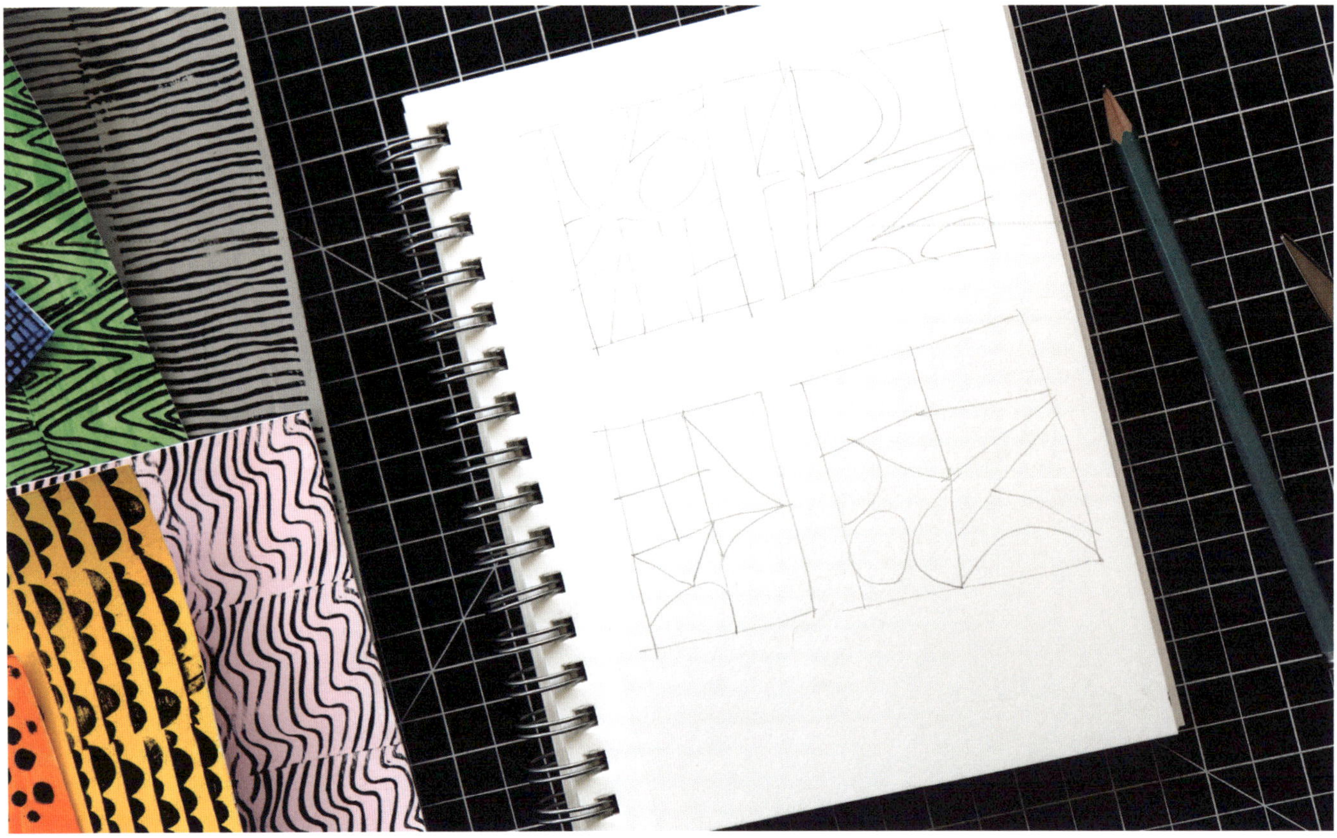

SCHRITT 8

Sobald alle Papiere bedruckt sind, skizzieren Sie die finale Anordnung der Collage. Dabei gibt es keine Regeln, außer, dass am Ende möglichst wenig vom weißen Druckpapier zu sehen sein sollte.

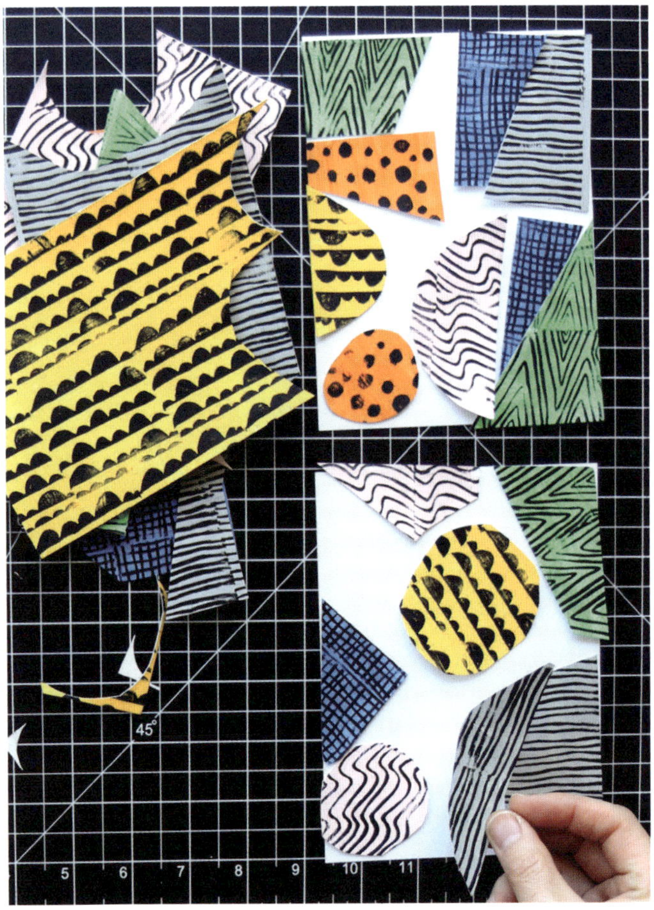

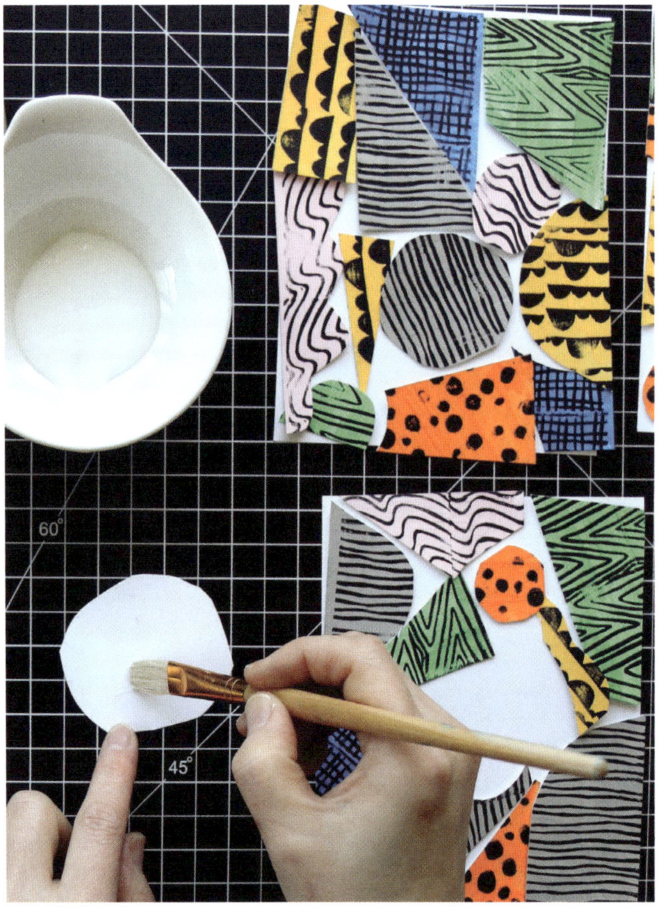

SCHRITT 9

Schneiden Sie anschließend die Formen mit der Schere aus. Achten Sie auf einfache Formen. Legen Sie die Stücke auf das Druckpapier und entscheiden Sie sich für ein Arrangement, bevor Sie mit dem Kleben beginnen.

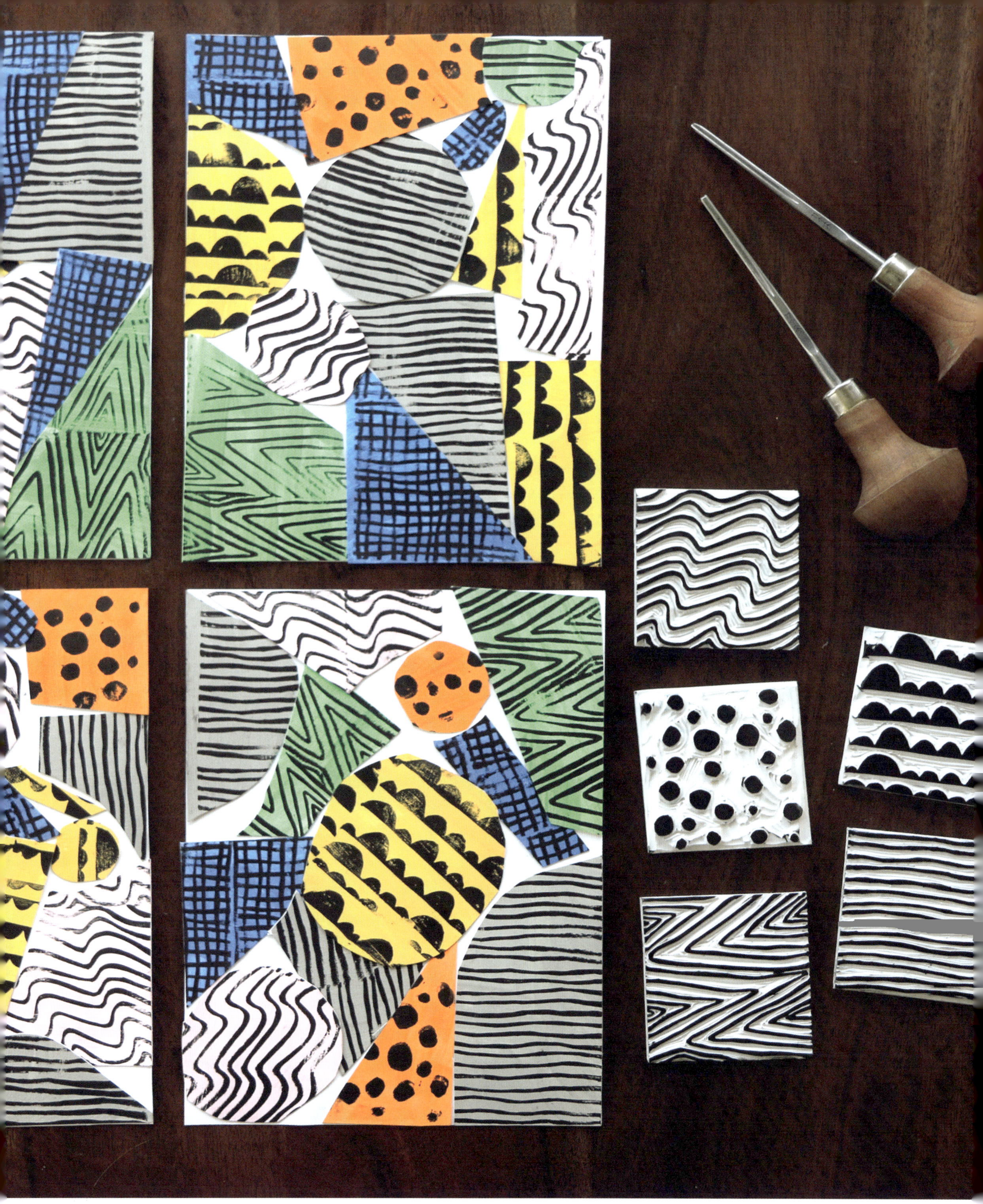

SCHRITT 10

Kleben Sie nun die Formen auf das Papier. Bestreichen Sie die Rückseite der Papierelemente dünn mit Leim, sodass das Papier nicht zu feucht wird und die Farbe sich eventuell noch verändert. Lassen Sie alles gut trocknen und erfreuen Sie sich an Ihrer kunstvollen Collage!

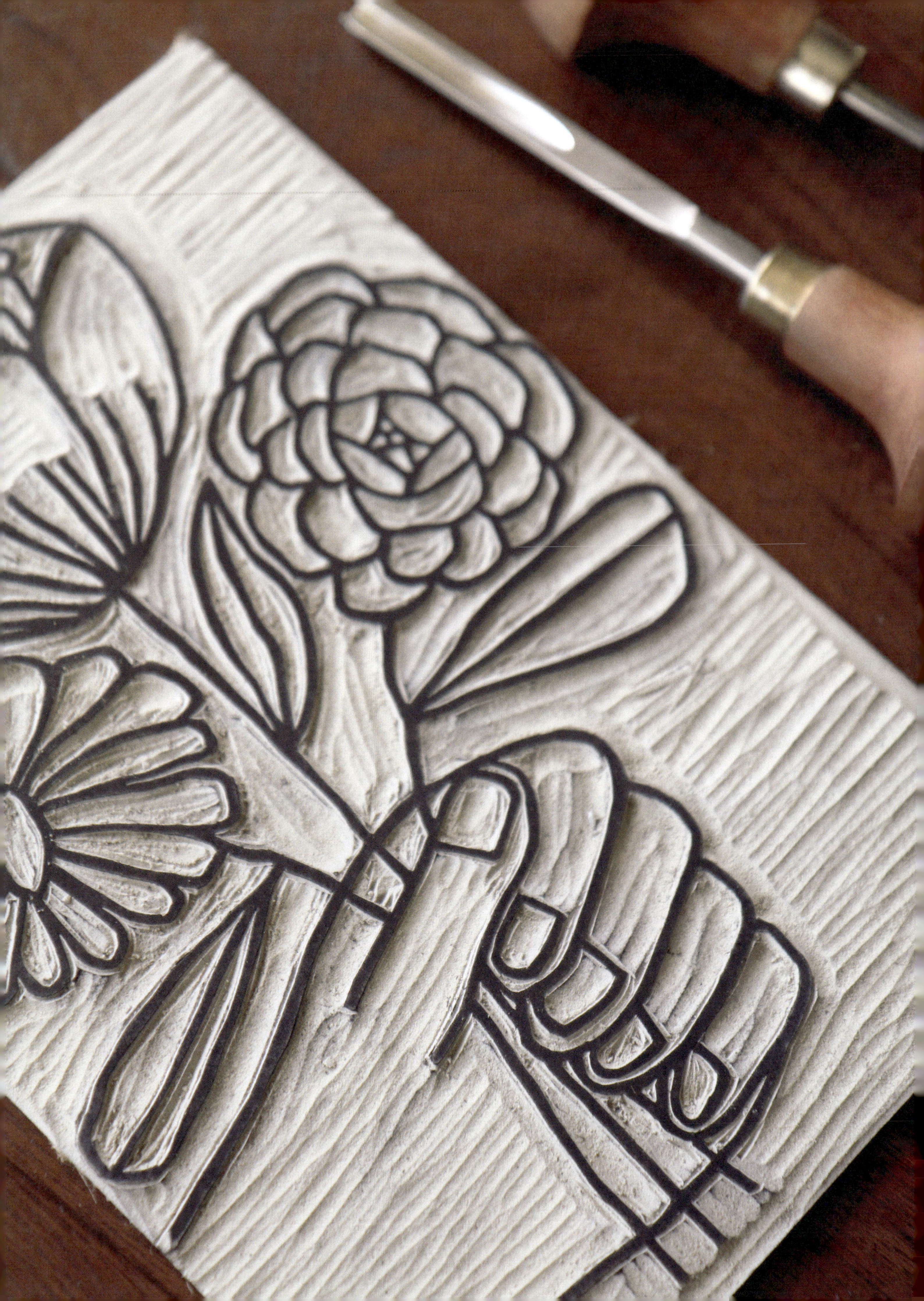

KREATIVE IDEEN FÜR LINOLDRUCKE

Das Besondere am Linoldruck ist, dass Sie nicht nur einzigartige Kunstwerke erschaffen können, sondern dass Alltagsgegenstände oder Haushaltsartikel wie Textilien, Papeterie oder auch Dekomaterialien mit diesem Druckverfahren individuell gestaltet werden können. In diesem letzten Teil des Buches erkunden wir die kreativen Möglichkeiten im Alltag. Linoldrucktechniken können auf vielerlei Oberflächen angewendet werden. Einige gute Beispiele dafür lernen Sie auf den folgenden Seiten kennen. Bei jedem Projekt arbeiten wir mit einem Motiv, das zum Teil wiederholt wird und so ein individuelles Muster entstehen lässt. Sammeln Sie mehr Erfahrung, indem Sie weitere Drucktechniken mit einfachen Designs ausprobieren – und zwar über die hier vorgestellten Projekte hinaus. Das macht viel Freude und inspiriert. Welche Oberflächen können Sie noch mit Ihren geschnitzten Druckstöcken verzieren? Lassen Sie Ihrer Fantasie freien Lauf!

Bei allen Projekten in diesem Abschnitt arbeite ich mit Speedy-Carve-Druckstöcken der Marke Speedball. Diese sind nicht nur einfach zu bearbeiten, sondern eignen sich gut für verschiedene Arten von Oberflächen, nicht nur für Druckpapier.

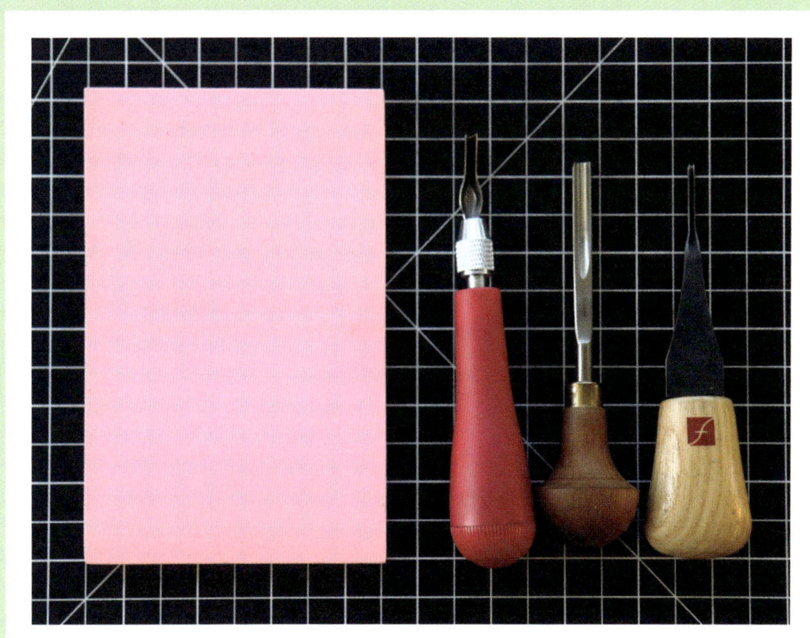

EXLIBRIS

Nach einem Druckprojekt hat man oft kleine Stücke Linoleum übrig. Schmeißen Sie diese nicht weg, sondern bewahren sie auf, denn aus diesen noch so kleinen Stücken lassen sich kleine Druckplatten oder Stempel zaubern. Bei diesem Projekt erstellen wir ein individuelles Exlibris aus einer kleinen Druckplatte. Dieser Exlibris-Stempel kann auf die erste Seite eines Buches oder auch auf weißes Papier gedruckt werden, für mehrere Exemplare auf Vorrat. In den freien Bereich können der Name, ein Datum, eine Notiz oder etwas anderes geschrieben werden. So entsteht ein schönes Erinnerungsstück.

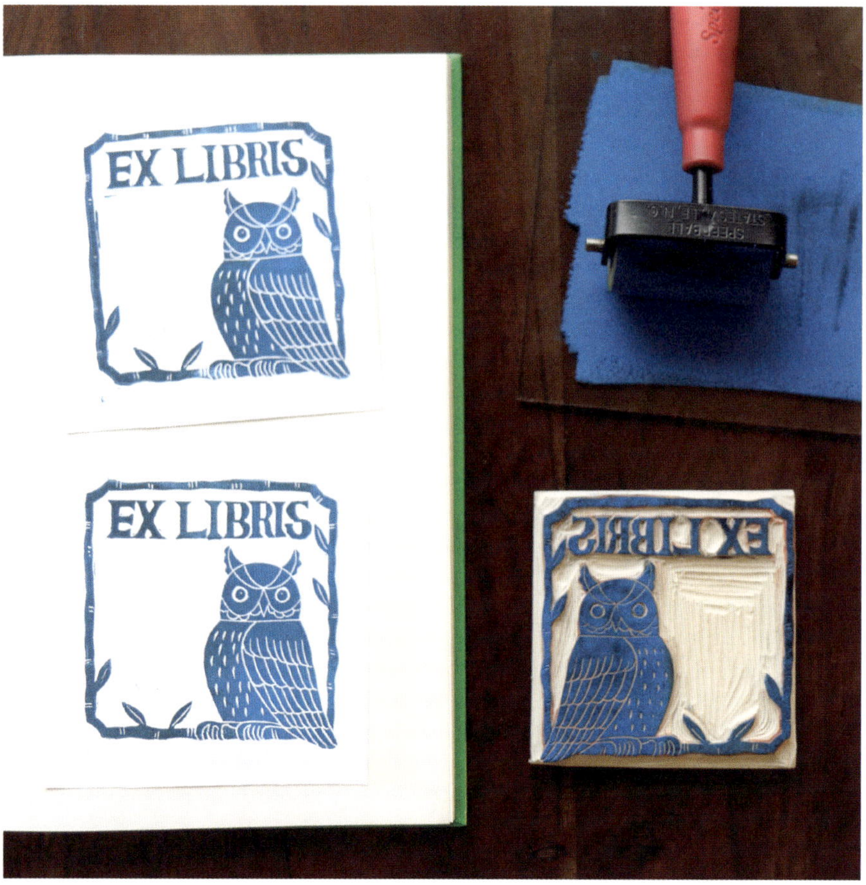

Materialien & Werkzeuge

- Zeichenpapier oder Skizzenblock
- Linoleumplatte
- Pauspapier
- Weicher Bleistift (B oder 2B)
- Schnitzwerkzeugset
- Druckpapier (auf Größe der Druckplatte plus Rand zugeschnitten) oder Etikettenbögen
- Wasserlösliche Druckfarbe in Wunschfarben
- Spachtelmesser (für Farbe in Dose oder Glas)
- Palette
- Stempelfarbe
- Walzen
- Holzlöffel
- Malerkrepp
- Falzbein
- Schneidematte
- Lineal aus Acryl oder Metall
- Cutter

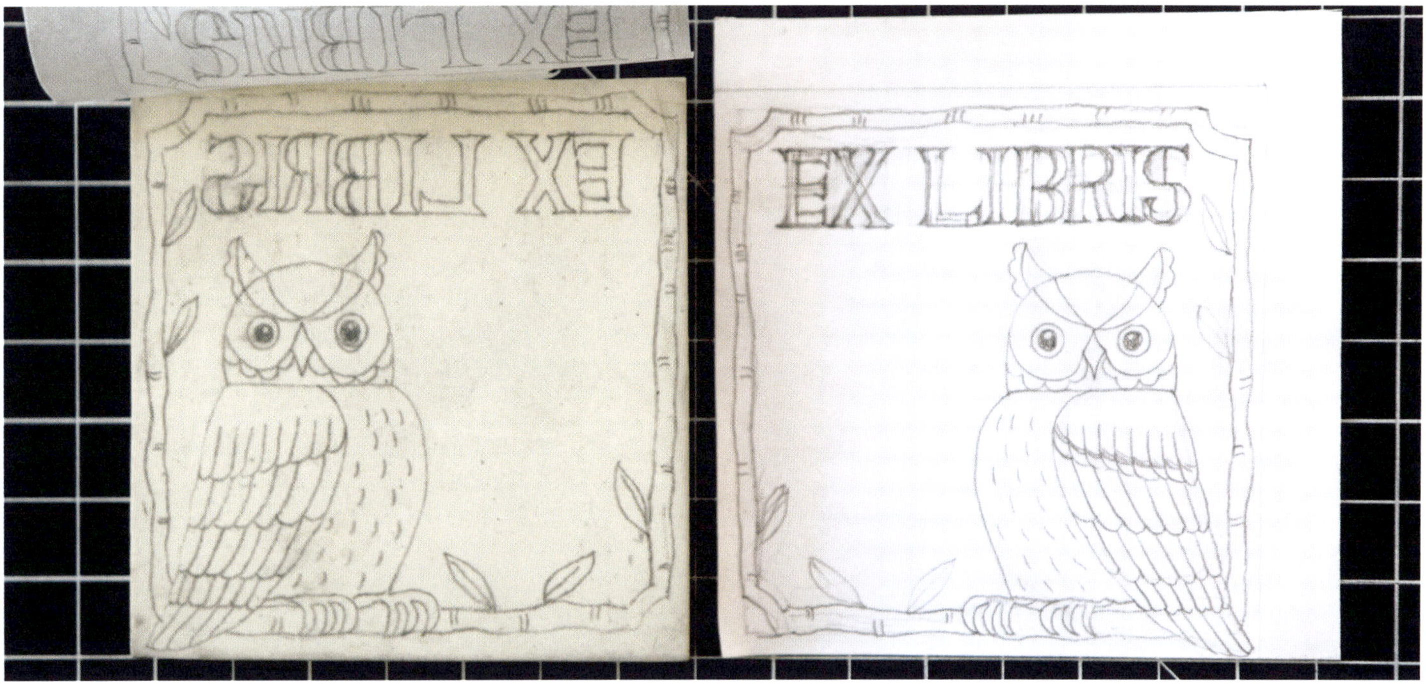

SCHRITT 1

Skizzieren Sie Ihr Motiv mit weichem Bleistift auf Zeichenpapier. Lassen Sie ausreichend Platz für den jeweiligen Namen oder die Notiz. Wenn Sie alle Linien deutlich gezeichnet haben, übertragen Sie das Motiv auf Pauspaier. Das Pauspapier eventuell mit Malerkrepp fixieren. Legen Sie anschließend das Pauspapier auf die Druckplatte und reiben Sie das Motiv mit dem Falzbein ab. Wenn Sie Ihr Motiv direkt auf die Druckplatte zeichnen, bedenken Sie, dass die Schrift spiegelverkehrt angelegt werden muss.

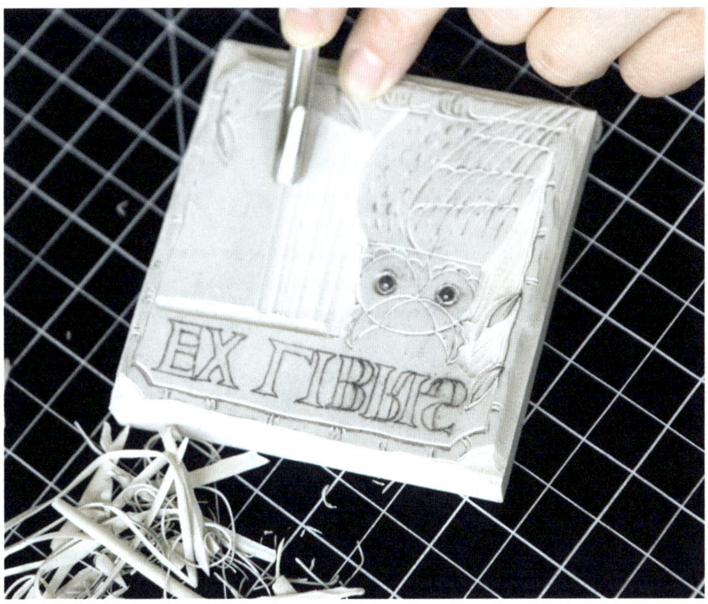

SCHRITT 2

Ist das Motiv deutlich übertragen, können Sie mit einer schmalen v-förmigen Klinge die Konturen ausschneiden und anschließend die breiteren Bereiche mit einer u-förmigen Klinge abtragen.

Die Vorlage zu diesem Motiv steht in der Digitalen Bibliothek zum Download bereit. Weitere Informationen dazu finden Sie im Impressum.

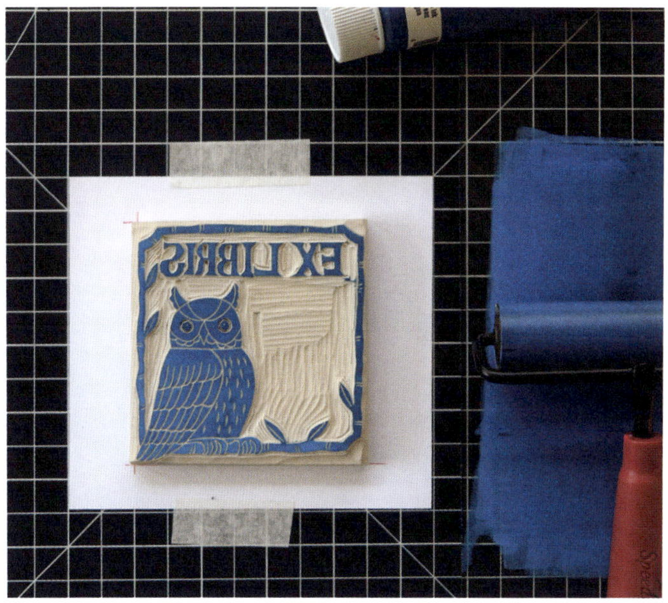

SCHRITT 3

Bereiten Sie das Einfärben vor. Dieses Projekt kann auf weißem Druckpapier oder auf Etikettenbögen gedruckt werden. Geben Sie wenig Farbe auf die Palette und nehmen diese mit der Walze auf, bis sie mit einer dünnen Farbschicht überzogen ist. Am besten eignet sich eine Walze, die ungefähr so breit wie der Druckstock ist. Den Druckstock gleichmäßig einfärben.

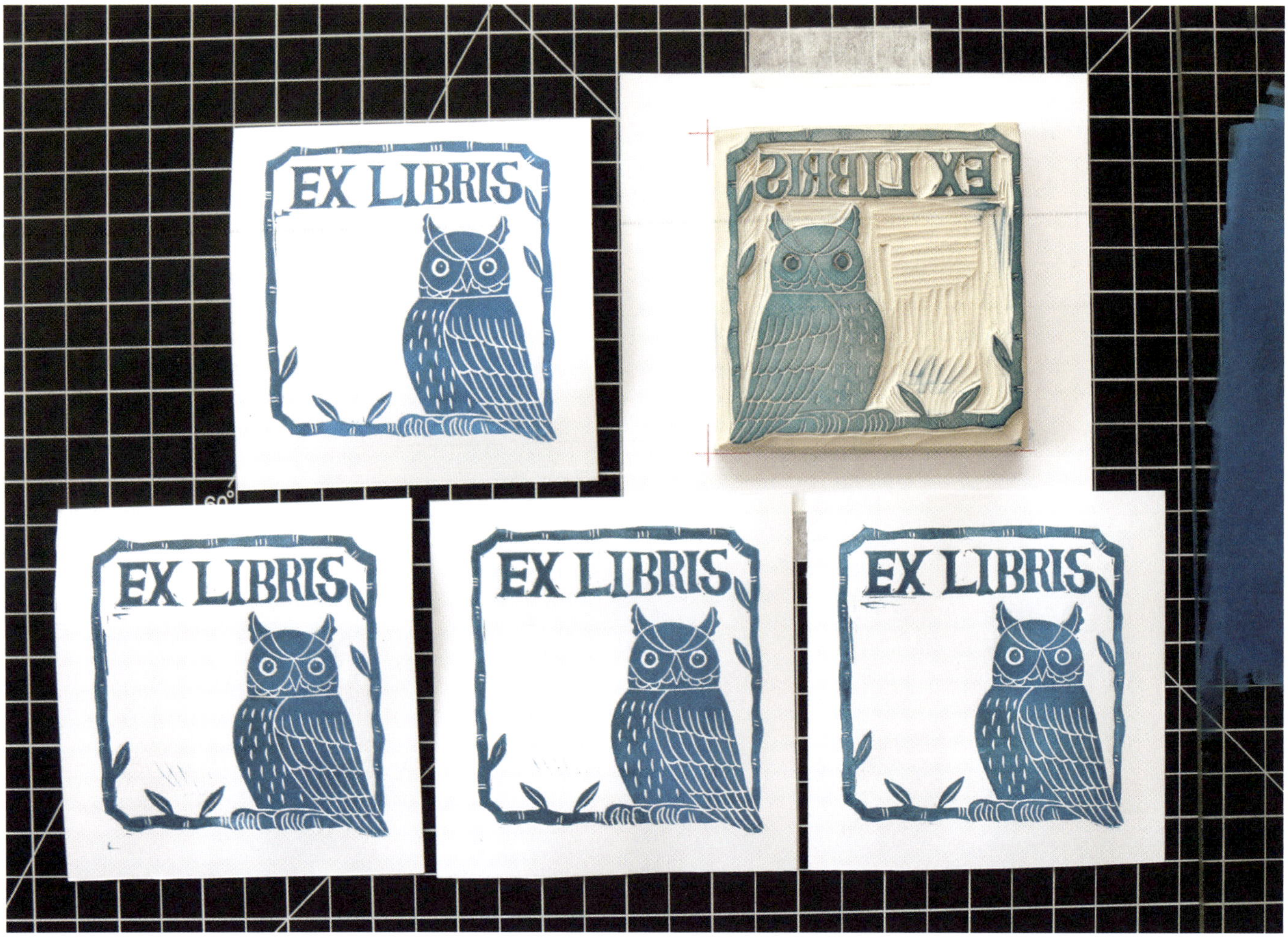

SCHRITT 4

Anschließend den Druckstock auf das Papier legen und mit Holzlöffel oder Händen andrücken. Wenn Sie mit dem Farbübertrag zufrieden sind, heben Sie den Druckstock langsam vom Papier. Wiederholen Sie den Druckvorgang für mehrere Exlibris.

Bei kleinen Druckstöcken bietet sich das Einfärben mit Stempelkissen an. Das ist unkompliziert und geht schnell. Beim Gebrauch eines Stempelkissens legen Sie den Druckstock mit dem Motiv nach oben auf Ihre Arbeitsfläche und drücken das Stempelkissen mehrmals leicht und versetzt auf den Druckstock. Anschließend platzieren Sie den Druckstock auf dem Papier und drücken ihn an, um die Stempelfarbe auf das Druckpapier zu übertragen.

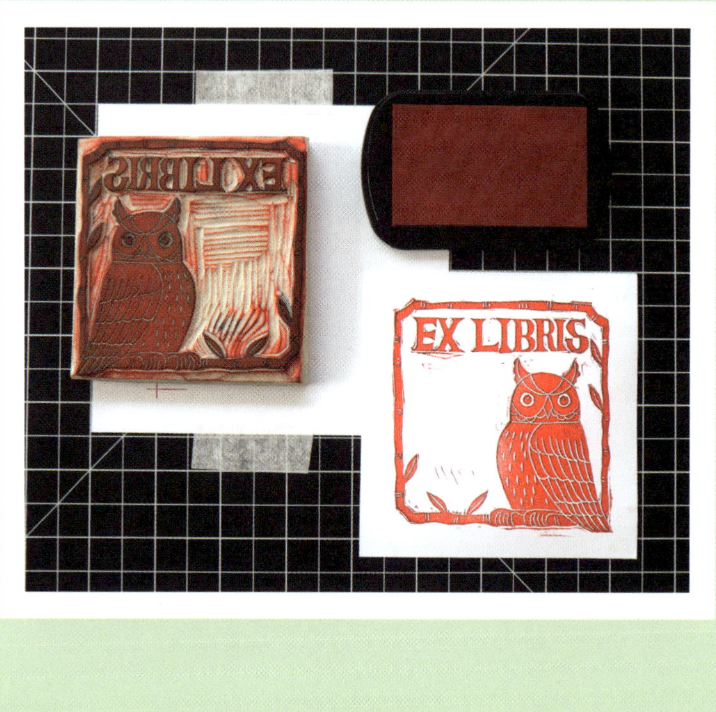

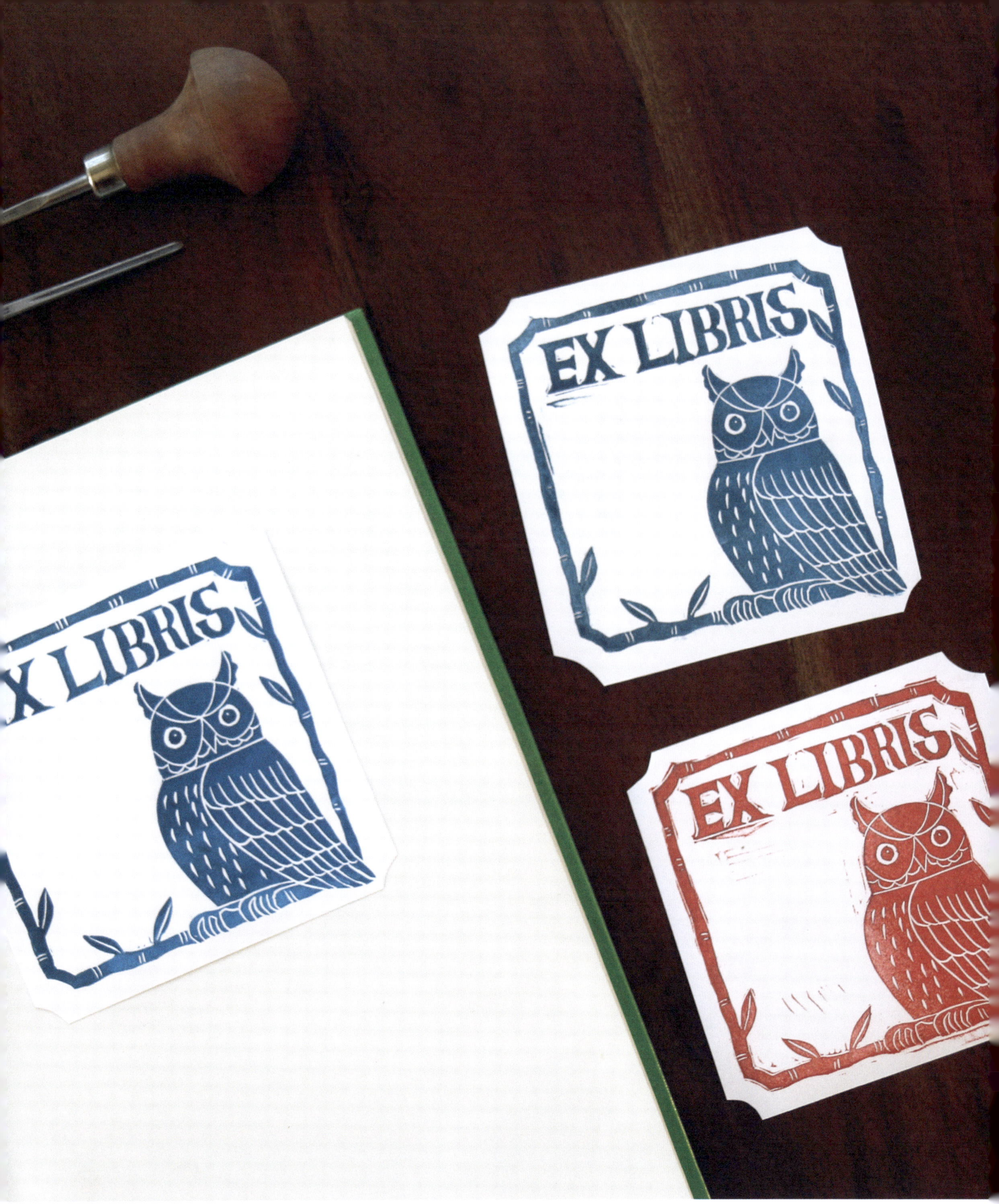

SCHRITT 5

Sobald die Farbe getrocknet ist, können die Exlibris in Ihre Lieblingsbücher geklebt werden. Sollten Sie zu einem späteren Zeitpunkt keine Exlibris mehr haben, drucken Sie einfach welche nach. Diese handgemachten, individuellen Etiketten eignen sich auch wunderbar als Geschenk für Leseratten.

DANKESKARTE

Dieses Projekt ist nicht nur simpel, sondern auch unglaublich nützlich, denn es gibt so viele Gelegenheiten im Leben, sich zu bedanken, etwa Geburtstage, Hochzeiten, Jubiläen, bestandene Prüfungen … Und am schönsten drückt man seine Dankbarkeit mit einer handgemachten Dankeskarte aus. Ich persönlich benutze meine selbstgedruckten Anlasskarten fast immer und bereite mir selbst, aber auch den Empfängern damit viel Freude. Wenn Sie Ihre eigene Dankeskarte entwerfen, beginnen Sie mit einer Farbe und einer einfachen Kombination aus Buchstaben und Ornamenten oder Motiven. Anschließend können Sie sich an kompliziertere Kompositionen wagen.

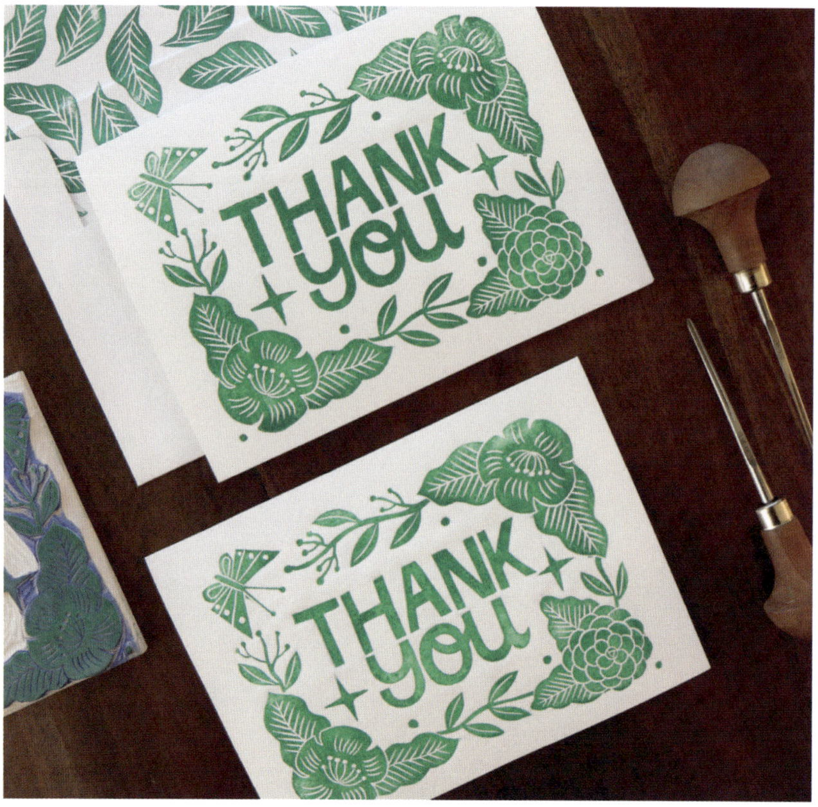

Materialien & Werkzeuge

- Zeichenpapier oder Skizzenblock
- Linoleumplatte
- Pauspapier
- Weicher Bleistift (B oder 2B)
- Schnitzwerkzeugset
- Farbiges Tonpapier und Briefumschläge
- Weißes Druckpapier
- Wasserlösliche Druckfarbe in Wunschfarben
- Spachtelmesser (für Farbe in Dose oder Glas)
- Palette
- Stempelfarbe
- Walzen
- Holzlöffel
- Malerkrepp
- Falzbein
- Schneidematte
- Lineal aus Acryl oder Metall
- Cutter

SCHRITT 1

Die Größe der zu bedruckenden Karte mit einem Lineal zart auf Zeichenpapier markieren, dann innen rundum einen 1 cm breiten Rand anzeichnen. Der bleibt frei. Das Hauptmotiv mit weichem Bleistift innerhalb der Markierung skizzieren. Bei diesem Projekt werden Text und eine Pflanzenbordüre kombiniert. Meist wird der Schriftzug mittig platziert, und die Ornamente bilden eine Art Rahmen.

Die Zeichnung auf Pauspapier übertragen. Dieses mit der Zeichnung nach unten auf die Druckplatte legen und oben mit Malerkrepp fixieren. Das Motiv mit dem Falzbein auf die Druckplatte übertragen.

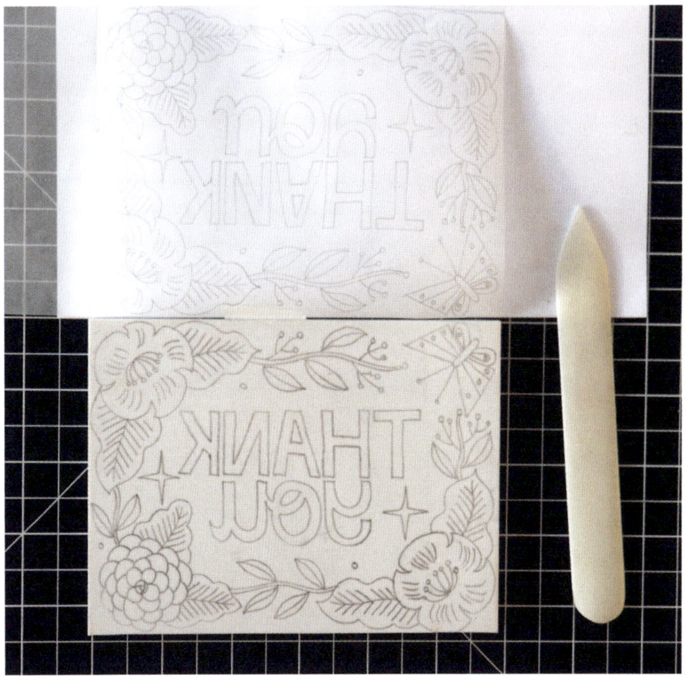

Die Vorlage zu diesem Motiv steht in der Digitalen Bibliothek zum Download bereit. Weitere Informationen dazu finden Sie im Impressum.

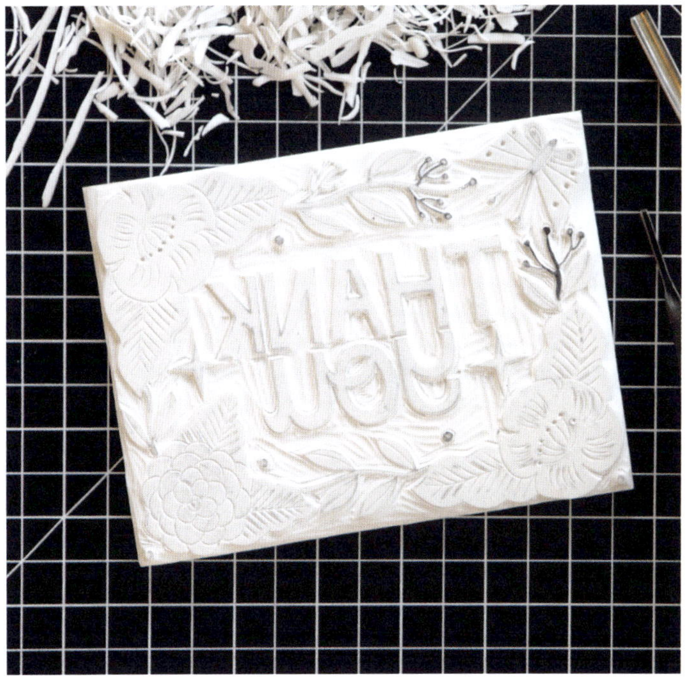

SCHRITT 2

Schneiden Sie die Umrisslinien und Buchstaben mit einer schmalen, v-förmigen Klinge aus, anschließend tragen Sie den Hintergrund mit einer u-förmigen Klinge ab. Beim Negativschnitt sehr filigraner Linien schneiden Sie möglichst langsam und achten Sie auf präzise Linien.

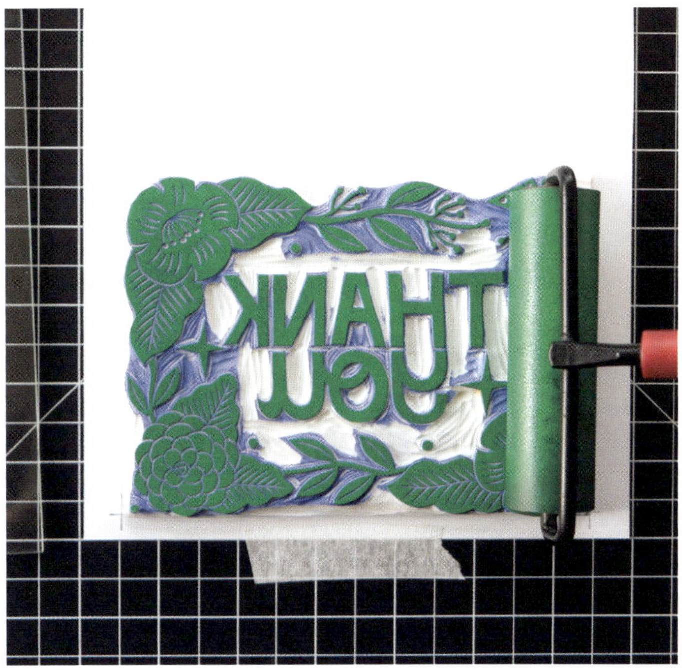

SCHRITT 3

Bereiten Sie nun das Drucken vor. Bei diesem Projekt bedrucken wir mehrere Karten und Einlagen für die Briefumschläge. Legen Sie weißes Tonpapier auf Ihre Arbeitsfläche und markieren Sie mit Malerkrepp und Hilfslinien die Ausrichtungshilfe. Legen Sie den Druckstock an die Markierung. Geben Sie etwas Farbe auf die Palette und rollen die Walze langsam hin und her, bis sie gleichmäßig mit Farbe überzogen ist. Walzen Sie die Farbe auf dem Druckstock ab.

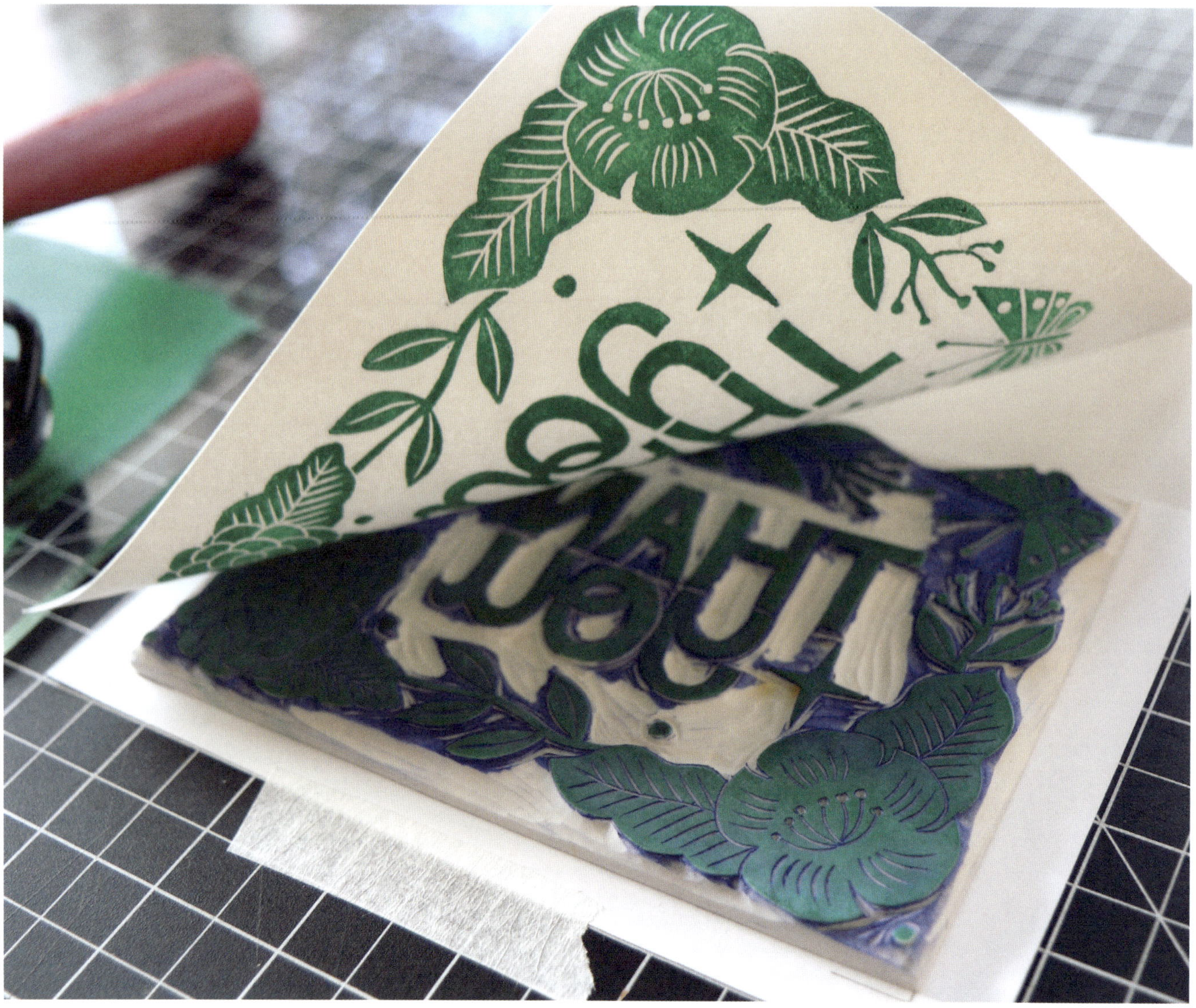

SCHRITT 4

Legen Sie die Karte aus Tonpapier oder das zugeschnittene weiße Druckpapier auf den Druckstock und drücken es mit der Rückseite eines Holzlöffels oder den Händen an. Ziehen Sie das Papier mit beiden Händen vorsichtig ab und achten darauf, dass die Farbe gut vom Druckpapier aufgenommen wurde.

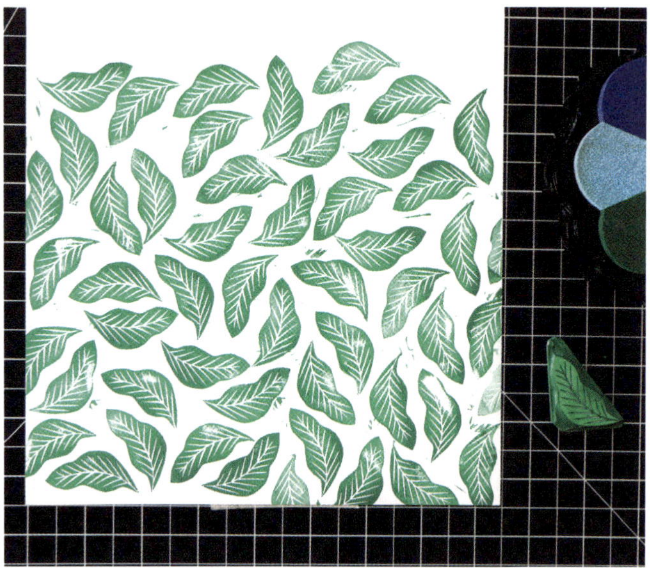

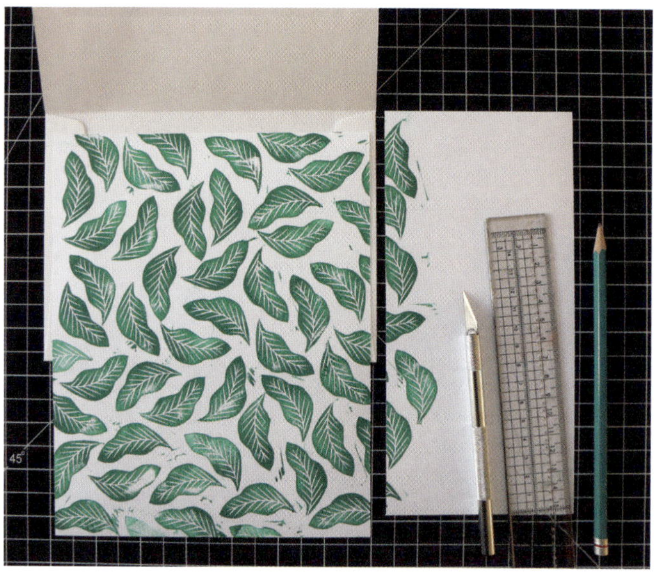

SCHRITT 5

Bedrucken Sie weißes Druckpapier mit einem zufälligen floralen Muster (siehe Seite 107) für den Umschlageinsatz und schneiden es anschließend mit Lineal und Cutter auf die Umschlagbreite zu.

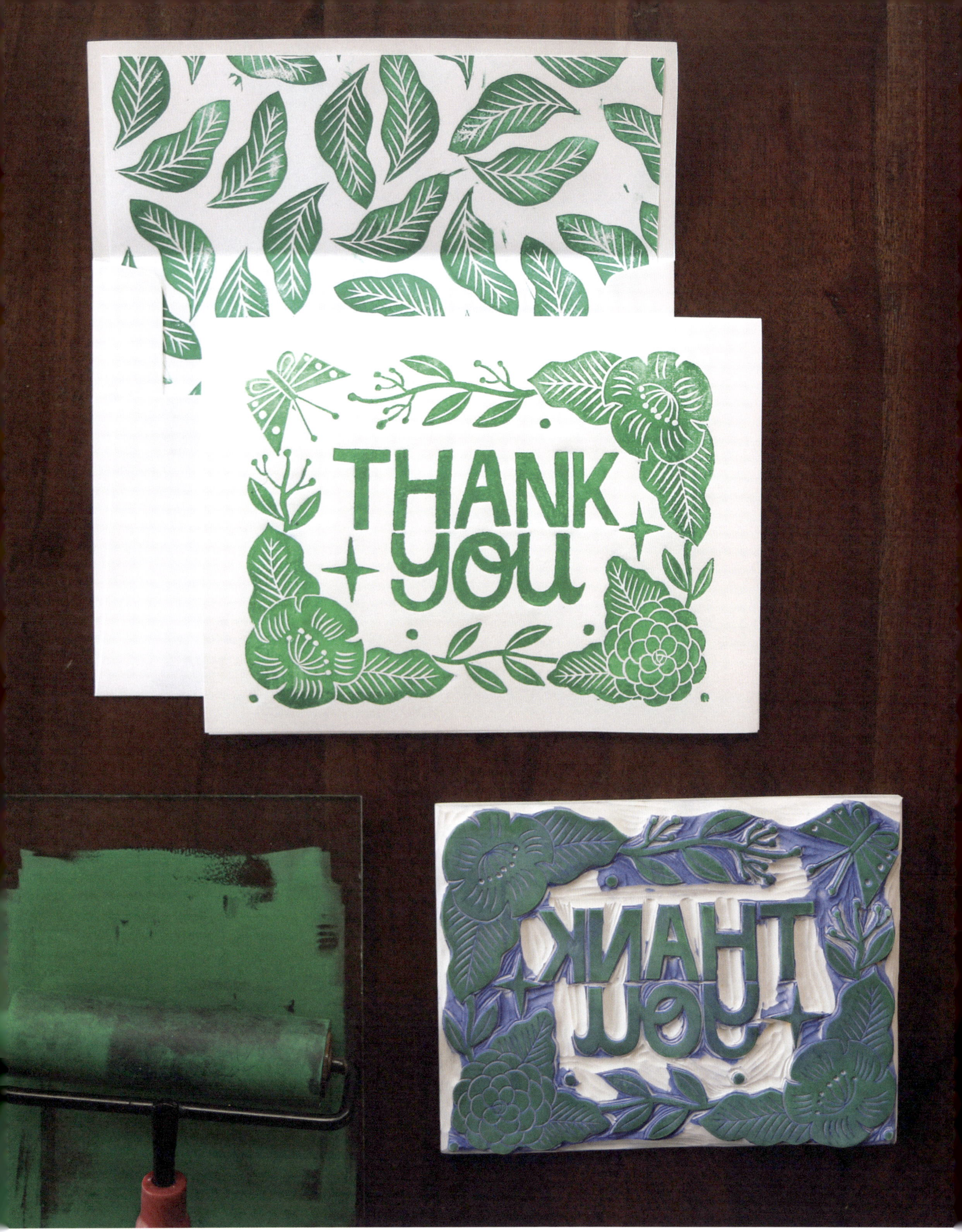

SCHRITT 6

Kleben Sie den Einsatz in den Umschlag. Jetzt sind Karte und Umschlag fertig und können verschickt werden!

GESCHENKPAPIER

Mithilfe von Linoldruck lassen sich viele Papiererzeugnisse individuell gestalten: Grußkarten, Notizblöcke, Briefbögen, Geschenkanhänger und vieles mehr. Muster lassen sich einfach drucken und sorgen für lebendige, dynamische Effekte. Bei diesem Projekt arbeiten wir mit einem einzigen Motiv und erstellen unser eigenes Geschenkpapier. Beginnen Sie am besten mit einem einfachen, gut erkennbaren Motiv. Das mag für sich betrachtet sehr simpel wirken, entwickelt als Wiederholungsmuster jedoch seinen ganz eigenen Charakter und liefert ein überraschendes Ergebnis. Zusätzlich zu den üblichen Materialien benötigen Sie eine Rolle Kraftpapier.

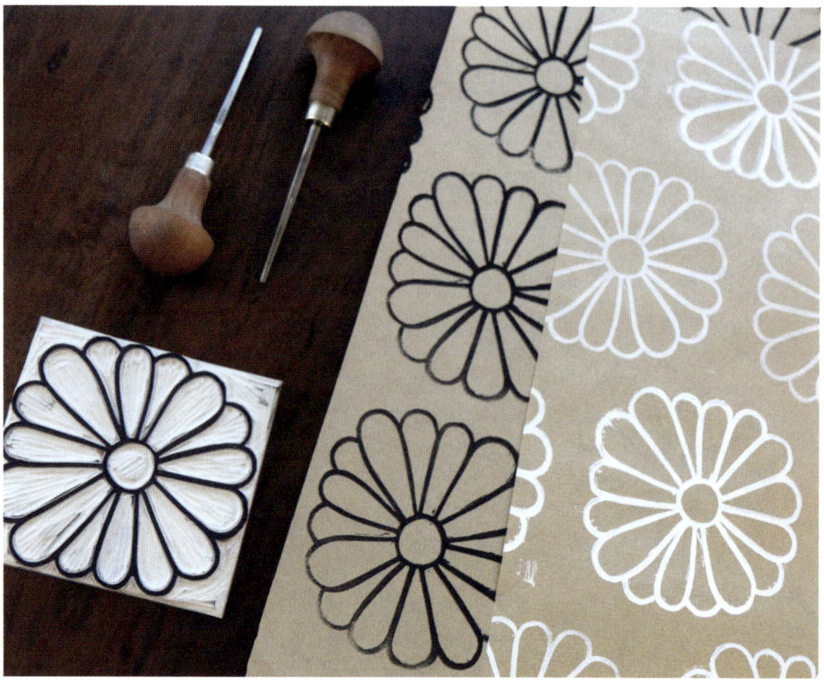

Die Vorlage zu diesem Motiv steht in der Digitalen Bibliothek zum Download bereit, siehe Impressum.

Materialien & Werkzeuge

- Zeichenpapier oder Skizzenblock
- Linoleumplatte
- Pauspapier
- Kraftpapier
- Weicher Bleistift (B oder 2B)
- Schnitzwerkzeugset
- Schwarzer Permanentmarker
- Wasserlösliche Druckfarbe in Wunschfarben
- Spachtelmesser (für Farbe in Dose oder Glas)
- Palette
- Walzen
- Handreiber oder Holzlöffel
- Malerkrepp
- Falzbein
- Schneidematte
- Lineal aus Acryl oder Metall
- Cutter

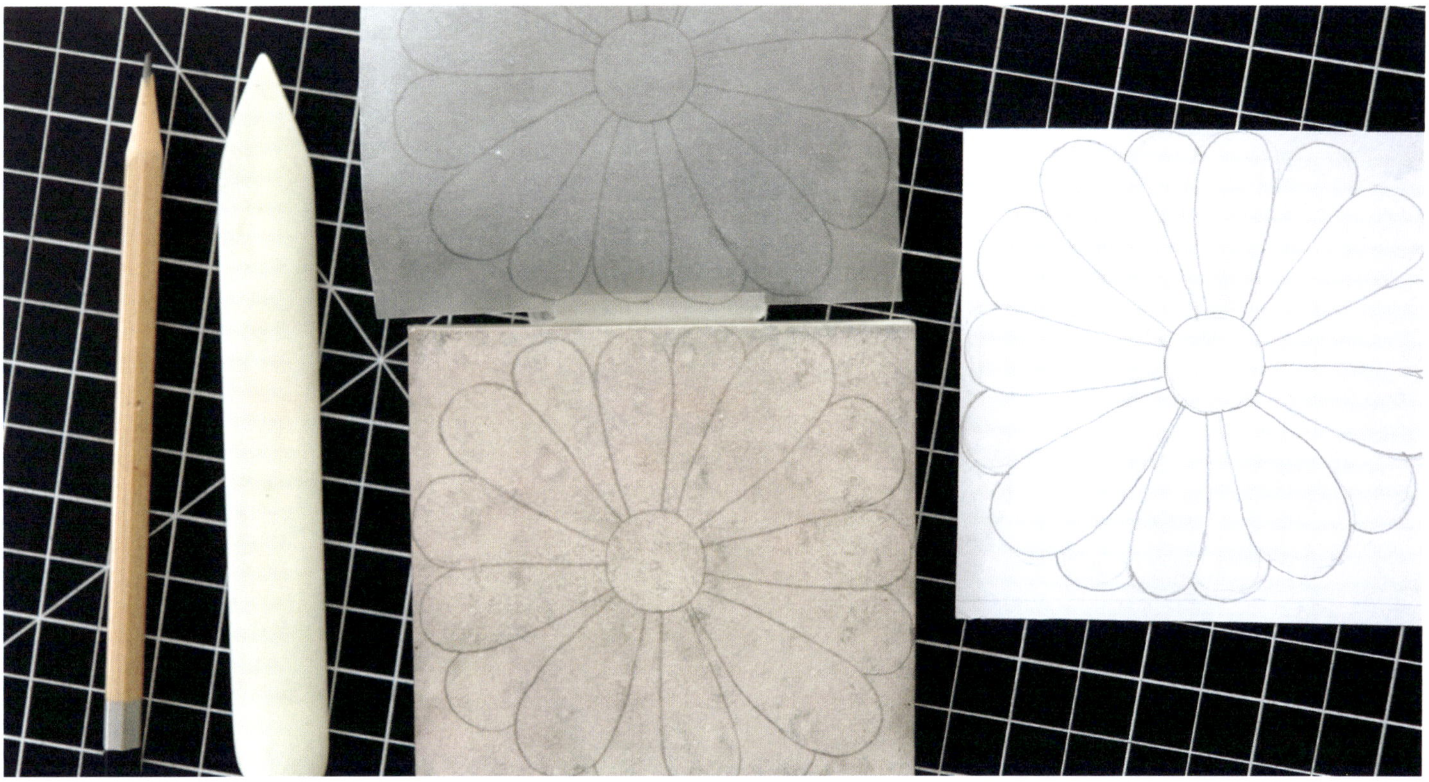

SCHRITT 1

Zeichnen Sie Ihr Grundmotiv mit einem weichen Bleistift auf Zeichenpapier. Bedenken Sie auch bei diesem Projekt die gewählte Drucktechnik, wenn Sie Ihr Motiv entwerfen. Hier arbeite ich mit einem Blumenmotiv im Positivschnitt und achte daher auf gleichmäßig breite Linien. Legen Sie ein Blatt Pauspapier auf die Skizze und zeichnen diese nach. Legen Sie das Pauspapier anschließend mit der Zeichnung nach unten auf die Druckplatte und kleben Sie sie an einer Seite fest. Sanft mit dem Falzbein abreiben, um die Bleistiftlinien auf die Druckplatte zu übertragen.

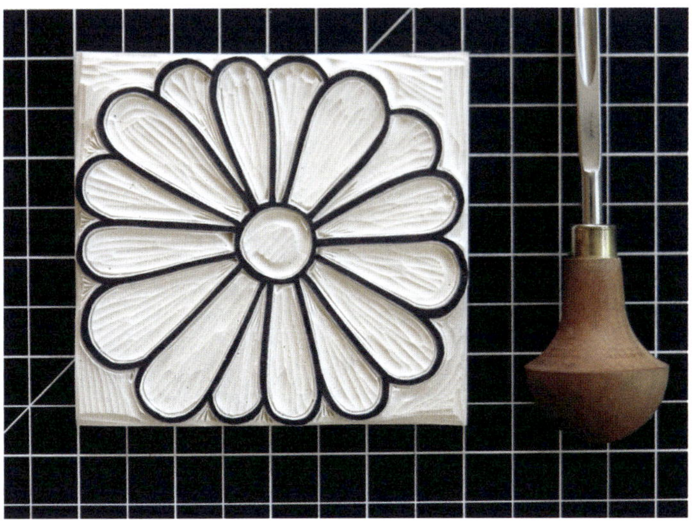

SCHRITT 2

Ziehen Sie die Umrisse der Blume auf der Druckplatte mit schwarzem Permanentmarker deutlich nach. Alle anderen Bereiche werden weggeschnitten, nur die schwarzen Linien bleiben stehen. Schneiden Sie die Umrisse mit einer v-förmigen Klinge aus. Bei Kurven oder Kreisformen drehen Sie mit Ihrer anderen Hand die Druckplatte, nicht das Schneidwerkzeug – so erhalten Sie glattere Rundungen. Anschließend alle restlichen Bereiche mit einer u-förmigen Klinge abtragen.

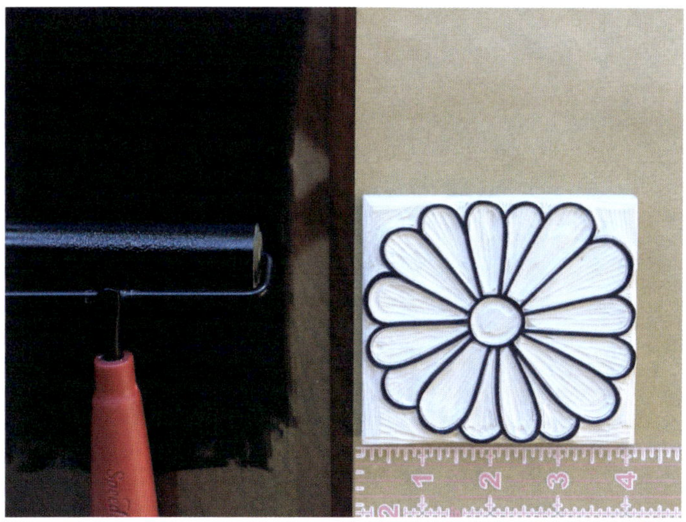

SCHRITT 3

Bereiten Sie alles für das Einfärben und Drucken vor. Bei diesem Projekt drucken wir ein einzelnes Motiv mehrmals auf Kraftpapier. Legen Sie den Druckstock auf das Papier. Geben Sie etwas Farbe auf die Palette und verteilen diese mit der Walze. Walzen Sie die Farbe vorsichtig auf der Druckplatte ab und legen diese mit der eingefärbten Seite auf das Geschenkpapier. Mit einem Handreiber andrücken.

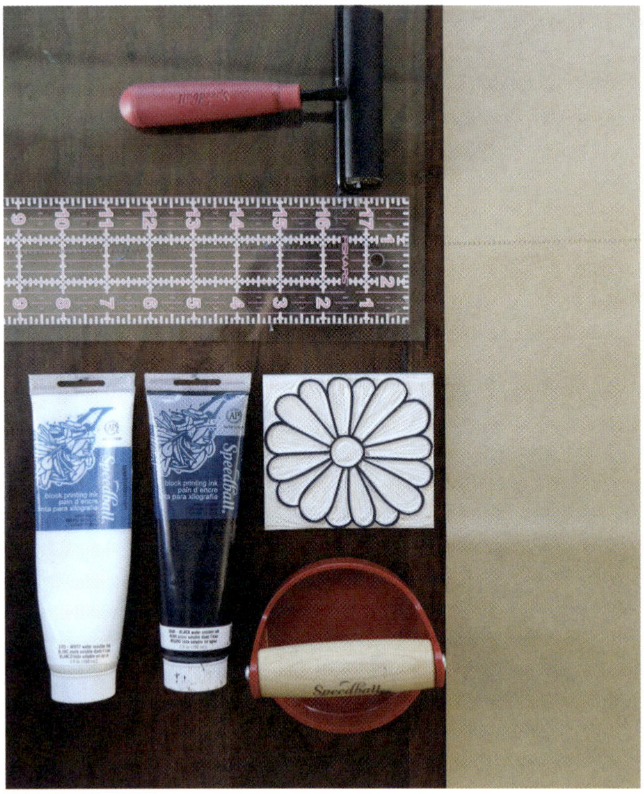

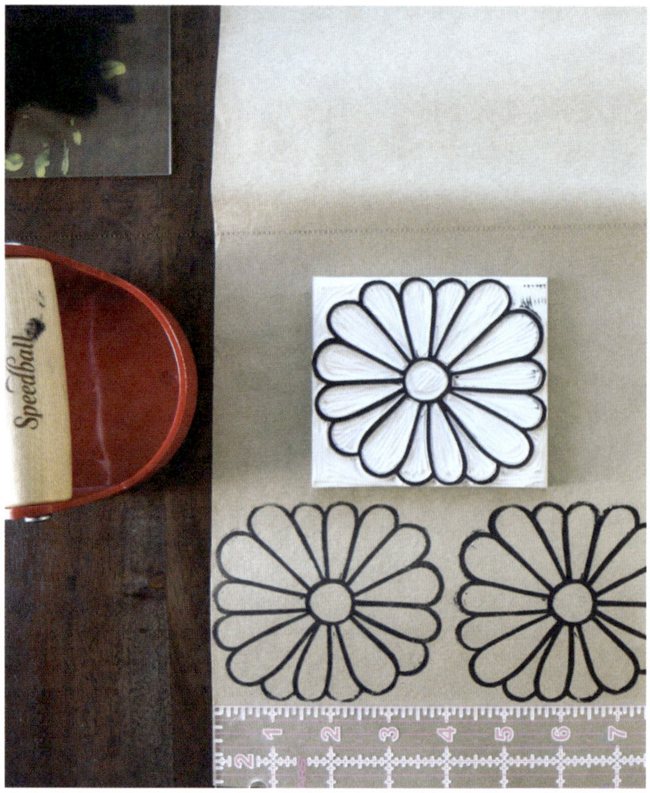

SCHRITT 4

Mit einem Lineal fortlaufend den Abstand zwischen den Motiven und Reihen markieren.

SCHRITT 5

Wiederholen Sie das Einfärben und Drucken, bis die gewünschte Fläche mit dem Blumenmuster bedeckt ist. Hier habe ich die Blumen nach dem Backsteinprinzip (siehe Seite 107) angeordnet, aber natürlich können Sie andere Anordnungen wählen.

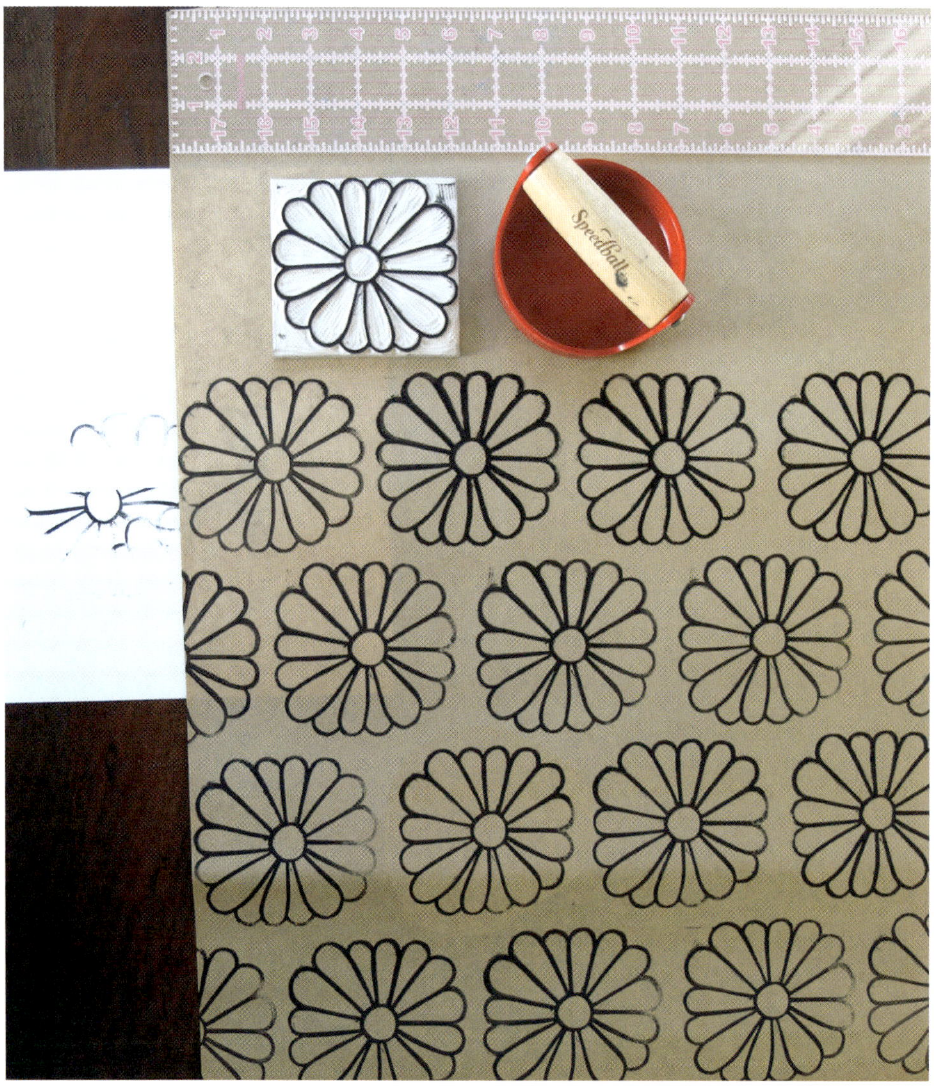

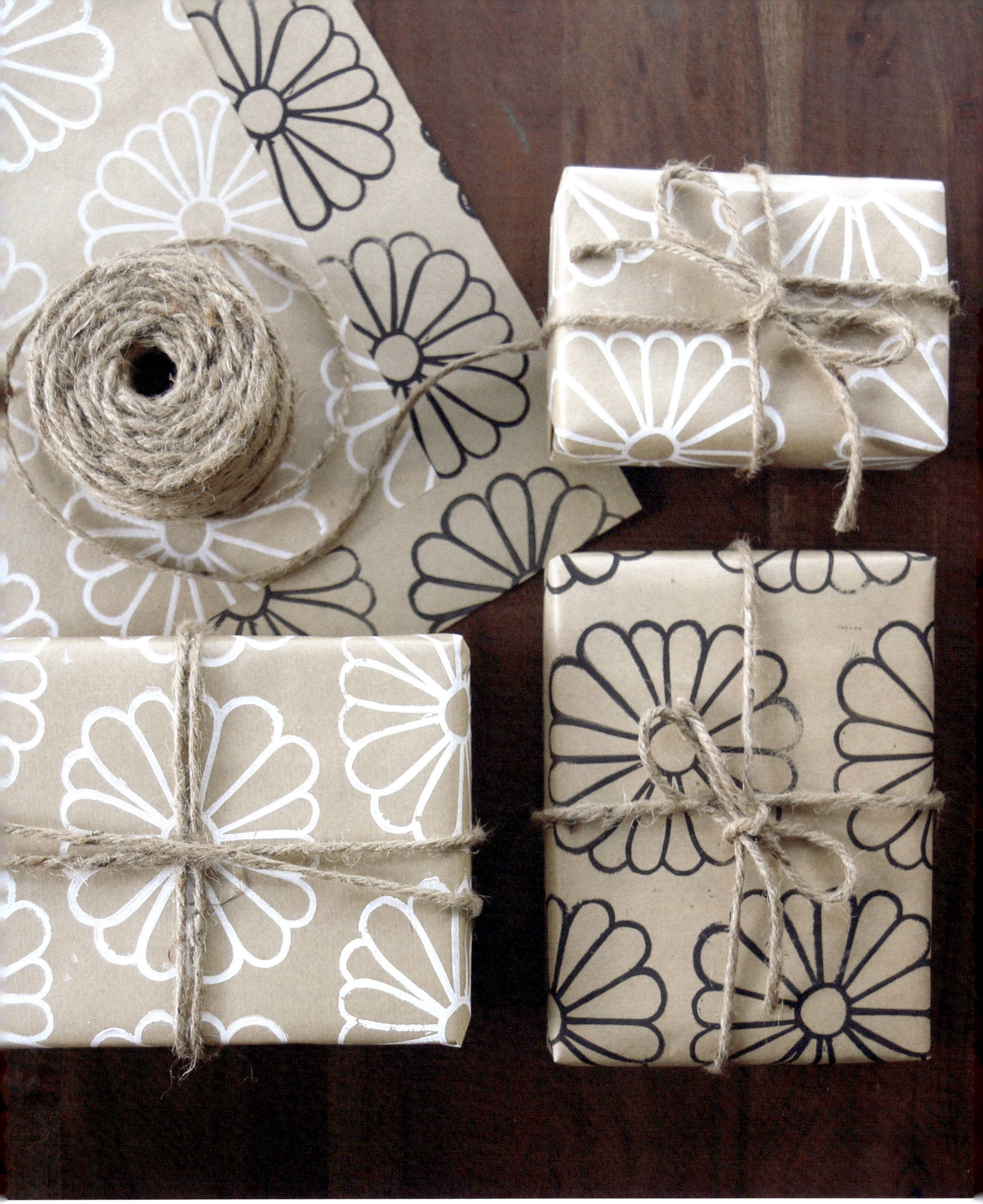

SCHRITT 6

Lassen Sie die Farbe gut trocknen. Nun ist Ihr selbstbedrucktes Geschenkpapier fertig! Probieren Sie verschiedene Druckfarben für verschiedene Effekte aus, ebenso wie andere Anordnungen der Muster.

GESCHIRRTUCH

Linoldruck auf Textilien macht besonderen Spaß. Stoffdruck hat eine lange Geschichte, weshalb Künstler auch heute noch traditionelle Motive und Techniken bevorzugen. Früher gebrauchte man für den Textildruck vorwiegend Druckstöcke aus Holz, während heutzutage weiches Gummi sehr beliebt ist. Stoff umgibt uns überall: Kleidung, Bettwäsche, Geschirrtücher, Servietten, Vorhänge … Haben Sie Stoff erst einmal selbst bedruckt, wollen Sie diesen Textilartikel jeden Tag verwenden! Bei diesem Projekt verzieren wir Geschirrtücher mit Stofffarbe. Die schlichten, weißen Leinen- oder Baumwolltücher werden so zum Eyecatcher in der Küche. Auch großartig als Geschenk geeignet.

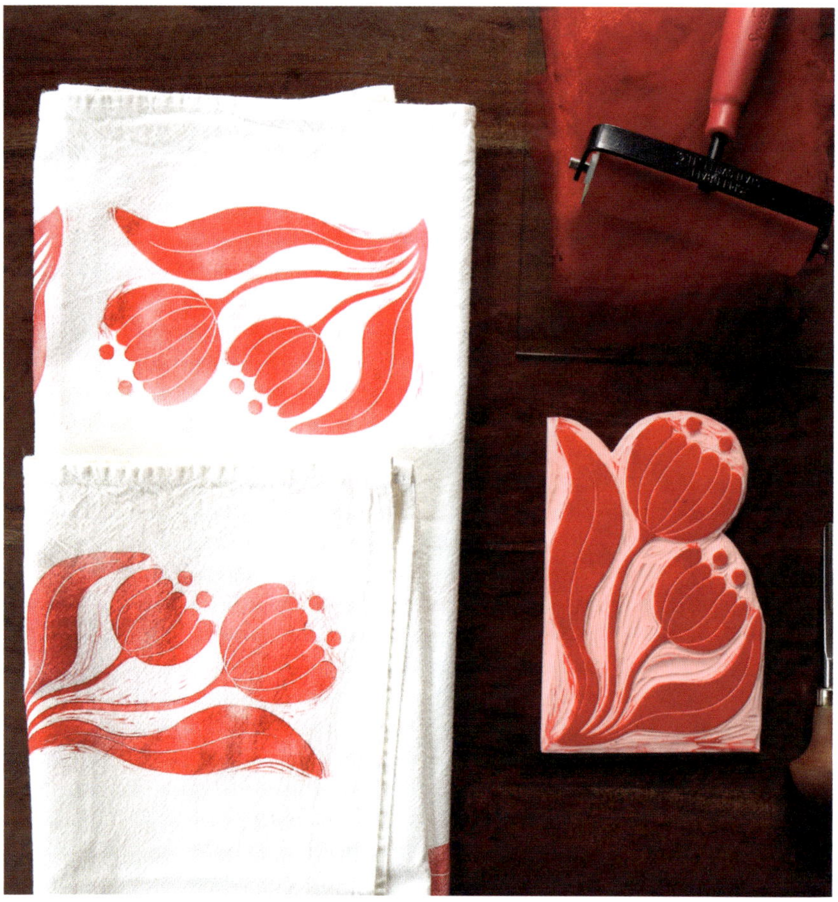

Materialien & Werkzeuge

- Zeichenpapier oder Skizzenblock
- Speedy-Carve-Druckplatte von Speedball
- Pauspapier
- Weicher Bleistift (B oder 2B)
- Schnitzwerkzeugset
- Helles Geschirrtuch ohne Muster
- Textilfarbe in Wunschfarben
- Palette
- Walzen
- Handreiber
- Malerkrepp
- Stecknadeln
- Falzbein
- Schneidematte
- Lineal aus Acryl
- Cutter

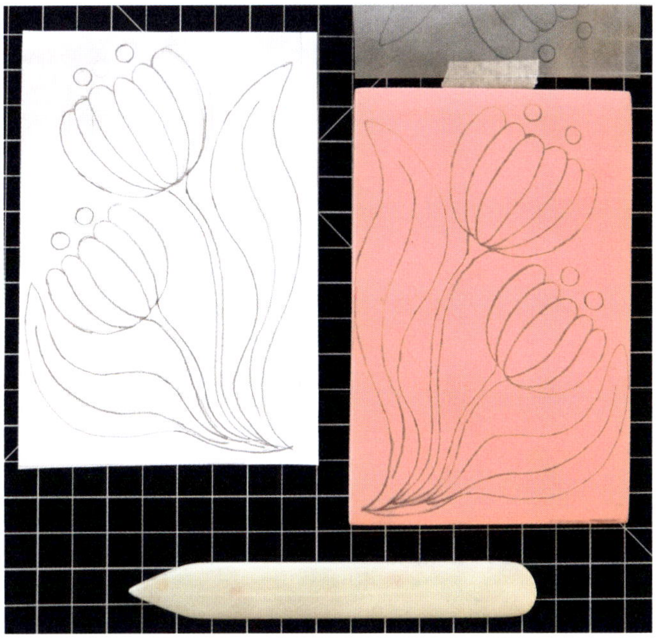

SCHRITT 1

Zeichnen Sie mit weichem Bleistift ein Motiv auf Papier. Achten Sie auf klare Linienführung. Übertragen Sie die Zeichnung auf Pauspapier. Anschließend das Pauspapier mit der Zeichnung nach unten auf den Druckstock legen und oben mit Malerkrepp fixieren. Die Zeichnung mit dem Falzbein auf die Platte übertragen.

Tipps für das Bedrucken von Stoff

Wählen Sie den richtigen Stoff aus Eine glatte, ebene Oberfläche führt zum besten Ergebnis. Ich empfehle, mit einfarbiger, heller Baumwolle oder Leinen zu beginnen.

Benutzen Sie Textilfarbe Stofffarbe eignet sich am besten. Alternativ können Sie auch zu Siebdruckfarbe greifen. Ich arbeite meist mit der Textilfarbe von Speedball, die mit Wasser auswaschbares Öl enthält und erschwinglich ist. Zudem bietet dieser Hersteller viele verschiedene Farbtöne an.

Weniger ist mehr Wählen Sie als Anfänger einfache Motive oder Muster aus. Kräftige, einfache Linien entfalten eine starke Wirkung. Sobald Sie einfache Designs problemlos drucken können, wagen Sie sich an aufwendigere Designs und Muster.

Achten Sie auf Negativ- und Positivräume Wenn Sie Ihr Design planen, bedenken Sie den gewünschten Farbton und die Form der Druckplatte auf dem Stoff ebenso wie Ihre Schnitttechnik. Ein Motiv für eine Ecke hat andere Eigenschaften als für eine gerade Kante.

Üben Sie festen, gleichmäßigen Druck aus Stoff ist dicker als Papier. Daher ist es wichtig, viel Druck auf den Druckstock auszuüben. Zudem ist es einfacher, auf einer weichen Fläche als Unterlage zu drucken. Legen Sie ein altes Laken auf die Arbeitsfläche, so gelingt der Farbübertrag besser.

Als Erstes wird gebügelt Das sorgfältige Bügeln des Stoffs vor dem Bedrucken führt zu sauberen Druckergebnissen.

Planen Sie ausreichend Zeit zum Trocknen ein Lassen Sie die Farbe komplett trocknen. Das dauert bei Stofffarbe recht lange. Planen Sie daher genügend Zeit ein, falls Sie noch weitere Schichten drucken oder andere Anpassungen vornehmen möchten.

Benutzen Sie weiches Linoleum oder Gummi Es eignet sich für den Stoffdruck viel besser als feste Platten. Auch das Drucken von Wiederholungsmustern fällt mit dieser Art Druckplatte leichter.

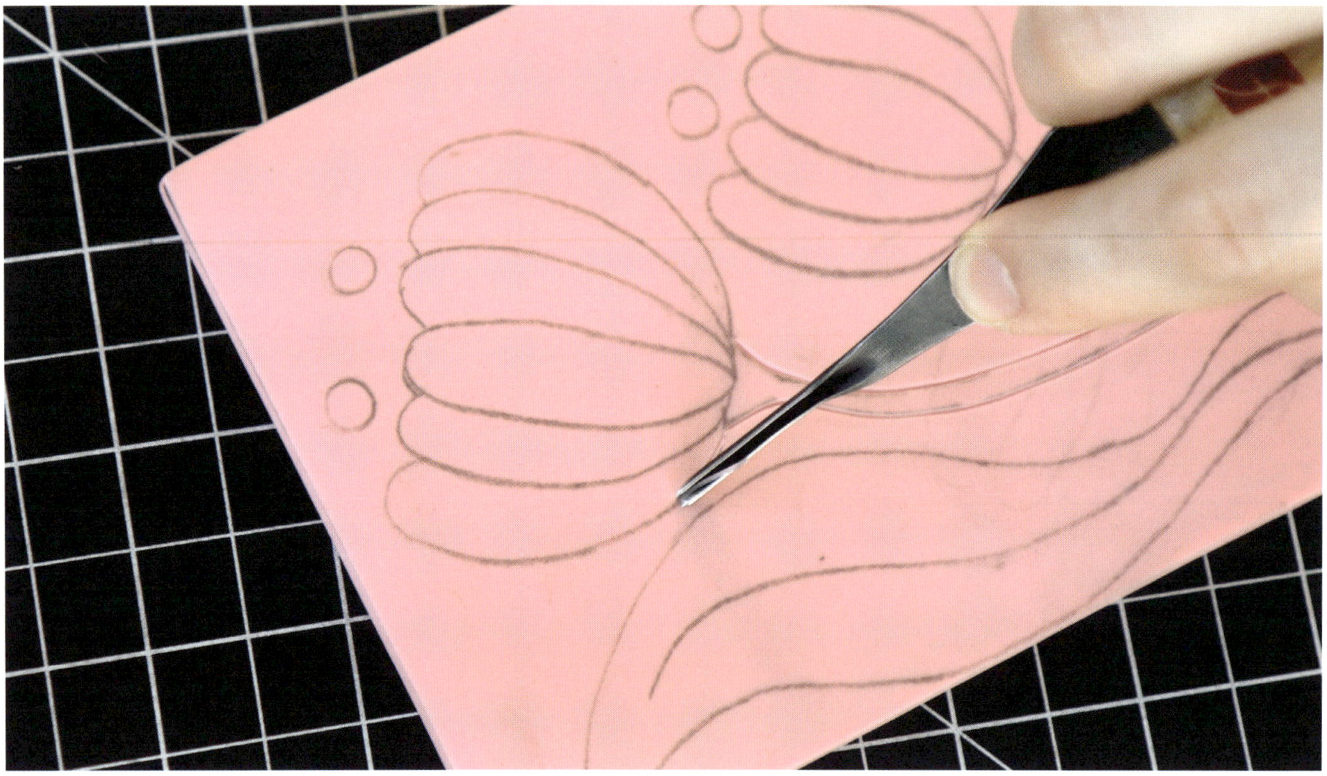

SCHRITT 2

Beginnen Sie mit dem Ausschneiden der Umrisslinien mit einer v-förmigen Klinge.

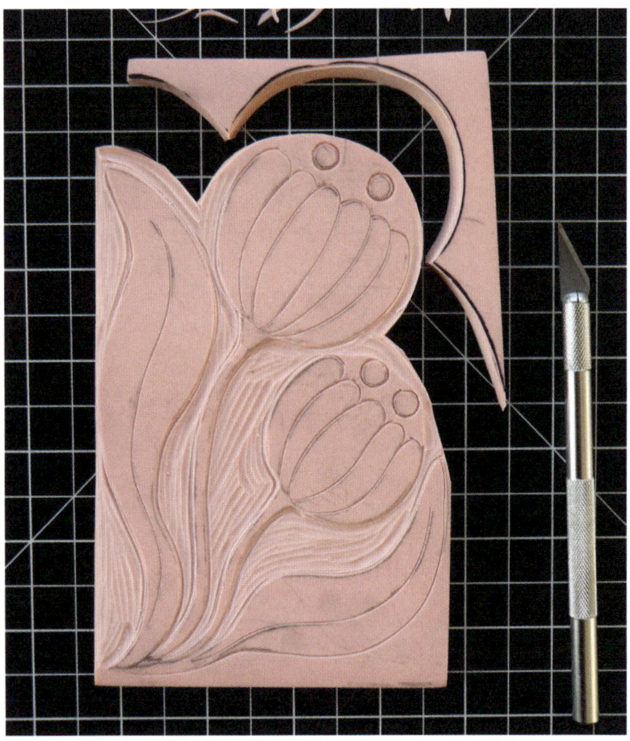

SCHRITT 3

Tragen Sie den Hintergrund mit einem u-förmigen Hohleisen ab. Trennen Sie größere ungenutzte Teile des Druckstocks mit einem Cutter ab. So lässt sich das Motiv besser platzieren.

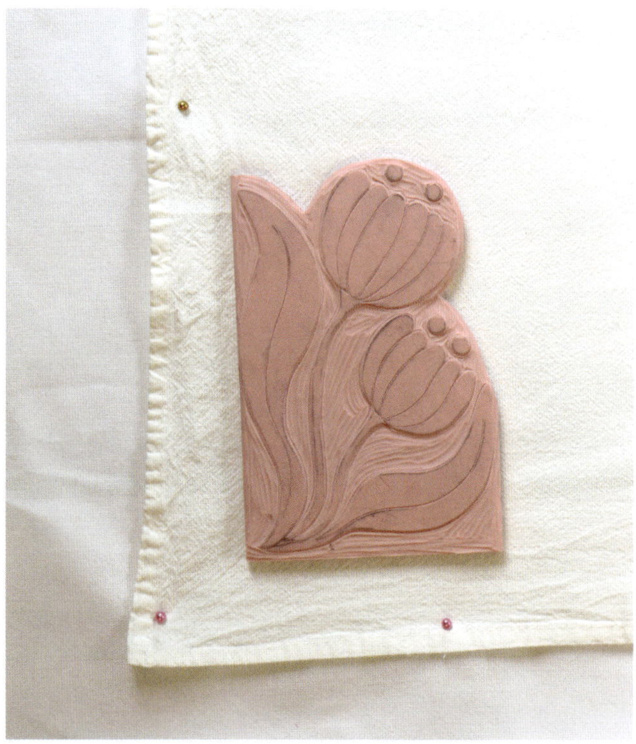

SCHRITT 4

Die Grundregeln und Arbeitsschritte mit Textilfarbe auf Stoff sind dieselben wie beim Druck auf Papier. Legen Sie mehrere Schichten Stoff auf Ihrer Arbeitsfläche aus (etwa alte Laken). Legen Sie das zu bedruckende Geschirrtuch darauf und befestigen Sie es mit Stecknadeln entlang der Ränder, ziehen Sie es dabei straff.

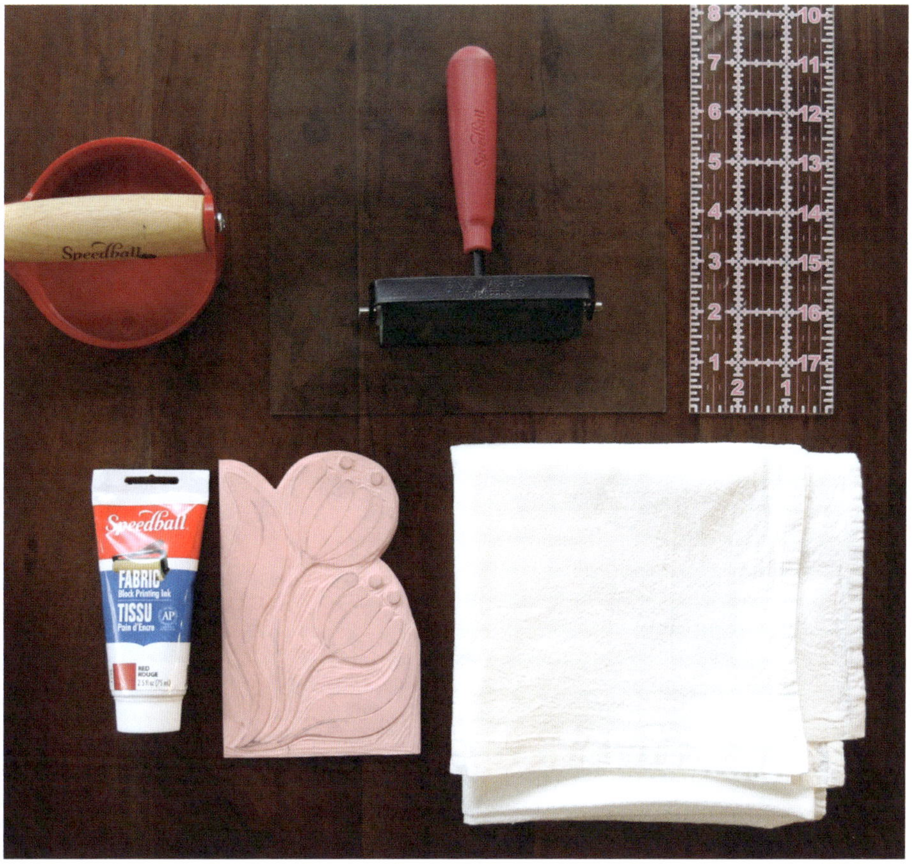

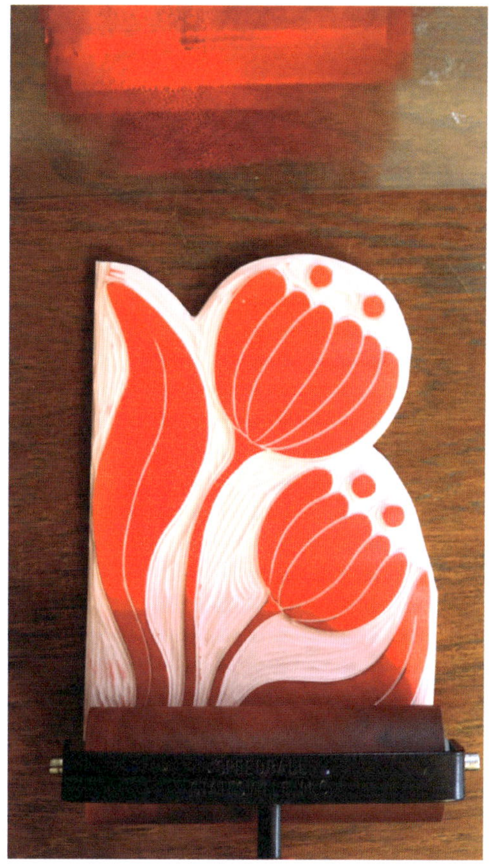

SCHRITT 5

Geben Sie etwas Stofffarbe auf die Palette und rollen Sie langsam mit der Walze über die Farbe, genau wie beim Papierdruck. Färben Sie den Druckstock gleichmäßig ein.

SCHRITT 6

Platzieren Sie den Druckstock auf das Geschirrtuch. Mit einem Handreiber gleichmäßig und fest andrücken.

Die Vorlage zu diesem Motiv steht in der Digitalen Bibliothek zum Download bereit. Weitere Informationen dazu finden Sie im Impressum.

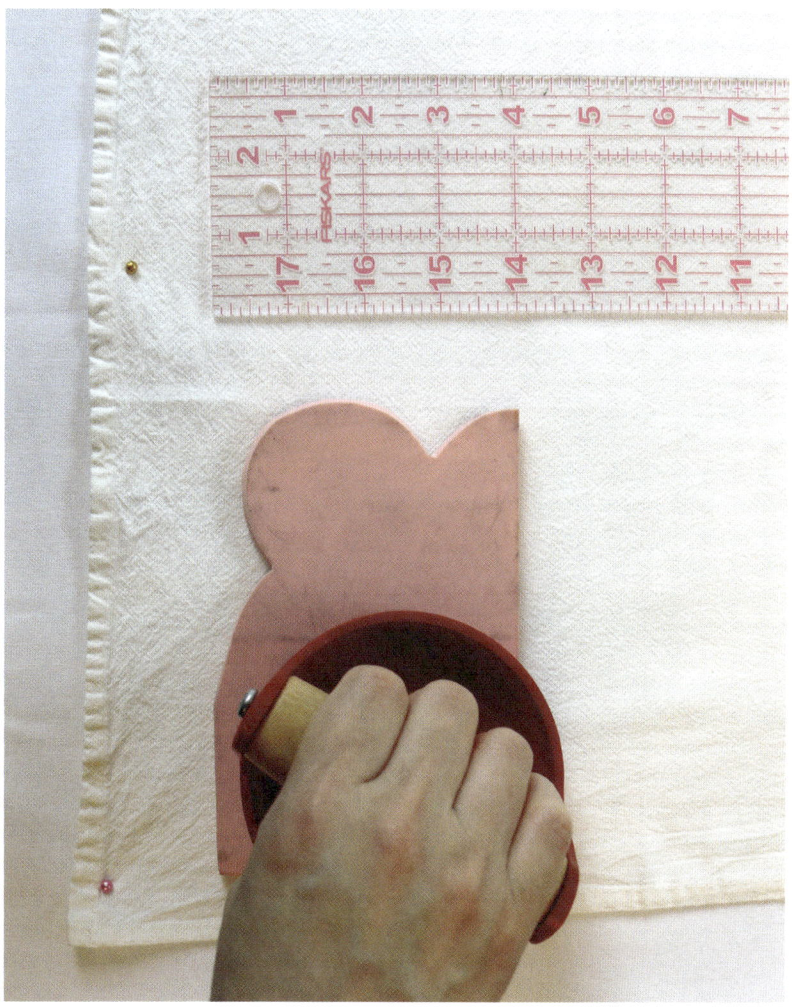

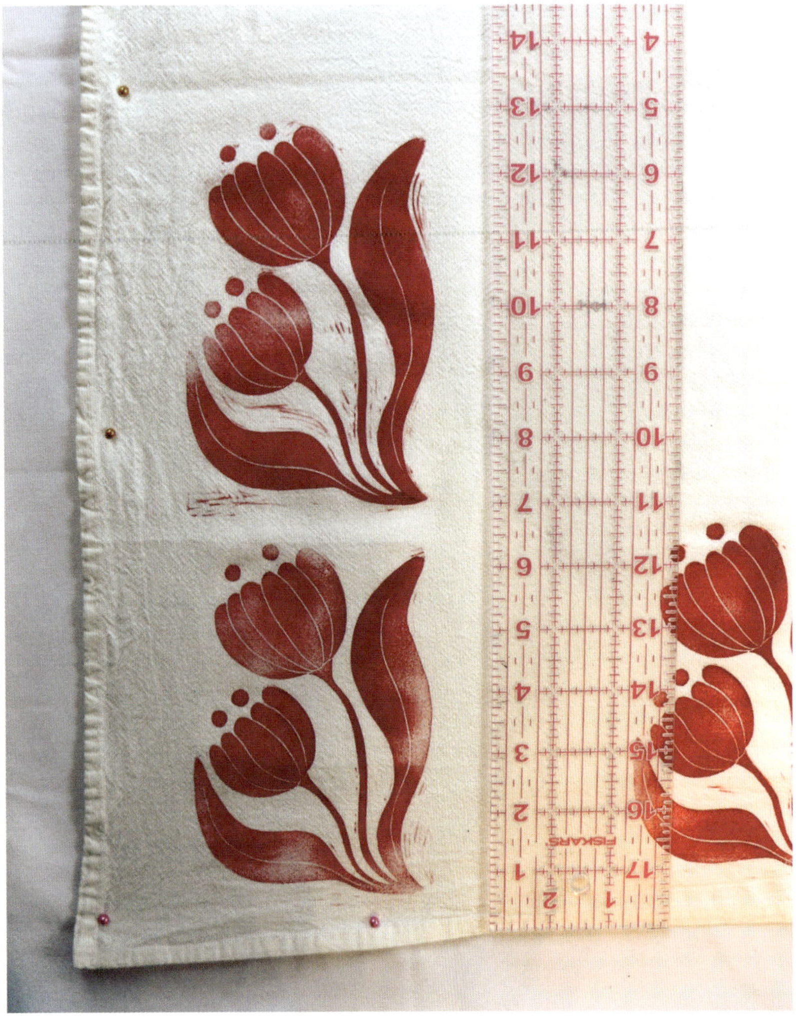

SCHRITT 7

Überprüfen Sie, ob das Motiv vollständig auf den Stoff übertragen wurde. Falls ja, ziehen Sie die Druckplatte vorsichtig mit beiden Händen ab.

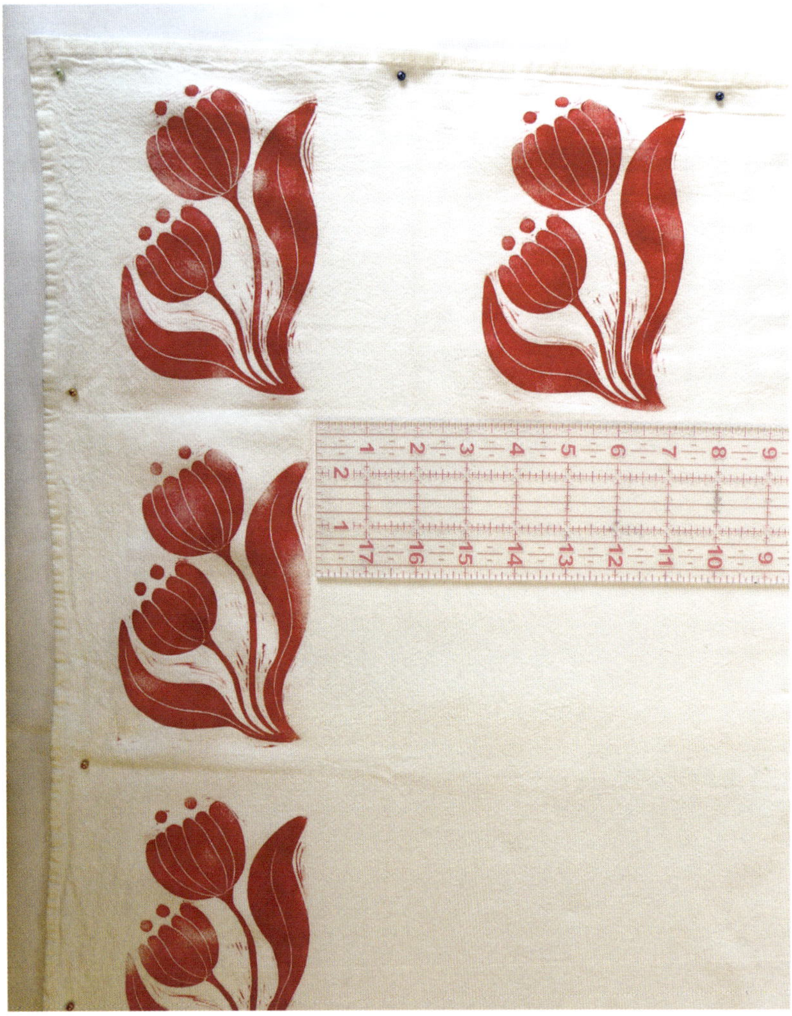

SCHRITT 8

Mit einem Lineal bestimmen Sie die Abstände zwischen den einzelnen Motiven. Markieren Sie diese und drucken Sie weitere Motive. Ist ein Bereich fertig bedruckt, lassen Sie ihn trocknen, bevor Sie weiterarbeiten, damit nichts versehentlich verschmiert. Zwischendurch Walze, Palette und Druckstock gründlich mit warmem Wasser und Seife reinigen.

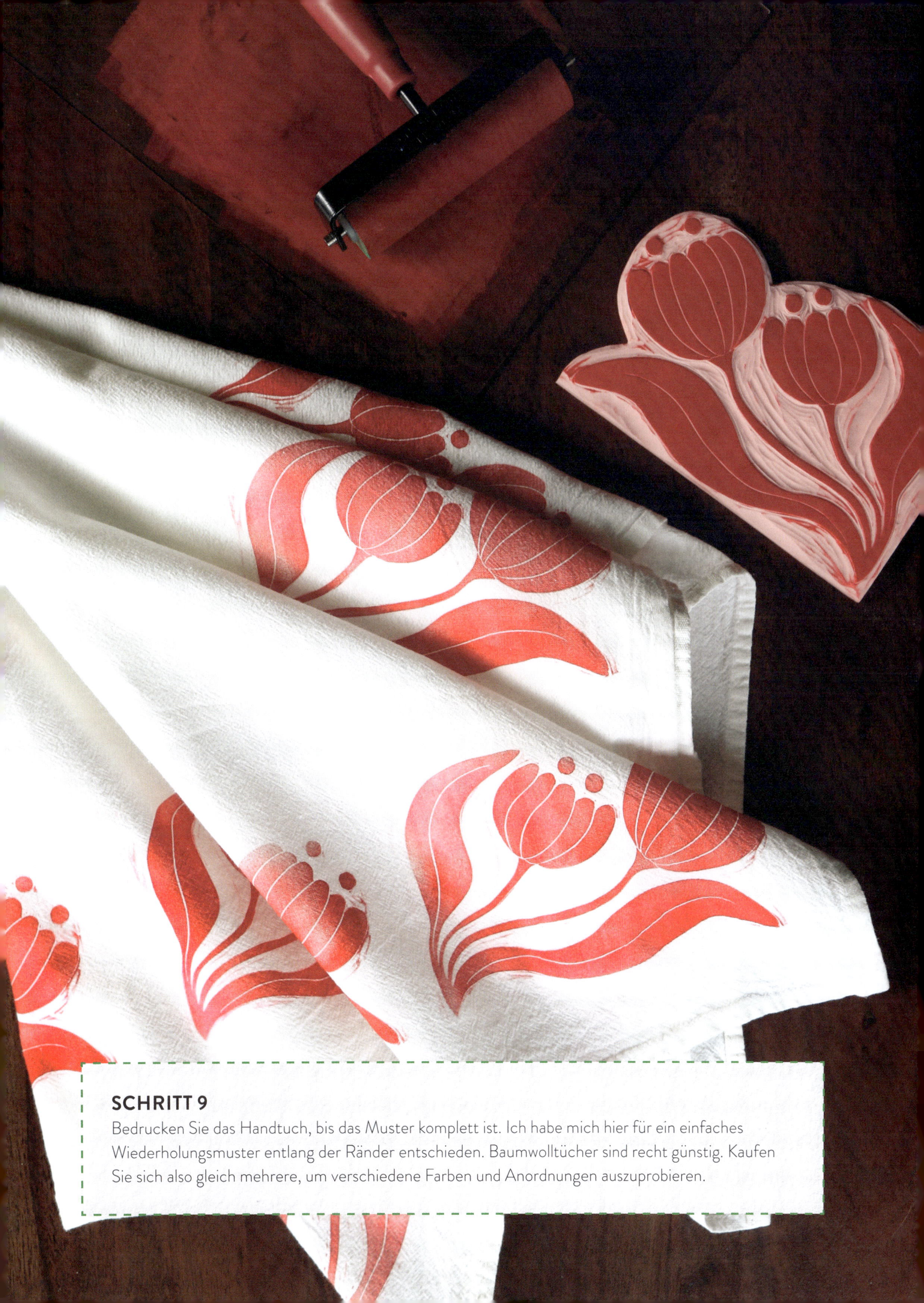

SCHRITT 9

Bedrucken Sie das Handtuch, bis das Muster komplett ist. Ich habe mich hier für ein einfaches Wiederholungsmuster entlang der Ränder entschieden. Baumwolltücher sind recht günstig. Kaufen Sie sich also gleich mehrere, um verschiedene Farben und Anordnungen auszuprobieren.

TAPETE

Historisch gesehen ist Linoldruck eine der geläufigsten Methoden der Tapetenherstellung, allerdings waren früher die Druckstöcke aus Hartholz. Heute gibt es andere Techniken und Materialien, wie Metall, Plastik und eben Linoleum. Bei diesem Projekt bringen wir ein Oberflächenmuster auf der Tapete auf – eine preisgünstige Möglichkeit, Innenräume umzugestalten. Der Druckstock ist dabei etwa handgroß, während das Muster viel Fläche einnimmt und einen einzigartigen optischen Akzent setzt. Zwar dauert das Bedrucken einer so großen Fläche eine Weile, doch die investierte Zeit lohnt sich.

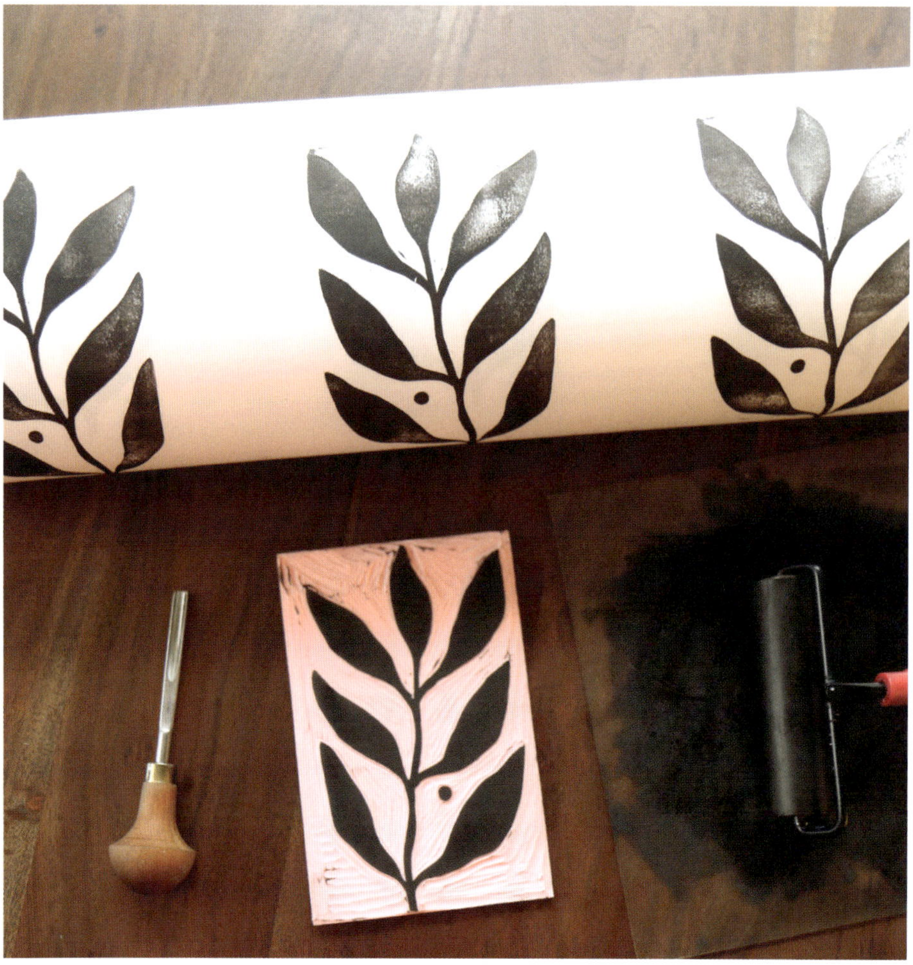

Materialien & Werkzeuge

- Zeichenpapier oder Skizzenblock
- Speedy-Carve-Druckplatte von Speedball
- Pauspapier
- Tapetenrolle als Druckpapier
- Weicher Bleistift (B oder 2B)
- Schnitzwerkzeugset
- Wasserlösliche Druckfarbe in Wunschfarbe
- Spachtelmesser (für Farbe in Dose oder Glas)
- Palette
- Walzen
- Handreiber
- Malerkrepp
- Falzbein
- Schneidematte
- Lineal aus Acryl
- Cutter
- Tapetenkleister
- Kleisterbürste
- Tapezierbesen

SCHRITT 1

Zeichnen Sie ein Motiv mit weichem Bleistift auf Papier, das sich später auf der Tapete wiederholt. Die Zeichnung auf Pauspapier übertragen. Dieses wiederum mit der Zeichnung nach unten auf den Druckstock legen und mit einem Falzbein das Motiv übertragen.

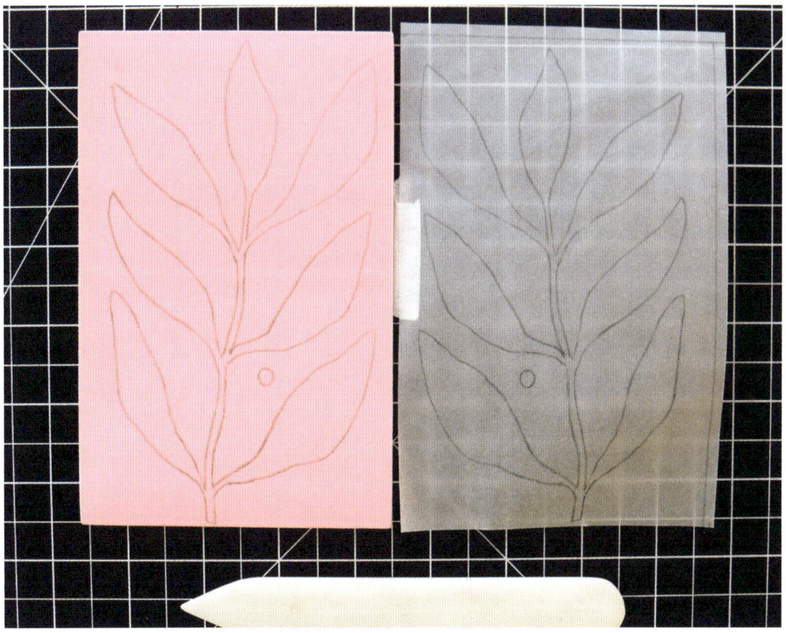

> Die Vorlage zu diesem Motiv steht in der Digitalen Bibliothek zum Download bereit. Weitere Informationen dazu finden Sie im Impressum.

SCHRITT 2

Mit einer v-förmigen Klinge die Konturen ausschneiden und im Anschluss mit einem breiten, u-förmigen Hohleisen den Hintergrund abtragen.

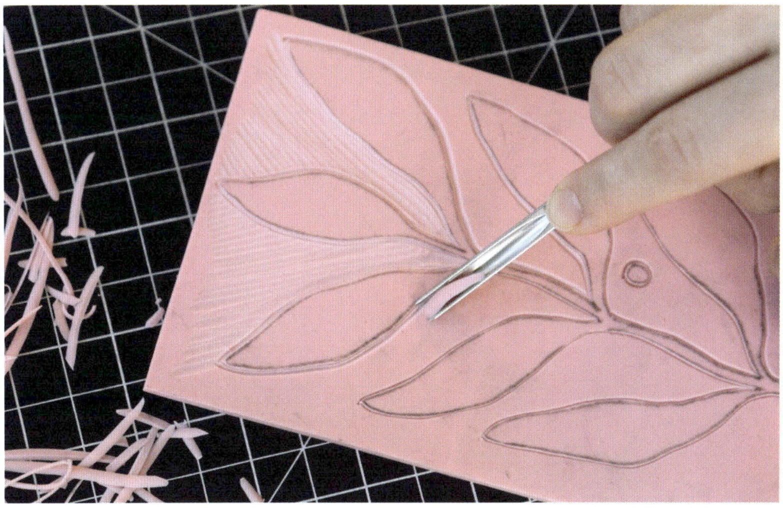

SCHRITT 3

Und schon kann gedruckt werden. Legen Sie die Papierrolle und ein durchsichtiges Lineal sowie die Materialien für das Einfärben bereit. Ich habe mich hier für die Backsteinanordnung des Blattmotivs entschieden.

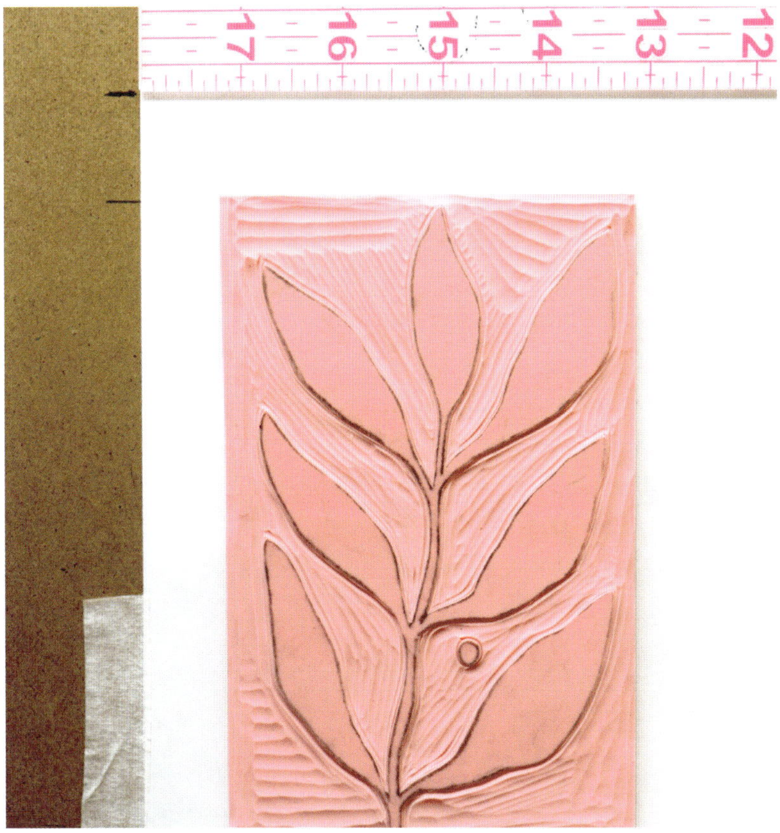

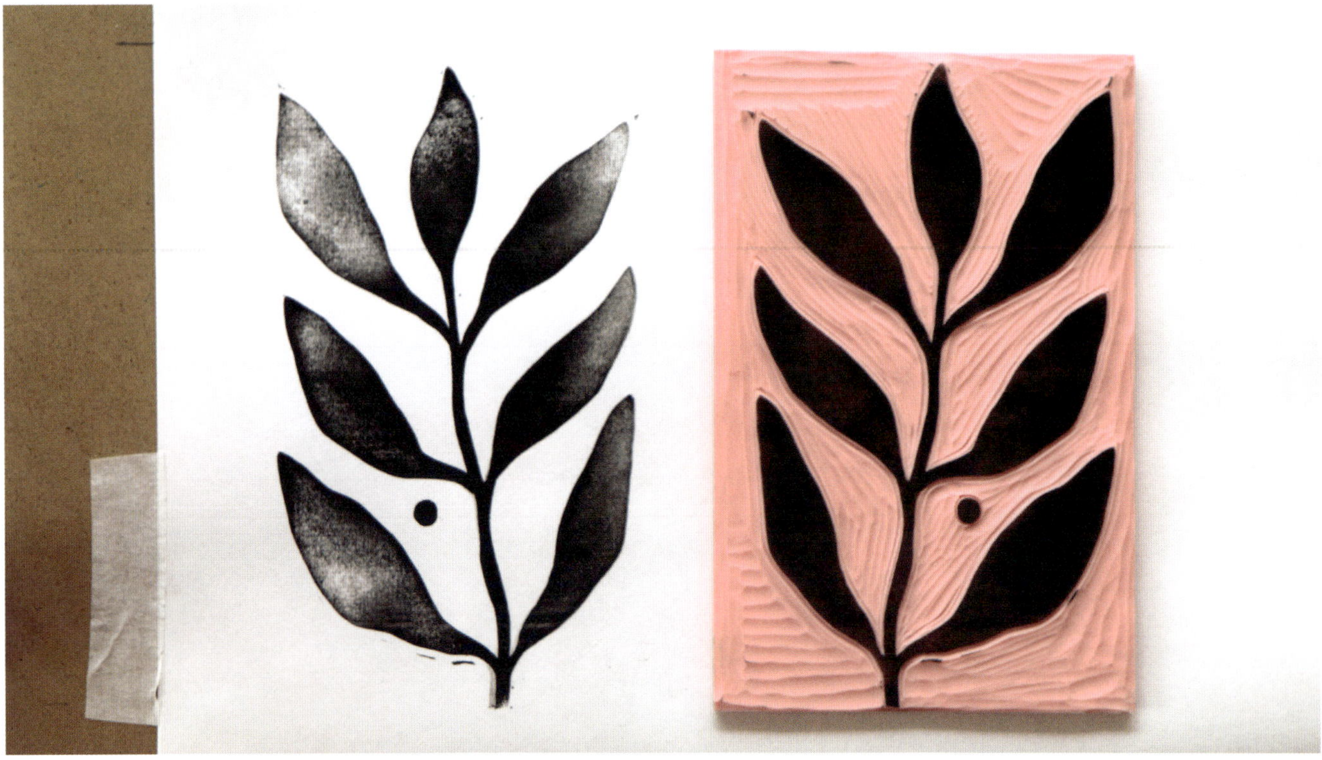

SCHRITT 4

Geben Sie etwas Farbe auf die Palette und nehmen Sie sie mit der Walze auf. Anschließend den Druckstock einfärben. Hier empfiehlt sich eine Walze in der Breite des Druckstocks. Platzieren Sie Letzteren zielgenau auf dem Papier, wobei das Lineal als Ausrichtungshilfe dient. Mit einem Handreiber langsam den gesamten Druckstock andrücken. Prüfen Sie, ob die Farbe vollständig übertragen wurde, und ziehen Sie anschließend den Druckstock vom Papier ab. Trocknen lassen.

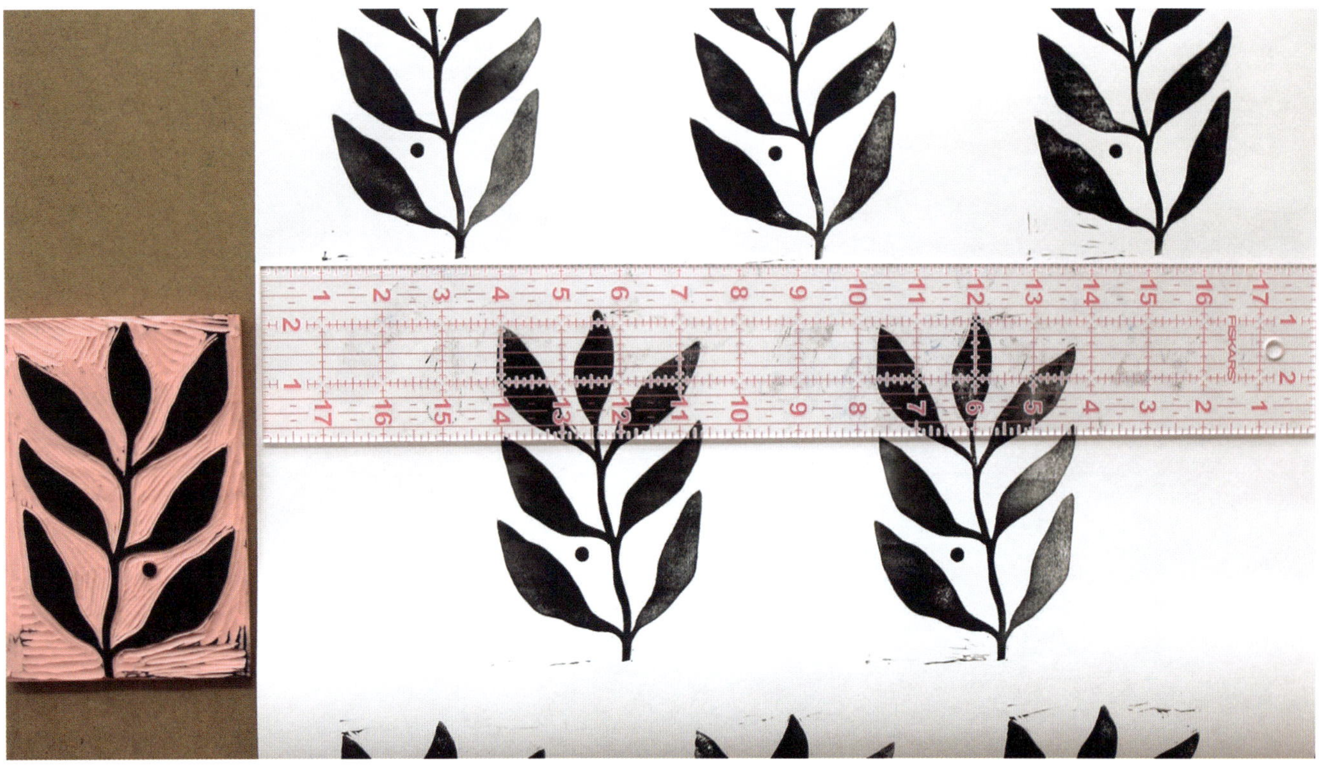

SCHRITT 5

Lassen Sie jedes einzelne Motiv trocknen, bevor Sie weiterarbeiten. Bedrucken Sie so Reihe für Reihe Ihrer Tapete. Für die Anordnung des Musters gibt es keine festen Regeln. Sobald Sie die grundlegenden Anordnungen ausprobiert haben, wagen Sie sich ruhig an andere Mustervariationen heran.

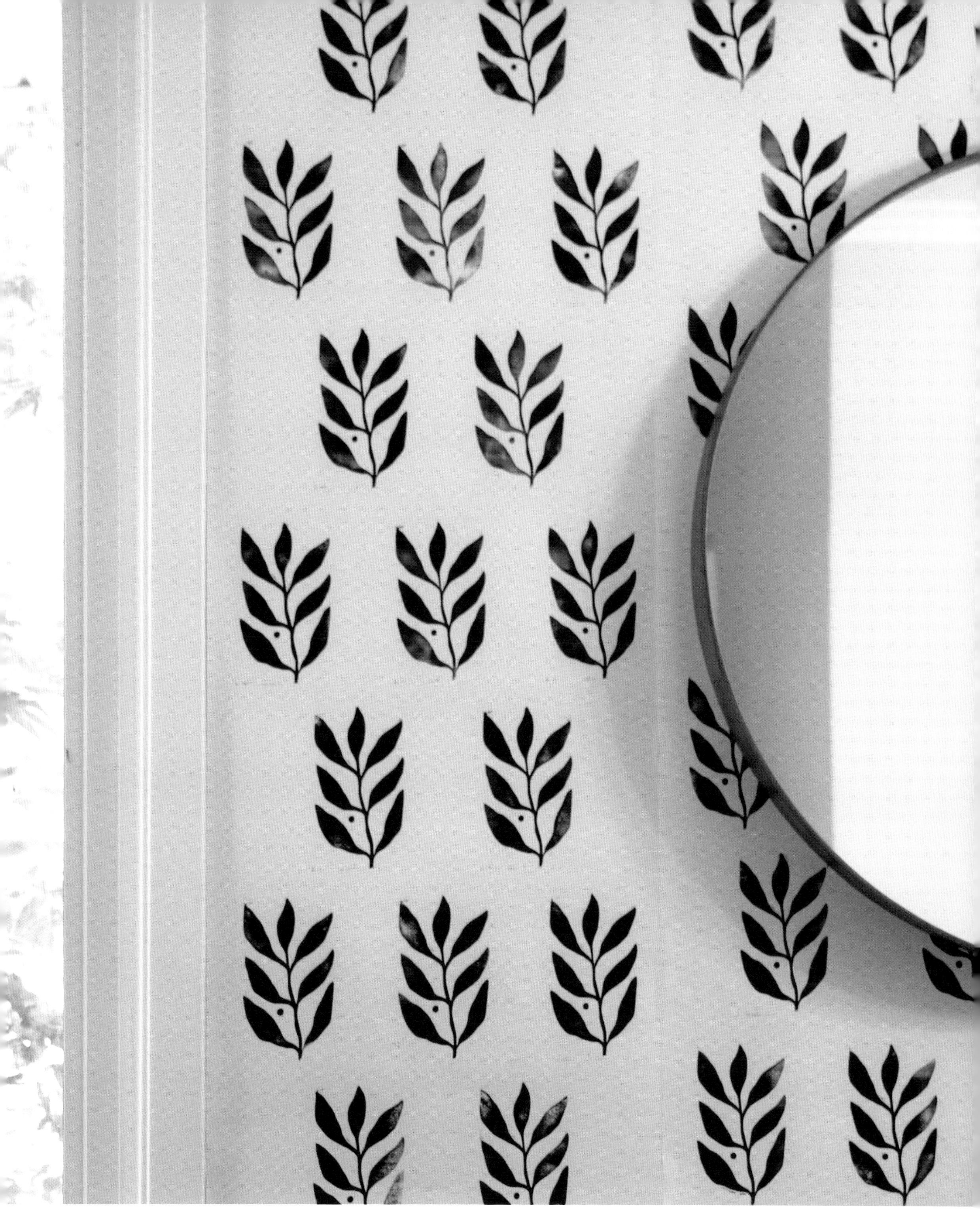

SCHRITT 6

Sobald die Tapete getrocknet ist, können Sie die Rückseite einkleistern, die Tapete auf die vorbereitete Wand aufbringen und mit einem Tapezierbesen andrücken. Alles gut trocknen lassen.

GLOSSAR

Abreiben Mit dem Handreiber oder einem Holzlöffel reibt man manuell über das Papier, um die Farbe von der Druckplatte auf das Papier zu übertragen. Man kann auch mit Druckpressen arbeiten, aber in diesem Buch werden alle Projekte per Hand abgerieben.

Abstrakte Kunst Eine Kunstform, mit welcher eine fremde Realität ausgedrückt wird. Anders als in der gegenständlichen Kunst kann man Figuren und Gegenstände nicht erkennen. Dabei gebrauchen Künstler Farben, Formen oder gestische Mittel, um Kunst im modernen Sinn darzustellen.

Auflage Die Gesamtzahl an Abzügen von einem Druckstock, meistens direkt hintereinander. Klassisch unterscheidet man zwei Arten von Auflagen: Limitierte Auflagen, die eine bestimmte Anzahl von Druckabzügen umfassen, und offene Auflagen, die unbegrenzt sind. Bei einer limitierten Auflage wird der Druckstock meist zerstört, wenigstens mit einem Schnitt durch die Mitte.

Ausrichtungshilfe Arbeitet ein Druckkünstler mit nur einem Druckstock und mehreren Farben, so richtet er seine Arbeitsgegenstände (Platte und Papier) bündig aus, damit Formen und Farben an der »richtigen« Stelle landen, die Konturen exakt übereinanderliegen.

Druck Das durch Linoldruck entstandene Kunstwerk.

Druckstock Diverse Materialien mit einer glatten Oberfläche, die mithilfe von Schneidwerkzeug für den Druck bearbeitet werden können. Es gibt diverse Materialien für Druckstöcke oder Druckplatten: Holz, Linoleum, Gummi.

Geißfuß und Hohleisen Ein Schneide- oder Schnitzwerkzeug mit einer v-förmigen bzw. u-förmigen, konkaven Klinge, mit dem man Linien und Flächen aus der Druckplatte entfernt.

Handreiber Ein flaches Handwerkzeug, mit dem man gleichmäßigen Druck auf die Rückseite des Druckpapiers ausüben kann. Ein Handreiber hilft, die Farbe des eingefärbten Druckstocks gleichmäßig auf das Papier zu übertragen.

Holzwinkel Ein einfaches Hilfsmittel, das zum Beispiel mit einer Klemme oder einem Schraubstock am Rand einer Werkbank oder eines Tischs befestigt wird. Der Winkel hält die Druckarbeit an Ort und Stelle, während Sie das Linoleum ausschneiden, aber auch beim Druck verhindert er das Verrutschen.

Muster Ein bestimmtes Motiv, dass man als Dekoration in bestimmten Anordnungen mehrmals druckt.

Negativschnitt Hier werden alle Konturlinien weggeschnitten. Nur die nicht bearbeiteten Bereiche auf dem Druckstock nehmen Farbe auf und sind später auf dem Druckpapier zu sehen.

Palette Paletten gebraucht man zum Anmischen und Auswalzen der Druckfarbe. Die Oberfläche sollte glatt, eben und sauber sein, damit man ein hochwertiges Druckresultat erzielt. Glas ist sehr gut geeignet.

Positivschnitt Hier werden alle Flächen weggeschnitten, nur die Umrisslinien bleiben stehen. Diese sind nachher farbig auf dem Druckpapier zu sehen.

Reduktionsdruck / Eliminationsdruck Ein mehrfarbiger Druck, bei dem verschiedene Farben mittels eines einzigen Druckstocks auf das Papier gebracht werden. Meistens beginnt man mit dem Drucken der hellsten Farbe. Anschließend werden weitere Bereiche der Druckplatte nach und nach weggeschnitten, bis schließlich die letzte Schicht – und meist die dunkelste Farbe –gedruckt wird.

Walze Ein Werkzeug ähnlich einer Farbrolle, mittels der man Farbe auf den Druckstock aufbringt. Mit einer Walze erhält man eine dünne, gleichmäßige Farbschicht. Walzen sind in vielen verschiedenen Größen, Breiten und Durchmessern erhältlich.

Buchempfehlungen für Sie

Noch mehr spannende Kreativ-Bücher gesucht?

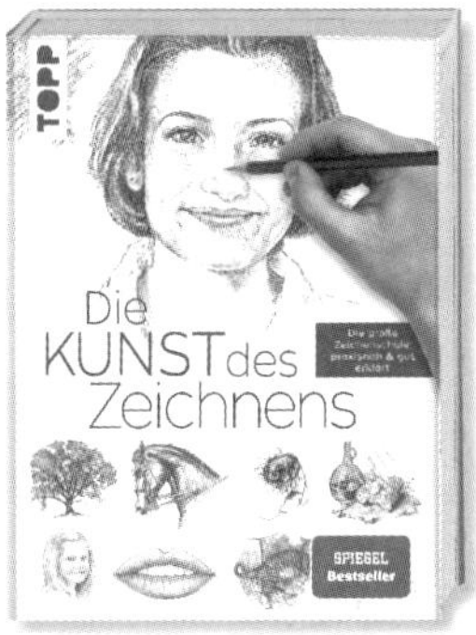

ISBN 978-3-7724-4750-1

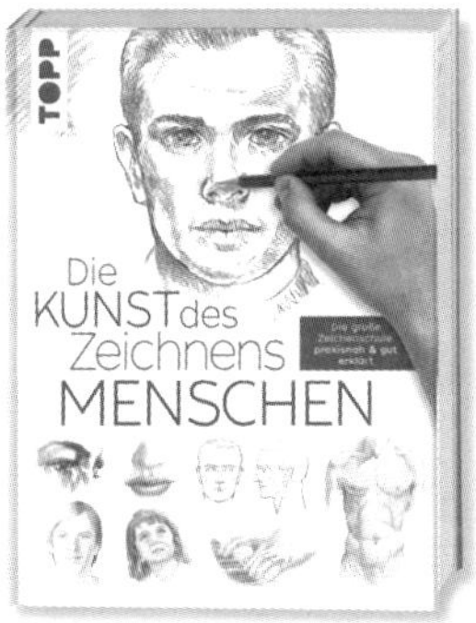

ISBN 978-3-7724-4751-8

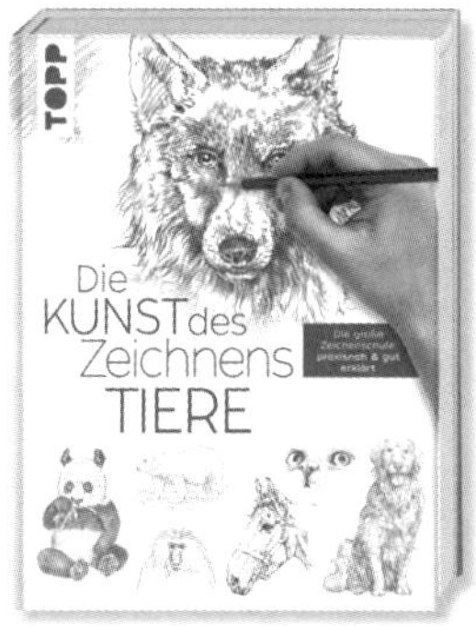

ISBN 978-3-7724-4752-5

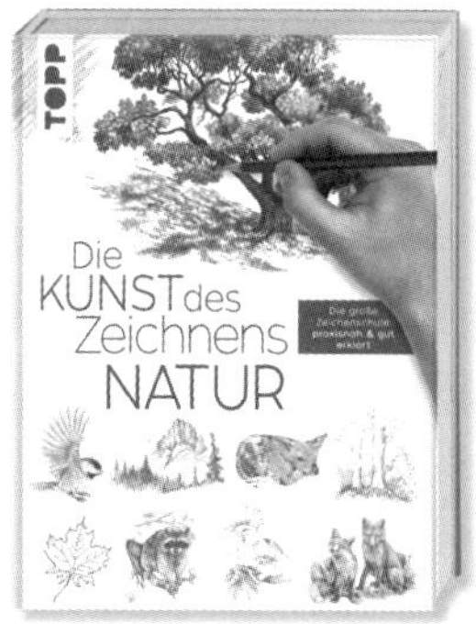

ISBN 978-3-7724-4753-2

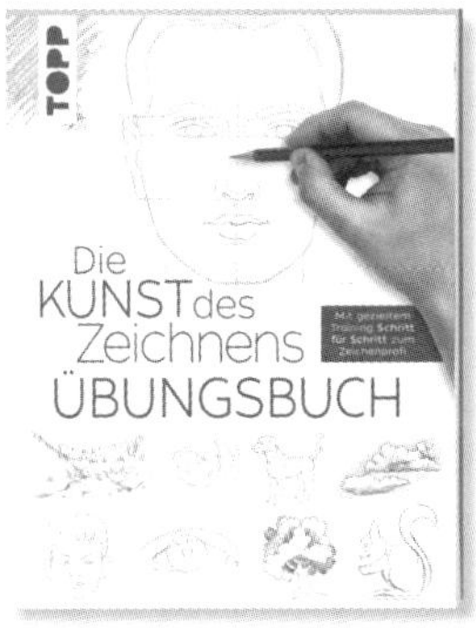

ISBN 978-3-7724-4760-0

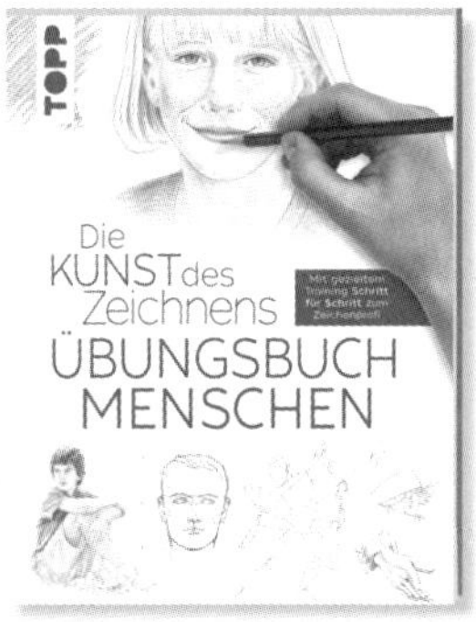

ISBN 978-3-7724-4761-7

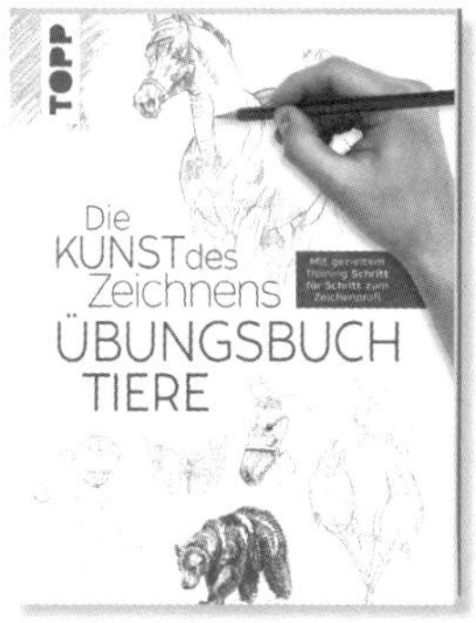

ISBN 978-3-7724-4762-5

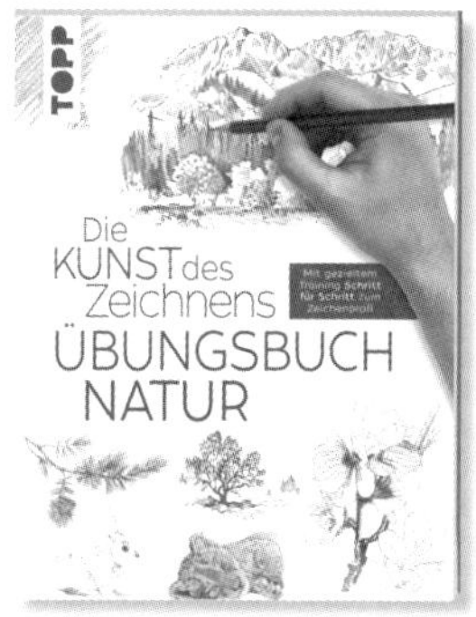

ISBN 978-3-7724-4763-1

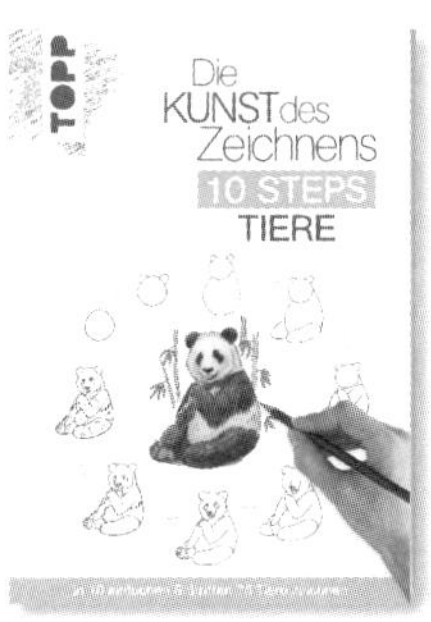

ISBN 978-3-7724-8391-2

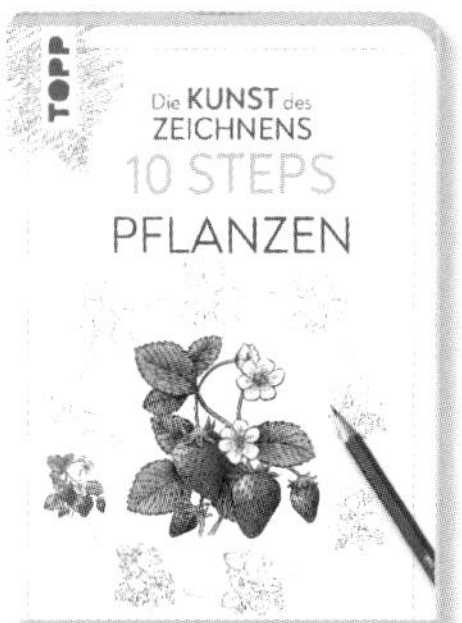

ISBN 978-3-7358-8189-2

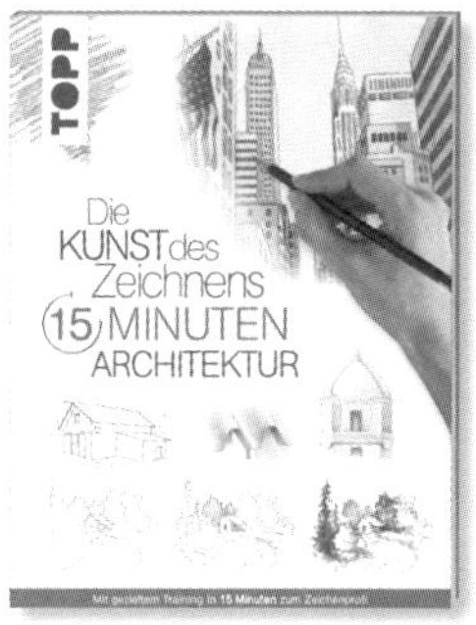

ISBN 978-3-7724-8272-4

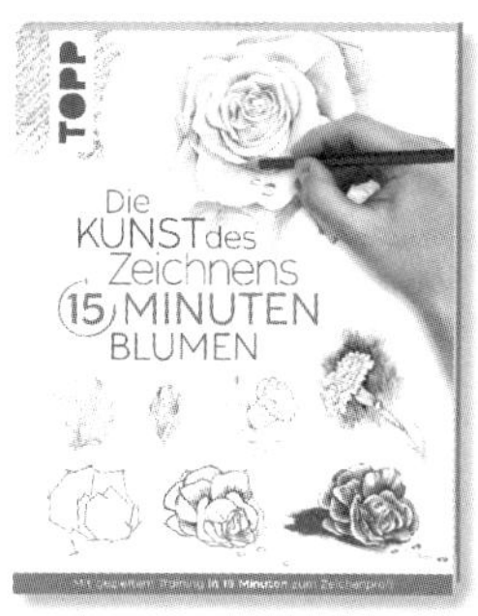

ISBN 978-3-7724-4774-7

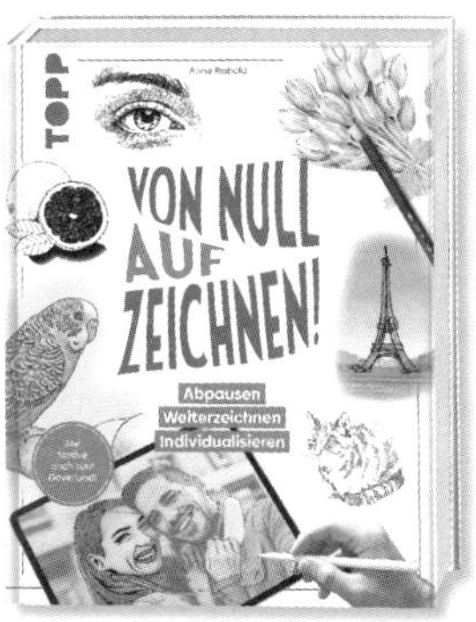

ISBN 978-3-7358-8159-5

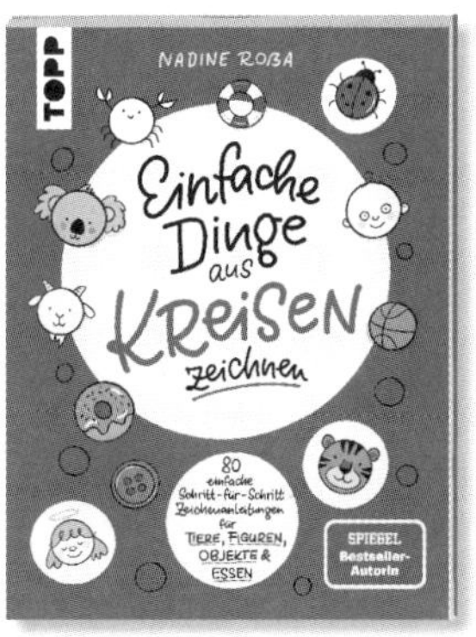

ISBN 978-3-7358-8099-4

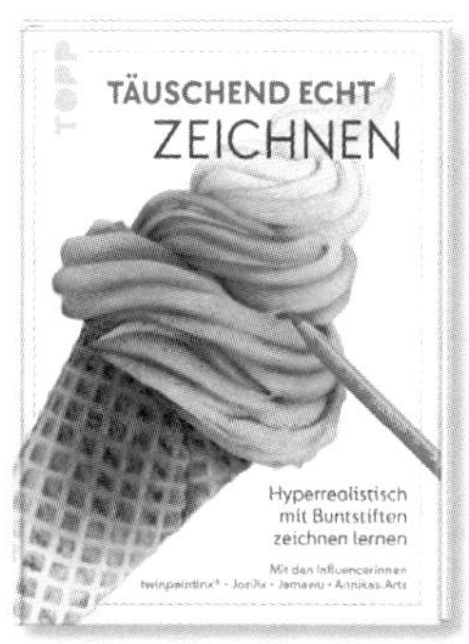

ISBN 978-3-7358-8049-9

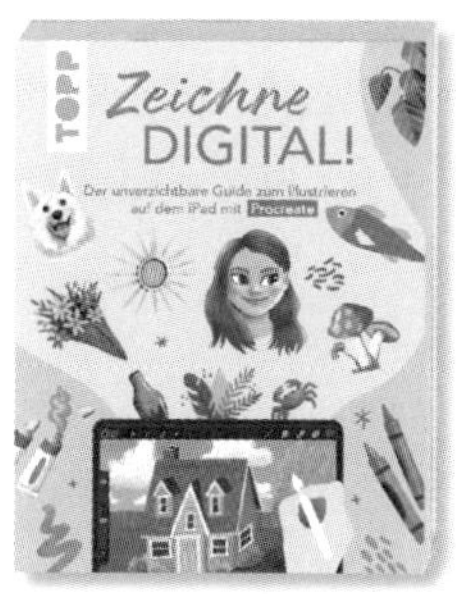

ISBN 978-3-7358-8111-3

Viele weitere Kreativ-Bücher finden Sie auf www.TOPP-kreativ.de

DANK

Zuerst möchte ich dem gesamten Team von Walter Foster Publishing dafür danken, dass sie mir diese Gelegenheit zu diesem Buch gegeben haben. Ein besonderes Dankeschön geht an meine wunderbaren Verlegerinnen Karen und Stephanie, für eure Hilfe, Freundlichkeit und Geduld während unserer Zusammenarbeit. Ohne euren Zuspruch und euer Vertrauen in meine Arbeit hätte ich es nicht geschafft. Ich danke Hailey, Lydia und dem ganzen Team für ihre Hilfe und Unterstützung.

Gern möchte ich mich bei all den Menschen bedanken, die mich auf die unterschiedlichsten Arten unterstützt haben, vor allem bei denen, die meine Arbeit in den Sozialen Medien verfolgt haben. Mir bedeutet es unendlich viel, zu wissen, dass es da draußen Menschen gibt, die meine Arbeit anerkennen und schätzen.

Ich danke meiner gesamten Familie und meinen Freunden, die hinter mir standen und mich auf dieser Reise begleitet haben. Eure ehrlichen Ratschläge und eure Unterstützung haben mich motiviert und immer weiter vorangetrieben. Danke an meine Kinder, Ethan und Emma. Ihr inspiriert mich und gebt meinem Leben einen Sinn. Ich liebe euch.

Last but not least danke ich meinem Ehemann Soo, für seine bedingungslose Liebe, Unterstützung und harte Arbeit für unsere Familie. Ohne seine Hilfe und Geduld wäre das hier nicht möglich gewesen.

ÜBER DIE AUTORIN

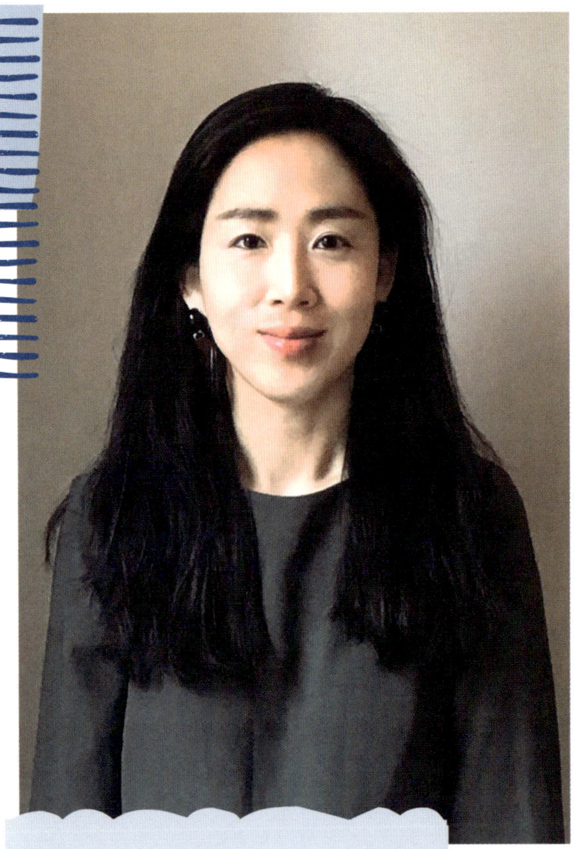

Elise Young ist Grafikerin und Künstlerin aus Toronto, Kanada. Sie hat 2016 ihr eigenes Studio mit dem Namen Bloomingprint gegründet.

Seit sie ihre erste Linoleumplatte bearbeitet hat, kreiert sie voller Leidenschaft einzigartige Kunstwerke. Sie entwickelte ihren eigenen mutigen, unverwechselbaren Stil, indem sie verschiedene, einzigartige Muster mit unterschiedlichen Materialien kombinierte. Elises größte Inspirationsquelle ist die Natur, vor allem florale und botanische Motive haben es ihr angetan. Sie möchte das Alltagsleben anderer bereichern und ihnen mithilfe ihrer Kunstwerke Freude schenken.

Wenn sie nicht gerade an einer Druckplatte schnitzt, liebt sie es, zu reisen und Zeit mit ihrer Familie zu verbringen. Ihre aktuellen Druckarbeiten sind auf Instagram @bloomingprint zu sehen.